AF862418

INSTITUTO DE INVESTIGACIONES JURÍDICAS
Serie G: ESTUDIOS DOCTRINALES, Núm. 153

EL CONTRATO DE COMPRAVENTA INTERNACIONAL

Jorge Adame Goddard

LIBRO DE CORTESIA
MOSTRADOR
MEXICO

UNIVERSIDAD NACIONAL AUTÓNOMA DE MÉXICO

McGRAW-HILL

MÉXICO • BUENOS AIRES • CARACAS • GUATEMALA
LISBOA • MADRID • NUEVA YORK • PANAMÁ • SAN JUAN
SANTAFÉ DE BOGOTÁ • SANTIAGO • SÃO PAULO
AUCKLAND • HAMBURGO • LONDRES • MILÁN • MONTREAL
NUEVA DELHI • PARÍS • SAN FRANCISCO • SINGAPUR
ST. LOUIS • SIDNEY • TOKIO • TORONTO

Gerente de producto: Alejandro Álvarez Ledezma
Supervisor de edición: Mateo Miguel García
Supervisor de producción: Zeferino García García

EL CONTRATO DE COMPRAVENTA INTERNACIONAL

Prohibida la reproducción total o parcial de esta obra,
por cualquier medio, sin autorización escrita del editor.

DERECHOS RESERVADOS © 1994, respecto a la primera edición por
McGRAW-HILL/INTERAMERICANA DE MÉXICO, S.A. de C.V.
Atlacomulco 499-501, Fracc. Ind. San Andrés Atoto,
53500 Naucalpan de Juárez, Edo. de México
Miembro de la Cámara Nacional de la Industria Editorial, Reg. Núm. 1890

ISBN 970-10-0507-4

1234567890 9087651234

Impreso en México Printed in Mexico

Esta obra se terminó de
imprimir en Abril de 1994 en
Litográfica Ingramex
Centeno Núm. 162-1
Col. Granjas Esmeralda
Delegación Iztapalapa
09810 México, D.F.

Se tiraron 4000 ejemplares

A mis cuatro hijos,
quienes sin saberlo fueron
un impulso decisivo
para hacer este libro.

Contenido

Introducción

La integración comercial y económica de los países representa una de las principales tendencias del orden mundial actual y requiere de la formación de principios, reglas y soluciones jurídicas comunes; exige, en otras palabras, conformar un nuevo Derecho común que regule las relaciones económicas que se dan entre personas o empresas privadas de distinta nacionalidad.

Los tratados internacionales que pactan los Estados para integrarse económicamente, como el GATT (Acuerdo General de Aranceles y Comercio) o el Tratado Norteamericano de Libre Comercio, crean obligaciones para los Estados, pero no generan directamente obligaciones para los particulares de esos Estados. La ejecución de tales tratados promoverá e intensificará las relaciones comerciales entre personas y empresas privadas, que se formalizarán jurídicamente en contratos de compraventa, de arrendamiento, de crédito, de inversión o de sociedad. Pero la configuración de estos actos jurídicos, sus efectos, su validación y ejecución, así como las controversias que puedan surgir por su aplicación, se rigen y resuelven, en principio, conforme a la ley nacional que resulte aplicable. Esto constituye, en cierto modo, una paradoja: gracias a los tratados comerciales, los Estados unifican sus políticas de comercio exterior y propician un mayor intercambio económico; sin embargo, esta apertura a nivel estructural contrasta con la necesidad de observar las leyes nacionales en lo que concierne a la regulación de cada uno de los actos jurídicos en que se concretan las relaciones comerciales.

Esa situación tendrá que superarse mediante la adopción de reglas comunes que rijan los negocios jurídicos que se den en el ámbito de las regiones económicas, con independencia de la nacionalidad de las partes y del territorio nacional donde se concerten o ejecuten. El mismo intercambio comercial exigirá esta evolución. Pero es un proceso largo, que va a tomar muchos años, pues requiere de conseguir el acuerdo, no de los gobiernos de los tres países, sino de sus juristas, lo cual suele demorar más. Sin embargo, ya se han dado, con independencia de los tratados comerciales, algunos pasos importantes en este sentido, gracias a la labor, sobre todo, de la Comisión de Naciones Unidas para el Derecho Mercantil Internacional (CNUDMI; en inglés UNCITRAL).

Un paso muy importante para conseguir un Derecho común de los contratos y actos mercantiles ha sido la adopción y puesta en vigor de la *Convención de las Naciones Unidas sobre los contratos de compraventa internacional de mercaderías* (en lo sucesivo *Convención*), adoptada en la ciudad de Viena, en 1980, y que entró en vigencia, entre los primeros 10 países que la ratificaron, el primero de enero de 1988. Esta *Convención* ha sido muy aceptada a nivel mundial, y son ya más de 30 países en los que está en vigor, ubicados en los cinco continentes y de todos los niveles de desarrollo económico, entre los que destacan algunos de los países que tienen más presencia en el comercio internacional, como son Alemania, Francia, Italia, Rusia y China, entre otros.

En el continente americano, la *Convención* está destinada a convertirse en la principal regla común del comercio interamericano, ya que está vigente en los tres países de Norteamérica: Canadá, Estados Unidos y México, así como en dos de los principales exportadores de la región: Argentina y Chile. Ha sido también ratificada por Ecuador, y firmada por Venezuela.

No obstante que la *Convención* es independiente del Tratado Norteamericano de Libre Comercio, al firmarse éste se intensificarán más las relaciones comerciales entre los tres países, y aquélla cobrará mayor importancia práctica, sobre todo por constituir un derecho supranacional, que los particulares preferirán sobre cualesquiera de los derechos nacionales, cuya aplicación para resolver las controversias surgidas de un contrato de compraventa siempre tiende a favorecer a la parte de la nacionalidad correspondiente. Para la solución de los conflictos que se susciten entre particulares, el tratado trilateral contiene una disposición general, más bien de orden programático, pero que podrá tener mucha importancia práctica.[1] Dispone (art. 2022) que los tres gobiernos promoverán el arbitraje comercial como medio de solución de los desacuerdos mercantiles internacionales que surjan entre las empresas o personas particulares de los tres países.[2] Contempla, además, el establecimiento de un Comité Consultivo de Controversias Comerciales Privadas (art. 20224) encargado de hacer recomendaciones para la solución de este tipo de controversias, que podrá desempeñar un papel importante en la evolución hacia un derecho común en materia contractual.

[1] El tratado trilateral contiene también disposiciones relativas a la solución de controversias que se susciten entre un particular y algún gobierno en materia de inversiones extranjeras o en materia de competencia desleal, pero se trata de relaciones que no son, como las que se pretende abordar en este trabajo, de naturaleza estrictamente privada.

[2] Se incluyen las dependencias gubernamentales y las empresas paraestatales cuando actúan con carácter privado.

Así, la *Convención* vendrá a ser la regla conforme a la cual habrán de resolverse, en principio, todos los conflictos que se den entre personas o empresas privadas por razón de compraventas internacionales en el ámbito de la zona norteamericana de libre comercio; además el arbitraje comercial internacional constituirá la jurisdicción que regularmente se aplique e interprete. Lo mismo sucede con el *Acuerdo de complementación económica*, que ya está en vigor entre México y Chile. De acuerdo con éste, la regla que se aplica al fondo de las operaciones comerciales entre personas de ambos países es la *Convención*, y el medio jurisdiccional que se recomienda para resolver los litigios es el arbitraje comercial y, en concreto, el arbitraje de la Comisión Interamericana de Arbitraje Comercial (CIAC). Es previsible, y recomendable, que esto mismo se extienda a otros posibles acuerdos comerciales interamericanos, de modo que llegue a tenerse en el continente una ley común para la compraventa internacional, la *Convención*, y una jurisdicción común, el arbitraje comercial establecido por las reglas de la CIAC.

La *Convención*, como cualquier otra ley, tiene que ser interpretada por los juristas para que llegue a ser, en realidad, la regla que establezca los contenidos de los contratos de compraventa internacional y oriente las decisiones que den los árbitros o los jueces para resolver las controversias entre exportadores e importadores. Se precisa, en otras palabras, que los juristas vayan elaborando una doctrina común sobre la compraventa internacional, que difunda, clarifique, explique, desarrolle, organice y sistematice las reglas contenidas en la *Convención*. El objeto de este libro es contribuir a la elaboración de tal doctrina.

Para conocer lo nuevo hay que partir de lo antiguo, de lo ya conocido. Esta exigencia natural se hace evidente cuando uno estudia por vez primera el texto de la *Convención*. Naturalmente uno tiende a relacionar las reglas, conceptos y principios contenidos ahí con los que conoce por su peculiar formación jurídica. Por eso, no es de extrañar que los primeros trabajos que se publicaron sobre el nuevo texto tuvieran una perspectiva *comparatista*, con la que se busca *concluir* las semejanzas y diferencias que hay entre ella y un determinado derecho nacional. Este enfoque está presente, por ejemplo, en el libro de Alejandro Garro y Alberto Zuppi, titulado *La Convención de las Naciones Unidas sobre los contratos de compraventa internacional de mercaderías en el contexto latinoamericano* (Buenos Aires, 1990), en el que, con gran erudición, se comparan sus reglas con las de los códigos civiles y mercantiles de los países latinoamericanos. La formación jurídica del autor de este texto es principalmente romanista, por lo que sus primeros estudios sobre la *Convención* se hicieron también con una perspectiva romanista.[3]

[3] Los primeros trabajos del autor sobre el tema se reunieron en el volumen titulado *Estudios sobre la compraventa internacional* (México 1991).

Semejante perspectiva tiene que ser sustituida por otra que intente comprender la *Convención* en sí misma y explicarla con sus propios conceptos y reglas, y, sólo después de haberla comprendido en sí misma, proceda a juzgarla desde una perspectiva científica, es decir, desde el punto de vista de las reglas y nociones jurídicas comunes. De esta manera, puede construirse una doctrina sobre la compraventa, que no dependa de algún derecho nacional, sino que parta del texto mismo de la *Convención*, pero que no se agote en el texto. En este libro se ha adoptado esta perspectiva: ante todo, se procura entender la *Convención* en sí misma y casi no se hacen referencias comparatistas con algún derecho nacional, pero también se ha querido dar un paso más en la elaboración doctrinal, y se estructuró el libro de manera sistemática, con un orden ligeramente distinto al que tiene la *Convención*, y no en la forma de un comentario continuo de cada uno de sus artículos, como lo hacen la mayoría de los libros publicados hasta ahora sobre ella.[4]

Esta organización tiene la ventaja de que al agrupar las reglas y conceptos contenidos en la *Convención* en una forma distinta a como están agrupados en el texto de la misma, se descubren nuevas relaciones entre ellos y se precisa mejor su contenido y consecuencias; pero puede objetarse que al modificar el orden establecido en la propia *Convención* se pueda también variar el sentido de sus disposiciones en relación al que tenían en la mente de sus autores. Si se entiende que el Derecho es ciencia, antes que ley, se puede reconocer sin dificultad que el orden definido en una ley, como lo es en sentido amplio la *Convención*, ha de ser también objeto de comentario y discusión por parte de los juristas, quienes son los que finalmente desentrañan, aclaran, explican e interpretan sus contenidos. Lo mismo sucede con todas las ramas del Derecho: el orden de materias de los códigos civiles no es exactamente igual al de los tratados de Derecho civil, ni el de las constituciones el mismo de los tratados de Derecho constitucional.

La reorganización de la materia en un nuevo sistema tiene también la ventaja de facilitar la comprensión del texto de la *Convención*. El libro ha sido pensado para dos usos: como un libro que sirva para estudiar con cierto detenimiento el régimen común o supranacional del contrato de compraventa internacional en su conjunto —y en este sentido puede funcionar como apoyo a un curso sobre el contrato de compraventa internacional—, y como un libro que pueda servir de consulta para solucionar casos concretos de compraventa internacional, es decir, que coadyuve en la labor profesional de los juristas de países donde se encuentra en vigor.

[4] Recientemente ha aparecido un libro alemán que tiene también una estructura sistemática: KAROLLUS, M. *UN-KAUFRECHT. Eine systematische Darstellung für Studium und Praxis* (Viena, 1991).

Entre los países de habla hispana, la *Convención* está en vigor, aparte de México, en Argentina, Chile, Ecuador y España. Pero también puede interesar a los juristas de otros países, en tanto que la *Convención* puede ser aplicada a los contratos de compraventa que celebren personas de países que no la han ratificado, sea porque las partes del contrato lo convienen, sea porque se hace aplicable por efecto de las reglas del derecho internacional privado.

Se ha elaborado este libro partiendo de la comprensión del texto mismo de la *Convención*, con el auxilio de sus fuentes primarias, es decir, el proyecto preparado por la CNUDMI, las actas de las discusiones que hubo en su formulación y aprobación, los comentarios del secretario de la CNUDMI al proyecto, y las actas de las sesiones de las distintas comisiones que lo revisaron y aprobaron en la Conferencia de Viena.[5] El autor se ha apoyado también en los comentarios publicados después de aprobada la *Convención*, pero sobre todo en los comentarios de los autores que participaron en la elaboración del proyecto o en la discusión y aprobación de la *Convención* en Viena; es decir, el autor procuró formar su conocimiento del texto y sus opiniones en contacto con lo que son las fuentes directas.

También acudió constantemente a las *Reglas para la interpretación de los términos comerciales internacionales*, mejor conocidas como *INCOTERMS*, preparadas por la Cámara de Comercio Internacional, las cuales, si bien no constituyen una ley, sí son reflejo de las prácticas comerciales internacionales, y su conocimiento aclara mucho de los contenidos de la *Convención*.

Se ha elaborado el libro con cierta urgencia, dada la creciente importancia práctica que adquiere la *Convención* en México para los abogados, notarios y jueces, no sólo porque tiene ya casi cuatro años de estar en vigor, sin que se haya publicado aquí un libro que la explique en su conjunto, sino, además, porque su conocimiento constituye una pieza fundamental para procurar la equidad y seguridad en las crecientes relaciones comerciales en que intervienen personas y empresas mexicanas. Esto ha impedido detenerse en la revisión de toda la bibliografía y hemerografía, ya abundantes, que se han publicado sobre la materia. Por eso muchas de las opiniones personales del autor sólo tienen un valor de hipótesis, y tendrán que ser confrontadas con las opiniones de otros especialistas.

Al exponer el régimen del contrato de compraventa internacional, pensando siempre en dar una visión unitaria del mismo y facilitar su consulta, se ha fragmentado la materia en cinco subdivisiones, de modo que se traten una por una las distintas cuestiones englobadas en cada uno de

[5] Sobre todos estos documentos y la forma como se citan, se da noticia en el capítulo I, sección 2.

sus diversos aspectos. El libro consta de 11 capítulos, que se enumeran con números romanos; las primeras secciones, con números arábigos; las subsecciones, con letras mayúsculas; luego, con letras minúsculas y, finalmente, con números romanos en minúscula. Esta división facilita la comprensión del conjunto y la consulta directa. Al principio de la obra se proporciona el índice de contenido, en el que puede verse la organización de la obra en detalle, con lo que el lector puede ubicar cada cuestión dentro del conjunto al que corresponde o puede consultar directamente el punto que le interesa. En cada asunto tratado se hacen referencias, en notas a pie de página, a otras cuestiones conexas, indicándose no el número de página donde están tratadas, sino el lugar del orden sistemático donde se encuentran; por ejemplo, al discutirse el principio de *consensualidad* del contrato de compraventa internacional en el capítulo V sección 1, se hace referencia a la reserva que pueden hacer los Estados al respecto, tratada en el capítulo I sección 4 subsección B inciso e; las referencias se hacen en forma abreviada separando los signos de cada subdivisión, únicamente por un espacio, de modo que la referencia apuntada se indica así: I 4 B e.

Se ha elaborado también un índice de fuentes para que el lector que quiera saber la interpretación que se hace de cualquier artículo de la *Convención* y de otros documentos pueda acceder fácilmente a los lugares donde se encuentra. Las referencias se presentan conforme al índice general.

Las indicaciones de fuentes bibliográficas y documentales que aparecen en las notas a pie de página, se hacen, como se advertirá en la lista de abreviaturas, poniendo el nombre del autor, en letras mayúsculas, el título de la obra en cursivas, el número de edición —si no es la primera— con un número exponencial después del título, el lugar y fecha de edición entre paréntesis y la página o número de páginas, al final; todos estos datos separados mediante un espacio, sin utilizar comas. Las referencias hemerográficas se hacen escribiendo en cursivas el nombre de la publicación e indicando a continuación los números correspondientes al volumen y número, luego indicando entre paréntesis lugar y fecha de edición y al final el número de página; todos los datos separados mediante un espacio sin utilizar comas.

Este libro es fruto de la colaboración de varias personas e instituciones que de una u otra manera han aportado algo. En primer lugar, el autor reconoce el apoyo y orientación que recibió del maestro Jorge Barrera Graf, jurista por muchos conceptos ejemplar, y quien fue uno de los redactores de la *Convención*. El interés por el estudio de la misma, surgió en quien elaboró estas páginas en el III Congreso Latinoamericano de Derecho Romano, que tuvo lugar en Bogotá, Colombia, el año de 1981, organizado por la Universidad Externado de Colombia y el *Grupo de Ricerca sulla difusione del Dirito Romano*, en una de cuyas sesiones se trató el tema; los juristas italianos que dirigen este grupo, Pierangelo Catalano y Sandro Schipani, siempre interesados en la actualidad del derecho romano, estimularon y apoyaron este incipiente interés. En amenas conversaciones el autor recibió orientación y referencias bibliográficas de José María Abascal, actual representante de México ante la CNUDMI, y agudas observaciones prácticas de Julio Treviño Ascué. Para la elaboración del índice de fuentes fue decisiva la eficaz y puntal ayuda de Mario Cruz Martínez, joven estudiante con ansias de ser jurista.

Ha sido decisivo el apoyo financiero recibido por parte del Consejo Nacional de Ciencia y Tecnología, CONACYT, gracias al cual fue posible que el autor concentrara sus esfuerzos en la realización del libro, y evitar la lamentable dispersión a la que a veces se ven orillados los investigadores y profesores universitarios mexicanos por falta de recursos. Además, para él fue un gran aliciente el que le brindó la Fundación Ignacio Manuel Altamirano, constituida conjuntamente por la UNAM y el Gobierno del Estado de Guerrero, otorgándole el premio de investigación jurídica ''Ignacio Manuel Altamirano'', mientras tenía esta investigación en curso. Y especialmente importante es el constante respaldo que ofrece la infraestructura y, sobre todo, la comunidad académica del Instituto de Investigaciones Jurídicas de la UNAM.

JORGE ADAME GODDARD

Abreviaturas

art.:	artículo
arts.:	artículos
Actas resumidas 1a. Comisión:	*Actas resumidas de las sesiones de la primera comisión* (documento de la ONU núm. A/CONF. 97/C. 1/SR. 1) reproducido en *DO* 256-464.
CNDUMI:	Comisión de las Naciones Unidas para el Derecho Mercantil Internacional.
Comentarios de la Secretaría:	*Comentarios sobre el proyecto de convención sobre los contratos de compraventa internacional de mercaderías, preparados por la Secretaría* (Documento de la ONU A/CONF. 97/5), reproducido en *DO* 15-72.
Commentary:	BIANCA-BONELL *Commentary on the international sales law* (Milán 1987) 886.
Convención:	*Convención de las Naciones Unidas sobre los contratos de compraventa internacional de mercaderías.*
Convención sobre la prescripción:	*Convención sobre la prescripción en materia de compraventa internacional de mercaderías.*
DO:	*Conferencia de las Naciones Unidas sobre los contratos de compraventa internacional de mercaderías. Documentos Oficiales* (Nueva York 1981) 521.
HONNOLD:	HONNOLD J. *Derecho uniforme sobre compraventas internacionales* (Madrid 1987) 641.
Informe 1a. Comisión:	*Informe de la primera comisión* (Documento de la ONU núm. A/CONF. 97/11) reproducido en *DO* 89-151.
LUCI:	*Ley uniforme sobre la venta internacional de mercaderías.*
LUFC:	*Ley uniforme sobre la formación de contratos para la venta internacional de mercaderías.*
SCHLECHTRIEM:	SCHLECHTRIEM P. *Uniform Sales Law* (Viena 1986) 120.
Yearbook:	*United Nations Commission on International Trade Law Yearbook* (Nueva York).

I. La convención de las Naciones Unidas sobre los contratos de compraventa internacional

El primero de enero de 1989 entró en vigor en nuestro país la *Convención de las Naciones Unidas sobre los contratos de compraventa internacional de mercaderías*,[1] que fue aprobada por una conferencia diplomática celebrada en la ciudad de Viena, el 11 de abril de 1980, y que había iniciado su vigencia entre los primeros 10 países que la ratificaron el 1 de enero de 1988. Como el nombre lo indica, su objetivo es definir un régimen uniforme para los contratos de compraventa internacional que sea aplicable en lugar de las legislaciones nacionales sobre la materia. Constituye un paso decisivo en la construcción de lo que puede denominarse un derecho mercantil internacional, esto es, un derecho que rige relaciones entre personas privadas de diversa nacionalidad. La elaboración de este nuevo derecho común es algo que tiene y tendrá importantes consecuencias prácticas, en tanto que facilita los intercambios de bienes, capitales y servicios en un mundo que tiende a la globalización económica. También tiene una importancia teórica relevante, en tanto que implica la concepción del Derecho, ya no como ley de un Estado territorial, sino como ordenamiento supranacional.

[1] Versión oficial en español en NACIONES UNIDAS (A/CONF. 97/19) *Conferencia de las Naciones Unidas sobre los contratos de compraventa internacional de mercaderías (Viena 10 de marzo-11 de abril de 1980). Documentos Oficiales* (Nueva York 1981); esta obra en lo sucesivo se citará *DO*. La *Convención* fue publicada en el *Diario Oficial* el 17 de marzo de 1988.

1. ANTECEDENTES

La evolución hacia un derecho común sobre la compraventa internacional se inició, en este siglo, en 1929, cuando el Instituto Internacional para la Unificación del Derecho Internacional Privado (UNIDROIT), a propuesta del insigne jurista y romanista Ernst Rabel, decidió establecer un comité que preparase un proyecto de ley uniforme sobre la materia. El comité presentó un proyecto el mismo año de 1929, que después de ser conocido y comentado por los Estados miembros de la Sociedad de Naciones, fue revisado por el propio comité. Éste, atendiendo a las observaciones hechas por los gobiernos de los Estados, presentó un segundo proyecto en 1939, que no pudo ser discutido por la irrupción de la Segunda Guerra Mundial.

Pasada la guerra, el gobierno holandés convocó a una conferencia, a la que asistieron representantes de 20 gobiernos la cual, después de examinar el último proyecto, decidió establecer una comisión especial encargada de reelaborarlo. La comisión produjo dos nuevas versiones: una en 1956, que fue comentada por los gobiernos y organismos internacionales interesados, y a partir de ella hizo una segunda versión, dada a conocer en 1963, que fue bien recibida.

Por otra parte, mientras se discutían los proyectos de una ley uniforme sobre compraventa internacional, que en realidad sólo trataban sobre las obligaciones y derechos del comprador y del vendedor, el UNIDROIT elaboró otro proyecto de ley uniforme sobre la formación del contrato de compraventa internacional, dado a conocer en 1959, que también fue bien acogido.

Habiendo un amplio consenso en cuanto a los propósitos y contenidos de ambos proyectos, el gobierno holandés convocó a otra conferencia, que se reunió en 1964, con el objeto de aprobarlos como leyes uniformes. Asistieron representantes de 28 Estados y observadores de cuatro más y de seis organismos internacionales. El resultado de la conferencia fue la aprobación de dos convenciones: por una se establecía una *Ley uniforme sobre la venta internacional de mercaderías* (LUCI, siglas en inglés ULIS),[2] y, por la otra, una *Ley uniforme sobre la formación de contratos para la venta internacional de mercaderías* (LUFC, siglas en inglés ULFC),[3] ambas firmadas el primero de julio de 1964. La primera entró

[2] El texto en español se publica como apéndice de este libro; también puede consultarse en HONNOLD 595-627 y en *Revista de Investigaciones Jurídicas* 13 (México 1989) 618-646. En lo sucesivo se citará por sus siglas en Español, LUCI.

[3] El texto en español se publica como apéndice de este libro; también puede consultarse en HONNOLD 584-594 y en *Revista de Investigaciones Jurídicas* 13 (México 1989) 601-617. En lo sucesivo se citará por sus siglas en español LUFC.

en vigor el 18 de agosto de 1972 al adherirse a ella Bélgica, Gambia, Holanda, Israel, Italia, el Reino Unido de Gran Bretaña e Irlanda del Norte, la República Federal de Alemania y San Marino. La segunda, el 23 de agosto de 1972, cuando la ratificaron los mismos países con excepción de Israel. Estas convenciones siguen en vigor entre las naciones que no las han denunciado,[4] pero sirven, además, como antecedente para interpretar la *Convención* de 1980.

Cuatro años después, la Comisión de las Naciones Unidas para el Derecho Mercantil Internacional (CNUDMI, siglas en inglés UNCITRAL) decidió pedir a los Estados miembros de la ONU que opinaran sobre las convenciones aprobadas en La Haya y expresaran su intención de ratificarlas o no. Como respuesta a las observaciones recibidas, la referida comisión decidió, en su segundo periodo de sesiones (1969), establecer un grupo de trabajo, al frente del cual estuvo el jurista mexicano Jorge Barrera Graf, quien elaborara un proyecto de convención sobre compraventa internacional que, teniendo en consideración la diferencia de grados de desarrollo entre los países miembros, pudiera obtener una aceptación más amplia que la que recibieron las convenciones de La Haya.

El grupo de trabajo[5] elaboró dos nuevos documentos, surgidos de la revisión de los textos aprobados en La Haya, que fueron aprobados por CNUDMI en sus periodos de sesiones décimo y décimo primero.[6] En este último la comisión también decidió fundir los dos documentos preparados por el grupo de trabajo en un sólo proyecto, con 82 artículos, de convención sobre compraventa internacional,[7] que fue luego presentado a la Asamblea de Naciones Unidas el 16 de diciembre de 1978. La Asamblea[8] decidió convocar a una conferencia diplomática para que discutiera el proyecto de convención sobre compraventa internacional y pidió al secretario general que elaborara un proyecto de las disposiciones relativas a la aplicación, reservas y otras disposiciones finales que podría tener esa convención en caso de ser aprobada.

A la conferencia diplomática concurrieron representantes de 62 Estados y de 8 organismos internacionales. Sus trabajos se desarrollaron en doce sesiones plenarias y en reuniones de dos comisiones especiales. En

[4] Cuando un Estado parte de estas convenciones ratifica o se adhiere a la convención de 1980, debe denunciar las primeras. Ver artículo 99, párrafos 3 a 6, de la *Convención* de 1980.

[5] Las discusiones de este grupo, que constituyen una fuente para la interpretación de la *Convención* se encuentran recogidas en: *United Nations Commission on International Trade Law Yearbook (Anuario de la Comisión de las Naciones Unidas para el Derecho Mercantil Internacional)* I-X (Nueva York 1968-1979). En lo sucesivo se citará *Yearbook*.

[6] Ambos documentos se pueden consultar en *Yearbook* VIII (1977) y IX (1978).

[7] El texto de este proyecto se encuentra en *Yearbook* IX 11, y también en *DO* 5-15.

[8] Resolución 33/93 de la Asamblea General, reproducida en *DO* xv.

las primeras cinco sesiones plenarias se instaló la conferencia y se nombraron las dos comisiones especiales. La primera comisión se ocupó de discutir (en 38 reuniones) el proyecto preparado por la CNUDMI que contenía 82 artículos, y del cual resultaron finalmente los artículos 1 a 88 del actual texto. La segunda comisión discutió (en 9 sesiones) el proyecto de disposiciones finales preparado por el secretario general,[9] del cual resultaron los artículos 89-101 de la convención aprobada, y elaboró un protocolo de enmiendas a la *Convención sobre la prescripción en materia de compraventa internacional de mercaderías.*[10]

Cada comisión elaboró un informe escrito[11] de sus respectivos trabajos, que contenía una breve reseña de la discusión de cada artículo y el texto que se proponían a la aprobación de la conferencia diplomática. Ésta estudió los respectivos informes, discutiendo los artículos uno por uno en siete sesiones plenarias (sesiones 6a. a 12a.). De los 88 artículos que contenía el proyecto preparado por la CNUDMI, revisado y aumentado por la primera comisión, 74 fueron aprobados por unanimidad, y los otros por la mayoría requerida de dos tercios, si bien, en algunos casos, después de que un grupo de trabajo *ad hoc* elaborara un texto de compromiso que superara las divergencias manifestadas durante la discusión. Finalmente toda la *Convención*, presentada como unidad, fue aprobada por unanimidad, el 11 de abril de 1980, con versiones oficiales en árabe, chino, español, francés, inglés y ruso.[12]

La misma Conferencia aprobó el *Protocolo por el que se enmienda la Convención sobre la prescripción en materia de compraventa internacional de mercaderías*, preparado por la segunda comisión. La enmienda de esta convención sobre prescripciones de acciones, que había sido elaborada en 1974, era necesaria para ajustar sus disposiciones a las de la nueva convención sobre los contratos.

2. DOCUMENTOS OFICIALES

Los documentos elaborados durante la conferencia diplomática, o en preparación de ella, fueron recopilados en un volumen publicado por la ONU titulado: *Conferencia de las Naciones Unidas sobre los contratos de compraventa internacional de mercaderías. Viena, 10 de marzo-11 abril de*

[9] Reproducido en *DO* 72.

[10] Sobre esta convención ver *infra* I 7.

[11] El *Informe de la Primera Comisión* reproducido en *DO* 89-151. El *Informe de la Segunda Comisión* reproducido en *DO* 151-165.

[12] Más información sobre la historia de la *Convención* en BONELL *Commentary* 3 y ss.; *DO* 3-5; HONNOLD 4-10.

1980. Documentos Oficiales (Nueva York, 1981) pp. 521. Lleva el siguiente número de publicación de la ONU: A/CONF. 97/19. Este volumen constituye la fuente legislativa primordial para el estudio de la *Convención* y en lo sucesivo se citará abreviadamente *DO*.

El volumen se divide en tres partes. La primera contiene los documentos que analizó y aprobó la conferencia. Cada uno de los documentos se identifica con una letra (A-M) y, cuando es posible, se numeran los párrafos de su texto, lo que facilita mucho las citas. La segunda parte reproduce las actas resumidas de las sesiones plenarias, de las sesiones de la primera comisión y de las sesiones de la segunda comisión; cada acta indica el número y fecha de la sesión correspondiente y presenta sus párrafos numerados. La tercera parte proporciona un cuadro comparativo de la numeración de los artículos de la convención sobre compraventa internacional aprobada en Viena con la numeración de los proyectos preparados por la CNUDMI y las convenciones de La Haya de 1964; además, indica el número de la sesión plenaria y de las sesiones de las comisiones especiales en que se discutió cada uno de los artículos de la convención actual.

De los documentos de la conferencia se hacen frecuentes referencias en este trabajo, principalmente a los siguientes:

Texto del proyecto de Convención sobre los contratos de Compraventa Internacional de Mercaderías, aprobado por la Comisión de las Naciones Unidas para el Derecho Mercantil Internacional, que se cita abreviadamente *Proyecto CNUDMI* indicándose a continuación el número del artículo (*Proyecto CNUDMI art. 5*).

Comentarios sobre el proyecto de Convención sobre los contratos de Compraventa Internacional de Mercaderías, preparados por la Secretaría. Este comentario es una fuente importante para conocer el sentido que tenían las disposiciones del *Proyecto CNUDMI* en la mente de quienes lo elaboraron. Se cita abreviadamente *Comentarios de la Secretaría* y a continuación se indica el número del artículo y el número de párrafo del comentario de ese artículo (*Comentarios de la Secretaría* art. 63 párrafo 2).

Proyecto de Convención sobre los Contratos de Compraventa Internacional de Mercaderías: Proyecto de artículos relativos a la aplicación, declaraciones, reservas y otras cláusulas finales, preparado por el Secretario General, que se cita abreviadamente *Proyecto cláusulas finales*, con indicación de la letra (A-K) del artículo específico (*Proyecto cláusulas finales* art. D).

Informe de la Primera Comisión. Este documento describe los trabajos realizados por dicha comisión para examinar los 88 artículos del *Proyecto CNUDMI*. Su estructura es la siguiente: presenta, uno por uno, el texto del artículo en el citado proyecto, luego el texto de las propuestas de enmiendas presentadas y finalmente se indican las sesiones en que se discutieron el artículo y sus enmiendas; sus párrafos están numerados. Se cita abreviadamente *Informe 1a. Comisión* seguido del número del artículo y el número de párrafo (*Informe 1a. Comisión* art. 23 párrafo 7).

Informe de la Segunda Comisión. Describe los trabajos realizados por esta comisión respecto del *Proyecto cláusulas finales*, con la misma estructura que la del informe de la primera comisión. Se cita *Informe 2a. Comisión* indicándose a continuación el artículo y el párrafo (*Informe 2a. Comisión* art. B párrafo 7).

Además, se citan varias veces las *Actas resumidas* de las sesiones de las comisiones o de las sesiones plenarias, indicándose si es de la primera o de la segunda comisión o de las sesiones plenarias, el número de la sesión y el párrafo correspondiente (*Actas resumidas 1a. Comisión* sesión 27 párrafo 8).

El citar estos documentos dando como referencia los números de artículo, párrafo y sesión tiene la ventaja de que la cita puede localizarse también en las versiones inglesa, francesa u otras, que tienen obviamente una paginación diferente, pero la misma estructura. Para facilitar la consulta al lector de habla española, después de la referencia de los artículos, párrafos o sesiones correspondientes se indica entre paréntesis, después de la abreviatura *DO*, la página donde se localiza en la versión española arriba citada, por ejemplo: *Informe 1a. Comisión* art. 23 párrafo 7 (= *DO* pág. 107).

Todos los documentos que contienen la historia legislativa de la *Convención*, tanto los oficiales, como las actas de las sesiones de trabajo de la CNUDMI, las convenciones de La Haya sobre la materia, y los diversos proyectos discutidos en el seno de la CNUDMI, se hayan recopilados en un volumen preparado por John Honnold titulado *Documentary History of the uniform law for international sales* (Deventer, Netherlands, 1989).

3. DESCRIPCIÓN GENERAL DE SU CONTENIDO

La *Convención* comprende en total 101 artículos. Se inicia con un preámbulo, en el que se expresan sus objetivos y motivos de aprobación, y termina con la cláusula de autenticidad que expresa la fecha, las versiones expedidas y precede las firmas de los representantes. Su articulado se divide en cuatro partes.

La Primera Parte, ''Ámbito de aplicación y disposiciones generales'', comprende los trece primeros artículos. Ahí se establece que se aplicará exclusivamente a los contratos de compraventa internacional; se definen los criterios para juzgar cuando un contrato es internacional; se excluyen cierto tipo de compraventas, por razón de su forma o su objeto, y además se establecen las reglas para interpretar e integrar la *Convención* y para interpretar los contratos de compraventa.

La Segunda Parte, "Formación del contrato", abarca los artículos 14 a 24. Contiene todas las reglas relativas a los requisitos para hacer la oferta, la posibilidad de revocarla o retirarla, la forma de realizar la aceptación, y el momento de perfeccionamiento del contrato. Como principio general establece que la oferta, lo mismo que la aceptación, surten efecto cuando llegan al destinatario (teoría de la recepción).

La Tercera Parte, "Compraventa de mercaderías", es la más amplia: comprende del artículo 25 al 88. Se subdivide en cuatro capítulos, y éstos en secciones. El primer capítulo (arts. 25-29) establece reglas generales sobre el contrato de compraventa: define lo que entiende por "incumplimiento esencial" (concepto novedoso del cual penden importantes consecuencias), establece que toda comunicación entre las partes surte efecto en el momento en que se expide (teoría de la expedición), que el contrato se modifica por mero acuerdo entre las partes, y los casos en que es posible reclamar el cumplimiento específico del contrato. El segundo capítulo, "Obligaciones del vendedor" (arts. 30-52), precisa el contenido de la obligación de entregar las mercancías, el lugar, momento y forma en que debe hacerse; define la responsabilidad del vendedor por la calidad de las mercancías y por los derechos o pretensiones de tercero sobre ellas, especialmente los derivados de la propiedad intelectual, y establece los recursos que tiene el comprador en caso de incumplimiento del vendedor. El siguiente capítulo (arts. 53-65) se refiere a las obligaciones del comprador: precisa el contenido de sus obligaciones de pagar el precio y recibir las mercancías, así como los recursos que tiene el vendedor en caso de incumplimiento. El capítulo cuarto (arts. 66-70) se dedica exclusivamente al problema de transmisión del riesgo, con el criterio de que ésta se opera, en general, cuando el vendedor especifica y pone las mercancías en manos del porteador que las conducirá al comprador o las pone a disposición del comprador. El capítulo quinto (arts. 71-88) da reglas comunes para las obligaciones del comprador y del vendedor: define los recursos que tienen en caso de incumplimiento previsible de la otra o de incumplimiento de una entrega en un contrato de entregas sucesivas; indica los criterios para evaluar los daños y perjuicios y para cobrar intereses moratorios, así como los casos de exoneración de responsabilidad por incumplimiento y los efectos de la resolución del contrato.

La Cuarta Parte, "Disposiciones finales", comprende los artículos 89 a 101. Ahí se establece que el secretario general de las Naciones Unidas es el depositario de la *Convención*; se precisan las reservas que pueden hacer los Estados, la forma en que deberán ratificarla, aprobarla o adherirse a ella, y el momento en que iniciará su vigencia.

4. PAÍSES PARTES (ARTS. 89, 91 A 98 Y 101)

Son partes de la *Convención* los países que la hayan firmado y ratificado y los que se hayan adherido a ella. Los países partes pueden hacer ciertas reservas, sólo las expresamente autorizadas por la misma *Convención*, y tienen la libertad de denunciarla en cualquier momento.

A. Países signatarios y países adherentes (art. 91)

La *Convención* se abrió a la firma de los Estados el día 11 de abril de 1980 (al día siguiente de su aprobación) y permaneció abierta hasta el 30 de septiembre de 1981, en la sede de las Naciones Unidas en Nueva York (art. 91). Como depositario fue designado el secretario general de las Naciones Unidas (art. 89). Los países firmantes fueron 20: Alemania (tanto la República Federal como la República Democrática), Austria, Chile, China, Checoslovaquia, Dinamarca, Estados Unidos de América, Finlandia, Francia, Ghana, Holanda, Hungría, Italia, Lesotho, Noruega, Polonia, Singapur, Suecia, Venezuela y Yugoslavia.[13] Para llegar a ser partes de la *Convención*, los países firmantes debían ratificarla, aceptarla o aprobarla[14] (art. 91-2). De los 20 países firmantes, todos la han ratificado, excepto Ghana, Singapur y Venezuela.

Los países que no la firmaron pudieron adherirse a ella posteriormente, desde la fecha en que quedó abierta a la firma (art. 91-3). Al 31 de diciembre de 1991 se habían adherido 16 países: Argentina, Australia, Bielorrusia, Bulgaria, Canadá, Egipto, España, Guinea, Iraq, México, Rumania, Suiza, Siria, Ucrania, Unión Soviética y Zambia.[15] Durante 1992, se adhirieron Ecuador y Uganda.[16]

Tanto los instrumentos de ratificación, aprobación o aceptación, como los de adhesión, se depositan en poder del secretario general de las Naciones Unidas (art. 91-4). Los países se convierten en partes de la *Convención* a partir de la fecha en que depositan estos instrumentos. Para efectos jurídicos, no hay ninguna diferencia entre ser un país signatario, con ratificación, o ser un país adherente. Pero pueden establecerse algu-

13 Véase *Multilateral treaties deposited with the General Secretary. Status as at 31 december 1991* (Nueva York 1992) 384.

14 No hay diferencia, a efectos internacionales, entre la ratificación, aceptación o aprobación; el hacer un acto u otro depende del derecho interno de cada país.

15 Véase *Multilateral treaties deposited with the General Secretary. Status as at 31 december 1991* (Nueva York 1992) 384.

16 Datos proporcionados por la Consultoría Jurídica de la Secretaría de Relaciones Exteriores de México.

nas diferencias, en cuanto a la aplicación de la *Convención*, por efecto de las declaraciones o reservas que hagan los países en el momento de la ratificación o de la adhesión.

B. Declaraciones o reservas (arts. 92 a 98)

Los Estados partes de la *Convención* tienen el derecho de hacer ciertas reservas o declaraciones respecto de la aplicación de este instrumento internacional. No hay diferencia de sentido entre la palabra "declaración", que usan los artículos 92 a 97, y la palabra "reserva" que usa el artículo 98. Ambas significan que, por efecto de una declaración formal de un Estado parte, la *Convención* se aplicará respecto de ese Estado en un sentido particular.

Para evitar que el esfuerzo de unificación que supuso la aprobación de la *Convención* quedara anulado por una multitud de reservas que pudieran hacer los Estados, se estableció (art. 98) que no pudieran hacerse más reservas que las expresamente previstas en los artículos 92 a 96. Ahí se definen los supuestos que legitiman hacer las reservas y el alcance que éstas tienen.

Las declaraciones pudieron hacerse al momento de la firma, pero para surtir efectos tienen que confirmarse cuando se ratifique, acepte o apruebe (art. 97-1). Pueden hacerse ahora en cualquier momento, sea cuando se presenta el instrumento de ratificación o el de adhesión, sea con posterioridad a ese momento. Deben hacerse por escrito y ser formalmente comunicadas al depositario (art. 97-2). Las declaraciones hechas antes de que la *Convención* entrara en vigor surten efectos a partir del momento en que ésta inicie su vigencia. Las hechas posteriormente surten efectos el primer día del mes siguiente a la expiración de un plazo de seis meses contado a partir de la fecha en que el depositario recibió la notificación,[17] excepto las declaraciones recíprocas previstas en el artículo 94-1, que vinculan a dos o más Estados específicamente determinados, y que surten efectos después del mismo plazo, pero contado a partir de la fecha en que se recibió la última declaración (art. 97-3).

Los Estados partes pueden retirar sus declaraciones en cualquier momento, para lo cual deben notificar su voluntad formalmente, por escrito, al depositario. El retiro surte efectos el primer día hábil del mes siguiente al que venza el plazo de seis meses contado a partir de la fecha en que el depositario recibió la notificación (art. 97-4); cuando se trata de las declaraciones recíprocas previstas en el artículo 94, el retiro de una deja sin

[17] Por ejemplo, si se notificó la declaración al depositario el 15 de enero de 1992, surtirá efectos a partir del primero de agosto de 1992.

efectos las demás una vez que haya transcurrido el plazo mencionado (art. 97-5).

Las reservas que pueden hacer los Estados partes son las siguientes: *a*) que no se aplicará la parte II o la parte III (art. 92); *b*) que sólo se aplicará a determinadas unidades territoriales dentro de un país (reserva de Estado federal, art. 93); *c*) que no se aplicará respecto de ciertos países (art. 94); *d*) que no se aplicará por efecto de las reglas del derecho internacional privado (art. 95), y *e*) reserva de que el contrato de compraventa tendrá que ser por escrito (art. 96).

a) Reserva de que no se aplicará la parte II o la parte III (art. 92)

Debido a que los antecedentes de la actual *Convención* fueron las dos leyes uniformes aprobadas en La Haya,[18] una relativa a la formación del contrato y otra relativa al contrato mismo, se quiso dejar abierta la posibilidad de que los Estados pudieran adherirse a la *Convención* actual excluyendo la aplicación de su parte II relativa a la formación del contrato o la de su parte III relativa al contrato de compraventa. Esta posibilidad permite que la *Convención* se aplique, en los países que hacen esta reserva, sólo para regir el contrato, pero no la formación del contrato (si excluyen la parte II), o sólo para regir la formación del contrato pero no el contrato mismo (si excluyen la parte III).

Cuando un Estado hace esta reserva, no se le considera parte de la *Convención* respecto de las normas que excluyó. Esto tiene consecuencias al determinar si ella habrá de aplicarse o no a determinados contratos. En principio, se aplica a contratos en los que el comprador y el vendedor tienen su establecimiento en Estados partes; pero si resulta que el comprador lo tiene en un Estado que excluyó la aplicación de las normas relativas a la formación del contrato y el vendedor lo tiene en un Estado que no hizo esta reserva, el resultado es que la *Convención* no se aplicará en lo relativo a la formación del contrato, porque se entiende que el Estado del comprador no es Estado parte en este aspecto (art. 92-2).

La ley que en ese caso regirá la formación del contrato es la que resulte aplicable con base a las reglas del Derecho internacional privado, que podrá ser la ley que hayan convenido las partes, o a falta de ella, la ley del Estado del comprador o la ley del Estado del vendedor. Si resulta aplicable la ley del Estado del vendedor, entonces sería la propia parte II de la *Convención* la que regiría la formación del contrato, pero sería aplicable, no porque el comprador y vendedor tienen su establecimiento en Estados

[18] *Supra* I 1.

partes de la misma (no según el art. 1-1-a), sino por efectos de las reglas del derecho internacional privado (según el art. 1-1-b).

Para el 31 de diciembre de 1991 habían hecho esta reserva sólo cuatro Estados: Dinamarca, Finlandia, Noruega y Suecia, que excluyen la aplicación de la parte II.[19]

b) Reserva de que sólo se aplicará a determinadas unidades territoriales dentro de un país (reserva de estado federal, art. 93)

Pensando en los Estados organizados en forma federal o similar, en los que puede haber unidades territoriales (entidades federativas) en las que se apliquen regímenes jurídicos diversos, el artículo 93 establece la posibilidad de que dichos Estados declaren que la *Convención* se aplicará en todas sus unidades territoriales o sólo en una o en varias de esas unidades territoriales.

Si un Estado de estas características no hace una reserva a favor de una o varias unidades territoriales, se entiende que la *Convención* se aplica a todas ellas (art. 93-4). Este ha sido el caso de México, y puede serlo de cualquier Estado cuyo poder federal o central tenga la facultad constitucional de celebrar tratados en materia de comercio internacional.[20]

Como consecuencia de esta reserva, las unidades territoriales excluidas no se consideran territorios donde se encuentra en vigor la *Convención* y, por lo tanto, las personas con establecimientos en dichas unidades no pueden considerarse integrantes de un Estado parte. Esto tiene importancia para determinar la aplicabilidad de la misma a los contratos de compraventa que tales personas celebren, pues, al igual que con la reserva del artículo 92, no podrá aplicarse por efecto del artículo 1-1-a, pero sí por efecto del artículo 1-1-b.

Al 31 de diciembre de 1991 habían hecho una declaración sobre este artículo: Australia, que indicó que el tratado se aplicaría en todas sus unidades territoriales, con excepción de Christmas Island, Cocos (Keeling) Islands y Ashmore y Cartier Islands; Canadá, que incluyó Alberta, British Columbia, Manitoba, New Brunswick, Newfounland, Nova Scotia, Ontario, Prince Edward Island y Northwest Territories, y luego retiró esta declaración (el 29 de junio de 1992), por lo que la *Convención* se aplicará

[19] Véase *Multilateral treaties deposited with the General Secretary. Status as at 31 december 1991* (Nueva York 1992) 385.

[20] HONNOLD 509, quien también sostiene que en los Estados Unidos el poder federal tiene tal facultad.

en todo su territorio desde el primero de enero de 1993, y Dinamarca, que excluyó la aplicación en Faroe Islands y Greenland.[21]

c) Reserva de que no se aplicará respecto de ciertos países (art. 94)

El objetivo final de la *Convención* es conseguir un régimen común del contrato de compraventa internacional. Tomando en cuenta que algunos países de ciertas regiones económicas habían constituido ya algunos sistemas de normas comunes en materia de compraventa internacional, se consideró prudente que la adhesión a ella no implicara la disgregación de los regímenes comunes ya formados, pues de algún modo ellos también contribuyen a ese objetivo. Por eso se incluyó la posibilidad de que los Estados que forman parte de estos sistemas puedan hacer la reserva de que la *Convención* no se aplique entre ellos. La utilidad que obtienen estos Estados al adherirse a ella es que consiguen un régimen uniforme de compraventa internacional para sus relaciones comerciales con personas que tienen su establecimiento en Estados que no forman parte del sistema regional.

La reserva puede hacerse respecto de Estados partes de la *Convención* (párrafo 1 del artículo 92), mediante una declaración conjunta de todos los Estados que hacen la reserva, o a través de declaraciones unilaterales recíprocas de cada uno de los Estados miembros del sistema regional.

O puede hacerse respecto de Estados que no son partes (párrafo 2), y entonces basta la sola declaración del Estado que hace la reserva. Si sucede que un Estado respecto del cual se había hecho la reserva conforme al párrafo 2 pasa a ser parte de la *Convención*, la reserva puede seguir surtiendo efecto, conforme al párrafo 1, si este último Estado hace la declaración correspondiente (párrafo 3).

Al 31 de diciembre de 1991 sólo habían hecho reservas conforme a este artículo los países nórdicos (Dinamarca, Finlandia, Noruega y Suecia) que, de acuerdo con el párrafo 1 del artículo y emitiendo declaraciones unilaterales recíprocas, indicaron que la *Convención* no se aplicaría a contratos en los que el comprador y el vendedor tuvieran sus establecimientos en dos de estos Estados. Como Finlandia y Suecia fueron los primeros que ratificaron la *Convención*, el 15 de diciembre de 1987, cada uno declaró que no se aplicaría entre ellos, conforme al párrafo 1, y que tampoco se aplicaría respecto de Dinamarca y Noruega, que aún no eran Estados partes, de conformidad con el párrafo 2. Cuando Dinamarca (14 de febrero de 1989) y Noruega (20 de julio de 1988) ratificaron la *Conven-*

[21] Véase *Multilateral treaties deposited with the General Secretary. Status as at 31 december 1991* (Nueva York 1992) 384-385.

ción, hicieron la correspondiente declaración respecto de Finlandia y Suecia, con lo cual la reserva que estos dos países habían hecho conforme al párrafo 2 pasó a tener vigor de conformidad con el párrafo 1. Además, los cuatro países han hecho la reserva, siguiendo el párrafo 2, de que tampoco se aplicará a contratos con personas que tengan su establecimiento en Islandia.[22]

d) Reserva de que no se aplicará por efecto de las reglas de derecho internacional privado (art. 95)

La finalidad de uniformar el régimen del contrato de compraventa internacional hizo concebir que la *Convención* pudiera aplicarse, no sólo a contratos en los que tanto el comprador como el vendedor tuvieran su establecimiento en un Estado parte de la *Convención* (art. 1-1-a), sino también a contratos en los que sólo uno de ellos tuviera su establecimiento en un Estado parte, siempre que, por efecto de las normas del derecho internacional privado, la ley aplicable al contrato fuera la de ese Estado parte (art. 1-1-b). Esta última posibilidad, si bien amplía el ámbito de aplicación de la *Convención*, podía parecer inconveniente a Estados que estarían dispuestos a ceder a la aplicación de su legislación interna a un contrato de compraventa internacional sólo sobre una base de reciprocidad. En vista de esta posible objeción, en el artículo 95 se determinó que los Estados pudieran hacer la reserva de que no aplicarían la *Convención* por efecto de las reglas de derecho internacional privado.

La consecuencia práctica de esta reserva es que en los Estados que la asuman la *Convención* sólo se aplicará cuando los dos contratantes tengan su establecimiento en algún Estado parte. México no hizo esta reserva, por lo que ella se aplicará, por ejemplo, a contratos de compraventa internacional entre un comprador mexicano y un vendedor japonés (Japón no es parte de la *Convención*) si resulta que la ley aplicable al contrato es la ley mexicana. En cambio, como Estados Unidos hizo esta reserva, los contratos de compraventa entre japoneses y estadounidenses siempre se habrán de regir por una ley nacional, sea la japonesa o la norteamericana.

Al 31 de diciembre de 1991, habían hecho esta reserva, además de Estados Unidos de América, Checoslovaquia y la República Popular China. Canadá la hizo, pero sólo respecto del territorio de British Columbia.[23]

22 Véase *Multilateral treaties deposited with the General Secretary. Status as at 31 december 1991* (Nueva York 1992) 385.

23 Véase *Multilateral treaties deposited with the General Secretary. Status as at 31 december 1991* (Nueva York 1992) 384-385.

e) Reserva de que el contrato de compraventa tendrá que ser por escrito (art. 96)

Como regla general, la *Convención* establece un principio de informalidad, esto es, que cualquier declaración de intención de alguna persona, sea la oferta, sea la aceptación, sea cualquier otra declaración unilateral, así como el contrato mismo de compraventa, no tienen que constar por escrito ni estar sujetos a ningún requisito de forma (arts. 11, 14, 18). Por consiguiente, el contrato puede modificarse o extinguirse por mero acuerdo informal de las partes (art. 29).[24] Si bien esta regla se ajusta a las necesidades y prácticas del comercio internacional, para algunos Estados podría resultar problemática su aceptación, porque su legislación les exige la forma escrita del contrato de compraventa. Por esta razón, el artículo 96 establece la posibilidad de que los Estados que se encuentren en esa situación hagan la reserva de que no aplicarán tal principio de informalidad y exigirán, por consiguiente, la forma escrita, para que surta efectos el contrato o cualquier acuerdo que lo modifique o extinga, así como las declaraciones previas al contrato, a la aceptación, la oferta y cualquier otra.

El efecto de esta reserva es más amplio que el de las otras, pues afecta también a las personas de Estados que no la hayan hecho. De acuerdo con el artículo 12, cuando se celebra un contrato, o se intenta celebrarlo, con una persona cuyo establecimiento está en un Estado que hizo esta reserva, todas las declaraciones de las partes, el contrato mismo y los acuerdos posteriores sólo surten efecto si constan por escrito. En consecuencia, un vendedor que tiene su establecimiento en un Estado que no hizo la reserva, no puede confiar en la eficacia de un contrato verbal con un comprador que tiene su establecimiento en un Estado que sí la hizo. Además, para asegurar la eficacia de esta regla, el mismo artículo dispone, como excepción al principio general de autonomía de los contratantes, presente en toda la *Convención*, que éstos no podrán modificar el efecto de este artículo con ningún acuerdo. Con ello se quiso evitar que la reserva hecha por un Estado pudiera hacerse inútil por el acuerdo de contratantes privados.

Los Estados que habían hecho esta reserva al 31 de diciembre de 1991[25] eran: Argentina, Bielorrusia, Chile, Hungría, Ucrania y la Unión de Repúblicas Socialistas Soviéticas.

[24] Este artículo habla más bien de que si las partes convienen que la modificación de un contrato tiene que constar por escrito, se deberá estar a ello, pero interpretado *a contrario* significa que a falta de acuerdo de las partes, el contrato puede modificarse por mero acuerdo informal.

[25] Véase *Multilateral treaties deposited with the General Secretary. Status as at 31 december 1991* (Nueva York 1992) 384-385.

C. Denuncia de la *Convención* (art. 101)

Cualesquiera de los Estados parte puede, en cualquier momento, quedar desligado denunciando la *Convención* mediante una notificación formal, por escrito, hecha al depositario de la misma, es decir, al secretario general de las Naciones Unidas. Y así como los Estados pueden adherirse a toda la *Convención* o excluyendo su parte II (formación del contrato) o su parte III (el contrato), pueden también denunciarla en su totalidad o sólo su parte II o su parte III (art. 101-1).

La denuncia surte efecto el primer día del mes siguiente a la expiración del plazo de 12 meses, contado a partir de la fecha en que la recibió el depositario. Pero el Estado denunciante puede fijar un plazo más largo para que surta efecto, pero no uno más breve, pues podría perjudicar a los otros Estados. Este plazo se contará siempre a partir de la fecha en que el depositario recibió la notificación de denuncia, es decir, a partir del momento en que los demás Estados tienen la posibilidad de conocer que se ha hecho tal denuncia (art. 101-2)

5. INICIACIÓN DE VIGENCIA (ARTS. 99 Y 100)

La *Convención* contempla dos momentos para iniciar su vigencia: el momento en que entrará en vigor entre los primeros países que la hayan ratificado, y el momento en que entrará en vigor en los países que la ratifiquen posteriormente. Esos momentos, además de marcar el principio de vigencia, pueden determinar la derogación de algunos otros acuerdos internacionales sobre la materia.

A. Iniciación general de vigencia

De acuerdo con su artículo 99-1, la *Convención* entrará en vigor el primer día del mes siguiente a la expiración de un plazo de doce meses posterior al día en que se haya depositado el décimo instrumento de ratificación o adhesión, ante el secretario general de las Naciones Unidas.

Esto ocurrió el primero de enero de 1988, puesto que el 11 de diciembre de 1986 se depositaron simultáneamente los instrumentos de ratificación de Italia, la República Popular China y los Estados Unidos de América, con lo que se cumplió el requisito de diez ratificaciones o adhesiones. A partir de esa primera fecha, la *Convención* estuvo en vigor en: Argentina, Egipto, Estados Unidos de América, Francia, Italia, Hungría, Lesotho, República Popular China, Siria, Yugoslavia y Zambia.

El hecho de que la *Convención* iniciara su vigencia en países de cuatro continentes, que tienen diverso grado de desarrollo económico y diferente sistema político, augura una amplia aceptación.

Conviene recordar que puede aplicarse a contratos en los que sólo una de las partes tiene su establecimiento en alguno de los Estados donde ya entró en vigor, si resulta que las reglas del derecho internacional privado establecen que el derecho aplicable al contrato es el del Estado que la ha ratificado. Por ejemplo, si un comprador mexicano celebró un contrato con un vendedor francés, el 15 de mayo de 1988, y las reglas de derecho internacional privado definen que el derecho aplicable al contrato es el derecho francés, entonces se aplica la *Convención*, aun cuando no haya entrado en vigor en México.

No obstante que el inicio de vigencia ocurre un día determinado, su aplicación a casos concretos puede ocurrir en dos momentos, como lo prevé su artículo 100. La segunda parte de la misma, sobre la formación del contrato, se aplica a ofertas que surtieron efecto el día que entró en vigor la *Convención* o posteriormente. La tercera parte, relativa a las obligaciones del comprador y del vendedor, se aplica a contratos que se perfeccionaron el día en que entró en vigor o posteriormente. Por ejemplo, si un vendedor argentino hace una oferta que surte efecto el 29 de diciembre de 1987 (esto es, antes del inicio general de vigencia), y el comprador la acepta el 2 de enero de 1989, cuando ya había entrado en vigor, se aplica la *Convención* para regir las obligaciones de las partes, pero no para regir lo relativo a la formación del contrato.

B. Iniciación particular de vigencia

Para los países que la ratifiquen o se adhieran posteriormente, entrará en vigor (art. 99-2) el primer día del mes siguiente a la expiración de un plazo de 12 meses, contado a partir de que fue depositado el instrumento de adhesión o ratificación. Puede retrasarse este momento, como se explica más abajo (*sub C*), respecto de países que fueron partes de las convenciones de La Haya. Al final de este capítulo se presenta un cuadro de los países que actualmente son partes y de la fecha del inicio de vigencia en cada uno de ellos.

C. Efectos derogatorios

La entrada en vigor de la *Convención* no deroga, en principio, ningún otro acuerdo internacional que rija las mismas materias, excepto las convenciones de La Haya sobre formación del contrato y contrato de compraventa (LUFC y LUCI) que, como se explica más adelante, tienen que denunciarse. Por eso, el artículo 90 dispone que esos acuerdos seguirán aplicándose a contratos en que los dos contratantes tengan sus establecimientos en Estados que son parte de esos acuerdos, no obstante que los mismos Estados sean también parte de la *Convención*. Como el efecto del artículo es limitar la aplicación de la *Convención*, reconociendo la vigencia de otros acuerdos sobre las mismas materias, se tuvo a bien definir —dice Evans—[26] que éstos sólo prevalecerán cuando las dos partes de un contrato tuvieran su establecimiento en Estados miembros de esos acuerdos.

Se redactó el artículo teniendo presente, sobre todo, la existencia del acuerdo sobre condiciones de entrega de las mercancías que estaba en vigor entre los países socialistas;[27] por eso, cuando Hungría presentó su instrumento de ratificación de la *Convención*, aclaró que tal acuerdo seguiría en vigor según lo prescrito por el artículo 90. Pero el artículo también prevé que pueda aplicarse respecto de cualquier otro preexistente, o incluso tratados futuros. Podría ser, por ejemplo, que se convinieran algunas reglas sobre contratos de compraventa internacional para aplicarse entre los países de la Comunidad Económica Europea o de alguna otra región, y esas reglas se aplicarían entre dichos países con preferencia sobre las disposiciones de la *Convención*.

Respecto de las convenciones de La Haya (LUFC y LUCI), que fueron sus antecedentes directos, la regla es lógicamente otra. El artículo 99-3 dispone que los Estados que ratifiquen o se adhieran a la *Convención* y que fueran partes de las dos convenciones citadas o de una de ellas, deben denunciarlas o denunciarla al mismo tiempo que ratifican o se adhieren a la nueva. Esta disposición se sanciona con lo que prescribe el párrafo 6 del mismo artículo: que la *Convención* no entrará en vigor en los paises que eran partes de las convenciones de La Haya, sino hasta que la denuncia de éstas haya surtido efecto. Como se trata de sustituir completamente a las convenciones anteriores por la nueva, se establece (art. 99-4) que si un país era parte de la convención de La Haya sobre formación del contrato y se adhiriera a la *Convención* excluyendo la aplicación de su parte II sobre ese tema, tiene que denunciar la convención de La Haya, de modo que se excluya su vigencia aun cuando no vaya a aplicarse la nueva convención en lo relativo a la formación del contrato; y lo mismo se dispone cuando un país era parte de la convención de La Haya sobre el contrato de compraventa y se adhiere o ratifica la nueva, excluyendo la aplicación de su parte III relativa a la misma materia. En síntesis, los países que eran

[26] *Commentary* 637.

[27] *General Conditions of delivery of Goods between Organizations*, firmado por los países miembros del *Council for Mutual Economic Assistance*.

partes de las convenciones de La Haya tienen que denunciarlas si quieren ratificar a adherirse, total o parcialmente, a la nueva convención.

D. Iniciación de vigencia en México

Los juristas mexicanos estuvieron presentes en los trabajos de formación del proyecto de convención, representados por Jorge Barrera Graf, quien fungía como jefe del Grupo de Trabajo de UNCITRAL que preparó el proyecto. A la Conferencia de Viena asistió una delegación mexicana, encabezada por Roberto Mantilla Molina, quien desempeñó el cargo de presidente de la Segunda Comisión de la Conferencia de Viena y tuvo una activa participación en los debates. Pero el gobierno mexicano no firmó la convención aprobada en Viena. Posteriormente se adhirió a ella, la cual entró en vigor en México, sustituyendo la aplicación de las leyes nacionales en las compraventas internacionales que contrajeran personas (físicas o morales) con establecimientos en el territorio nacional.

a) Fecha de iniciación de vigencia

Siete años después de que tuvo lugar la conferencia diplomática en Viena, la Cámara de Senadores aprobó la *Convención*, sin reservas, mediante decreto expedido el 14 de octubre de 1987 y publicado en el *Diario Oficial de la Federación* el 12 de noviembre de ese año. El Presidente de la República firmó el instrumento de adhesión el 17 de noviembre, que fue depositado ante el secretario general de las Naciones Unidas el 29 de diciembre del mismo año, por lo que, de acuerdo con el artículo 99-2, inició su vigencia en México el primero de enero de 1989. El texto fue publicado en el *Diario Oficial* el 17 de marzo de 1988, junto con el decreto de promulgación expedido por el Presidente de la República.

b) Relación con la legislación nacional

Al ser promulgada y publicada en el *Diario Oficial de la Federación*, la *Convención* se integra al derecho mexicano, pero es una parte peculiar, dado que se aplica, no a relaciones entre mexicanos o personas residentes en territorio nacional, como lo hacen las leyes nacionales, sino a relaciones entre mexicanos y extranjeros.

Como tratado internacional, de acuerdo con el artículo 133 constitucional, la *Convención* es, junto con la Constitución y las leyes que emanen de ella aprobadas por el Congreso de la Unión, norma suprema de la nación. Esto significa que adquiere una jerarquía de primer rango en el orden jurídico mexicano, que la hace prevalecer sobre otras leyes federales o locales que se le opongan. Por consecuencia, la *Convención* viene a sustituir, en lo que respecta a las compraventas internacionales, al Código de Comercio, al Código Civil del Distrito Federal (aplicable como norma supletoria en materia mercantil), a la Ley Federal de Protección al Consumidor[28] y a la Ley de Navegación y Comercio Marítimos. Esta sustitución, o derogación parcial, no es sólo el resultado de que la *Convención* como norma posterior deroga las normas anteriores sobre la materia. Si sólo fuera ésta la razón de su supremacía, bastaría una reforma al Código de Comercio para que fuera postergada como ley anterior, derogada por la reforma a dicho código, que sería la ley posterior.

La supremacía de la *Convención* se funda en el citado artículo 133 constitucional que le da el rango de ley suprema. De acuerdo con la jurisprudencia de la Suprema Corte de Justicia,[29] el artículo 133, al hablar de leyes "emanadas" de la Constitución se refiere a las leyes reglamentarias de la misma, por lo que se entiende que dicho artículo establece que son "ley suprema de la Nación" la Constitución, sus leyes reglamentarias y los tratados internacionales y, por consiguiente, prevalecen sobre cualquier otra ley federal o local.

Respecto de la cuestión de si la *Convención* puede regir cuando contradiga la Constitución, el propio artículo 133 da la respuesta, al exigir que los tratados, para que sean ley de la Nación, estén de acuerdo con la Constitución. Fernando Vásquez Pando[30] ha dicho que puede contradecir la constitución mexicana, en tanto que se refiriera a compraventas civiles que son materia de competencia local. Su argumento es que un tratado no puede disminuir la competencia de las legislaturas locales, porque al hacerlo viola la distribución de competencias hechas por la Constitución.

[28] Debe tenerse en cuenta que la *Convención* no se aplica (art. 2-a) respecto de compras hechas para fines de consumo personal o doméstico, por lo que dichas operaciones, aunque se efectúen por personas que tengan sus establecimientos en estados diferentes, continuarán reguladas por la Ley de Protección al Consumidor, cuando la ley aplicable al contrato sea la ley mexicana. No regiría, en cambio, esta ley protectora del consumidor, en compras de mobiliario o equipo hechas por una empresa, pues aun cuando sean para su consumo, no puede decirse que sea éste un consumo personal o doméstico, en el sentido que lo entiende el citado artículo de la *Convención*.

[29] Apéndice de Jurisprudencia 1917-1985. IX parte, México, 1985, pág. 206, tesis 155. Textualmente la tesis dice: "La Ley de Amparo por ser reglamentaria de los artículos 103 y 107 constitucionales, está colocada en un plano superior de autoridad, respecto de cualesquiera otras leyes de carácter local o federal..." Leyendo los cinco precedentes que formaron esta tesis obligatoria, queda claro que se entiende que las leyes complementarias de la Constitución son las leyes "emanadas" de la misma.

[30] En "Comentarios a la convención sobre los contratos de compraventa internacional de mercaderías, a la luz del derecho mexicano" *Anuario Jurídico* X (México 1983) 40 y ss.

En efecto, la *Convención* no distingue entre compraventas civiles y mercantiles; se aplica, según su artículo 1, cuando el comprador y vendedor tiene su "establecimiento" en Estados diferentes, independientemente de la nacionalidad de las partes (pueden ser, incluso, de la misma nacionalidad), y de si son o no comerciantes. En un planteamiento meramente teórico, el argumento de Vásquez Pando está justificado. Pero la posibilidad de que realmente opere esa sustracción de competencia es muy limitada, porque la *Convención* misma dispone que no se aplicará a compraventas hechas para consumo personal o doméstico (art. 2-a), con lo que se excluyen casi todas las compraventas civiles. Además, el Código de Comercio, por reforma del 4 de enero de 1989, establece (art. 1050) que las compraventas en las que una parte sea civil y la otra comerciante, se regirán por leyes mercantiles.[31] Por lo tanto, para que la *Convención* se aplique inconstitucionalmente a compraventas civiles, que deben ser regidas por el derecho mexicano, tendría que tratarse de una compraventa internacional, entre dos particulares, y que no fuera para consumo personal o doméstico.[32]

Aparte de esa posible contradicción con la Constitución, no veo en qué otro punto pudiera la *Convención* contrariarla. Por consiguiente, cabe afirmar que una vez promulgada se ha convertido, junto con la Constitución y sus leyes reglamentarias, en "ley Suprema de la Nación", como lo dice el artículo 133 constitucional, lo que significa, de acuerdo con la tesis jurisprudencial citada, que está en la misma jerarquía que las leyes reglamentarias de la Constitución y que prevalece sobre cualquier otra ley federal o local.

Pero más que la jerarquía que tenga en el orden jurídico mexicano, lo que determina la primacía de la *Convención* respecto de las leyes nacionales es su ámbito material específico, esto es, el que tenga por objeto regular las compraventas internacionales, a diferencia de las leyes nacionales que tienen por objeto regular las compraventas entre nacionales. Por

[31] Según el Código de Comercio (art. 75) son compraventas mercantiles las hechas con propósito de especulación comercial (fracción II), las que tienen por objeto porciones, acciones y obligaciones de las sociedades mercantiles (fracción III), y las que se contraigan entre comerciantes, si no son de naturaleza esencialmente civil (fracción XXI). Por reforma publicada en el *Diario Oficial* el 4 de enero de 1989, se reformó el artículo 1050 de dicho código, con el objeto de establecer que, cuando un acto tuviera para una parte naturaleza civil y para otra naturaleza mercantil, el acto "se regirá conforme a las leyes comerciales". Por consecuencia, todas las compraventas en que una parte sea comerciante y otra civil, que antes eran de naturaleza mixta, ahora son ya, por la reforma al artículo 1050, compraventas mercantiles.

[32] Sin embargo, el problema general que plantea Vásquez Pando, si un tratado puede afectar la distribución de competencias entre la Federación y los Estados, es un problema importante que, como el mismo Vásquez Pando dice, requiere de mayor estudio.

este peculiar objeto material, la *Convención* constituye un cuerpo jurídico o estrato jurídico diferente del conjunto del derecho nacional y diferente también del derecho internacional público, que si bien rige, al igual que ella, relaciones internacionales, se distingue de ella porque rige relaciones entre Estados y ésta relaciones entre particulares.[33] Esta concepción de la *Convención* como un derecho autónomo es lo que justifica que pueda interpretarse con independencia de la interpretación doctrinal y jurisprudencial del derecho mexicano.[34]

6. RELACIONES ENTRE LA *CONVENCIÓN* Y LOS DERECHOS NACIONALES

Al ser promulgada y entrar en vigor en un determinado Estado, la *Convención* se integra formalmente al derecho de ese Estado, pero materialmente es un derecho internacional, que se aplicará no a las relaciones entre ciudadanos o residentes en ese Estado, sino a las relaciones entre éstos y extranjeros. Su ámbito de aplicación no queda circunscrito ni por el territorio del Estado ni por la ciudadanía. Se trata pues, de un derecho que, aunque llegue a ser formalmente parte de un derecho nacional, es de aplicación supranacional.[35]

No es esto una novedad en la historia del derecho. Semejante diversificación de estratos jurídicos sucedía en el Imperio Romano, y en Europa de los siglos XIII a XVIII. En el derecho romano, se distinguía entre el *ius civile*, como un derecho aplicable exclusivamente a los ciudadanos romanos por medio de un órgano jurisdiccional propio (el pretor urbano), y el *ius gentium*[36] o derecho de gentes que se aplicaba a las relaciones de ciudadanos con extranjeros (*peregrini*), por medio de otro órgano jurisdiccional (el pretor peregrino). Por otra parte, en la baja Edad Media, como resultado de las escuelas de juristas denominadas glosadores y co-

[33] En mi opinión, la cuestión de la relación de los tratados internacionales con la legislación nacional debe tratarse, no como un problema de "jerarquía de leyes", que es un planteamiento que no conduce a ningún resultado positivo, sino como un problema de relación entre ordenamientos jurídicos diversos y autónomos que coexisten en un determinado tiempo y espacio. Desarrollo estas ideas en el artículo "Relaciones entre el Tratado de Libre Comercio y la Legislación mexicana, en *Revista de Investigaciones Jurídicas* 16 (México 1992) 9-33.

[34] *Infra* III 1 A.

[35] Evito el término "internacional", porque éste evoca el derecho que rige las relaciones entre naciones o entre Estados; la convención rige, en cambio, relaciones entre particulares.

[36] ADAME, J. *Boletín Mexicano de Derecho Comparado* XIX 56 (México mayo-agosto 1986) 425 y ss.

mentaristas, surgió en Italia y luego se recibió en Francia, España, Alemania y demás países de la cristiandad europea, un derecho común (*ius commune*), que se aplicaba como derecho supletorio en los territorios que lo habían recibido, y especialmente en las situaciones que no estaban previstas por los derechos locales, para regir las relaciones entre personas que estaban vinculadas a distintos derechos territoriales.[37]

La *Convención* viene a ser hoy, como lo fueron el *ius gentium* o el *ius commune*, un estrato jurídico diferenciado de los derechos nacionales, que empieza a denominarse derecho mercantil internacional. Por eso, se puede plantear la *Convención* como un derecho autónomo respecto del orden jurídico nacional. Pero como el derecho mercantil internacional no constituye un orden jurídico completo, sino que apenas comienza su desarrollo, requiere del derecho nacional como norma subsidiaria.

A. La *Convención* como derecho autónomo

Teniendo la *Convención* un ámbito de aplicación diferente del que tiene el derecho nacional y constituyendo un estrato jurídico diferenciado, debe interpretarse, no a la luz de los principios, historia, reglas, criterios y soluciones del derecho nacional, sino a la luz de sus propios principios y su propia historia, tal como lo dispone su artículo 7. El primer párrafo de dicho artículo dice que la convención debe interpretarse "teniendo en cuenta su carácter internacional".[38] Esto significa, por argumentación a contrario, que no puede ser interpretada como derecho nacional.

Los autores del *proyecto* CNUDMI, sabedores de que preparaban un texto jurídico de aplicación supranacional, que tendría que ser observado por comerciantes y jueces de muy diversos sistemas jurídicos, procuraron redactarlo con un lenguaje común, que evitara, en lo posible, el uso de palabras técnicas, cuyo contenido podría ser diverso según que se relacionara con uno u otro sistema jurídico. Por eso no aparecen en la conven-

[37] Una descripción general del proceso de gestación, difusión y recepción del derecho común se encuentra en WIEACKER, F. *Historia del Derecho Privado en la Edad Moderna* trad. Francisco Fernández Jardón (Madrid 1957) 34 y ss.

[38] Por eso, en *Commentary*, obra que comenta uno por uno todos los artículos de la *Convención*, en la que escriben prestigiados juristas de diversos países, que fueron miembros del grupo de trabajo que preparó el proyecto o participantes en la conferencia que lo aprobó, todos los comentarios se inician con una referencia a la historia del artículo en los trabajos de CNUDMI, en las convenciones de compraventa de La Haya y en las discusiones en la Conferencia de Viena. En el comentario hecho por BONELL al artículo 7 (págs. 72 y ss.) se afirma que la *Convención* debe interpretarse sin relación a ningún Derecho nacional, y en concordancia con sus propios principios e historia. HONOLD también recurre a la historia de la misma como vía de interpretación.

ción palabras como culpa, fuerza mayor o mora. Así procuraban asegurar que la *Convención* se interpretara, no en relación con uno u otro derecho nacional, sino como un derecho ''internacional''.

Añade el citado artículo 7, párrafo primero, que la *Convención* debe interpretarse procurando ''la uniformidad en su aplicación''. Para conseguir este fin de uniformidad en la aplicación, es evidente que los jueces y árbitros deben juzgar los casos, teniendo más en cuenta la doctrina internacional sobre la *Convención* y las decisiones que otros jueces y árbitros han tomado fundados en ella —aun cuando sean jueces y árbitros de otros sistemas jurídicos—, que la doctrina y precedentes judiciales de sus respectivos ordenamientos jurídicos nacionales. Por ejemplo, los jueces y árbitros mexicanos no deben aplicarla teniendo en cuenta la legislación mercantil o civil mexicana, ni tampoco la doctrina que comenta esa legislación, sino que deben referirse a la historia y principios de la *Convención* y a la doctrina que la comenta, sea de autores mexicanos o de autores extranjeros; tampoco deben tener en cuenta los precedentes judiciales que haya respecto de compraventas regidas por la legislación nacional, ni siquiera los que constituyan tesis de jurisprudencia obligatoria; en cambio, sí deben tener en cuenta las decisiones que hayan dictado jueces o árbitros extranjeros o mexicanos en casos regidos por la *Convención*. Esto hace necesario, como dice Bonell,[39] que los jueces que conocen de su aplicación tengan la posibilidad de conocer las sentencias que otros jueces hayan dictado en aplicación de la misma.[40]

El segundo párrafo del artículo séptimo prevé, reforzando la posición autónoma de la *Convención*, que las cuestiones no resueltas expresamente por ella se resolverán conforme a sus propios principios. Sólo cuando ni siquiera con este recurso puede encontrarse una solución, se acude, como norma supletoria, al derecho nacional aplicable al contrato, en virtud de las normas de derecho internacional privado.

B. El derecho nacional como norma supletoria de la *Convención*

La propia *Convención* prevé que el derecho nacional aplicable resuelva ciertas cuestiones de la compraventa internacional que ella no regula, como son: *a*) la validez del contrato, *b*) la adquisición de la propiedad de las mercancías, *c*) la responsabilidad extracontractual derivada de las

[39] *Commentary* 91.

[40] De hecho, en la CNUDMI se ha formado un comité encargado precisamente de difundir las decisiones judiciales y arbitrales que aplican la *Convención*.

mercancías, y *d*) el tipo de interés que se pague por cantidades debidas. Tallon[41] opina que también la acción restitutoria en caso de resolución del contrato debe regularse por las normas del derecho interno; pero me parece que no es ésta una acción distinta de la misma acción de cumplimiento de contrato que sí está definida en los artículos 46 y 62;[42] por lo demás, el contenido de la restitución en caso de resolución contractual está previsto en los artículos 81 a 84. El derecho nacional también resulta aplicable para solucionar *e*) las lagunas de la *Convención*, es decir, los casos que no pueden ser resueltos ni por interpretación de sus normas ni por la integración de una nueva norma a partir de sus principios.

a) Validez del contrato

La *Convención* aclara (art. 4) que no regula lo relativo a la validez del contrato o de alguna de sus cláusulas. En estos ámbitos, por consiguiente, debe aplicarse el derecho nacional.

Respecto de la validez del contrato, debe entenderse que se aplica el derecho nacional para determinar si hubo un vicio en el consentimiento o defecto en la forma que impida que el contrato surta total o parcialmente sus efectos. Debe tenerse en cuenta que la *Convención* dedica toda su segunda parte (arts. 14-24) a regular la formación del contrato de compraventa, esto es, a determinar cómo se contrae y a partir de qué momento se perfecciona el contrato. Son estas disposiciones que, en sentido amplio, se refieren a la "validez" del contrato. El artículo 4 se refiere al hablar de "validez del contrato", más bien a la impugnación de un contrato que aparentemente es válido, esto es, que cumplió con las disposiciones previstas en la segunda parte de la *Convención*, pero que por tener un defecto en el consentimiento o en la forma puede ser impugnado ante un juez. Esto significa que serán resueltos conforme al derecho interno todos los problemas relativos a la inexistencia, nulidad o anulabilidad del contrato, tales como los derivados del error en la determinación del objeto, inmoralidad o ilegalidad del contrato, engaño o intimidación, capacidad de las partes, poderes del representante,[43] etc. En México, la ley aplicable a estas materias sería, en principio, el *Código de Comercio*, pero como carece de disposiciones al respecto, se aplica supletoriamente el *Código Civil del Distrito Federal*.

[41] *Commentary* 605.

[42] *Infra* IX 3 D c.

[43] Con el objeto de uniformar las reglas relativas a los efectos de la representación en el contrato de compraventa internacional, se ha aprobado la *Convención sobre representación en la compraventa internacional de mercaderías*, véase *infra* I 7.

b) Efectos del contrato sobre la propiedad de las mercancías

La *Convención* excluye expresamente su aplicación en este aspecto (art. 4-1-b). Si el comprador adquiere la propiedad por mero efecto del contrato, o por la entrega justificada con el contrato, o por el registro de la mercancía recibida como efecto del contrato, son cuestiones que le son ajenas y que deberán resolverse conforme al derecho interno.[44]

No obstante, la *Convención* sí señala que es obligación del vendedor (art. 30) transmitir la propiedad de las mercancías y entregarlas (art. 41) libres de "cualesquiera derechos o pretensiones de terceros".[45] Por consecuencia, si el vendedor no transmite la propiedad, incumple una de sus obligaciones previstas en la *Convención*, y el comprador tendrá los recursos que ésta dispone (arts. 45-52) para exigir la responsabilidad derivada de ello. La suplencia del derecho interno en este punto tiene como finalidad determinar si el vendedor cumplió o no su obligación de transmitir la propiedad; en otras palabras, el derecho interno determinará todo lo que tiene que hacer el vendedor para que el comprador adquiera la propiedad de las mercancías.

Lo mismo sucede si el vendedor entrega mercancías gravadas por un derecho real, por ejemplo, por un derecho de prenda; en ese caso, el vendedor, de acuerdo con la *Convención*, incurre en incumplimiento de sus obligaciones, por entregar mercancías que no son conformes con el contrato, y podrá el comprador exigir responsabilidad, según lo previsto en los artículos 45 a 52 de la misma. El derecho interno servirá para determinar si existen o no tales derechos de tercero. Entre los derechos o pretensiones de tercero que puede haber respecto de las mercancías, destacan los fundados en la propiedad industrial o intelectual. La *Convención* también precisa las responsabilidades que tiene el vendedor en este aspecto (art. 42), así como los recursos que tiene el comprador para exigirla. Al derecho interno le corresponde determinar si existen o no tales derechos y pretensiones.

La cuestión sobre la propiedad de las mercancías, en algunos derechos, como el mexicano, suele relacionarse con el momento de transmisión al comprador del riesgo por pérdida o deterioro de las mercancías debidos a casos fortuitos. En la *Convención* no se da tal conexión, y hay todo un capítulo (arts. 66-70) sobre la materia.[46] Debido a que la *Convención*, en las materias que regula, prevalece sobre el derecho inter-

[44] Debe considerarse que el objeto de la compraventa internacional son mercancías, es decir, bienes fungibles, que no suelen ser cosas sobre las que se planteen cuestiones de propiedad. Sin embargo, también pueden ser objeto del contrato maquinarias, vehículos automotores, piezas de arte y otras específicas que sí dan lugar a este tipo de problemas.

[45] *Infra* VI 6.

[46] *Infra* XI.

no, debe concluirse que sus reglas sobre el riesgo se aplican, independientemente de quien sea, de acuerdo con el derecho interno, el propietario de las mercancías.

c) *Responsabilidad extracontractual derivada de las mercancías*

La *Convención* también se abstiene expresamente (art. 5) de regular la responsabilidad que puede tener el vendedor, a causa de que las mercancías produzcan muerte o lesiones a terceros. Es decir, excluye toda la problemática relacionada con la responsabilidad por el producto. Es ésta una responsabilidad extracontractual, que se atribuye por lo general al fabricante y que deriva del hecho de que un producto cause lesiones a la integridad corporal de una persona. Cuando suceda un caso de este tipo, deberá aplicarse el derecho interno.

Sin embargo, debe advertirse que la *Convención* sí regula lo referente a la responsabilidad del vendedor por la conformidad de las mercancías con el contrato (arts. 35-44).[47] Por eso, puede suceder que un mismo caso dé lugar a exigir responsabilidad contractual por falta de conformidad de las mercancías y responsabilidad extracontractual por las lesiones que causen. Por ejemplo, un comprador adquiere una maquinaria que al ser puesta en operación en su fábrica produce una explosión que causa lesiones a los obreros. En este caso, el comprador podrá exigir al vendedor responsabilidad por no ser la mercancía conforme con el contrato, ejercitando los recursos que prevé la *Convención*; podrá incluso considerar, de acuerdo con su artículo 74, que las lesiones sufridas por los obreros son parte de los daños que le causó el incumplimiento del vendedor, ya que implican para él pérdida de trabajo y posiblemente pago de indemnizaciones. Mientras que los obreros lesionados, si lo prevé así el derecho interno, podrán exigir al vendedor responsabilidad extracontractual por causa de las lesiones sufridas.

d) *Tipo de interés*

La *Convención* establece que quien se demore en pagar el precio o cualquier suma adeudada por virtud del contrato, debe pagar intereses moratorios, además de la indemnización por daños y perjuicios que pudiera corresponder (art. 78). Éste fue uno de los artículos más debatidos en la Conferencia de Viena. El *proyecto* CNUDMI presentado a la conferencia no tenía esta disposición sobre intereses moratorios, pero la conferencia

[47] *Infra* VI 5 C.

decidió nombrar una comisión especial que preparara un proyecto de artículo sobre esta materia; la comisión presentó tres proyectos, y finalmente aprobó el que aparece hoy como artículo 78. La dificultad principal estribaba en determinar el tipo de interés.[48]

El artículo 78 no determina el tipo de interés que deberá cobrarse, por lo que se entiende que su determinación deberá fijarse o de acuerdo con el Derecho interno, o a discreción por el juez. Honnold[49] dice que es preferible dejar la determinación del tipo a criterio del juez, porque así se evitan los problemas de determinar cuál es el derecho interno aplicable, cuáles serían las normas concretas de ese Derecho aplicable, y si esas normas son contrarias a la *Convención*. Nicholas,[50] en cambio, opina que la determinación deberá hacerse por las normas del Derecho interno aplicable, y sólo a falta de ellas podrá hacerla el juez. Pero si se siguiera el criterio de respetar la legislación aplicable, quizá se originaría una gran diversidad de tipos de interés; por ejemplo, si se aplicara la legislación mexicana, el tipo de interés, de acuerdo con el artículo 362 del *Código de Comercio*, sería el 6% anual, que resulta bajo con relación al tipo de interés de créditos en monedas fuertes en el mercado financiero internacional. En cambio, en países con altos índices de inflación, el tipo podría ser exageradamente elevado. Por eso parece preferible seguir la opinión de Honnold, de que sea el juez quien determine el tipo de interés, pero atendiendo principalmente al costo que tiene el dinero en el mercado financiero de la parte que cobrará el interés.

e) Lagunas de la Convención

El artículo 7 párrafo 2, dice que un problema relativo a materias que rige la *Convención*,[51] que no encuentra solución expresa en las disposiciones de la misma y que no se puede solucionar mediante interpretación de sus

[48] *Actas resumidas. Sesiones plenarias*, sesión 10, párrafos 51-85 (= *DO* 242-245) y sesión 11 párrafos 1-9 (= *DO* 245).

[49] HONNOLD 465.

[50] *Commentary* 570.

[51] El artículo 7 párrafo 2 habla de problemas que se refieren a ''materias que rige la convención'', y los artículos 2, 4 y 5 señalan materias que no rige la *Convención*. La separación entre problemas no resueltos, pero referidos a materias que rige la *Convención*, y problemas no resueltos, pero referidos a materias que no rige la *Convención*, no siempre es fácil. Véase VIS, W.C., ''Aspectos de los contratos de compraventa internacional de mercaderías, no comprendida por la Convención de Viena de 1980'', en *Anuario Jurídico* X (México 1983) 12 y ss., quien propone que por ''materias regidas'' por la *Convención* se entiendan exclusivamente aquellas que son tratadas en algún artículo de la misma.

disposiciones[52] o mediante integración de una norma sobre la base de referencia a los principios de la *Convención*, debe resolverse de acuerdo con el derecho nacional aplicable. Habrán de ser muy pocos los casos en que esto suceda.

7. CONVENCIONES COMPLEMENTARIAS

Como se ha visto arriba, la *Convención* no regula todas las cuestiones jurídicas que pueden surgir a propósito de la compraventa internacional. Por eso se ha tenido que hacer otros acuerdos internacionales que regulan los aspectos del contrato que la primera no trata.

Para resolver el problema de definir cuál es el Derecho y ley aplicable a un contrato de compraventa, se aprobó, después de que entraron en vigor las convenciones de La Haya sobre el contrato de compraventa (LUFC y LUCI), una convención sobre la ley aplicable a la compraventa internacional de mercaderías (La Haya, 1955), que estuvo en vigor. Al ser aprobada la *Convención* de 1980, se hizo necesario hacer una nueva convención sobre la ley aplicable al contrato de compraventa, la cual fue aprobada en La Haya en 1985.

Hay otra convención sobre la ley aplicable a la transmisión de la propiedad en la compraventa internacional de objetos muebles corporales (La Haya, 1958), y otra sobre la competencia del foro designado por las partes en un contrato de compraventa internacional de objetos muebles corporales (La Haya, 1958). Ninguna de éstas ha entrado en vigor.

En Nueva York, el 14 de junio de 1974, se firmó una *Convención sobre la prescripción en materia de compraventa internacional de mercaderías*, que establece (art. 8), entre otras cosas, un plazo general de cuatro años para la prescripción de las acciones que surjan de un contrato de compraventa internacional de mercaderías. El mismo día que se aprobó en Viena, el 11 de abril de 1980, la convención sobre los contratos de compraventa, se aprobó un *Protocolo por el que se enmienda la Convención sobre la prescripción en materia de compraventa internacional de merca-*

[52] El artículo dice que las cuestiones que no estén "expresamente resueltas", se decidirán acudiendo a los principios de la *Convención* y luego al derecho nacional aplicable. Puede parecer que la locución "expresamente resueltas" excluye la posibilidad de que una cuestión que no estuviera expresamente resuelta pueda solucionarse acudiendo a la interpretación de los preceptos de la *Convención* (incluyendo la interpretación por analogía) antes que acudiendo al derecho nacional. Pero como dice que deben solucionarse de acuerdo con los principios de la *Convención*, y entre éstos se encuentran los relativos a su interpretación, se entiende que acepta el recurso a la interpretación, y, sólo si ésta no sirve para solucionar el caso, se acude al derecho nacional.

derías, con el objeto de actualizar su contenido. México se adhirió tanto a la convención de Nueva York como al protocolo de enmiendas.[53]

Esta convención entraría en vigor (art. 44-1), el primer día del mes siguiente al que venciera un plazo de seis meses después de haberse depositado el décimo instrumento de ratificación. Al 31 de diciembre de 1987, ya eran partes de la convención nueve países. Con la adhesión de México, cuyo instrumento de adhesión fue depositado el 21 de enero de 1988, se reunieron los 10 países, por lo que entró en vigor el primero de agosto de 1988. El protocolo de enmiendas debía entrar en vigor (art. XI) el primer día del sexto mes siguiente a la fecha en que se hubiera depositado el segundo instrumento de adhesión, siempre y cuando la convención sobre prescripción de acciones y la convención sobre los contratos de compraventa ya estuvieran en vigor; esto ocurrió también el primero de agosto de 1988.[54]

El hecho de que esta convención haya requerido dos actos de aprobación, uno del texto original y otro del protocolo de enmiendas, da como resultado que haya países que sean parte de la convención original, pero no de la convención reformada. Al 31 de diciembre de 1991, eran parte de la convención original (se pone entre paréntesis la fecha en que depositaron el instrumento de ratificación o adhesión) 11 países: Argentina (9 de octubre de 1981), Checoslovaquia (26 de mayo de 1977), Egipto (6 de diciembre de 1982), Ghana (7 de octubre de 1975), Guinea (23 de enero de 1991), Hungría (16 dc junio de 1983), México (21 de enero de 1988), Noruega (20 de marzo de 1980), República Dominicana (23 de diciembre de 1977), Yugoslavia (27 de noviembre de 1978) y Zambia (6 de junio de 1986). Eran parte de la convención modificada sólo siete países: Argentina (19 de julio de 1983), Checoslovaquia (5 de marzo de 1990), Egipto (6 de diciembre de 1982), Guinea (23 de enero de 1991), Hungría (16 de junio de 1983) México (21 de enero de 1988) y Zambia (6 de enero de 1986).[55]

Casi tres años después de la aprobación de la convención sobre el contrato de compraventa internacional, se firmó en Ginebra, Suiza, el 17 de febrero de 1983, la *Convención sobre representación en la compraventa internacional de mercaderías*, que define los derechos y obligaciones que adquiere un comprador o vendedor que contrata con un representante de la otra parte, tanto los que adquiere en relación al representante como los

[53] El 6 de mayo de 1988 se publicaron en el *Diario Oficial* la convención original y el protocolo de enmiendas. El texto de la convención reformada se publicó el 2 de marzo de 1992.

[54] *Multilateral treaties deposited with the Secretary General. Status as at 31 december 1987* (Nueva York 1988) 361.

[55] *Multilateral treaties deposited with the General Secretary. Status as at december 1991* (Nueva York 1992) 366.

Cuadro I.1. Países partes de la *Convención* sobre contratos de compraventa internacional al 31 de diciembre de 1992

País	*Fecha de ratificación o adhesión*	*Inicio de vigencia*	*Reservas*
Alemania*	21 diciembre 89	1 enero 91	
Argentina	19 julio 83	1 enero 88	Arts. 12 y 96
Australia	17 marzo 88	1 abril 89	Art. 93
Austria	29 diciembre 87	1 enero 89	
Bielorrusia	9 octubre 89	1 noviembre 91	Arts. 12 y 96
Bulgaria	9 julio 90	1 agosto 91	
Canadá	23 abril 91	1 mayo 92	Art. 93, retirada el 29 de junio 92
Chile	7 febrero 90	1 marzo 91	Arts. 12 y 96
China	11 diciembre 86	1 enero 88	Art. 95
Checoslovaquia	5 marzo 90	1 abril 91	Art. 95
Dinamarca	14 febrero 89	1 marzo 90	Arts. 92, 93 y 94
Ecuador	27 enero 92	1 febrero 93	
Egipto	6 diciembre 82	1 enero 88	
España	24 julio 90	1 agosto 91	
Estados Unidos	11 diciembre 86	1 enero 88	Art. 95
Finlandia	15 diciembre 87	1 enero 89	Arts. 92 y 94
Francia	6 agosto 82	1 enero 88	
Guinea	23 enero 91	1 febrero 92	
Holanda	13 diciembre 90	1 enero 92	
Hungría	16 junio 83	1 enero 88	Arts. 12 y 96
Irak	5 marzo 90	1 abril 91	
Italia	11 diciembre 86	1 enero 88	
Lesotho	18 junio 81	1 enero 88	
México	29 diciembre 87	1 enero 89	
Noruega	20 julio 88	1 agosto 89	Arts. 92 y 94
Rumania	22 mayo 91	1 junio 92	
Siria	19 octubre 82	1 enero 88	
Suecia	15 diciembre 87	1 enero 89	Arts. 92 y 94
Suiza	21 febrero 90	1 marzo 91	
Ucrania	3 enero 90	1 febrero 91	Arts. 12 y 96
Uganda	12 febrero 92	1 marzo 93	
URSS	16 agosto 90	1 septiembre 91	Arts. 12 y 96
Yugoslavia	27 marzo 85	1 enero 88	
Zambia	6 enero 86	1 enero 88	

Fuente: *Multilateral treaties deposited with the General Secretary. Status as at 31 december 1991* (Nueva York 1992) 384 y ss. La información de 1992 la proporcionó la Consultoría Jurídica de la Secretaría de Relaciones Exteriores de México.

* La antigua República Democrática Alemana depositó el instrumento de ratificación el 23 de febrero de 1989, por lo que la *Convención* entró en vigor en ese territorio el primero de marzo de 1990.

que adquiere en relación al representado. La convención todavía no entra en vigor, pero México se adhirió a ella.[56] Los asistentes a la conferencia pidieron que el UNIDROIT elaborara un proyecto de convención que rigiera las relaciones entre el representante y el representado en la compraventa internacional de mercaderías.

Aunque no se refiere directamente a la compraventa internacional, el *Convenio de las Naciones Unidas sobre el transporte marítimo de mercancías* (Hamburgo 1978) trata un tema estrechamente relacionado con ella. Fue firmada por México el 31 de marzo de 1978, pero no la ha ratificado; entró en vigor en los 20 países que la ratificaron el primero de noviembre de 1992.[57]

[56] Publicada en el *Diario Oficial* el 22 de febrero de 1988.

[57] Los países son: Barbados, Botswana, Burkina Faso, Chile, Egipto, Guinea, Hungría, Kenya, Lesotho, Líbano, Malawi, Marruecos, Nigeria, República Unida de Tanzania, Rumania, Senegal, Sierra Leona, Túnez, Uganda y Zambia. Fuente: *Informe de la Comisión de Naciones Unidas para el Derecho mercantil Internacional, sobre la labor realizada en su 25o. periodo de sesiones* (Nueva York 1992) 39; documento oficial de Naciones Unidas: Suplemento núm. 17 (A/47/17).

II. *Ámbito de aplicación de la Convención (arts. 1 a 6 y 10)*

La *Convención* define claramente en sus seis primeros artículos cuál es su ámbito de aplicación. Señala, en primer término, que sólo se aplicará respecto de compraventas internacionales relacionadas con Estados que sean parte de la *Convención*. Luego precisa ciertos tipos de compraventa excluidos y algunos aspectos del contrato no regulados. Por último, establece la norma de que la voluntad de las partes contratantes puede excluir total o parcialmente su aplicación a los contratos de compraventa internacional. En sus artículos 51 y 73 reconoce que se aplica a compraventas en las que se convienen entregas parciales de mercancía, lo que significa que reconoce su aplicabilidad a los contratos de distribución o suministro de mercancías, o incluso a contratos de franquicia en los que se convienen, además del uso de una marca o una patente, la compraventa periódica de ciertos insumos.

1. ÁMBITO DE APLICACIÓN MATERIAL. LA COMPRAVENTA INTERNACIONAL (ARTS. 1 Y 10)

El artículo primero establece que sólo se aplicará a contratos de compraventa internacional,[1] esto es, a contratos cuyas partes tengan su ''establecimiento'' en Estados diferentes. Éste es el único criterio para definir si

[1] No se aplica respecto de permutas, ni siquiera cuando se conviene que el supuesto comprador pague una parte del precio en numerario y la otra en especie o en servicios. La aplicación a la permuta podría cuestionarse en derechos, como el norteamericano, que admi-

la compraventa es internacional. No importa ya, como lo exigía la LUCI (art. 1.1), que las mercancías sean transportadas de un país a otro, ni que los actos de oferta y aceptación sucedan en países diversos. Tampoco interesa, lo dice expresamente el artículo 1-3, la nacionalidad de las partes, ni si son comerciantes o no.

La *Convención* no define qué entiende por ''establecimiento'', pero al emplear esta palabra, deja en claro que hace a un lado el concepto de domicilio. Por ''establecimiento'', Honnold[2] y Erik Jayme[3] entienden un lugar estable, permanente, para la realización de negocios.

De acuerdo con eso, no puede considerarse que es un establecimiento, por ejemplo, la oficina provisional que pone un vendedor para llevar a cabo las negociaciones de un contrato importante. Tampoco el lugar donde una de las partes simplemente tiene un representante autorizado para contratar compraventas.

Si una de las partes tiene una pluralidad de establecimientos, lo cual suele ser frecuente en empresas involucradas con el comercio internacional, se tomará como establecimiento (art. 10-1) el lugar que tenga más relación con el contrato y su cumplimiento. No es decisiva, para este efecto, la distinción entre empresa matriz y empresa filial. Puede ser, por ejemplo, que una empresa tenga su sede principal en un Estado, y una empresa filial, que fue la que contrató, en otro. En este caso, el establecimiento a considerar para determinar la aplicabilidad de la *Convención* es el de la empresa filial, que fue el que guardó una relación más estrecha con el contrato.

Para definir cuál de varios establecimientos es el que guarda mayor relación con el contrato, dice el mismo párrafo del artículo 10, deben tomarse en cuenta las circunstancias conocidas o previstas por las partes en el momento del perfeccionamiento del contrato o en cualquier momento anterior. El artículo habla, primero, de las circunstancias conocidas o previstas antes de la celebración y, posteriormente, de las conocidas en el momento del perfeccionamiento. Sin embargo, parece más conveniente tomar en cuenta primero las conocidas o previstas en ese momento, y luego las conocidas o previstas con anterioridad.[4] A veces no será fácil determinar cuál es el lugar que guarda más relación con el contrato, por ejemplo, cuando el contrato se perfeccionó en un lugar, pero debe ejecutarse en

ten que el precio de la compraventa puede pagarse en dinero o en otra forma (*Uniform Commercial Code* 2-304). Véase BARRERA GRAF, J., ''Ámbito de aplicación del proyecto de convención sobre la compraventa internacional de mercaderías'', en *Temas de Derecho Mercantil* (México 1983) 136 y ss. (artículo originalmente publicado en la *Revista de la Facultad de Derecho de México* XXIX [México octubre-diciembre 1979]) 114.

2 HONNOLD 103.

3 *Commentary* 30.

4 Así opina RAJSKY, J. *Commentary* 117.

otro. Los jueces y árbitros tienen aquí, como en muchos otros aspectos de la compraventa internacional, un campo propicio para desarrollar una interpretación adecuada a las necesidades del comercio.

Puede darse el caso, aunque no sea lo habitual, que uno de los contratantes no tenga un establecimiento en el sentido definido arriba. Entonces deberá tomarse en cuenta el lugar de su "residencia habitual" (art. 10-2). Este concepto de residencia habitual puede dar lugar a interpretaciones diversas, ya que en algunos sistemas jurídicos se entiende como el lugar donde efectivamente se encuentra una persona, mientras que en otros se requiere, además de la presencia física, la intención del sujeto de permanecer o residir en ese lugar.[5]

Para que la compraventa sea internacional, se requiere que las partes tengan su establecimiento en Estados diferentes (art. 1-1). No es necesario que ellas sean de diversa nacionalidad (art. 1-3). Sin embargo, el hecho de que las partes tengan su establecimiento en Estados diferentes, se vuelve irrelevante para efectos de la aplicación de la *Convención*, cuando "ello no resulte del contrato" ni de los tratos e información que hubo entre las partes, antes o en el momento de perfeccionarse el contrato (art. 1-2). Si las dos partes ignoran el carácter internacional de la compraventa, es claro que no se aplica la *Convención*; pero si sólo una de ellas lo ignora, podría pensarse que se aplica respecto de la parte que conoce el carácter internacional de la compraventa, y que no se aplica respecto de la parte ignorante. Al respecto, Roland Loewe[6] afirma que ese criterio es "insostenible", porque la aplicabilidad de la *Convención* no puede ser relativa; en consecuencia, afirma que la ignorancia de una sola de las partes debe aparejar la no aplicabilidad de la misma. Esta opinión es congruente con la disposición del artículo 7, que señala que en la interpretación de la *Convención* deberá procurarse la uniformidad en su aplicación.

Lo ordinario será que ambas partes conozcan en qué Estado tiene su establecimiento la contraparte. Pero esto puede no suceder en los casos en que una parte contrata con un representante de la otra. El representante puede tener un establecimiento en el mismo Estado que la parte con

[5] RAJSKY (*Commentary* 118) señala que el concepto de residencia habitual se ha usado en numerosas convenciones de derecho internacional privado, por ser un concepto que denota exclusivamente el hecho de tener objetivamente la residencia en determinado lugar. En cambio, LOEWE. R. ("Campo de aplicación de la convención de las Naciones Unidas sobre la compraventa internacional de mercaderías y problemas de derecho internacional privado conexos", en *Anuario Jurídico* X [México 1983] 24) sostiene que, en algunos sistemas jurídicos, el concepto de residencia habitual exige la intención de residir, y que hay tal divergencia de opiniones en torno a lo que significa residencia habitual, que el Comité de Ministros del Consejo de Europa ha hecho una recomendación al respecto, para que sea tomada en cuenta por los legisladores de los países de la región.

[6] LOEWE, R. *Commentary* 25.

quien contrata, pero contratar en nombre de una parte que tiene su establecimiento en un Estado diferente.

Habiendo una compraventa internacional, la *Convención* se aplicará si los dos contratantes tienen su establecimiento en Estados que son partes de ella (art. 1-1-a), o si sólo uno de ellos lo tiene (art. 1-1-b).

A. Si los dos contratantes tienen su establecimiento en Estados Partes (art. 1-1-a)

En este caso, la *Convención* se aplica sin lugar a dudas (art. 1-1-a). La regla sufre una excepción cuando la compraventa se realiza entre Estados contratantes que han hecho la reserva, prevista en el artículo 94,[7] de que no se aplicará respecto de compraventas celebradas con personas de ciertos países.

B. Si sólo un contratante tiene su establecimiento en un Estado Parte (art. 1-1-b)

La *Convención* se aplica sólo si la ley que rige el contrato, de acuerdo con las reglas del Derecho internacional privado, es la ley del Estado contratante (art. 1-1-b).

Según estas reglas, la ley aplicable al contrato es, en principio, la que los contratantes acuerden.[8] Si ellos eligen la ley de un Estado parte, se aplica la *Convención*. Si no hay esa elección, entonces operan las reglas de conflicto de leyes. Estas reglas varían en cada sistema jurídico; sin embargo, hay una corriente de opinión fuerte, que fue recogida en la *Convención sobre Derecho aplicable a compraventas internacionales de mercaderías* (La Haya, 1955),[9] en el sentido de que la ley aplicable es la del lugar donde tiene su establecimiento o residencia habitual la parte que ha de realizar la prestación característica. Por prestación característica se entiende la que no consiste en el pago de una suma de dinero, y, en la compraventa, la prestación característica es la entrega de las mercancías; por

[7] *Supra* I 4 B c.

[8] Véase el artículo 3-1 de la *Convención sobre el derecho aplicable a las obligaciones contractuales*, Roma, 1980. Sobre la posibilidad de que la convención se aplique a un contrato por acuerdo de las partes, véase *infra* II 5.

[9] Esta convención fue sustituida por una nueva del mismo nombre, aprobada en La Haya, el 22 de diciembre de 1985.

lo tanto, según este criterio, la ley aplicable al contrato de compraventa es la del lugar donde esté establecido o resida habitualmente el vendedor.[10]

En el derecho mexicano se prevé que, salvo pacto de las partes, la forma de los actos jurídicos se regirá por el derecho del lugar donde se celebren, y que sus efectos jurídicos se regirán por el derecho del lugar donde deban ejecutarse.[11] De acuerdo con estas reglas, la *Convención* regirá la formación del contrato cuando se celebre en México, y las obligaciones del comprador y del vendedor cuando hayan de ejecutarse en México. El resultado de estas reglas sería la aplicación parcial de la *Convención*, pues se aplicaría o respecto de la formación del contrato, o respecto de las obligaciones del vendedor o respecto de las obligaciones del comprador, y quedarían los otros aspectos del contrato sujetos a la aplicación del Derecho extranjero aplicable.

Esta posibilidad de que la *Convención* tenga una aplicación relativa por efecto de las reglas del derecho internacional privado, que evidentemente contraría el propósito de procurar una reglamentación uniforme del contrato de compraventa internacional, hizo que en la Conferencia de Viena se presentara la propuesta de suprimir el inciso 1-b del artículo primero.[12] Se decidió mantener dicho inciso, por la consideración de que mientras la *Convención* no fuera ratificada por numerosos países, la remisión a las reglas de derecho internacional privado, prevista en dicho inciso, haría que regulara compraventas internacionales que de otro modo quedarían sujetas a los derechos nacionales. Pero se incluyó un nuevo artículo, el 95, que permite a los Estados partes hacer la reserva de que no la aplicarán por efecto de dichas reglas; esto significa, en otras palabras, que sólo la aplicarán respecto de compraventas en que las partes estén establecidas o residan habitualmente en Estados partes.[13]

Los países que hacen esta reserva, por una parte, merman la aplicabilidad de la *Convención*, pero, por la otra, aseguran su aplicación unitaria

[10] La aplicación de la convención por efecto de las reglas de derecho internacional privado, quedará afectada por razón del foro que resulte competente. En este supuesto, J.P. PLANTARD (''Le nouveau droit uniforme de la vente internationale: La Convention des Nations Unies du 11 avril 1980'', en *Journal du Droit international* 115 2 [Paris Avril-Mai-Juin] 320) distingue tres casos: *a*) si el foro es un Estado parte que no ha hecho la reserva del artículo 95, el juez aplicará la *Convención* si la ley aplicable al contrato resulta ser la de su propio Estado o la de otro Estado parte; *b*) si el foro es un Estado parte que ha hecho la reserva prevista en el artículo 95, el juez no la aplicará si resulta que el Derecho aplicable es su propio derecho, pero sí la aplicará si resulta que el derecho aplicable es el de un tercer Estado parte que no ha hecho esa reserva; *c*) si el foro no es un Estado parte, el juez la aplicará, si resulta que el derecho aplicable es el de un tercer Estado parte que no hizo esa reserva.

[11] *Código Civil del Distrito Federal*, artículo 13-IV y V.

[12] *Informe 1a. Comisión*, artículo 1 párrafo 3 (= *DO* 90).

[13] Véase *supra* I 4 B d.

a todo el contrato. Honnold opina,[14] con razón, que los Estados que tienen un derecho interno adecuado a las necesidades del comercio internacional, tenderán a hacer la reserva, en tanto que los Estados que no lo tienen así, tenderán a no hacerla. México no hizo esta reserva.

2. COMPRAVENTAS EXCLUIDAS (ARTS. 2 Y 3)

El artículo segundo excluye la aplicación de la *Convención* respecto de cierto tipo de compraventas, sea por razón del propósito de las partes, sea por la forma del contrato, sea por el tipo de mercancías, sea por el contenido del contrato.

A. Compraventas para consumo personal (art. 2-a)

La primera exclusión (inciso *a*) es respecto de compras hechas "para uso personal, familiar o doméstico". La razón de esta exclusión es no impedir la aplicación de las legislaciones nacionales de protección al consumidor, que los Estados suelen considerar como leyes de orden público. De no haberse hecho esta exclusión, posiblemente algunos Estados no ratificarían la *Convención*, o podrían presentarse problemas de difícil solución en los Estados partes al entrar en conflicto la aplicación de la misma con las leyes de protección al consumidor.

El criterio para definir si una compra es para consumo personal no es muy claro. La primera frase de dicho inciso del artículo 2 da un criterio subjetivo: que el comprador adquiera las mercancías "para" consumo personal, familiar o doméstico. Honnold afirma[15] que lo determinante es el propósito del comprador en el momento de perfeccionarse el contrato, por lo que incluso no importaría que el comprador utilizara las mercancías para fines profesionales, si cuando las compró se proponía usarlas personalmente.

Pero el inciso contiene una frase restrictiva ("salvo que..."), la cual dice que no importan los propósitos del comprador si el vendedor, al momento de perfeccionarse el contrato, no sabía ni debía saber que el comprador adquiría las mercancías para uso personal, familiar o doméstico. El vendedor puede saber que el comprador adquiere para tales fines si éste se lo dice. El vendedor debe de saber que las mercancías se adquieren para

[14] HONNOLD 105.
[15] HONNOLD 108.

esos fines cuando, por el tipo de mercancías o por la cantidad de las mismas, es razonable suponer que se adquieren para ello. Por consiguiente, el vendedor no sabe ni debe de saber el propósito del comprador si éste no se lo dice o el tipo y cantidad de las mercancías no lo hace suponer. Así, en el caso de que el comprador adquiera, con propósito de uso personal y sin decírselo al vendedor, una mercancía que suele ser de uso profesional, y que por lo mismo el vendedor no podía saber que era para uso personal, se aplica la *Convención*, aun cuando el propósito del comprador era el consumo personal.

La definición de una compra como compra de consumo depende, por lo tanto, de dos factores, uno subjetivo —el propósito del comprador—, y otro objetivo —el tipo o cantidad de las mercancías—. El factor subjetivo es determinante cuando el comprador manifiesta su propósito al vendedor. En los demás casos tienen que considerarse ambos factores.

La aplicación de este inciso del artículo puede originar problemas de prueba. Según Honnold,[16] corresponde al comprador probar que compró para uso personal, familiar o doméstico, y corresponde al vendedor probar que no sabía ni era su obligación saber los propósitos del comprador.

Cabe preguntar si se incluyen en ese inciso las compras hechas por empresas y personas jurídicas para su "uso personal", por ejemplo, compras de equipo de oficina. Como el texto habla de compras hechas para uso "personal, familiar o doméstico", y siendo que estos dos últimos calificativos sólo pueden referirse al uso hecho por personas físicas, se debe entender que sólo se refiere al consumo de personas físicas. Además, las leyes de protección al consumidor, que son las que pretende salvaguardar este artículo de la *Convención*, suelen referirse a los consumidores como personas físicas.

B. Ventas por subasta o judiciales (arts. 2-b y c)

Los incisos *b* y *c* excluyen otro tipo de compraventas, por razón de su forma.

a) Ventas por subasta

El inciso *b* excluye las ventas por subasta. Esto se debe a que dichas operaciones tienen un proceso peculiar de formación. El vendedor no sabe

[16] HONNOLD 109.

quién es el comprador, y, por tanto, no sabe si se aplica o no la *Convención*, hasta que vence el plazo para presentar la mejor oferta.[17]

b) Ventas judiciales

El inciso *c* excluye, dice la versión española, las "compraventas judiciales". La versión inglesa da una noción más amplia: excluye las compraventas hechas *on execution or otherwise by authority of law*. Esto comprende, dice Khoo,[18] las compraventas hechas por el poder judicial o cuasijudicial del Estado. En esta interpretación cabrían, entre otras, las ventas de mercancías decomisadas hechas por las autoridades aduaneras.

Cuando existe contradicción entre distintas versiones oficiales de la *Convención*, como en este caso, se debe resolver siguiendo la regla que da la *Convención sobre el Derecho de los tratados*[19] (art. 33-4), que afirma que es preferible la versión que más se conforme con los objetivos del tratado. En este caso, como se trata de definir tipos de compraventas que la *Convención* no regula, siendo que uno de sus objetivos[20] es procurar un régimen uniforme de la compraventa internacional, debe prevalecer la versión de alcance más restringido, la que excluya el menor número de compraventas, y ésta es la versión española.

C. Ventas de ciertas mercancías (arts. 2-d, e y f)

Los incisos *d*, *e* y *f* descartan compraventas por razón del tipo de mercancías a que se refieren. Cabe observar que las exclusiones previstas en los incisos *d* y *e* responden a la idea de que la compraventa debe versar exclusivamente sobre bienes corporales. Tal principio, aunque no se encuentra expreso en algún artículo de la *Convención*, sí estuvo presente en la mente de quienes redactaron el proyecto, y sí estaba expreso en los proyectos de convención preparados por el *Unidroit*,[21] pero no es común en el derecho mexicano, según el cual las mercancías pueden ser bienes incorpóreos.[22]

[17] KHOO *Commentary* 37.

[18] *Commentary* 38.

[19] Aprobada en Viena en 1969. México la ratificó y fue promulgada en el *Diario Oficial* el 14 de febrero de 1975.

[20] Véase el tercer párrafo de la introducción de la *Convención*, que dice que la reglamentación uniforme de los contratos de compraventa internacional es uno de sus objetivos.

[21] Véase BARRERA GRAF *Temas de Derecho Mercantil* (México 1983) págs. 137-139, quien proponía que la *Convención* expresamente señalara que sólo se aplicaría a compraventas de "bienes muebles corporales".

[22] Código de Comercio, artículos 373-386. Véase GÓNGORA PIMENTEL, *s.v.* "Mercancías", en *Diccionario Jurídico Mexicano*[2] (México 1988).

a) Ventas de dinero y de valores

El inciso *d* excluye las ventas que se refieren a valores mobiliarios, títulos o efectos de comercio o dinero. Esta exclusión, que no se precisa donde el término "mercancías" o semejantes (*goods*) denota exclusivamente bienes corporales, sí pareció necesaria para los sistemas jurídicos en que podrían confundirse bajo un mismo término los bienes corporales y los incorpóreos, de modo que pudiera interpretarse que la *Convención* también se aplicaría respecto de contratos que tuvieron por objeto estos últimos.

b) Ventas de buques y aeronaves

El inciso *e* se refiere a las compraventas de buques, embarcaciones, aeronaves y aerodeslizadores. La convención anterior sobre los contratos de compraventa (LUCI art. 5) excluía esos objetos sólo en cuanto fuera obligatorio registrarlos. Pero ello creaba el problema de determinar cuáles buques o aeronaves estaban sujetos a registro y cuáles no, y eso es un asunto que se resuelve en cada país de forma diferente. Para obviar esta dificultad, y la semejante de distinguir entre embarcaciones o aeronaves grandes y pequeñas, los redactores del proyecto decidieron excluir toda compraventa que se refiera a estos objetos, independientemente de sus cualidades, tamaño o requisitos de registro. Al respecto, Honnold[23] comenta que no debe tratarse, por medio de "interpretaciones", que ciertas embarcaciones o aeronaves, como podrían ser las destinadas a fines recreativos o deportivos, no quedaran comprendidas en esta exclusión, pues eso atentaría contra uno de los objetivos esenciales de la *Convención* (art. 7-1), el de promover la uniformidad en su aplicación.

c) Ventas de electricidad

Por último, el inciso *f* descarta las compraventas de electricidad. La razón es que el fluido eléctrico difícilmente puede considerarse un objeto corporal.[24]

[23] HONNOLD 111.

[24] En los trabajos de preparación del *Proyecto* CNUDMI, se presentó una propuesta para excluir también las compraventas de gas, pero fue rechazada, porque el gas suele venderse envasado en tanques, lo cual le da corporeidad. Véase HONNOLD 111 n. 6.

D. Tipos de compraventas excluidos (art. 3)

El artículo tercero de la *Convención* excluye dos tipos más de compraventas: las de cosas que el vendedor debe fabricar con materiales que le proporciona el comprador (párrafo 1), y las que consisten principalmente en servicios que el vendedor debe proporcionar, además de las mercancías (párrafo 2). La delimitación, en estos casos, entre las operaciones que regirá y las que excluye la *Convención* no es sencilla.

a) Ventas de cosas que el vendedor debe fabricar

El primer párrafo del artículo da una regla general: la *Convención* se aplica respecto de compraventas de cosas que el vendedor debe fabricar, y luego hace una exclusión: no se aplica si el comprador asume "la obligación de proporcionar una parte sustancial de los materiales necesarios" para fabricarlas. La dificultad en la interpretación de esta disposición estriba en definir lo que debe entenderse por "parte sustancial".

Lo sustancial parece referirse a la participación cuantitativa de los materiales provistos por el comprador en el total de materiales necesarios para la fabricación. Esto se desprende de la historia de este texto. El texto correspondiente en la convención de 1964 (LUCI art. 6) decía una "parte esencial y sustancial'; el proyecto preparado inicialmente en el grupo de trabajo de CNUDMI conservaba ambos términos, pero después, en el mismo grupo de trabajo, se decidió abandonar el término esencial, y el proyecto de convención que se presentó a discusión a la conferencia ya no lo contenía.[25] Al suprimirse el término esencial se eliminó toda referencia a lo que podrían ser los aspectos cualitativos de los materiales.[26]

El adjetivo sustancial, en español, denota lo relativo o perteneciente a la sustancia, y entre los significados de esta palabra está el del valor o estimación pecuniaria de las cosas.[27] De modo que la expresión parte sustancial sí puede entenderse en el sentido de parte cuantiosa.

Honnold[28] opina que, para definir si una parte es sustancial, se debe considerar su valor pecuniario y compararlo con el valor total o costo de

[25] KHOO (*Commentary* 41), dice que en los registros de las sesiones del grupo de trabajo de CNUDMI, es decir, en los *Yearbook*, no se consigna alguna explicación sobre esta decisión.

[26] Sin embargo, la versión francesa del artículo 3 de la convención actual dice *une part essentielle*.

[27] *Diccionario de la lengua española[19] (Madrid 1970) s.v.* substancia y substancial.

[28] HONNOLD 114.

los materiales empleados en la producción de una mercancía. Afirma que "la única relación mesurable es la basada en el valor". Si bien puede pensarse en otros aspectos que podrían considerarse, como el peso o el volumen, es claro que la estimación más sencilla, y en la mayoría de los casos la más importante, es la del valor pecuniario. De acuerdo con este criterio, puede ocurrir que un material represente sólo el 5 o 10% del volumen o del peso total de los materiales empleados en una mercancía, pero si su valor pecuniario es más del 50% del costo total, será considerado como una parte sustancial.

¿Qué proporción en el total del costo de los materiales de producción puede considerarse sustancial? Khoo[29] arguye que no es necesario que la participación sea la mayor, basta con que sea considerable para afirmar que es sustancial. Su argumento se basa en la comparación con el término parte principal (*preponderant part*, en la versión inglesa) que aparece en el párrafo 2 del mismo artículo tercero. Una parte sustancial debe ser menor que una parte principal. La parte principal, en relación al valor pecuniario, es la que representa, cuando menos, el 51% del valor total. Un parte sustancial, por lo tanto, puede ser menor del 51% del valor total. Quizá no haya dificultad en afirmar que una parte que representa el 40% del valor total es una parte sustancial; pero si representa el 35%, es decir más de una tercera parte, ¿será una parte sustancial o no? La cuestión tendrán que decidirla, caso por caso, los jueces, quienes, entre otras cosas, deberán tener en cuenta que uno de los objetivos de la *Convención* (art. 7-1.) es promover la uniformidad en su aplicación.

b) Ventas de mercancías y servicios

El segundo párrafo del artículo tercero establece una exclusión sin reservas: la *Convención* no se aplica a contratos en que "la parte principal de las obligaciones" del vendedor consiste en "suministrar mano de obra o prestar otros servicios". Esto puede aplicarse, por una parte, a los contratos a los que se refiere el párrafo primero, en los que el comprador proporciona los materiales, o una parte sustancial de ellos, y el vendedor se obliga a fabricar las mercancías. Pero también puede referirse a contratos en que el vendedor se obliga a entregar unas mercancías, que él tiene o fabrica, y a prestar determinados servicios que son necesarios para que las mercancías reporten la utilidad que espera el comprador. Por ejemplo, cuando el vendedor se obliga a entregar determinado equipo industrial, y además a instalarlo, capacitar personal para operarlo y supervisar su funcionamiento durante cierto tiempo.

29 KHOO *Commentary* 42.

De acuerdo con lo dicho arriba acerca de lo que es una parte sustancial, se desprende que parte principal es la que representa el 51% o más, del valor pecuniario. En consecuencia, cuando en un contrato el valor de los servicios es mayor que el valor de las mercancías, no puede considerarse, de acuerdo con esta disposición, como una compraventa regulada por la *Convención*. Si el valor de los servicios representa menos del 51%, ésta se aplica, pero surge entonces una nueva pregunta: ¿regirá también lo relativo a la prestación de los servicios o regula exclusivamente lo que se puede considerar compraventa en sentido estricto?

La cuestión debe plantearse en estos términos: ¿existe en esos casos un sólo contrato, de compraventa, o se trata de dos contratos, uno de compraventa y otro de prestación de servicios? Si se resuelve que es un sólo contrato de compraventa, entonces la *Convención* se aplica y rige también lo relativo a los servicios. Si se resuelve que son dos contratos, no se aplica para regular los servicios.

Honnold opina[30] que si existen "relaciones significativas" entre la entrega de mercancías y la prestación de servicios, el negocio debe tratarse como un sólo contrato y aplicarse la *Convención*. Khoo[31] añade que debe darse ese tratamiento cuando ambos aspectos están estrechamente relacionados (*closely connected which each other*).

La opinión de estos autores, coincidente en el fondo, parece razonable; pero la solución que de ella se deriva para casos concretos puede resultar compleja. En efecto, si en un contrato de este tipo, el comprador quisiera resolver el contrato argumentando que el vendedor no prestó los servicios que se habían convenido, tendría que juzgarse de esta cuestión aplicando, por una parte, las reglas de la *Convención* sobre el derecho de las partes a resolver el contrato, pero previamente debería haberse resuelto si hubo o no incumplimiento de la prestación de servicios. Como la *Convención* no proporciona reglas sobre la prestación de servicios, ¿cómo deberá resolverse esta cuestión? El artículo 7-2 dispone que las cuestiones no resueltas en ella, que versen sobre materias que la misma rige, deben resolverse conforme a sus principios generales, y si este recurso no basta, por la ley que resulte aplicable según las reglas del derecho internacional privado. Si se considera que la prestación de servicios es una cuestión relativa a materias que rige la *Convención*, se tendría que acudir, de acuerdo con el artículo citado, a los principios generales de la *Convención*, especialmente a los principios de autonomía de las partes y buena fe contractual.[32] En consecuencia, se juzgaría sobre el incumplimiento de la presta-

30 HONNOLD 115.

31 KHOO *Commentary* 43.

32 No existe un artículo que defina cuáles son los principios de la convención, pero BONELL (*Commentary* 80) considera que lo son, entre otros, la autonomía de las partes y la buena fe contractual.

ción de servicios, teniendo en cuenta primeramente lo que las partes convinieron en el contrato, y si esto no fuera suficiente, se tendría que acudir al derecho interno aplicable a la prestación de servicios. Pero si se considera, lo cual parece más razonable, que la prestación de servicios es una materia no regida por la *Convención*,[33] entonces la solución sería la misma, se atendería primero a lo que las partes convinieron en el contrato y luego se acudiría al derecho nacional que resultara aplicable.

En consecuencia, si se considera que la compraventa que incluye servicios es un sólo contrato de compraventa, la cuestión sobre el cumplimiento o incumplimiento de los servicios tendría que juzgarse a la luz del derecho nacional que resultare aplicable.

Y si se considerara el negocio como dos contratos diferentes, uno de venta de mercancías y otro de prestación de servicios, se daría la misma solución: una compraventa, regida por la *Convención*, y un contrato de prestación de servicios, regido por el derecho interno aplicable. Éste es el planteamiento que me parece jurídicamente más claro, pues distingue los dos tipos de contratos en razón de que tienen un objeto específicamente diferente (mercancías o servicios); no se contrapone a esta distinción el que se considere una cierta interdependencia de ambos contratos, porque rigen una conducta que en la vida económica se presenta como un sólo negocio mercantil.

3. ASPECTOS NO REGULADOS DEL CONTRATO DE COMPRAVENTA (ARTS. 4 Y 5)

La *Convención* (art. 4 principio) regula, de manera exclusiva la formación del contrato de compraventa y las obligaciones y derechos del comprador y del vendedor que surjan del contrato. Expresamente excluye todo lo que se refiere a la "validez" del contrato, de cualesquiera de sus cláusulas o de los usos o costumbres aplicables (art. 4-a); a los efectos que produzca el contrato sobre la propiedad de las mercancías (art. 4-b), y a la responsabilidad del vendedor por las lesiones corporales o muerte que produzcan las mercancías a una persona (art. 5).

[33] Sobre la distinción, muchas veces problemática, entre materias regidas por la *Convención* pero no resueltas por ella, y materias no regidas por ella, véase W. VIS, "Aspectos de los contratos de compraventa internacional de mercaderías no comprendidos por la Convención de Viena de 1980", en *Anuario Jurídico* X (México 1983) 11 y ss. Él concluye que materias regidas por la *Convención* son aquellas a las que expresamente se refiere en algún artículo. Según este criterio, que juzgo razonable por facilitar la uniformidad en la interpretación de la *Convención*, la prestación de servicios sería una materia no regida por ella.

La afirmación de que sólo regula las obligaciones y derechos del comprador y vendedor que surjan del contrato, aunque es en sí misma clara, puede dar lugar a discusión cuando esas obligaciones y derechos, o ciertos aspectos de ellas, se encuentran también reguladas por leyes nacionales. Un ejemplo de ello es el caso de un vendedor que engaña al comprador acerca de su capacidad para producir determinadas mercancías, con lo que logra convencerlo de que las compre, y luego entrega mercancías con defectos de fabricación. El problema podría plantearse, desde la perspectiva de la *Convención*, como un caso de responsabilidad contractual del vendedor por falta de conformidad de las mercancías, que se resolvería, según los artículos 35-42, con la sustitución o reparación de las mercancías, o con una reducción proporcional del precio, o con una resolución del contrato y, en todos los casos, una indemnización por los daños causados por el incumplimiento. Desde la perspectiva del derecho interno, podría plantearse como un caso de responsabilidad extracontractual derivada del dolo o engaño causado, que podría resolverse declarando la invalidez del contrato, exigiendo al vendedor una indemnización por los daños y perjuicios causados por el dolo, y quizá imponiéndole una pena pecuniaria, una multa o una sanción administrativa.

En estos casos, ¿qué ordenamiento jurídico debe prevalecer, la *Convención* o el derecho interno? El problema es complejo y debe resolverse caso por caso, pero ciertamente la decisión de la parte afectada por una u otra vía será importante.

A. Validez del contrato, de sus cláusulas o de los usos (art. 4-a)

a) Validez del contrato

Respecto de la "validez" del contrato o de alguna de sus cláusulas, debe tenerse en cuenta que la *Convención* destina toda su Segunda Parte (arts. 14-24) a la formación del contrato, esto es, a determinar cómo y en qué momento se perfecciona o se modifica un contrato de compraventa. Además, los artículos 11 y 29 prescriben que el contrato y sus modificaciones se perfeccionan por el mero consentimiento, sin necesidad de forma escrita, excepto cuando el Estado de alguna de las partes ha hecho la reserva de que el contrato y sus modificaciones tendrán que constar por escrito.[34] Al señalar el inciso *a* del artículo 4 que la *Convención* no regula lo relativo a la "validez" del contrato, lo que quiere decir es que nada dispone acerca de las causas que pueden invalidar un contrato o una cláusula de un con-

[34] *Supra* I 4 B e.

trato de compraventa válidamente contraídos, de conformidad con lo dispuesto en su Segunda Parte. Si, por ejemplo, una persona hace una oferta de venta que no reúne los requisitos que exige el artículo 14 y la oferta es aceptada por otra, debe resolverse acerca de si se ha perfeccionado o no un contrato válido, siguiendo las reglas sobre formación del contrato de la propia *Convención*. Pero si se discute acerca de si puede invalidarse un contrato debidamente formado según esas reglas, entonces ya no se aplica ésta, sino el derecho interno que rija el contrato.

En otras palabras, lo que prescribe el artículo 4-a es que la impugnación de un contrato aparentemente válido se regirá por el derecho nacional aplicable, esto es, que conforme a él serán resueltos todos los problemas relativos a la inexistencia, nulidad o anulabilidad del contrato, tales como los derivados del error en la determinación del objeto, inmoralidad o ilegalidad del contrato, engaño o intimidación, capacidad de las partes, poderes del representante, etc., mas no, por lo dicho arriba, los derivados de falta o defecto de forma. Las acciones que, de conformidad con el derecho interno, tengan las partes en estos casos, no quedan mermadas o afectadas por la *Convención*.

Cabe notar que se ha formulado una *Convención sobre representación en materia de compraventa internacional de mercaderías* (Ginebra, 1983), que ya fue ratificada por México,[35] pero todavía no entra en vigor, que regulará las relaciones que se generan entre un comprador o vendedor representado y los terceros que contratan con el representante. Esta convención, cuando entre en vigor, deberá ser tomada en cuenta, con preferencia al derecho interno, para juzgar acerca de la validez de un contrato celebrado por medio de un representante.

A propósito de la validez del contrato, debe tenerse en cuenta que el artículo 55 de la *Convención* dispone que si las partes expresaron su consentimiento, pero no fijaron un precio ni un modo para determinarlo, se considerará que el precio convenido es el precio generalmente cobrado por las mercaderías objeto del contrato en el momento de perfeccionarse el contrato. El fin de esta disposición no es reconocer la validez de la compraventa cuando no hay acuerdo sobre el precio o el modo de determinarlo, lo cual sería absurdo, sino establecer un modo objetivo para determinar el precio que suple la falta de un acuerdo expreso de las partes.[36] El efecto de esta disposición es que no se podrá acudir al derecho interno para impugnar un contrato de compraventa, argumentando que no hubo acuerdo sobre el precio o el modo de determinarlo, ya que la misma *Convención* establece un modo para determinarlo.

[35] Publicada en el *Diario Oficial* el 22 de febrero de 1988.
[36] *Supra* VII 2 B b.

b) Validez de las cláusulas del contrato

La *Convención* tampoco afecta las disposiciones del derecho interno sobre la validez de determinadas cláusulas. Esto puede tener importancia, especialmente respecto de cláusulas por las que el comprador renuncia a garantías implícitas sobre la calidad de las mercancías. La *Convención* prevé en su artículo 35 los criterios para juzgar si las mercancías entregadas por el vendedor son las adecuadas. Si el comprador renunciara a las disposiciones de este artículo, ¿sería válida tal renuncia? El propio artículo 35 dice que sólo se aplicarán los criterios ahí previstos si las partes no convinieron otra cosa. De acuerdo con esto, la renuncia sería válida. Pero si la ley nacional aplicable al contrato dispone que una renuncia de ese tipo no es válida, o que tiene que llenar determinados requisitos, ¿podría entonces el comprador impugnar la cláusula con los recursos que le otorgue la ley nacional?

Debe tenerse en cuenta que, por lo general, las leyes nacionales que tienen disposiciones de este tipo son las que rigen las ventas al consumo, las cuales no quedan comprendidas por la *Convención*; sin embargo, hay legislaciones aplicables a las transacciones comerciales que sí las tienen, por ejemplo, el *Uniform Commercial Code* 2-316, 2 y 3. Honnold[37] opina, respecto de este código mercantil, que no debe aplicarse, porque la *Convención* contiene normas que protegen lo mismo que intenta proteger la norma citada del UCC. Pero habrá que dar una respuesta para cada legislación nacional. En términos generales, la cuestión puede plantearse así: las normas del derecho interno que pretenden proteger a una de las partes contratantes, ¿son normas sobre la validez del contrato? Si lo son, entonces prevalecen sobre la *Convención*.

c) Validez de los usos mercantiles

La validez de los usos es otra cuestión que el inciso *a* del artículo 4 deja a la legislación interna. El artículo 9 establece que las partes quedan obligadas por los usos que hubieran convenido o establecido entre ellas, y por los usos generalmente observados en el comercio internacional que ellas debían conocer, y que la *Convención* considera tácitamente convenidos.[38] La cuestión sobre la validez de los usos puede enfocarse desde dos puntos de vista. El uso puede ser inválido porque el consentimiento fue defectuoso, porque no hubo consentimiento, o porque contraría una norma de orden público. La cuestión sobre si fue convenido o no un uso, y especial-

[37] HONNOLD 284 y ss.
[38] *Infra* III 3.

mente la más frecuente de si hubo un convenio tácito de aplicar un uso determinado, se resuelve conforme a las disposiciones de la *Convención*, sobre todo de su artículo 9. La cuestión sobre si puede impugnarse el convenio de aplicar un uso, se rige por el derecho interno, así como la relativa a si un uso viola una norma de orden público.

B. Efectos sobre la propiedad de las mercancías (art. 4-b)

El inciso *b* del artículo 4 prescribe que la *Convención* no regula los efectos que el contrato pueda producir en la propiedad de las mercancías. La razón de esta exclusión es la amplia diversidad que hay en los derechos nacionales respecto a la adquisición o transmisión de la propiedad de las cosas vendidas.

Sin embargo, contiene algunas disposiciones relativas a la propiedad de las mercancías. El artículo 30 dice que es obligación del vendedor transmitir la propiedad de las mercancías, y el artículo 41 dice que debe entregarlas libres de ''cualesquiera derechos o pretensiones de terceros''. En consecuencia, si el vendedor no transmite la propiedad de ellas o las entrega sujetas a derechos reales o personales, incumple sus obligaciones contractuales reguladas por la *Convención*, y podrá exigírsele responsabilidad de acuerdo con lo que la misma prescribe. La cuestión de si el vendedor transmitió o no la propiedad, o si las mercancías estaban gravadas o no con derechos de tercero, debe resolverse siguiendo el inciso *b* del artículo 4, de acuerdo con el derecho interno aplicable.

En algunos derechos, como en el mexicano, la cuestión de la propiedad de las mercancías suele relacionarse con la transmisión del riesgo al comprador por la pérdida o deterioro de las mercancías. Los juristas acostumbrados a estos derechos podrían pensar que la cuestión del riesgo, como dependiente de la cuestión de la propiedad, debería resolverse de acuerdo con el derecho interno. Pero como la *Convención* regula la transmisión del riesgo, en sus artículos 66-70, independientemente de la adquisición de la propiedad, no deben interferir en esta materia las disposiciones del derecho interno.

C. Daños a terceros causados por las mercancías (art. 5)

El artículo 5 excluye la aplicación de la *Convención* a toda controversia relativa a la responsabilidad del vendedor por las lesiones o muerte que las mercancías hubieran producido a alguna persona. El artículo no tiene antecedente en las convenciones anteriores, ni figuraba en el proyecto preparado por la CNUDMI. Fue introducido en la Conferencia de Viena,[39] con el objeto de excluir toda la problemática de la responsabilidad extracontractual por el producto, que ha tenido desarrollos muy amplios y diversos.

Debe tenerse en cuenta que la *Convención* regula, en sus artículos 35 a 44, todo lo referente a la calidad o conformidad de las mercancías. Por eso, el artículo 5 no excluye que se aplique cuando las mercancías entregadas por el vendedor no son conformes con el contrato y causan daños al comprador, aun cuando sean daños consistentes en lesiones a la integridad corporal de una persona. Por ejemplo, un vendedor entregó una maquinaria defectuosa que al ser puesta en operación estalló y produjo lesiones a uno de los obreros del comprador. El comprador puede exigir responsabilidad al vendedor, de acuerdo con la *Convención*, por no ser la mercancía conforme con el contrato, puesto que no es apta para los fines a que ordinariamente se destina (art. 35-2-a), y podrá considerar, de acuerdo con su artículo 74, que las lesiones sufridas por el obrero, ya que implican pérdida de trabajo y posiblemente pago de indemnizaciones, son parte de los daños que le causó el incumplimiento del vendedor y que éste tiene que resarcir.

Lo que el artículo 5 excluye es la responsabilidad extracontractual del vendedor, es decir, la responsabilidad por las lesiones o muerte que causen las mercancías, independientemente de si son o no conformes con el contrato y de si la persona lesionada es el comprador o un tercero.

4. EXCLUSIONES VOLUNTARIAS (ART. 6)

La *Convención* tiene como principio fundamental el respeto a la autonomía de las partes. Por eso, el artículo 6 dispone que "las partes"[40] pueden voluntariamente excluir la aplicación de toda la *Convención*, o bien establecer excepciones a sus disposiciones, o modificar cualesquiera de sus efectos, salvo el requisito de que el contrato, y cualesquiera de sus mo-

[39] *Informe 1a. Comisión*, artículo 4 párrafo 3 (= *DO* 92).

[40] Al hablar de "las partes", se entiende que de común acuerdo o por consentimiento las partes pueden excluir o variar las disposiciones de la convención. BONELL (*Commentary* 57) dice que las disposiciones previstas en la Segunda Parte de la *Convención*, relativa a la formación del contrato, pueden modificarse por voluntad de una sola parte; por ejemplo, el artículo 16-1 dice que la oferta es, por lo general, irrevocable, excepto cuando el oferente indica claramente lo contrario; lo cual significa, según este autor, que el oferente tiene el derecho de modificar unilateralmente la regla de irrevocabilidad establecida en ese artículo. En realidad no es eso, puesto que el oferente, al establecer que la oferta es revocable, no modifica el artículo, sino que se vale de una disposición que él mismo contiene.

dificaciones, tenga forma escrita,[41] cuando así lo ha establecido, mediante reserva, uno de los Estados contratantes (arts. 12 y 96).[42]

La exclusión de toda la *Convención* o parte de ella puede ser tácita o expresa. Los efectos que tenga esta exclusión, en cuanto a determinar cuál será entonces la ley aplicable al contrato, se rigen por lo que las mismas partes expresaron o por las reglas del derecho internacional privado.

A. Exclusión tácita

La convención anterior (LUCI art. 3) establecía que la exclusión podía ser tácita. La convención actual no admite expresamente la exclusión tácita, pero tampoco la prohíbe. El *Proyecto* CNUDMI (art. 5) no hacía referencia a la exclusión tácita. Durante las discusiones, en la Primera Comisión se sugirió modificar el proyecto para hacer una referencia expresa a la exclusión tácita, pero la propuesta fue rechazada,[43] no con la intención de suprimir esa posibilidad, sino con el fin de evitar que los jueces que aplicaran la *Convención*, interpretaran ligeramente que las partes la habían tácitamente excluido.[44] Para juzgar si en un contrato las partes la excluyeron tácitamente, afirman Bonell y Honnold,[45] debe acudirse a las normas de interpretación del contrato contenidas en los artículos 7 y 8. Esto es lógico, porque si se va a resolver sobre la aplicabilidad de la *Convención* a un contrato que, en principio, ella rige, es necesario que, conforme a sus reglas de interpretación, se decida si fue esa la intención de las partes.

Bonell opina que hay una exclusión implícita cuando los contratantes definen como derecho aplicable al contrato el de un Estado que no es parte de la *Convención*. Pero si convienen que se aplicará, en general, el Derecho de un Estado parte, no hay exclusión, pues la *Convención* es ya el Derecho aplicable de ese Estado parte, aunque en él existan otros ordena-

[41] La regla de la convención, artículos 11 y 29, es que el contrato y sus modificaciones se perfeccionan por el mero consentimiento, sin necesidad de escrito o formalidad alguna. Sobre esta reserva véase *supra* I 4 B e.

[42] BONELL (*Commentary* 61) añade que, por lógica, tampoco pueden excluirse otros artículos de la *Convención*: no puede excluirse el artículo 4, que dispone que ella no rige la validez del contrato, ni la adquisición de la propiedad de las mercancías. Tampoco el artículo 7, que define las reglas para interpretar la *Convención* y el contrato, pues de interpretarlos conforme a reglas distintas se promovería, en contra del artículo 7-1, la diversidad de interpretaciones. Ni el artículo 28, que dispone que una parte sólo podrá reclamar judicialmente el cumplimiento específico de una obligación a la otra, cuando el juez tenga la posibilidad, conforme a su derecho, de hacer una condena en especie en casos semejantes.

[43] *Informe 1a. Comisión* artículo 5 párrafo 3 (= *DO* 93).

[44] BONELL *Commentary* 52.

[45] BONELL *Commentary* 55. HONNOLD 129.

mientos jurídicos aplicables a la compraventa entre nacionales.[46] Es problemático, afirma este autor, decidir si hay una exclusión tácita, en casos en que las partes usan un formato de contrato que está claramente influenciado por principios y reglas de un Derecho interno. Este dato aislado no es suficiente para afirmar que hay una exclusión implícita, pues tienen que considerarse otras circunstancias, tales como el conocimiento que tengan las partes de la *Convención*, la práctica que hayan tenido entre ellas o el foro que hayan elegido para la solución de sus controversias.

B. Exclusión expresa

El artículo 6 acepta que la *Convención* puede ser derogada o modificada por voluntad de las partes, pero no dice si éstas tienen un plazo para hacerlo, ni cómo deben expresar su voluntad, o bajo qué restricciones, para que surta el efecto que pretenden.

Respecto del plazo, Bonell opina que no lo hay, es decir, que las partes pueden convenir una exclusión o modificación al principio de sus negociaciones, lo cual sería lo más conveniente, pero también después de haber perfeccionado un contrato.[47]

La validez del acuerdo de las partes para excluir o modificar la *Convención* deberá juzgarse de acuerdo con el derecho nacional aplicable al contrato. Pero si las partes contratantes, además de hacer la exclusión o modificación de la *Convención*, eligen un Derecho determinado para regir el contrato, surge la cuestión sobre cuál Derecho decidirá sobre la validez de la cláusula de exclusión o modificación, ¿el Derecho que de acuerdo con las reglas de derecho internacional privado debe regir el contrato, o el que han elegido las partes para sustituir la *Convención*? Bonell opina, siguiendo el artículo 10 de la *Convención sobre el Derecho aplicable a la compraventa internacional de mercaderías (La Haya, 1985)*, que la cuestión debe resolverse conforme al Derecho escogido por las partes, excepto cuando una de ellas impugna la cláusula de elección de Derecho.

[46] BONELL *Commentary* 56. Pero cuando el Estado parte, cuya ley se eligió para regir el contrato, es uno que ha hecho la reserva de que la *Convención* no se aplicará por efecto de las reglas del derecho internacional privado (art. 95), entonces ésta no se aplica, pues se entiende que de aplicarse por elección de las partes lo sería por efecto de una de las reglas del derecho internacional privado. Así opina J.P. PLANTARD, "Le nouveau droit uniforme de la vente internationale: La Convention des Nations Unies du 11 avril 1980", en *Journal du Droit International* 115 2 (Paris Avril-Mai-Juin 1988) 322.

[47] BONELL *Commentary* 58. Como apoyo a su opinión, el autor cita una sentencia de la Suprema Corte de la República Federal Alemana, cuando resolvió esa cuestión aplicando la convención de La Haya.

C. Efectos de la exclusión

Cuando las partes han excluido válidamente toda la *Convención*, el contrato se rige entonces por el Derecho que determinen las reglas del derecho internacional privado o, en su caso, por el que las partes hayan elegido. Si las partes sólo han excluido una de sus disposiciones, sin haber dado otra regla aplicable, y se presenta un problema que debería resolver la disposición excluida, la solución, dice Bonell, debe obtenerse aplicando el artículo 7-2, que dispone que las cuestiones no previstas se resuelvan a partir de los principios generales en que se basa la *Convención*, y a falta de ellos, por el Derecho nacional aplicable.

Si resulta que las partes excluyeron inválidamente la *Convención* o alguna de sus disposiciones, pueden producirse diversos resultados. Si la exclusión resultó inválida por defecto de consentimiento, entonces la exclusión se tiene por no hecha y se aplica la *Convención*. Si la exclusión es inválida por su contenido, por ejemplo, por haberse hecho mediante señalamiento de que se aplicaría al contrato un Derecho nacional determinado, y resulta que las partes, de acuerdo con el derecho aplicable al contrato, no estaban facultadas para hacer esa elección, entonces, agrega Bonell,[48] se entiende que la exclusión es válida, pero el Derecho que regirá el contrato no es el que eligieron las partes, sino el que determinen las reglas del derecho internacional privado

5. APLICACIÓN VOLUNTARIA

Otra cuestión es si las partes de un contrato de compraventa, que en principio no debía regularse por la *Convención*, pueden convenir que ella lo rija. La convención de La Haya (LUCI art. 4) establecía que eso era posible, cuando el acuerdo de las partes no contradecía alguna norma ''imperativa'' del Derecho nacional aplicable al contrato. Por la dificultad de definir lo que debía entenderse por norma imperativa, se suprimió del *Proyecto CNUDMI* la referencia a tal posibilidad.[49] Pero esto no quiere decir que la *Convención* actual no puede aplicarse por voluntad de las partes a un contrato que cae fuera de su ámbito de aplicación. Ninguna de sus normas impide que ello sea posible. Pero la validez de un acuerdo de este tipo, depende de que el derecho nacional aplicable reconozca a las partes la capacidad de elegir el Derecho que regirá el contrato.[50]

[48] *Commentary* 61.
[49] HONNOLD 130 ss.
[50] BONELL *Commentary* 62. HONNOLD 130 ss.

Honnold[51] analiza varios casos de acuerdos para hacer aplicable la *Convención* a contratos que, en principio, no rige. Le parece difícil aplicarla, por voluntad de las partes, a contratos hechos por consumidores (excluidos por el art. 5), porque se presentaría la cuestión de si el acuerdo de las partes prevalecería sobre las leyes de protección al consumidor que, en principio, son de orden público. Pero opina que es válido el acuerdo por el que las partes hacen aplicable la *Convención* a contratos que tengan por objeto mercancías excluidas del régimen de la *Convención* (valores mobiliarios, buques, electricidad, etc., art. 2), y compraventas de mercancías fabricadas por el vendedor con materiales que suministra el vendedor, o compraventas que implican una prestación de servicios por parte del vendedor (art. 3).

En las compraventas celebradas entre partes que tienen establecimientos en el mismo Estado, es decir, compraventas que no son internacionales, es válido, según Honnold el acuerdo de regirlas por la *Convención*, y conveniente hacerlo, sobre todo en aquellas que están encadenadas con otra compraventa que sí es internacional, porque el vendedor tiene que adquirir las mercancías en una compraventa internacional, o porque el comprador las venderá en otra operación internacional.

Un caso más es el de la compraventa celebrada por contratantes que no tienen —ninguno de los dos— su establecimiento en un Estado parte de la *Convención*. Honnold[52] opina que el acuerdo sería válido si las normas del derecho nacional aplicable permiten a las partes amplia libertad para elegir el Derecho que regirá sus contratos. En algunos derechos, agrega, se exige que el Derecho elegido por las partes tenga alguna relación con el contrato, pero puede entenderse que ese requisito se cumple porque las partes eligen un Derecho que se aplica en el comercio internacional, que es fácilmente cognoscible y asequible por los jueces. Bonell,[53] en cambio, afirma que no es válido un acuerdo de ese tipo, porque los Derechos nacionales suelen dar a las partes libertad para escoger un derecho nacional aplicable a sus contratos, pero no para escoger un derecho internacional. Sin embargo, como al ser ratificada por un Estado la *Convención* se convierte, al menos formalmente, en derecho nacional del mismo, el argumento de Bonell no parece decisivo.

[51] HONNOLD 133 ss.
[52] HONNOLD 133 ss.
[53] BONELL *Commentary* 63.

6. APLICACIÓN A CONTRATOS DE DISTRIBUCIÓN Y DE FRANQUICIA

En la vida comercial de hoy, se procuran relaciones estables entre vendedores y compradores por medio de contratos de distribución o de suministro de mercancías, o a través de contratos de franquicia. Las partes celebran acuerdos que incluyen, además de varias operaciones de compraventa, o un número indefinido de ellas, otras obligaciones que aseguren la permanencia y la estabilidad en la relación. ¿Quedan comprendidos esos contratos en el régimen de la *Convención*? En general, la respuesta es positiva, pero restringiendo la aplicación del régimen de ésta exclusivamente a lo que hay de compraventa en esos contratos.

A. Contratos de distribución

En los contratos de distribución, el proveedor (vendedor) se obliga a suministrar periódicamente al distribuidor ciertas mercancías, con un precio rebajado, así como a proporcionarle catálogos, listas de precios e información y asistencia técnica para la reventa, uso y reparación de las mercancías. Por su parte, el distribuidor (comprador) suele obligarse a no comprar mercancías del mismo tipo más que con su proveedor, a no venderlas fuera de determinada zona y a garantizar ciertos volúmenes de compra.

Si se firmara un contrato de distribución entre un proveedor y un distribuidor que tienen sus respectivos establecimientos en estados que son parte de la *Convención*, ¿sería ésta aplicable a tal contrato?

En el artículo 3-1 se dice que se consideran "compraventas los contratos de suministro de mercaderías que hayan de ser manufacturadas o producidas", siempre que las obligaciones del vendedor no consistan principalmente en suministrar mano de obra o prestar otros servicios. En concordancia con esto, el artículo 73 previene las consecuencias que puede tener en esos contratos el incumplimiento de una o varias entregas.[54] Los contratos de distribución caen en dicho supuesto: son contratos de suministro de mercancías en varias entregas, en los que el vendedor no suele tener otra obligación de más importancia que la de suministrar las mercancías y todo lo que sea necesario (catálogos, información comercial, asistencia técnica), para que puedan ser adecuadamente usadas.

Puede haber otros aspectos del contrato de distribución que no sean

[54] *Infra* VIII 5.

materia regida por la *Convención*, como una cláusula que establezca la obligación del distribuidor de no divulgar información o la que señale que el proveedor ha de dar cierta asistencia técnica. Este tipo de disposiciones habrán de regirse, a falta de reglas específicas en el propio contrato, por las normas mercantiles del derecho nacional que resulte aplicable al contrato.

En conclusión, cabe afirmar que un contrato de distribución internacional se rige por la *Convención* en todo lo relativo a las operaciones de compraventa que implica, y por las disposiciones particulares del derecho nacional que resulte aplicable en lo relativo a las demás cláusulas. Por eso, conviene que este tipo de contratos definan, en las cláusulas relativas al derecho aplicable, que se regirán por la *Convención* y por un determinado derecho nacional.

B. Contratos de franquicia

Algo diferente ocurre con los contratos de franquicia, pues son contratos cuya materia principal es la autorización, licencia o franquicia para usar una marca o una tecnología específicas, propiedad del franquiciante. Dicha materia está fuera del ámbito material de aplicación de la *Convención*, pero ordinariamente los contratos de franquicia ligan la autorización de usar la marca o la tecnología con la compra de determinadas mercancías o insumos. Sucede así que, dependiendo del contrato de franquicia, se convienen operaciones de compraventa entre el franquiciante y el franquiciatario, que sí son materia que rige la *Convención*. Entonces, ¿habrán de regirse por la *Convención* las operaciones de compraventa contempladas en un negocio de franquicia internacional?

La respuesta depende del modo de plantear el problema. Si se considera que el contrato de franquicia, en tanto que desde el punto de vista económico constituye un sólo negocio, es un contrato único, la respuesta habrá que darla siguiendo las prescripciones del artículo 3-2, que dice que si la "parte principal" de las obligaciones del vendedor consiste en "suministrar mano de obra o prestar otros servicios" (como podría ser el uso de la marca o la patente), el contrato no se rige por la *Convención*. En cambio, si se considera que la franquicia, no obstante que económicamente se presenta como un negocio único, en términos jurídicos contiene dos (y a veces más) contratos diversos: una licencia de uso de marca o patente y un contrato de compraventa o suministro de mercancías, entonces la respuesta es que la *Convención* se aplica sólo para regir la compraventa, mientras que la licencia de uso de marca o patente se regirá por las leyes de propiedad intelectual del derecho interno aplicable al contrato.

Como ya se mencionó arriba,[55] el planteamiento correcto es distinguir en el mismo negocio dos contratos jurídicamente diferentes, con obligaciones de contenido diverso y que requieren un tratamiento separado. Por eso, se justifica que se aplique, a las operaciones de compraventa que implica el negocio de franquicia, una ley específica sobre la materia (la *Convención*) y a la autorización de uso de marca o patente otra ley, también especializada. Si se siguiera la idea de que la franquicia es un sólo contrato jurídico en el que hay compraventa y otros aspectos, en la mayoría de los casos habría que concluir que la *Convención* no se aplicaría a las operaciones de compraventa, porque éstas, siguiendo el criterio del artículo 3-2, no constituirían la "parte principal" de las obligaciones del vendedor. Esto excluiría del régimen de la *Convención* muchas operaciones de compraventa internacional, en contradicción con su objetivo fundamental de procurar un derecho común en la materia.

[55] *Supra* II 2 D b.

III. *Interpretación de la Convención*

Las reglas de interpretación de la *Convención* son un elemento fundamental de la misma, pues constituyen el punto de partida para obtener una doctrina común acerca de su contenido. El objetivo fundamental que se tenía en mente al aprobarla era conseguir la uniformidad en el régimen jurídico de la compraventa internacional de mercaderías. Este objetivo es difícil de alcanzar, pues no basta con tener, como ya se tiene, un acuerdo respecto de un texto escrito, sino que, además, es necesario que la interpretación que se haga de ese texto, y que será hecha por juristas, jueces y árbitros pertenecientes a los más diversos sistemas y tradiciones jurídicas, sea también uniforme, o al menos, se haga a partir de reglas comunes.

Las reglas de interpretación son parte tan esencial de la *Convención* que Joachin Bonell,[1] uno de los juristas que mejor la conocen, opina que las partes de un contrato que va a regirse por ella no pueden acordar —no obstante el principio de autonomía de las partes establecido en el artículo 6— que la *Convención* se interpretará por otras reglas que no sean las que ella misma precisa. Éstas las define en sus artículos 7, 8 y 9.

El artículo 7 precisa cómo debe hacerse la interpretación de la *Convención*. Señala —párrafo primero— que la explicación y extensión de sus disposiciones a situaciones concretas debe ser hecha con un criterio "internacional". Luego —párrafo segundo— precisa que la integración de normas nuevas para solucionar casos no resueltos expresamente por ella, debe hacerse a partir de los principios generales en que se basa.

El artículo 8 señala dos criterios para interpretar el contrato de compraventa y las declaraciones de las partes, previas o posteriores al mismo. Las reglas de interpretación del contrato se analizarán en el capítulo dedicado a reglas generales sobre el contrato de compraventa internacional.[2]

[1] BONELL *Commentary* 93 y 94.
[2] *Infra* V 2.

La cabal interpretación de la *Convención* requiere conocer cuáles son los usos mercantiles aplicables, ya que constituyen normas jurídicas que pueden modificar, ampliar o, incluso, derogar sus disposiciones. El artículo 9 establece que son aplicables al contrato los usos que las partes hayan convenido expresa o tácitamente, bajo ciertas circunstancias, y determina que ciertos usos, por ser ampliamente difundidos y observados, se aplican, independientemente de la voluntad de las partes, por disposición de la propia *Convención*.

En los artículos 10, 13 y 56 se precisa cómo han de interpretarse ciertos términos que tienen gran importancia práctica: el término "establecimiento", la expresión "por escrito", y el término "peso" de las mercancías.

1. PRINCIPIOS DE INTERPRETACIÓN (ART. 7)

Los principios para interpretar el texto de la *Convención*, esto es, para explicar y delimitar el alcance de sus disposiciones, los define el primer párrafo del artículo 7. Allí se establece que en su interpretación deberán tenerse en cuenta: *a*) su carácter internacional; *b*) la necesidad de promover la uniformidad en su aplicación, y *c*) la observancia de la buena fe en el comercio internacional.

En realidad, el artículo establece dos criterios de interpretación. El primero es el de interpretación internacional y el segundo el principio de buena fe. El objetivo de conseguir la uniformidad en su aplicación, no es más que una consecuencia de la interpretación internacional del texto.[3]

Párrafos como éste se encuentran ya incorporados en otras convenciones internacionales, como la convención sobre prescripción de acciones en la compraventa internacional (art. 7), la convención sobre la representación en la compraventa internacional de mercaderías (art. 6), o la convención sobre el transporte marítimo de mercancías (art. 3). El objeto de ellos, como se explicará adelante, es conseguir que las convenciones se interpreten independientemente de los conceptos, reglas y principios de un determinado derecho nacional.

A. Interpretación internacional

Ésta es la directriz fundamental, y es rica en implicaciones. La primera, de carácter negativo, es que la *Convención* no debe interpretarse a la luz

[3] Así opina BONELL (*Commentary*) 72.

de uno u otro derecho nacional. Teniendo en mente esto, sus redactores procuraron, en la medida de lo posible, usar un lenguaje común, no técnico, para evitar así que se interpretara de acuerdo con tradiciones jurídicas nacionales. Por eso evitaron el uso de términos como culpa, fuerza mayor y otros.[4]

El que la interpretación no sea nacional conlleva que los jueces o árbitros que conozcan de controversias regidas por la *Convención* deben hacer a un lado, en la medida que esto sea posible, su propia tradición jurídica:[5] sus leyes, sus precedentes judiciales o jurisprudencia y su doctrina nacionales. Esto no va a ser nada fácil de llevar a la práctica, por la inercia propia de las concepciones jurídicas y el peculiar, y razonable, conservadurismo de los jueces.

Desde un punto de vista positivo, la interpretación internacional significa que la *Convención* debe interpretarse de manera autónoma. No obstante que sea aprobada y ratificada por un Estado, y adquiera de esa manera el rango de derecho positivo en el orden jurídico de ese Estado, materialmente no es derecho nacional, porque rige relaciones comerciales internacionales que se establecen entre personas de diferentes nacionalidades y en ámbitos territoriales que exceden los límites del territorio de un Estado. Por eso, no debe interpretarse como parte de un orden jurídico nacional, sino que debe interpretarse, por ahora, como un derecho autónomo. Con el tiempo, se irá formando un cuerpo de derecho privado internacional, del cual la *Convención* será una parte, y entonces el requisito de interpretación internacional, ya no se agotará en la interpretación autónoma, sino que exigirá la interpretación en concordancia con ese cuerpo jurídico que empieza a gestarse.

La interpretación autónoma de la *Convención* exige que ella sea, en cuanto esto sea posible, interpretada por sí misma. Lo primero es desentrañar el significado literal del texto, pero cuando éste es oscuro, o insuficiente para resolver un problema determinado, entonces se debe procurar la interpretación del sentido de sus palabras.

En este punto, podrá presentarse una diferencia importante entre los juristas y jueces de países de derecho codificado, que están acostumbrados a interpretar ampliamente las leyes, procurando descubrir su sentido en la intención del legislador, y acudiendo con ese fin a la historia legislativa, y los juristas y jueces de países del *common law*, que procuran interpretar de forma estricta las leyes, sólo por su significado literal, y acudir, cuando éste no es suficiente, a sus precedentes judiciales.

[4] HONNOLD 137.

[5] *Comentarios de la Secretaría* artículo 6 párrafo 1 (= *DO* 19).

Los comentaristas[6] de la *Convención* opinan que deberá interpretarse ampliamente, esto es, procurando desentrañar el sentido que pueden tener sus disposiciones más allá de su significado literal. La misma idea se encuentra en la *Convención de Viena sobre el Derecho de los tratados* de 1969;[7] su artículo 31 dispone que los tratados se interpreten de acuerdo con el significado ordinario de las palabras en su contexto, y a la luz de la finalidad y propósitos de los tratados.

Para realizar la interpretación del sentido, los autores recomiendan acudir a la historia de la *Convención*, de modo que las fuentes para desentrañar el sentido del texto actual sean los escritos que les sirvieron de antecedente (las convenciones de La Haya de 1964, LUFC y LUCI, y los proyectos preparados por CNUDMI, principalmente), así como las discusiones habidas en su formulación y aprobación, tanto en las sesiones del grupo de trabajo de CNUDMI, cuyas actas pueden consultarse en los *Yearbook* como en las sesiones de comisiones y plenarias de la conferencia de Viena, cuyas actas se encuentran recogidas en el volumen de *Documentos Oficiales* de la *Convención*.[8] El artículo 32 de la citada convención sobre el derecho de los tratados también prevé el recurso a la historia legislativa.

Honnold[9] advierte que el recurso a la historia legislativa debe ser moderado y prudente. Quien quiera servirse de ella para explicar una disposición, deberá demostrar que los antecedentes que aduce, revelan en realidad la intención y concepción que tenían los legisladores y que, de algún modo, se conservan en el texto vigente. Por eso, no todo antecedente documental puede ser prueba de que el texto actual tiene determinado sentido; el hecho, por ejemplo, de que en alguna sesión de la Conferencia de Viena se rechazara una proposición determinada, no significa que las concepciones jurídicas habidas en esa proposición quedaron definitivamente excluidas del texto vigente. La convención sobre el derecho de los tratados (art. 32) dispone que el recurso a la historia legislativa procede a efecto de "confirmar" una interpretación literal o de sentido, o para determinar un nuevo significado a un texto cuyas interpretaciones literal o de finalidad resultan oscuras o irracionales.

Otro recurso es acudir a las distintas versiones oficiales de la *Convención*. Ésta se publicó, oficialmente, en seis idiomas: árabe, chino, espa-

[6] HONNOLD, pág. 138. El volumen de comentarios a la *Convención*, preparado por BIANCA y BONELL (*Commentary*), en el que participaron redactores del proyecto y miembros de las representaciones de los gobiernos a la Conferencia de Viena, contempla, como principio metodológico, que todos los comentarios se inicien con una historia del texto en estudio, gracias a la cual se explica el significado de los acuerdos.

[7] Ratificada por México, y promulgada en el *Diario Oficial* el 14 de febrero de 1975.

[8] *Supra* I 2.

[9] HONNOLD 142.

ñol, francés, inglés y ruso. Puede ser que si una versión resulta oscura, se esclarezca comparándolo con otra versión oficial.[10] Resultaría difícil admitir que pudieran también ser esclarecedoras de una versión oficial, las traducciones de la *Convención* hechas a otros idiomas, por ejemplo, las traducciones alemana o italiana.

La interpretación de la *Convención* se desarrollará paulatinamente, por medio de obras doctrinarias de juristas y sentencias de jueces y árbitros. Unas y otras constituirán el cuerpo doctrinal que explique, desarrolle y sistematice el nuevo Derecho de la compraventa internacional, que ella contiene en germen. Los jueces o árbitros que tengan qué decidir controversias regidas por ella, deberán tener en cuenta —como exigencia del criterio de interpretación internacional— las obras doctrinarias que se hayan publicado, aun cuando no fueran editadas en el país donde tengan jurisdicción, y las sentencias que otros jueces o árbitros hayan dado en aplicación de la *Convención*, aunque sean órganos jurisdiccionales extranjeros.[11]

B. La buena fe como principio de interpretación

Cuando la CNUDMI realizó la última revisión del proyecto de convención, se decidió incluir en el primer párrafo del artículo 7 el principio de buena fe, no como una obligación general de comportamiento de las partes entre sí, sino como un principio de interpretación.[12] Sin embargo, como observa Bonell,[13] aun considerada la buena fe como mero principio interpretativo, influirá en la determinación del comportamiento que puede exigirse a las partes.

Es difícil determinar qué significa, en concreto, la buena fe como criterio de interpretación. Hay una gran divergencia en las distintas tradicio-

[10] Cuando existen divergencias de sentido entre las distintas versiones, debe preferirse, como lo señala el artículo 33-4 de la *Convención de Viena sobre el derecho de los tratados*, aquella que mejor concuerde con los objetivos y propósitos del tratado.

[11] Puede suceder que un juez se encuentre con que, para resolver una cuestión prevista por la *Convención*, hay dos precedentes judiciales provenientes de la misma, o diferentes jurisdicciones, que son contradictorios entre sí. En principio, el juez tendría libertad para seguir el precedente que le pareciera mejor o, incluso, dar una nueva solución. Pero si resultara que se trata de dos precedentes judiciales, que están arraigados, cada uno, en una determinada jurisdicción, entonces, opina Bonell (*Commentary* 93) que debe seguirse el precedente que corresponda a la jurisdicción que, de acuerdo con las normas del derecho internacional privado, fuera la competente. Esto constituye una excepción a la regla de interpretación autónoma.

[12] *Yearbook* IX (1978) 35-36.

[13] *Commentary* 84.

nes jurídicas nacionales acerca de lo que es dicho concepto. Bonell advierte[14] que la *Convención* habla de buena fe "en el comercio internacional". De ello extrae dos consecuencias. La primera es que no debe aceptarse como válida, para efectos de interpretar la *Convención*, ninguna concepción de la buena fe derivada de un Derecho nacional. La segunda es que el contenido de este principio debe determinarse en relación con las peculiares condiciones y exigencias del comercio internacional.

Añade que también pueden ayudar a descubrir ese significado las palabras del preámbulo de la *Convención* que dicen "que el desarrollo del comercio internacional sobre la base de igualdad y del beneficio mutuo constituye un importante elemento para el fomento de las relaciones amistosas entre los Estados", y las que hablan de "la adopción de normas uniformes... en las que se tenga en cuenta los diferentes sistemas sociales, económicos y jurídicos". De esto, opino, se pueden concluir dos criterios concretos de interpretación: reciprocidad (beneficio mutuo) e igualdad proporcional (es decir, considerando las diferencias entre las partes).

En los *Comentarios de la Secretaría*[15] se dice que el principio de buena fe está presente en muchas disposiciones de la *Convención*, y especialmente en algunas de ellas que, a modo de ejemplo, allí se señalan, tales como: la que dispone la irrevocabilidad de una oferta cuando el destinatario tenía motivos para pensar que así era y hubiera actuado en consecuencia (art. 16-2-b); la que señala que la aceptación tardía de una oferta surte efectos si llegó tarde al oferente por defectos en los medios de comunicación empleados (art. 21-2); las que prevén el derecho del vendedor a subsanar su incumplimiento (arts. 37 y 48); la que señala que el vendedor no se libera de su responsabilidad por las faltas de conformidad de las mercancías que no reclamó de manera oportuna el comprador, si el vendedor conocía de antemano esas faltas de conformidad (art. 43-2); la que establece que el comprador pierde su derecho a declarar resuelto el contrato si no puede restituir las mercancías en un estado sustancialmente igual al que tenían cuando las recibió (art. 82-1), y las que disponen a las partes la obligación de cuidar mercancías que tienen que entregar a la otra parte (arts. 85-88). En todas estas disposiciones de advierte un interés de mantener el equilibrio en las prestaciones, o reciprocidad entre las partes, aun a costa del rigor lógico.

[14] *Commentary* 86.

[15] *Comentarios de la Secretaría* artículo 6 párrafo 3 (= *DO* 19).

C. Interpretación de las expresiones "por escrito" y "llega" (arts. 13 y 24)

Por lo común la *Convención* no define ni explica sus propios términos, por lo que será labor de la doctrina el ir aclarando y precisando el significado y alcance que tienen. Sin embargo en sendos artículos establece la interpretación de las expresiones "por escrito" (art. 13) y "llega" (art. 24).

a) Significado de "por escrito"

Durante la conferencia de Viena, a propuesta de la delegación de la República Federal Alemana,[16] se decidió añadir al proyecto presentado por la CNUDMI, el actual artículo 13 que dice que la expresión "por escrito" comprende el telegrama y el télex. El interés principal de quienes presentaron la iniciativa de este artículo, era reconocer la validez de las modificaciones al contrato hechas por telegrama o télex.

En general, la *Convención* mantiene un principio de informalidad, de suerte que no requiere la forma escrita para el perfeccionamiento del contrato (art. 11), ni para la validez de la oferta o de la aceptación de una oferta (arts. 14 y 18), ni para las comunicaciones que deben hacerse las partes.[17] Pero hay dos artículos en que se refiere a comunicaciones "por escrito". El artículo 21-2 habla de la carta o comunicación "por escrito" que contiene la aceptación tardía o extemporánea de una oferta. Y el artículo 29-2, que habla de un contrato "por escrito", establece que toda modificación tendrá que realizarse "por escrito".

Debe tenerse en cuenta que, de acuerdo con la *Convención*, el contrato puede ser por escrito, si así lo disponen las partes, o porque una de ellas tenga su establecimiento en algún Estado que haya hecho la reserva prevista en el artículo 96, según la cual el contrato tendrá que hacerse por escrito, cumpliendo con los requisitos previstos en la ley nacional del Estado que hizo la reserva.[18]

b) Significado de "llega"

En la Segunda Parte de la *Convención*, relativa a la formación del contrato, se sigue el principio de que las comunicaciones que se hagan las partes

[16] *Actas resumidas 1a. Comisión* sesión 5 párrafos 71-77 (= *DO* 291).

[17] Véase artículos 39-1, 43-1, 46-2 y 3, 63-1, 67-2, 71-3, 72-2, 79-4 y 88-1.

[18] *Supra* I 4 B e.

durante la preparación de un contrato —como la oferta, aceptación, contraoferta y otras—, producen efectos a partir del momento en que "llegan" al destinatario (arts. 15-1 y 18-2). Para evitar discusiones acerca de si ese momento es cuando la comunicación está a diposición del destinatario o cuando éste la recibe personalmente, o cuando se entera de su contenido, los redactores del *Proyecto CNUDMI* decidieron incluir un artículo que precisara lo que significa que una comunicación "llega" a su destinatario.

El artículo 24 establece que una comunicación "llega" cuando se comunica de manera verbal al destinatario, puede ser vía telefónica, o cuando, por cualquier otro medio, se le entrega personalmente o en su establecimiento o en su dirección postal o, a falta de ellos, en su residencia habitual. De acuerdo con esto, si la aceptación de una oferta se entrega en el apartado postal de la empresa vendedora el primero de junio, y cinco días después la conoce la persona encargada de hacer la venta, se entiende que la aceptación llegó el primero de junio y desde ese momento se perfeccionó el contrato de compraventa. Lo decisivo es el momento de entrega de la comunicación y no el momento de su conocimiento.[19]

La regla de interpretación prevista en el artículo 24 se aplica exclusivamente respecto de los artículos de la Segunda Parte de la *Convención*. No podría extenderse a las comunicaciones previstas en la Tercera Parte que, por lo general, surten efectos al momento de la expedición (art. 27), ni tampoco a las disposiciones de esta parte que, por excepción a la regla, surten efectos al momento de ser recibidas, como la notificación que hace el vendedor de que no cumplirá en el plazo suplementario fijado por el comprador (art. 47-2), o la petición que hace el vendedor de que se le acepte un plazo adicional para cumplir (art. 48-4). En estos dos artículos, el sentido parece ser que la comunicación surte efectos hasta que el destinatario la conoce; incluso, la terminología que se usa en ello es diferente: no se dice que la comunicación "llegue", sino que "sea recibida".

2. INTEGRACIÓN DE NORMAS PARA RESOLVER LAGUNAS (ART. 7-2)

El párrafo segundo del artículo 7 se refiere a la manera de solucionar las cuestiones relativas a materias que rige la *Convención*, pero que no están expresamente resueltas por ella. Se refiere, en otras palabras, a la manera de solucionar las llamadas lagunas. Dispone que éstas se resuelvan con base en sus principios generales y, de no ser posible, se solucionen según

[19] *Comentarios de la Secretaría* artículo 22 párrafos 3 y 4 (= *DO* 28).

el derecho nacional aplicable en virtud de las reglas de derecho internacional privado. El objetivo de esta regla es evitar, mediante el recurso a los principios generales, que los jueces puedan fácilmente concluir que determinado caso no está regido por la *Convención* y acudir al Derecho interno para solucionarlo. Pero antes de solucionar una laguna mediante la integración de una norma nueva extraída de los principios generales, se debe procurar resolverla por analogía de alguna de las reglas de la *Convención*.

Este segundo párrafo no existía en el *proyecto CNUDMI*, sino que fue añadido en la conferencia diplomática. La iniciativa de resolver las lagunas acudiendo a los principios generales de la *Convención*, en vez de acudir a algún derecho nacional, partió del representante italiano, Joaquín Bonell, quien explicaba que la regla de resolver las lagunas con apoyo en los principios de la *Convención*, promovería la interpretación de ésta y, con ello, la formación de un nuevo *ius commune*.[20] La propuesta fue apoyada por la delegación de la República Democrática Alemana y aprobada por 17 votos a favor, 14 en contra y 11 abstenciones. Pero las objeciones que se debatieron en la comisión no fueron tanto a la primera parte de ese párrafo —que hacía referencia a los principios generales de la *Convención*—, sino a su frase final, que indica el recurso al derecho interno.[21]

A. Determinación de una "laguna"

No siempre es sencilla la discriminación, que presupone este párrafo del artículo 7, entre materias regidas y materias no regidas por la *Convención*. Ni tampoco la distinción subsecuente entre las verdaderas "lagunas" —cuestiones no resueltas expresamente que, por referirse a materias regidas por la *Convención*, deben resolverse conforme a ella—, y las "falsas lagunas", o sea las cuestiones no resueltas que, por referirse a materias no regidas, deben resolverse conforme a otro derecho.

Los artículos 4 y 5 prestan una gran ayuda para resolver el problema. Determinan que la *Convención* sólo rige lo relativo a la formación del contrato y las obligaciones y derechos que surgen del mismo; y que no rige lo relativo a la validez del contrato o de alguna de sus cláusulas, a los efectos del contrato en relación con la propiedad de las mercancías, y a la responsabilidad del vendedor por las lesiones o muerte que puedan causar las mercancías a terceros. Las cuestiones relacionadas con estos aspectos, que pueden ser numerosas, no constituyen verdaderas lagunas y deben resolverse conforme al derecho nacional aplicable.

20 *Actas resumidas 1a. Comisión* sesión 5 párrafo 16 (= *DO* 276).
21 *Actas resumidas 1a. Comisión* sesión 5 párrafos 6-35 (= *DO* 276-278).

Pero hay casos en los que no es fácil determinar si son materias regidas o no por la *Convención*. Honnold[22] propone el siguiente ejemplo: un comprador, después de recibir unos tablones de fibra, pregunta al vendedor si son a prueba de fuego; éste, por error, responde que sí, y el comprador construye con ellos, luego se entera que los tablones son inflamables, y tiene que reconstruir la obra con nuevo material. ¿Podrá exigir responsabilidad al vendedor por los gastos que le ocasionó? La cuestión podría plantearse desde el punto de vista de una responsabilidad extracontractual del vendedor, por considerarse que cumplió con su obligación al entregar las mercancías conforme a lo convenido, y que la declaración que hizo sobre los tablones después de haberlos entregado, generaría sólo una responsabilidad extracontractual y, por lo tanto, no regida por la *Convención*; o podría plantearse como una responsabilidad contractual, considerando que la declaración del vendedor de que los tablones eran a prueba de fuego, resultado de la pregunta hecha por el comprador, constituía un acuerdo que modificaba el contrato, y entonces sería una caso regido por ella. La validez de uno u otro planteamiento dependería de las circunstancias del caso: suponiendo que el vendedor sabía que los tablones se usarían para construcción, entonces sería responsabilidad suya, de acuerdo con el artículo 35, entregar tablones aptos para ese fin; suponiendo que el vendedor ignoraba eso, entonces sólo podría pensarse en una responsabilidad extracontractual.[23]

Willen Vis[24] da un criterio general para hacer esa distinción: opina que las materias regidas por la *Convención*, son exclusivamente aquéllas sobre las que versa un artículo de la misma. Su opinión se justifica porque, si se permitiera a los jueces y árbitros una mayor amplitud para definir lo que ella rige, se correría el riesgo de multiplicar interpretaciones divergentes.

Una vez determinada una cuestión no resuelta expresamente pero que debe regirse por la *Convención*, se debe proceder a buscar su solución, conforme lo que dispone el segundo párrafo del artículo 7.

[22] HONNOLD 152.

[23] HONNOLD 154 opina que el caso podría contemplarse como regido por la *Convención*, considerando que algunos de sus artículos entienden el contrato de compraventa en un sentido amplio, que incluye aspectos respecto de los cuales no hay un acuerdo formal.

[24] VIS, W. "Aspectos de los contratos de compraventa internacional de mercaderías no comprendidos por la convención de Viena de 1980", en *Anuario Jurídico* X (México 1983) 11 y ss.

B. Solución de lagunas mediante extensión por analogía

Bonell[25] opina, con razón, que para solucionar una laguna, antes de proceder a resolverla a partir de los principios generales de la *Convención*, se debe procurar solucionarla por analogía con alguna de sus reglas.

Para eso, lo primero es determinar una regla de la *Convención* que se refiere a un caso semejante al que se trata de resolver. Pero, además, se debe asegurar que esa regla no es de carácter restrictivo, esto es, que no fue diseñada para aplicarse exclusivamente a una situación específica; de ser así, estaría impedida su extensión por analogía a otros casos.

Después se debe analizar si el caso previsto por la norma y el caso no resuelto son realmente análogos, de modo que resultaría injusto no darles la misma solución (*argumentum per analogiam*).

Bonell[26] ofrece el siguiente ejemplo de aplicación de este método. Se resolvió un contrato de compraventa, y se presenta el problema del lugar donde el vendedor debe restituir el precio al comprador. Se trata de una verdadera laguna: es una cuestión referida a materias que rige la *Convención* (art. 81-2), pero no está expresamente resuelta por ella. La *Convención* tiene una norma (art. 57-1-a), no restrictiva, que dispone que el comprador (deudor) debe pagar el precio en el domicilio del vendedor(acreedor). El caso no resuelto y el caso resuelto por la norma son realmente análogos, por lo que debe aplicárseles la misma solución. En conclusión, el vendedor (deudor) deberá restituir el precio en el domicilio del comprador (acreedor). En este trabajo se extienden por analogía las reglas relativas a subsanar el incumplimiento del vendedor (art. 48) a resarcir el incumplimiento por el comprador[27] y las relativas a la responsabilidad del vendedor por el incumplimiento de un contrato con entregas sucesivas, y a la responsabilidad del comprador por no cumplir un contrato con pago de precio a plazos.[28]

C. Integración de normas a partir de los principios generales

Si la cuestión insoluta no puede resolverse por analogía de una norma existente, entonces se requiere crear o integrar una nueva regla a partir de los principios generales de la *Convención*. Antes de integrarla, advierte

[25] *Commentary* 78.
[26] *Commentary* 79.
[27] *Supra* VIII 2 B.
[28] *Supra* VIII 5 D.

Honnold,[29] debe asegurarse que los usos aplicables al contrato tampoco dan solución.

Algunos principios generales están expresamente señalados en la *Convención* en diferentes artículos. Así, el principio de autonomía de las partes (art. 6), el de buena fe (art. 7-1), el de perfeccionamiento consensual del contrato (arts. 11 y 29-1), el principio de expedición —según el cual toda comunicación entre las partes, después de perfeccionado el contrato, surte efectos en el momento en que se expide (art. 27)— y el que señala que toda demora en el pago de una cantidad causa intereses (art. 78).

Otros principios podrán extraerse, mediante inducción, del conjunto de disposiciones de la convención. Bonell[30] propone éstos: la razonabilidad[31] como criterio para juzgar la conducta debida por las partes (ver arts. 18-2, 33-3, 39-1, 43-1, 47, 49, 63, 64, 65 y 73-2, que hablan de un plazo "razonable'; los arts. 8-2, 8-3, 25, 35-1-b, 60, 72-2, 75, 77, 79-1, 85, 86 y 88-2, que hablan de una persona "razonable'; y los arts. 34, 37, 48, 87, 88-2 y 88-3, que distinguen entre gastos o excusas "razonables" y no razonables o "excesivos'); la confianza en las manifestaciones de la otra parte (ver art. 16-2-b, que protege a la parte que actuó creyendo fundadamente que recibía una oferta irrevocable, y el art. 29-2, que protege a la parte que confió en la conducta de la otra); el *favor contractus*, que procura mantener la validez del contrato contra su revocación o terminación (véase arts. 19-2, 25-26, 34, 37, 48-49, 51-1, 64, 71-72); la obligación de una parte de cooperar para hacer posible el cumplimiento de la obligación de la otra (véase arts. 32-3, 48-2, 60-a, 65), y la obligación de la parte que revoca el contrato de procurar mitigar los daños resultantes del incumplimiento de la otra. Posiblemente puedan extraerse otros.

Algunos de esos principios generales tienen un contenido específico, como el de autonomía de las partes, o el de mitigar los daños. Su aplicación a cuestiones no resueltas no generará mayores problemas. Pero hay otros de contenido muy amplio, como el de buena fe[32] o el de racionabilidad, que deberán ser explicados y determinados, es decir, interpretados, en relación con las cuestiones que se pretenda resolver. La interpretación de estos principios de contenido amplio deberá hacerse conforme a la regla prevista en el primer párrafo del artículo 7, es decir, debe ser una interpretación que tenga en cuenta el carácter internacional del caso. Si, por ejemplo, se trata de determinar si el comportamiento de una perso-

[29] HONNOLD 157.

[30] *Commentary* 80 y 81.

[31] Sobre lo que significa "razonable" en la *Convención*, puede verse A. DÍAZ BRAVO, "Sobre el concepto de lo razonable en la convención", en *Anuario Jurídico* X (México 1983) 103 y ss.

[32] Sobre el contenido del principio de buena fe véase *supra* III 1 B.

na ha sido "razonable", deberá tenerse en cuenta lo que sería una conducta "razonable" en el comercio internacional del ramo que se trata, y no lo que sería razonable en el país del comprador o en el del vendedor.

D. El recurso al derecho interno

Si la cuestión insoluta no puede resolverse mediante analogía o integración de una norma a partir de los principios generales, entonces, y sólo entonces, se debe acudir, para dirimirla, al derecho interno aplicable, de acuerdo con las reglas de derecho internacional privado.[33]

Estas reglas varían en cada sistema jurídico; sin embargo, hay una corriente de opinión fuerte, que fue recogida en el artículo 8-1 de la *Convención sobre derecho aplicable a compraventas internacionales de mercaderías* (La Haya 1985), en el sentido de que la ley aplicable es, por lo general, la del lugar donde tiene su establecimiento o residencia habitual la parte que ha de realizar la prestación característica. Por prestación característica se entiende la que no consiste en el pago de una suma de dinero, y en la compraventa es la entrega de las mercancías; por lo tanto, según este criterio, la ley aplicable al contrato del compraventa es, por lo general, la del lugar donde esté establecido o resida habitualmente el vendedor.

3. USOS APLICABLES (ART. 9)

El sentido de las disposiciones de la *Convención* puede ser modificado, restringido, ampliado o anulado por los usos mercantiles que sean aplicables a una determinada relación comercial. De ahí que la precisión sobre qué entiende ella por uso y cuál es su obligatoriedad, sea necesaria para la correcta interpretación de la misma.

El artículo 9 determina el papel que los usos mercantiles juegan en la compraventa internacional. Honnold[34] no duda en señalar que éste es uno de los aspectos sobresalientes de la *Convención*. El artículo no da una

[33] PLANTARD, J. P. "Un noveau droit uniforme de la vente internationale: La Convention des Nations Unies du 11 avril 1980", en *Journal du Droit International* 115 2 (Paris avril-mai-juin 1988) 331 y ss.), critica esta referencia al derecho nacional aplicable, por considerar que contradice el objetivo de uniformidad con el que se creó esta convención, y porque le parece ingenuo suponer que un problema de compraventa internacional, que no puede resolverse por un texto internacional especializado en la materia, como es la *Convención*, pueda ser resuelto por un derecho nacional.

[34] HONNOLD 168.

definición de uso mercantil, pero de la redacción del mismo se infiere que lo entiende en un sentido amplio, que comprende desde las "prácticas establecidas" entre dos partes hasta los "usos ampliamente conocidos y regularmente observados" en un determinado ramo mercantil internacional. Se omite —lo cual es importante— toda referencia a la antigüedad del uso; posiblemente esto llevó a que se utilizara el término uso, en vez de costumbre.

En esta definición amplia de uso puede caber, por ejemplo, un determinado plazo y una cierta forma de pago que las partes hayan usado en operaciones anteriores (por ejemplo, pago a 30 días de recibidas las mercancías mediante transferencia de fondos) que puede considerarse una "práctica establecida" que se aplicará a nuevos contratos, aunque no la mencionen expresamente, en vez de las reglas sobre lugar y fecha de pago que prevén los artículos 57 y 58. Quizá genere alguna discusión la determinación de qué es lo que hace que una práctica sea "establecida". ¿Basta con que las partes la hayan practicado una sola vez, o se requiere de cierta frecuencia? ¿Basta con que se practique de hecho o se requiere que sea establecida formalmente? La solución de éstas y otras cuestiones viene a ser asunto de la interpretación del contrato,[35] ya que implica determinar cuál ha sido la voluntad de las partes al realizar o convenir determinada conducta.

Respecto de los usos mercantiles, conviene aclarar varios aspectos: su obligatoriedad, validez y prueba.

A. Obligatoriedad

Se prevén en el artículo 9 tres maneras mediante las cuales los usos mercantiles se hacen obligatorios para un determinado contrato de compraventa: por consentimiento expreso de las partes, por consentimiento tácito de las partes y por disposición de la propia *Convención*.

a) Usos obligatorios por acuerdo expreso de las partes

El inciso *a* del artículo 9 expresa, en términos claros, que las partes quedan obligadas por cualquier uso que hayan convenido y por cualquier práctica que hayan establecido entre ellas. El párrafo no indica que el acuerdo debe ser expreso, pero se entiende que así debe ser, aunque no necesariamente

[35] *Infra* V 2.

por acuerdo escrito, porque el segundo párrafo habla de casos en que las partes acuerdan, de manera tácita, la observancia de algún uso.[36]

No se precisa ninguna condición objetiva para que el uso sea aplicable. Las partes pueden convenir con toda libertad los usos que quieran observar: pueden ser usos propios de otras regiones, o de otras ramas mercantiles, u observados en muy reducida escala. Se aplica aquí el principio de autonomía privada, previsto en el artículo 6 de la *Convención*, a tal grado que si las partes convinieran un uso contrario a sus disposiciones, prevalecería el uso, pues se entendería que ellas han acordado derogarla parcialmente.[37]

Se dispone que son también obligatorias las ''prácticas'' que las partes hubieran establecido entre sí. Estas prácticas ordinariamente serán las establecidas durante el proceso de negociación de un contrato.[38] Es claro que el proceso de negociación va determinando las bases del acuerdo contractual, y que las partes suelen esperar del contrato lo que pudieron observar y experimentar durante las negociaciones. Por eso, la negociación del contrato es también uno de los elementos que se deben tener en cuenta para interpretar sus términos (art. 8-3). Durante las negociaciones, se pueden establecer prácticas relativas a la tolerancia en el cumplimiento de una obligación vencido el plazo, al uso de un idioma en las comunicaciones escritas, a la calidad y características de las mercancías a entregar, y muchas otras más.

En mi opinión, también pueden considerarse como prácticas establecidas las habidas entre las mismas partes en contratos anteriores, de características y contenidos análogos. Es muy frecuente, entre comerciantes que tienen tratos continuos, por ejemplo un proveedor y su distribuidor, que celebren compraventas sin una previa negociación, sino respaldándose en su experiencia común, en las prácticas establecidas entre ellos, relativas a tiempos de entrega, modo de pago, posibilidad de devolver mercancías, etcétera.

b) Usos tácitamente convenidos

El segundo párrafo dispone que las partes han convenido tácitamente un uso relativo al contrato o a su formación, si: i) ambas lo conocían y, ii)

[36] BONELL (*Commentary* 107), en cambio, afirma que el párrafo 1 comprende también, por no hacer distinción, los usos convenidos de manera no expresa, sino implícitamente; pero él mismo afirma que para que pueda considerarse, conforme al párrafo 1, que un uso se convino implícitamente, se requiere que cumpla las condiciones previstas en el párrafo segundo.

[37] HONNOLD 173.

[38] BONELL *Commentary* 106. HONNOLD 170.

es ampliamente conocido y regularmente observado en el comercio internacional, en contratos del mismo tipo y en el ramo mercantil de que se trate.

El primer requisito, el conocimiento del uso, tiende a garantizar que pueda haber una voluntad implícita. El segundo es de carácter objetivo: asegura que el uso sea conocido y practicado en el comercio internacional. Quedan así excluidos tanto los usos poco difundidos, como los de carácter nacional o local.[39]

c) Usos obligatorios por disposición de la Convención

El segundo párrafo establece que también son obligatorios los usos que las partes "debían haber" conocido y que sean ampliamente difundidos y observados en el comercio internacional. Con agudeza, Bonell[40] ha señalado que aquí el uso se hace obligatorio, no por un supuesto acuerdo tácito, puesto que las partes no pueden convenir lo que ignoran, sino por disposición de la propia *Convención*, que afirma que los usos ampliamente extendidos y observados obligan, aunque las partes no los conozcan.

El punto a discutir es cómo juzgar de manera amplia lo que las partes deben conocer. Habrá usos conocidos de manera amplia y regularmente observados que las dos partes deben conocer, pero también otros usos que, siendo igualmente conocidos y observados, las dos partes o una de ellas no tienen por qué conocer. Si, por ejemplo, en un contrato de compraventa, el vendedor es un comerciante profesional y el comprador uno que apenas comienza a incursionar en el comercio internacional, ¿podrá el vendedor exigir que sea obligatorio un uso difundido que el comprador ignoraba, alegando que éste debía conocerlo? Para solucionar la cuestión, puede servir el criterio que da el artículo 8-2, que dice que debe considerarse lo que conocería una persona razonable "de la misma condición", de modo que en el caso el comprador debía conocer los usos que una persona razonable de su misma condición habría conocido.

Las partes pueden hacer inoperante esa disposición de la *Convención* pactando en contrario, esto es, que no se aplicará ningún uso que no sea expresamente convenido.

Pero aun cuando se pactara esto, los jueces y árbitros, opina Hon-

[39] HONNOLD (172) dice que puede ser obligatorio un uso local si es "ampliamente conocido y regularmente observado por las partes", pero en ese caso es obligatorio, no por el párrafo 2 del artículo 9, que exige que sea conocido y observado "en el comercio internacional", sino por el párrafo 1, que hace obligatorias las prácticas establecidas entre las partes. Por supuesto que un uso de origen local o nacional podrá ser obligatorio, según el párrafo 2, si es ampliamente conocido y difundido en el comercio internacional.

[40] *Commentary* 108.

nold,[41] o quedan impedidos para acudir a los INCOTERMS,[42] o a otra obra semejante, para interpretar los términos de un contrato, como tampoco quedarían imposibilitados para consultar en obras de Química la explicación de conceptos técnicos que aparecieran en el contrato. La definición de términos, no es tanto cuestión de uso (de hecho), cuanto de doctrina. El artículo 9-3 de la LUCI afirmaba de manera expresa que los términos de un contrato se interpretan de acuerdo con el significado usualmente dado en el ramo mercantil correspondiente.

B. Validez de los usos

La *Convención*, por disposición expresa del artículo 4, nada dispone acerca de la validez de los usos. Por consiguiente, será de acuerdo con el Derecho interno aplicable como se determine esta cuestión.

La invalidez puede derivarse de que el contenido mismo del uso es contrario a una norma de interés público del derecho aplicable al contrato, o de que el acuerdo para hacerlo obligatorio es defectuoso, porque hubo violencia, engaño u otra causa semejante.

La impugnación de la validez de un uso por defecto en el consentimiento, sólo puede hacerse respecto de usos que se quiso hacer obligatorios por acuerdo expreso o tácito, según lo previsto en el artículo 9. Pero, advierte Bonell con razón,[43] que no puede hacerse contra usos que son obligatorios por disposición de la *Convención*.

La *Convención* establece, como se vio arriba, el principio de buena fe como criterio de interpretación de la misma. De aquí parte Bonell[44] para concluir que puede desecharse un uso, que según el artículo 9 sería obligatorio, si su aplicación resulta contraria a la buena fe. Puede pensarse en este ejemplo: el vendedor, sabiendo que existe un uso ampliamente conocido y regularmente observado, que sería aplicable al contrato, no se lo manifiesta al comprador, quien, por carecer de experiencia, no conoce tal uso. De acuerdo al artículo 9-2, podría concluirse que el uso es obligatorio porque el comprador, aunque lo ignoraba, debía conocerlo. Pero, según la opinión de Bonell, el uso no se aplicaría, porque de hacerlo, se contravendría el principio de buena fe.

[41] HONNOLD 169 y 172.
[42] *Infra* III 4.
[43] *Commentary* 112.
[44] *Commentary* 113.

C. Prueba de los usos

Para que un uso sea realmente obligatorio, es necesario que los jueces y árbitros lo tomen en cuenta al dirimir las controversias que conozcan. Si el juez debe aplicar el uso *ex officio*, es decir, sin necesidad de que las partes lo invoquen, o si el juez considera solamente los usos cuya existencia sea probada por las partes, es una cuestión que dirime el derecho procesal interno del foro competente.

En la mayoría de los sistemas procesales, se sigue la regla de que el uso tiene que ser probado por la parte que lo invoca, y el juez decide si el uso es o no obligatorio.

Pero si la controversia se ha sometido a un árbitro, la solución puede ser diferente, porque es común que las reglas y legislaciones de arbitraje[45] faculten o requieran a los árbitros para que tomen en cuenta los usos mercantiles, sin necesidad de que las partes los hayan probado.

4. INTERPRETACIÓN DE TÉRMINOS COMERCIALES (INCOTERMS)

Relacionado con el tema de los usos aplicables, está el de la interpretación de los términos comerciales comúnmente empleados en el comercio internacional, tales como FOB, CIF, CFR y otros. Estos términos designan modalidades de la compraventa que afectan principalmente el lugar de entrega y el momento de transmisión del riesgo de pérdida o deterioro de las mercancías, pero también se refieren a otros aspectos de gran importancia práctica, como la obligación de contratar el transporte o el seguro, la obligación de pagar los gastos de transporte, los de carga y descarga, y la de hacer los trámites y pagar los gastos e impuestos correspondientes para la exportación o importación de las mercancías. La presencia de uno de estos términos en un contrato de compraventa, significa una derogación parcial de las reglas de la *Convención* que se refieren a las materias cubiertas por ese término.

Si bien los términos comerciales tienen un uso muy extendido, su significado no es siempre uniforme, pues han sido interpretados de diversa manera por las leyes nacionales que los recogen en sus disposiciones. En la legislación mexicana, la *Ley de navegación y comercio marítimo* define

45 Véase artículo VII de la *Convención Europea sobre Arbitraje Comercial Internacional* (Ginebra, 1961); el artículo 13 de las Reglas de Arbitraje de la Cámara de Comercio Internacional, y el artículo 28 de la Ley Modelo de Arbitraje Comercial Internacional, preparada por la CNUDMI (1987).

los términos FOB, LAB, CIF y otros. Pero como el comercio internacional requiere reglas internacionales, se encomendó a la Cámara de Comercio Internacional que elaborara unas reglas para la interpretación de estos términos, teniendo en cuenta las prácticas del comercio internacional. Dicha cámara publicó por primera vez las "Reglas para la interpretación de los términos comerciales internacionales", también conocidas como INCOTERMS, en 1936. Luego las ha ido modificando, adaptándolas a las circunstancias cambiantes del comercio internacional, y ha publicado versiones reformadas y ampliadas en 1953, 1967, 1976, 1980; la última versión es de 1990.[46]

Los INCOTERMS son aplicables a un contrato de compraventa regido por la *Convención*, si las partes acuerdan de manera expresa que se apliquen como uso internacional, de acuerdo con lo dispuesto en el artículo 9-1. También serían aplicables si las partes mencionan en sus negociaciones alguno de estos términos comerciales internacionales; por ejemplo, si el vendedor expresara en su oferta de venta que entregaría las mercancías FCA Guadalajara, o si el comprador fijara como condición para pagar el precio que el vendedor enviara las mercancías CIF Tampico. En estos casos, aunque no hay un acuerdo expreso de que se tomen en cuenta los INCOTERMS, puede considerarse que deben aplicarse en tanto que la mención de uno de los términos comerciales en un contrato de compraventa internacional hace aplicables de manera implícita las reglas internacionales de interpretación de estos términos, es decir los INCOTERMS se harían aplicables como un uso tácitamente convenido "del que tenían o debían haber tenido conocimiento" y que en el comercio internacional es "ampliamente conocido y regularmente observado", según lo prescrito en el artículo 9-2.

Si hay una mención de alguno de dichos términos en un contrato internacional, lo más común será aplicar los INCOTERMS como un uso tácitamente convenido. Podría no ser así, si las partes acuerdan de forma expresa que se interprete conforme a otra regla; o si existe un significado preciso que tenga el término empleado en el tráfico mercantil de que se trate, pues entonces prevalecería el uso del ramo mercantil específico respecto del uso general en el comercio internacional; o si existe entre las partes del contrato una interpretación precisa de este término que pueda considerarse como una "práctica establecida" entre ellas, prevaleciente respecto de un uso general.

Pueden plantearse problemas cuando se usan incorrectamente los

[46] Cámara de Comercio Internacional, *INCOTERMS CCI 1990* (París 1991) 201. Publicación de la CCI núm. 460. También ha publicado una explicación más amplia de los mismos: J. RAMBERG, *Guide to Incoterms 1990* (Netherlands 1991); publicación de la CCI núm. 461/90.

términos comerciales, lo cual es muy frecuente. Suelen convenirse compraventas con condiciones de entrega FOB, cuando las mercancías se van a transportar por tierra, siendo que el término, en la versión 1990 de los INCOTERMS, se refiere sólo a compraventas con transporte marítimo; o compraventas con condiciones de entrega CIF en un puerto de destino determinado, pero considerando que el vendedor tiene obligación de entregar las mercancías en una fecha determinada en el puerto de destino, siendo que su obligación es entregarlas en cierta fecha en el lugar de embarque. En estos casos, además de determinar cuál será la regla de interpretación del término aplicable, habrá que interpretar la voluntad negociadora de los contratantes para decidir cuál fue el término que realmente quisieron emplear; pero esto ya es materia de interpretación del contrato.

Los términos comerciales que contempla la versión 1990 de los INCOTERMS son los siguientes:

EXW:	(*Ex works*)	En Fábrica
FCA:	(*Free Carrier*)	Franco Transportista
FAS:	(*Free Alongside Ship*)	Franco al Costado del Buque
FOB:	(*Free on Board*)	Franco a Bordo
CFR:	(*Cost and Freight*)	Costo y Flete
CIF:	(*Cost Insurance and Freight*)	Costo Seguro y Flete
CPT:	(*Carriage Paid To*)	Transporte Pagado Hasta
CIP:	(*Carriage and Insurance Paid To*)	Transporte y Seguro Pagado Hasta
DAF:	(*Delivered At Frontier*)	Entregada En Frontera
DES:	(*Delivered ex Ship*)	Entregada Sobre Buque
DEQ:	(*Delivered ex Quay*)	Entregada En Muelle
DDU:	(*Delivered Duty Unpaid*)	Entregada Derechos No Pagados
DDP:	(*Delivered Duty Paid*)	Entregada Derechos Pagados

En esta edición de los INCOTERMS los términos comerciales se clasifican en cuatro grupos: términos *E*, términos *F*, términos *C* y términos *D*. El grupo *E*, que sólo contiene un término: EXW se caracteriza porque el comprador recoge la mercancía en el almacén o fábrica del vendedor. El grupo *F* contiene tres términos: FCA, FAS y FOB, y se caracteriza porque el vendedor está libre del costo del transporte y del riesgo de la mercancía; la letra *F* significa estar libre (*free*) el vendedor. El grupo *C* abarca cuatro términos: CFR (a veces se abrevia C&F), CIF, CPT y CIP, que tienen en común que el vendedor debe asumir ciertos costos como el pago del transporte principal; la letra *C* significa que el vendedor paga esos costos. El grupo *D* contiene el mayor número de términos (cinco): DAF, DES, DEQ, DDU y DDP, en los cuales el vendedor se obliga a entregar la mercancía en el lugar de destino, lo cual significa la letra *D*.

Una diferencia principal entre estos grupos la constituye la determinación del lugar de entrega de la mercancía, del cual depende también la determinación de quién corre con los riesgos de pérdida o deterioro. En una venta *ex works* el lugar de entrega es el propio almacén o fábrica del vendedor. En las ventas con términos *F* o *C*, el sitio de entrega no es donde han de llegar las mercancías conducidas por el transportista, sino el lugar donde éste las recibe; así, el comprador que pide al vendedor que entregue las mercancías a un transportista en Nueva York, o sea compra FCA Nueva York, para que las conduzca a la ciudad de México, asume el riesgo desde que las mercancías se ponen en manos del transportista, porque el vendedor ya cumplió su obligación de entregarlas; en una venta CIF Manzanillo, el lugar de entrega no es el puerto de Manzanillo, que es el lugar de destino, sino el puerto donde se embarcaron las mercancías con rumbo a Manzanillo. En las ventas con términos *D*, el lugar de entrega es el sitio de destino de las mercancías; así, en una venta DAF Laredo, Texas, el vendedor corre con los riesgos hasta que entrega la mercancía en dicho lugar.

En la versión 1990 de los INCOTERMS se ha introducido una nueva forma de presentación, que facilita la búsqueda de la información. Se hace una somera explicación de cada uno de los términos comerciales mencionados, y luego se precisan las obligaciones del vendedor y las obligaciones del comprador que implican cada uno de ellos, siguiendo un esquema único, y numerando los párrafos. Así, después de la descripción de cada término aparecen en columnas contrapuestas las obligaciones del vendedor (A), y las obligaciones del comprador (B), en el siguiente orden: párrafo 1: entrega de mercancías conformes con el contrato (o pago del precio); párrafo 2: licencias, autorizaciones y formalidades o trámites aduanales; párrafo 3: contrato de transporte o de seguro; párrafo 4: lugar y fecha de entrega de las mercancías (o lugar y fecha de recepción); párrafo 5: transmisión de riesgo; párrafo 6: reparto de gastos; párrafo 7: avisos qué dar al comprador (o avisos qué dar al vendedor); párrafo 8: prueba de la entrega (documentos de transporte o envío de mensajes electrónicos); párrafo 9: comprobación, embalaje y marcado de las mercancías; párrafo 10: otras obligaciones.

Este sistema facilita mucho la consulta y la referencia a los INCOTERMS, pues si alguien, por ejemplo, quiere saber si el comprador corre con el riesgo en una compraventa FOB, basta que se refiera al párrafo B5 de ese término; o si el vendedor desea conocer qué tipo de documentos debe entregar al comprador en una venta DDP, basta con que se refiera al párrafo A8 de dicho término.

5. HACIA UNA INTERPRETACIÓN COMÚN DE LA *CONVENCIÓN*

El gran aporte de la *Convención* consiste en establecer un régimen uniforme para la compraventa internacional, que, gracias a la aceptación que va teniendo, puede llegar a ser en breve el régimen mundial para los contratos de compraventa internacional. El establecer un régimen propio para la compraventa internacional, significa reconocer que este tipo de negocios debe tener una normativa distinta de la compraventa nacional. Esto, por supuesto, llevará a que existan dos regímenes para la compraventa, uno nacional y otro internacional, pero ello, aclara Bonell, no es un inconveniente, sino una necesidad derivada de las peculiaridades del comercio internacional.[47]

El principal problema que planteará la vigencia de la *Convención* es formar, a partir de ella, una interpretación o doctrina común sobre los contratos de compraventa internacional. Como va a ser aplicada e interpretada por jueces, árbitros y juristas pertenecientes a diversos países y educados en diferentes tradiciones jurídicas, es muy posible que la interpreten de acuerdo con sus propias tradiciones, y no con el criterio internacional que la misma postula.

Que eso ocurra es un riesgo siempre latente. Teóricamente podría superarse, como sugiere Bonell,[48] por medio de la constitución de un tribunal internacional que conociera en última instancia las controversias regidas por la *Convención*, o por la de un organismo consultivo que emitiera opiniones interpretativas; pero ambas instancias son, por ahora, de muy difícil realización.

Más realista es procurar superarlo paulatinamente mediante la construcción de un cuerpo doctrinal internacional, compuesto por obras de doctrina escritas por juristas, por sentencias de jueces y árbitros, y por

[47] BONELL "La convenzione di Viena sulla vendita internazionale: origini, scelte e principi fondamentali", en *Rivista Trimestrale di Diritto e Procedura Civile* XLIV 3 (Milano septiembre 1990) 717-719.

[48] *Commentary* 88 y ss.

colecciones de usos y costumbres del comercio internacional. Sólo así, con la formación de una doctrina común, podrá vivir el texto aprobado como derecho común y ser interpretado, con flexibilidad razonable, en forma común.

La constitución de este cuerpo doctrinal internacional va a tomar tiempo. Es un proceso difícil, largo, y que requerirá ayudas importantes. Por ahora, ya se cuenta con una considerable bibliografía en materia de compraventa internacional, elaborada a partir del texto de las convenciones de La Haya sobre la compraventa internacional, y del texto de la Convención de Viena de 1980.[49] Se tienen también precedentes judiciales dictados en aplicación de las convenciones de La Haya.[50] Pero es preciso que las sentencias que los jueces y árbitros pronuncien en aplicación de la *Convención* actual sean publicadas y difundidas entre los Estados partes de la misma. En el seno de la CNUDMI se aprobó constituir una comisión que se encarga de recoger las decisiones judiciales y arbitrales que se pronuncien en los diversos países en aplicación de la *Convención*, y sintetizarlas bajo un esquema establecido, para luego publicarlas en los seis idiomas oficiales y hacerlas llegar a los juristas, jueces y árbitros de los países parte de la misma.[51]

En la construcción de esta doctrina, la romanística actual tiene un papel interesante que desarrollar. La romanística es una disciplina internacional, que ha construido una doctrina internacional, cuyos conceptos principales se expresan en un idioma también internacional, el latín. Por eso, quienes la cultivan están libres del prejuicio de que su derecho nacional es el mejor Derecho posible, y no tendrán dificultad para hacer la interpretación "internacional" que exige la *Convención*. Además, los romanistas están habituados a estudiar un derecho que contempló la compraventa como una institución de *ius gentium*, es decir, como una institución cuyo régimen era aplicable por igual a todos los habitantes de un vasto imperio, en el que convivían pueblos de diferentes idiomas, costumbres y tradiciones jurídicas; en este sentido, la compraventa romana también fue una compraventa internacional, y por eso no es de extrañar que muchas disposiciones peculiares de la *Convención*, como la de no dar efectos al contrato sobre la propiedad de las mercancías, la posibilidad de subsa-

[49] Puede verse la bibliografía que ofrece *Commentary* 843, y la más amplia de M.R. WILL, *Internationale Bibliographie zum UN-Kaufrecht* (Universität des Saarlandes 1984).

[50] Éstos han sido publicados, por UNIDROIT, en *Uniform Law Review*.

[51] Véase BONELL "La convenzione di Viena sulla vendita internazionale: origini, scelte e principi fondamentali", en *Rivista Trimestrale di Diritto e Procedura Civile* XLIV 3 (Milano septiembre 1990) 724.

nar el incumplimiento, la preferencia por la condena en una estimación pecuniaria y muchas otras más, coincidan con el régimen romano.[52]

Con el tiempo, la dicotomía interpretación nacional/interpretación internacional tendrá que desaparecer. La concepción del Derecho como algo "nacional" está vinculada a la filosofía iuspositivista del siglo XIX, que concebía al Derecho como el conjunto de leyes aprobadas por el Estado. Ahora, con la presencia de órdenes jurídicos, como el de la *Convención*, cuyo ámbito de aplicación se define con independencia de la nacionalidad de las partes y que no se restringe al territorio de un Estado, se hace patente nuevamente el carácter científico del Derecho; éste vale, no tanto por ser reconocido por un aparato jurisdiccional determinado —si bien esto es necesario— cuanto por su racionalidad intrínseca. La doctrina que se vaya gestando sobre el contrato de compraventa, a partir de las disposiciones de la *Convención*, valdrá no sólo por ser reconocida en las jurisdicciones de los Estados que sean partes de la *Convención*, sino como doctrina científicamente elaborada por juristas de diversos países y tradiciones jurídicas. El valor que llegue a tener esta doctrina, su claridad y sistematización de conceptos, la oportunidad de sus soluciones, su justicia, seguridad y flexibilidad, será lo que determine principalmente el éxito del propósito de unificación jurídica que pretende dicho instrumento. La doctrina así creada valdrá no por ser "nacional" o "internacional" sino por ser un Derecho justo para regular los intercambios comerciales internacionales.

[52] Con esta perspectiva romanista hice mis primeros trabajos sobre la *Convención*: J. ADAME GODDARD, "La regla *periculum est emptoris* aplicada a la compraventa internacional de mercaderías", en *Anuario Jurídico* XI (México 1984) 237-249. "La obligación del vendedor de entregar las mercancías, según la Convención de Viena, interpretada a la luz del derecho romano clásico", en *Estudios en memoria de R. MANTILLA MOLINA* (México 1984) 47-60. "La responsabilidad del vendedor por la calidad de las mercancías en la compraventa internacional. Una interpretación romanística", en *Boletín Mexicano de Derecho Comparado* XIX 56 (México mayo-agosto 1986) 425-438.

IV. La formación del contrato de compraventa internacional

La *Convención* dedica toda su Segunda Parte (arts. 14-24) al problema de la formación del contrato de compraventa internacional. Éste es un problema de primera importancia en el comercio internacional, ya que la mayor parte de los contratos de este tipo se realizan entre ausentes. En esa circunstancia es decisivo saber en qué momento se perfecciona el contrato, cómo se perfecciona y cuáles son los actos previos y preparatorios para formalizarlo.

La *Convención*, sigue un punto de vista peculiar, en el que se combinan reglas provenientes de dos tradiciones jurídicas diferentes: el *Common Law* y el derecho Civil codificado.[1] Determina, en esta parte, los requisitos y efectos de la oferta y la aceptación, las posibilidades de revocación de la oferta y de retiro o aceptación de la misma, y establece como principio que el contrato se perfecciona en el momento en que la aceptación surte efectos, lo cual ocurre, por lo general, cuando el oferente la recibe.

La teoría de la recepción, es decir, que las comunicaciones entre las partes surten efectos al momento en que se reciben, es principio dominante de esta parte de la *Convención*, aunque con dos significativas excepciones en que opera la teoría de la expedición: el envío de una aceptación produce el efecto de hacer irrevocable la oferta (art. 16-1) y la aceptación por medio de un acto, produce efectos desde que se realiza el acto (art. 18-3).

[1] Para una perspectiva general de la influencia de estas dos tradiciones jurídicas en la *Convención*, véase A. GARRO, "Reconciliation of legal traditions in the U.N. Convention on contracts for the international sale of goods", en *The international lawyer* 23 2 (summer 1989) 443 y ss.

Son especialmente interesantes las reglas que proporciona para el caso de aceptación con modificación de los términos de la oferta, en las que parece dominar la tradición civilista; y las que da para el caso de aceptaciones recibidas tardíamente, que pueden convalidarse por la decisión del oferente. Ambos grupos de normas se refieren a problemas muy frecuentes en la contratación internacional. Quizá estas reglas no sean suficientes —sobre todo las que se refieren a la aceptación con modificaciones— para resolver la compleja problemática que presenta la formación del contrato entre personas ausentes, máxime cuando las comunicaciones entre ellas suelen hacerse por medio de formas impresas (órdenes de compra, acuses de recibo, pedidos), redactadas con cláusulas favorables a quien las emite, y que pocas veces lee quien las recibe.

Los países que ratifiquen o se adhieran a la *Convención* tienen la posibilidad (art. 92) de hacer la reserva de que no aplicarán su Segunda Parte (relativa a la formación del contrato) o la Tercera (relativa a las obligaciones y derechos entre comprador y vendedor).[2] Esta posibilidad deriva de que antes de que iniciara su vigencia esta convención, existían las dos convenciones de La Haya sobre compraventa internacional, una relativa a la formación del contrato, y otra relativa a las obligaciones entre comprador y vendedor.[3] Si un país hace la reserva de que no aplicará la Segunda Parte, entonces la formación del contrato se regirá por la ley aplicable, según las reglas del derecho internacional privado. Si un país hace la reserva de no aplicar la Tercera Parte, entonces se aplica la Segunda Parte junto con la Primera Parte de la *Convención*, relativa a su ámbito de aplicación y reglas de interpretación, y la Cuarta Parte, que se refiere a la forma de ratificar, la fecha de entrada en vigor, y las reservas que pueden hacer los Estados.[4] Ello da a las partes cierta autonomía.

1. LA OFERTA (ARTS. 14-17)

La *Convención* trata de la oferta en sus artículos 14 a 17. En ellos determina los requisitos que debe cumplir (art. 14-1), la diferencia entre oferta simple y oferta al público (art. 14-2), los efectos que produce y el momento en que los produce (art. 15), los casos en que la oferta puede revocarse (art. 16), y el tiempo en que se extingue (art. 17).

El régimen de la oferta que definen estos artículos tiene algunos prin-

[2] *Supra* I 4 B a.

[3] *Supra* I 1.

[4] Hasta el 31 de diciembre de 1991 ningún país había hecho esta reserva; véase *Multilateral treaties deposited with the Secretary General. Status as at 31 december 1991* (Nueva York 1992) 384.

cipios provenientes de la tradición jurídica de derecho civil codificado, y otros de la tradición jurídica del *common Law*. El resultado de la conjunción de principios divergentes no es muy feliz, pues da lugar a interpretaciones diversas, principalmente en lo relativo a la revocación de la oferta, según se sitúe uno en la perspectiva de una u otra tradición jurídica.

A. Requisitos (art. 14)

La propuesta de celebrar un contrato de compraventa constituye una oferta, según el artículo 14, si cumple tres requisitos: *a*) estar dirigida a una o varias personas determinadas; *b*) ser suficientemente precisa, y *c*) manifestar la intención del oferente de quedar obligado al ser aceptada. La *Convención* no requiere que la oferta sea por escrito (véase art. 18, que habla de ofertas verbales), pero esto puede ser exigido por los Estados que, al ratificar o adherirse a ella, hacen la reserva prevista en el artículo 96.

a) Estar dirigida a una o a varias personas

El requisito de estar dirigida a una o varias personas determinadas es lo que marca la diferencia entre la oferta simple y la oferta al público.

La oferta a una persona determinada no provoca ningún problema de interpretación. Pero la oferta dirigida a "varias personas determinadas", presenta dificultades de ese tipo. Una es que puede interpretarse como una sola oferta dirigida a varias personas, o como varias ofertas, del mismo contenido, dirigidas cada una a una persona determinada.

Bajo el primer planteamiento,[5] se puede interpretar que la intención del oferente es que todas las personas a quienes dirigió la oferta la acepten y queden obligadas con él, sea de manera solidaria (todas y cada una por el total), o en forma mancomunada (cada una por una parte determinada del total). Quizá esto no sea lo usual. Puede también interpretarse que la intención del oferente es quedar obligado sólo con la primera persona que acepte la oferta, en cuyo caso los demás destinatarios de la misma correrían el riesgo de que su aceptación, aunque llegara en el plazo fijado por el oferente, no surtiera efectos.

Si se interpreta que son varias ofertas con el mismo contenido dirigidas a varias personas, el oferente corre el riesgo de quedar obligado, al

[5] Véase MANTILLA MOLINA R., "La formación de los contratos de compraventa internacional de mercaderías", en *Anuario Jurídico* XI (México 1983) 168 y ss.

recibir varias aceptaciones, a vender más mercancías de las que tiene, o a comprar más de las que necesita.

Otra dificultad es que la oferta dirigida a varias personas puede confundirse con la oferta al público, que se considera (art. 14-2) no como una verdadera oferta, sino como una invitación a hacer ofertas. El requisito de que la oferta se dirija a personas determinadas se cumple, aun cuando se envíe a miles de ellas por correo, si está claramente indicado su nombre.[6] La diferencia entre la oferta a varias personas determinadas y la oferta al público, según Honnold,[7] está en que sólo en la primera el oferente tiene intención de obligarse. Teniendo en cuenta este elemento, el autor considera que el envío por correo de un catálogo no constituye una oferta, si no indica con claridad la intención de obligarse del oferente; usualmente, quien envía un catálogo sólo quiere que se conozcan sus mercancías y precios.

Para superar estas dificultades, es conveniente que la oferta se formule en términos precisos, que manifiesten si es una sola oferta para ser aceptada mancomunada o solidariamente, o si es una sola oferta que será válida con la persona que primero acepte, o si son varias ofertas del mismo contenido; asimismo, debe quedar clara la intención del oferente de obligarse, a fin de eliminar toda posible confusión con la oferta al público.

b) Ser suficientemente precisa

La oferta es suficientemente precisa (art. 14-1) "si indica las mercaderías y, expresa o tácitamente, señala la cantidad y el precio o prevé un medio para determinarlos".

Indicar las mercancías significa determinar con precisión el género al que pertenecen, si son bienes fungibles, o determinarlas individualmente si son bienes específicos. A veces puede ser que la determinación precisa de las mercancías requiera mencionar su color, forma o cualidades sobresalientes; por ejemplo, cuando se venden partes para una maquinaria, puede ser necesario indicar su grado de resistencia al calor.

La mención de la cantidad es necesaria para que la oferta se considere firme. Una oferta de vender "cualquier cantidad" de ciertas mercancías es, en opinión de Eörsi,[8] una oferta precisa, puesto que la cantidad se de-

[6] EÖRSI *Commentary* 138. En los *Comentarios de la Secretaría* artículo 12 párrafo 3 (= *DO* 22) se dice que el envío por correo de un catálogo de mercancías a personas determinadas constituye una oferta, que vincula al oferente, si satisface los otros requisitos previstos en el artículo.

[7] HONNOLD 186.

[8] *Commentary* 140-141.

terminará en la aceptación. Pero más parece una invitación a hacer ofertas, pues es poco realista considerar que alguien puede tener intención de obligarse a comprar o vender "cualquier cantidad" de algo. La cantidad puede definirse por referencia a un sistema métrico (kilos, metros, yardas, galones, etc.) o a medidas convencionales (barriles, pacas, botellas, cajas, etc.). Se considera también que la cantidad está indicada, cuando se define un modo para determinarla, por ejemplo la cantidad de mercancías equivalente a un valor de 10 000 dólares, tomando en cuenta su precio en el mercado. La mención de cantidad puede ser implícita, por ejemplo, en el caso de que entre las partes hubiera negociaciones previas y el oferente ofreciera vender lo que la otra le había manifestado que necesitaba.

El precio debe determinarse en alguna moneda corriente. Puede estar indicado de modo implícito, por ejemplo, si el oferente vendedor ofrece mercancías que están incluidas en una lista de precios o en un catálogo que ya tiene el destinatario, o si el oferente vendedor suele proveer esas mercancías al destinatario, de modo que se entiende que el precio es el que suele cobrar el vendedor. Puede también definirse un modo para determinarlo, por ejemplo, el precio corriente en el mercado el día de la entrega. Si no hay determinación expresa o implícita del precio, la propuesta no es una verdadera oferta, de acuerdo con lo que dice el párrafo 1 del artículo 14.[9] Pero el artículo 55 dice que cuando hay un contrato "válidamente celebrado", en el que no se definió, ni expresa ni tácitamente un precio, ni tampoco un medio para determinarlo, se entiende que el precio es el "generalmente cobrado por tales mercaderías, vendidas en circunstancias semejantes, en el tráfico mercantil de que se trate".[10]

De las disposiciones de estos dos artículos, Eörsi[11] concluye lo siguiente: si no hay indicación de precio, la propuesta no es una verdadera oferta, pero si el destinatario acepta, se perfecciona la compraventa válidamente, y el precio es el que define el artículo 55. Aunque esta solución parece justa, el razonamiento que la produjo no convincente, ya que una propuesta, que no es una verdadera oferta, no puede aceptarse para concluir un contrato. De acuerdo con los artículos 14, 18 y 19, habría que interpretar que la "aceptación" de esa propuesta es una contraoferta que

[9] EÖRSI *Commentary* 141. HONNOLD 186-187, en cambio, tiende a considerar que aunque no haya indicación del precio, la oferta podría ser válida, si se interpreta que el artículo 14-1 no requiere, para que la oferta sea "suficientemente precisa", que concurran, sin faltar ninguno, los tres elementos que prevé: mercancías, cantidad y precio. Le preocupa que en la práctica comercial suelen hacerse ofertas de compra o venta sin indicar precio, porque hay urgencia de recibir o entregar las mercancías. Pero en tales casos se puede entender que hay un acuerdo implícito sobre el precio.

[10] *Infra* VII 2 B b.

[11] *Commentary* 141.

tendría que ser aceptada por el oferente primario para constituir un contrato; pero si esa "contraoferta" no define el precio, sería una propuesta para recibir nuevas ofertas, y así sucesivamente. Más conforme con la *Convención* es considerar que si es aceptada la oferta que en apariencia no define precio, es porque hay, entre oferente y aceptante, un acuerdo implícito sobre el precio que, en último caso, sería el que prevé el artículo 55. Esta interpretación concuerda con lo que dispone la regla de interpretación del contrato prevista en la propia *Convención* (art. 8-2), que dice que las declaraciones de las partes se interpretarán, a falta de otros medios (previstos en el párrafo 1), conforme las hubiera entendido una "persona razonable"; y una persona razonable que recibe una oferta de compra sin indicación de precio, entendería que el precio que está dispuesta a pagar el oferente es el generalmente cobrado por las mercancías en circunstancias semejantes.

c) Que indique la intención del oferente de quedar obligado

Indicar no significa necesariamente declarar. A veces la intención de obligarse será expresa, pero quizá lo usual es que no lo sea. Cuando una oferta está dirigida a una persona determinada y es precisa, puede concluirse, a partir de esto y de acuerdo con las reglas de interpretación de la propia *Convención*, que tal oferta "indica" la intención de quedar obligado. La existencia de esa intención también puede inferirse de las negociaciones previas entre las partes.

No se contradice esa intención si el oferente manifiesta que, de perfeccionarse el contrato, tendrá el derecho de resolverlo de manera unilateral pagando una determinada cantidad, ya que en ese caso el oferente manifiesta su intención de obligarse a cumplir el contrato o a pagar una determinada cantidad.[12] Tampoco se contrapone cuando sujeta la oferta a una condición suspensiva o a un plazo, pues con eso no hace más que definir los momentos en que está dispuesto a quedar obligado. Ni la replica la expresión de que la oferta sea revocable, pues ella sólo indica que la intención de obligarse podrá extinguirse si la oferta no es aceptada.

Habrá propuestas que, por los términos en que están formuladas, no pueden considerarse ofertas porque falta la intención de obligarse. Propuestas como "voy a pensar" si te vendo, o "si quiero" te vendo, no indican la intención de obligarse. Tampoco las que no son precisas, en el sentido anotado arriba, por ejemplo, por no determinar las características de las mercancías que el vendedor habrá de fabricar.

[12] EÖRSI *Commentary* 139.

Cuando alguien duda de la intención del oferente de quedar obligado, lo más conveniente es aclarar la situación preguntándole por teléfono, carta u otro medio de comunicación. No puede admitirse, de acuerdo con el principio de buena fe, que se beneficie aceptando una propuesta ambigua, de cuya seriedad ha dudado.[13]

En los casos de ofertas hechas a muchas personas determinadas, en escritos impresos enviados por correo o medios semejantes, es conveniente que el oferente exprese su intención de quedar obligado, con fórmulas como "ésta es una oferta firme" o "me comprometo a vender o a comprar", u otras por el estilo, con el fin de asegurar que su oferta no sea considerada como una mera invitación a hacer ofertas.

B. Oferta al público (art. 14-2)

El segundo párrafo del artículo 14 establece que la oferta que no va dirigida a personas determinadas, esto es, la oferta al público, es sólo una invitación a hacer ofertas, a menos que la persona que la hace "indique claramente lo contrario".

Considerar que la oferta al público no es más que una invitación a hacer ofertas, significa que quien ofrece al público no está orientado a aceptar todas las ofertas que su invitación provoque. Eörsi[14] considera que quien ofrece al público debe tener una responsabilidad por ello, de suerte que si rechaza una oferta, debe indemnizar los gastos y daños causados. Pero ésta es una responsabilidad que se derivaría, no del contrato de compraventa ni de las disposiciones de la *Convención*, sino de las leyes del derecho interno aplicable, especialmente de las leyes de protección al consumidor.

La oferta al público puede resultar vinculante para el oferente, si "claramente" indica la intención del oferente de obligarse. Esta indicación puede ser una declaración expresa, tal como "ésta es una oferta firme", o bien inferirse de los términos en que está redactado el anuncio; por ejemplo, si dijera "las mercancías serán vendidas a las tres primeras personas que se presenten", u "oferta limitada a tantas mercancías". En todo caso, la oferta debe cumplir, además, el requisito de ser suficientemente precisa, tal como lo exige el párrafo 1 del artículo 14. Una oferta al público, si no es suficientemente precisa, no será vinculante, aunque el oferente haya expresado sin lugar a dudas que se obligaba a vender o a comprar.

[13] HONNOLD 184 nota 2.
[14] EÖRSI *Commentary* 142.

C. Efectos de la oferta (art. 15-1)

La oferta surte efectos (art. 15-1) cuando llega al destinatario. Se entiende que la oferta "llega" al destinatario (art. 24) cuando se le comunica verbalmente, o, por cualquier otro medio, se le entrega personalmente, o se le entrega en su establecimiento o dirección postal o, a falta de ellos, en su residencia habitual. Queda claro que la oferta no verbal surte efectos cuando se entrega al destinatario y no hasta que éste la conozca.[15]

Antes de que sea efectiva la oferta, es decir, antes de que llegue al destinatario, puede ser "retirada", aun cuando sea una oferta irrevocable (art. 15-2). Este concepto de "retiro" de la oferta proviene del *common Law*. Es necesario distinguirlo del concepto, propio de los sistemas de derecho civil codificado, de revocación de la oferta, que también fue acogido en la *Convención* (art. 16). El retiro puede hacerse respecto de ofertas que no son efectivas, y por eso el aviso de retiro debe llegar al destinatario antes o al mismo tiempo que la oferta. En cambio, la revocación se hace respecto de ofertas que ya son efectivas. Teniendo en mente esta distinción, se explica que el artículo disponga que aun la oferta irrevocable pueda ser retirada.

Un caso especial es el de la oferta sujeta a condición suspensiva. Si se considera que la efectividad de una oferta de este tipo depende no sólo de que la oferta "llegue" al destinatario, sino también del cumplimiento de la condición, se debe concluir que este tipo de ofertas pueden ser retiradas mientras no se cumpla la condición, aunque ya hubieran llegado al destinatario. La consecuencia de esta doctrina sería que las ofertas sujetas a condición suspensiva estarían también enteramente sujetas a la voluntad del oferente, en tanto no se cumpliera la condición. Si, por el contrario, se considerara que las ofertas sujetas a condición suspensiva no pueden retirarse después de haber llegado al destinatario, aunque no se haya cumplido la condición, habría que concluir que esas ofertas son "efectivas" cuando llegan al destinatario, aun cuando no se haya cumplido —y quizá nunca se cumpla— la condición. Como corolario de esta doctrina, habría que distinguir entre la "efectividad" de una oferta, en cuanto que hace imposible su retiro, que dependería de que la oferta llegue al destinatario, y la "efectividad" de una oferta en cuanto puede ser aceptada para constituir un contrato, que dependería del cumplimiento de la condición. Esta segunda doctrina se aviene mejor con el artículo 15.

[15] *Supra* III 1 C b.

D. Revocación de la oferta (art. 16)

El artículo 16, que trata sobre la revocación de la oferta, fue uno de los más discutidos durante la conferencia de Viena,[16] a causa de los diversos enfoques sobre la materia que prevalecen en los sistemas de *common Law* y de derecho civil codificado. El primer párrafo establece la regla general de revocabilidad de la oferta; el segundo contiene las excepciones.

a) Regla general: revocabilidad de la oferta

El primer párrafo de este artículo afirma la regla de la revocabilidad: "la oferta podrá ser revocada hasta que se perfeccione el contrato, si la revocación llega al destinatario antes que éste haya enviado la aceptación". En realidad, el sentido de la frase no es que el plazo para revocar la oferta fenece cuando se perfecciona el contrato, sino cuando el destinatario ha enviado la aceptación. En efecto, el contrato se perfecciona (art. 23) cuando la aceptación llega al oferente, pero la revocación se hace imposible en cuanto se envía la aceptación. Queda, por lo tanto, en el arbitrio del destinatario el reducir la posibilidad de que la oferta pueda revocarse, enviando rápidamente la aceptación.[17]

Debe notarse que este artículo dispone que se produzca un efecto por el envío de la aceptación (teoría de la expedición), siendo que en todo lo relativo a la formación del contrato, la *Convención* adopta el principio de que los efectos de la oferta y la aceptación se producen cuando llegan al destinatario (teoría de la recepción). La disposición especial se justifica por dar seguridad al aceptante que, de otro modo, no tendría certeza de que no será revocada la oferta que ha aceptado, sino hasta que la aceptación llegara al oferente. Pero esa disposición hace, en cambio, que el oferente tenga inseguridad acerca de si puede revocar una oferta cuya aceptación no ha recibido. Por la rapidez de las comunicaciones modernas, el plazo entre el envío y el recibo de la aceptación, y la consiguiente inseguridad del oferente, tenderán a abreviarse.

De lo que dispone el primer párrafo del artículo 16, en combinación con el artículo 23, resulta que existe un periodo en que el contrato aún no es perfecto, por no haber llegado la aceptación, pero la oferta ya no puede revocarse, porque ya se envió la aceptación.

[16] *Actas resumidas 1a. Comisión* sesión 9 párrafos 9-45 (= *DO* 299-302).
[17] Véase *infra* IV 2 F sobre el derecho a retirar la aceptación.

b) Ofertas irrevocables

Después de indicar en el primer párrafo la regla general (revocabilidad), el artículo introduce dos excepciones (incisos *a* y *b*) en su segundo párrafo. En opinión de Eörsi,[18] se trata de una sola excepción, expresada en dos lenguajes diferentes: en el inciso *a*) se usa lenguaje de derecho civil, y en el inciso *b*) lenguaje del *common Law*. Pero en mi opinión se trata de dos excepciones ligeramente distintas.

i) Ofertas que indican un plazo

El inciso *a*) afirma que la oferta no puede revocarse ''si indica, al señalar un plazo para la aceptación o de otro modo, que es irrevocable''. Eörsi aclara[19] que el inciso en sustancia dice que la oferta es irrevocable si indica que es irrevocable, cosa que puede hacer fijando un plazo de aceptación o de otro modo; pero no señala, como podría interpretar un jurista educado en la tradición del derecho civil, que sólo por el hecho de tener un plazo de aceptación está indicando que es irrevocable.

La explicación de ese autor se aclara viendo la historia legislativa del artículo 16. El grupo de trabajo de la CNUDMI había propuesto una redacción del párrafo que definía, en tres incisos, los casos en que la oferta sería irrevocable. Su propuesta decía[20] que una oferta no puede revocarse: *a*) si la oferta expresa o implícitamente indica que es firme o irrevocable; *b*) si la oferta fija un plazo para la aceptación, o *c*) si fuera razonable que el destinatario entendiera que la oferta era irrevocable. En esta redacción se decía, sin lugar a dudas, que el establecimiento de un plazo de aceptación hacía la oferta irrevocable. Pero en la sesión plenaria de la CNUDMI que revisó el proyecto, las delegaciones de países de tradición jurídica del *common Law* no aceptaron esa versión, por lo que se decidió modificarla, reuniendo los incisos *a*) y *b*) en uno solo, para quedar como actualmente aparece el inciso *a*) del párrafo 2.[21] En las sesiones de la Primera Comisión que revisó este artículo, se presentó una gran discusión en torno al citado inciso *a*) del párrafo 2. Hubo 27 intervenciones. Los representantes de países de tradición de derecho civil leían dicho inciso, de acuerdo con su tradición, en el sentido de que la fijación de un plazo hacía la oferta irrevocable; mientras que los representantes de países del *common Law* decían que el plazo sólo tenía el efecto de definir el tiempo que

[18] EÖRSI *Commentary* 156.
[19] EÖRSI *Commentary*, págs. 157 y 158.
[20] *Yearbook* IX (1978) pág. 75.
[21] *Yearbook* IX (1978) págs. 14-15.

dura la oferta; argumentaban que debe distinguirse entre revocación de la oferta, por voluntad del oferente, y expiración de la oferta, por simple transcurso del tiempo. Hubo varios intentos para solucionar el problema: se propuso una nueva redacción, dejar la cuestión a los jueces y árbitros, o permitir a los países hacer una reserva en este punto, pero ninguno tuvo éxito. Finalmente, se decidió aprobar el texto, tal como estaba en el proyecto preparado por CNUDMI, aun cuando existía la conciencia de que el texto era ambiguo y podía dar lugar a interpretaciones divergentes.[22]

El sentido literal del inciso favorece la interpretación de que el señalamiento de plazo no implica la irrevocabilidad de la oferta. Textualmente, el inciso dice que la oferta no podrá revocarse "si indica, al señalar un plazo fijo para la aceptación o de otro modo, que es irrevocable". Puede leerse en el sentido de que la oferta es irrevocable "si indica, al señalar un plazo fijo para la aceptación... que es irrevocable", es decir, que es irrevocable si, además de fijar un plazo, indica que es irrevocable. Esta lectura depende de la expresión "al señalar", que denota momento o tiempo (al momento o tiempo de señalar), pero no sería posible si el texto usara la expresión "por señalar", que denota instrumento o modo. Pero también puede leerse en el sentido de que la oferta indica que es irrevocable si fija un plazo. Se apoya esta lectura en la expresión "de otro modo": el inciso dice que la oferta no puede revocarse si indica "de otro modo" que es irrevocable, lo cual requiere que se entienda que al primer "modo" de indicar que la oferta es irrevocable es "señalar un plazo". También puede apoyarse en la versión inglesa que dice: *if it indicates, whether by stating a fixed time for acceptance or otherwise, that it is irrevocable*, con lo que expresa que la indicación de ser irrevocable se hace por (*by*) señalar un plazo.

Como el sentido literal es ambiguo, la interpretación del texto debe hacerse de acuerdo con su historia legislativa, y con el objeto de promover la uniformidad en su aplicación (art. 7). De la historia legislativa se puede concluir, como hacen Eörsi y Honnold,[23] que el sentido del inciso *a*) en cuestión no es que la oferta sujeta a plazo es, por eso mismo, irrevocable, sino sólo cuando indica claramente que lo es. En consecuencia, si una oferta dice que es irrevocable hasta el 30 de mayo, sin duda que está indicando que es irrevocable; pero si dijera que la oferta duraría hasta el 30 de mayo, entonces no indicaría que es irrevocable, sino que expiraría al

[22] *Actas resumidas 1a. Comisión* sesión 9 párrafos 9 a 45 (= *DO* 299-302).

[23] EÖRSI *Commentary* 158. HONNOLD 195 opina que el plazo fijo, cuando más, "puede crear la presunción de que la oferta indica que es irrevocable durante ese plazo", pero esta presunción podrá destruirse teniendo en cuenta, según previene la norma de interpretación del contrato contenida en el artículo 8, las circunstancias del caso, las prácticas que las partes hubieran establecido, las negociaciones y la conducta de las partes.

concluir el plazo, y el oferente podría revocarla en cualquier momento, antes de que el destinatario hubiera enviado la aceptación.[24]

ii) Ofertas que se interpretan como irrevocables

El inciso *b*) del segundo párrafo establece otra excepción a la regla de revocabilidad de la oferta. Dice que es irrevocable la oferta que el destinatario podía razonablemente considerar que lo era, y siempre que el destinatario haya actuado basándose en esa consideración. Lo decisivo es que el destinatario, confiado en que la oferta era irrevocable, haya actuado, por ejemplo, comprando materiales o equipo, iniciando estudios o contratando personal. El principio subyacente es que no se deben frustrar las espectativas de una parte que actúa de buena fe. El siguiente ejemplo ilustra el contenido del inciso *b*): un constructor pide a un fabricante de ladrillos que le haga una oferta de venta de ladrillos, para que el constructor la tome en cuenta al elaborar un presupuesto de construcción de una obra puesta a concurso; el fabricante de ladrillos sabe que el concurso se resolverá el 30 de junio, pero antes de esa fecha pretende revocar la oferta; el constructor puede alegar que la oferta es irrevocable, porque él ha actuado, ha elaborado el presupuesto y se ha comprometido a realizar la obra si resulta ganador del concurso, confiando, con fundamento, que la oferta era irrevocable.

La diferencia entre la excepción contenida en el inciso *b*) y la prevista en el inciso *a*) es muy leve. En este último se dice que la oferta es irrevocable "si indica" que es irrevocable. Indicar no significa necesariamente declarar, por lo que puede haber una oferta que, aunque no lo declare, sí indique que es irrevocable, por los términos que emplea, las condiciones que propone, o bien por las circunstancias del caso, las negociaciones previas, las prácticas establecidas por las partes, o la conducta que ellas siguen.[25] En el inciso *b*) se dice que es irrevocable si el destinatario "podía razonablemente considerar que era irrevocable" y actúa en consecuencia. El destinatario sólo podrá "razonablemente considerar" que una oferta es irrevocable, si ella de algún modo lo "indica". La diferencia estriba en que el inciso *b*) exige una conducta del destinatario con base en la idea de que la oferta es irrevocable, y el inciso *a*) no la exige. La diferencia también implica consecuencias prácticas. Con apoyo en el inciso *b*), sólo podrá reclamar judicialmente el destinatario que ha sufrido daños a causa

[24] Sin embargo, si el destinatario es de un país donde la oferta sujeta a plazo se considera irrevocable, y él actúa con esa convicción, podrá concluirse que la oferta es irrevocable, con base en lo que dispone el inciso *b*) del propio artículo 16.

[25] Los términos de la oferta deben interpretarse de acuerdo con las reglas de interpretación que da el artículo 8.

de que el oferente revocó una oferta que era irrevocable, cuando el primero ya había actuado. Con apoyo en el inciso *a*) podrá reclamar un destinatario que aún no ha sufrido daños, porque no ha actuado, pero que deja de ganar algo al serle revocada la oferta.

E. Extinción de la oferta (art. 17)

La oferta puede extinguirse por el rechazo expreso del aceptante, por vencimiento del plazo, o por el envío de una contraoferta. En todo caso, el efecto es liberar al oferente de su responsabilidad por la oferta.

a) Extinción por rechazo

El artículo 17 señala que la oferta, aun si es irrevocable, se extingue en cuanto el rechazo del destinatario llegue al oferente.[26] La razón de esta regla es liberar al oferente para que pueda contratar con alguna otra persona. La mención de que la oferta expira aun cuando sea irrevocable, fue para eliminar dudas, que podrían surgir entre jueces o abogados de países donde la oferta irrevocable se mantiene, no obstante el rechazo, hasta que fenezca el plazo.

b) Extinción por vencimiento de plazo

La oferta también se extingue cuando ya no puede ser aceptada por haber fenecido el plazo fijado por el oferente, o, si no contenía un plazo predeterminado, por haber transcurrido un plazo razonable, atendidas las circunstancias (art. 18-2).

La determinación de lo que es en cada oferta un "plazo razonable" para aceptarla queda, en primera instancia, al arbitrio de las partes. Puede ser que el destinatario tenga qué decidir si después de 20 días de haber recibido la oferta es aún tiempo oportuno para aceptarla, o que el oferente tenga que decidir si después de ese plazo ya puede considerarse libre de su responsabilidad y ofrecer la mercancía a otra persona. La decisión que cualquiera de las partes tome, si perjudica los intereses de la otra, podrá ser revisada por el juez o árbitro a quien se plantee la cuestión. La *Convención* sólo da dos criterios para orientar esta decisión (art. 18-2): que se tomen en cuenta "las circunstancias de la transacción", y, en particu-

[26] Sobre lo que significa "llegar", véase *supra* IV 1 C.

lar, "la rapidez de los medios de comunicación enviados por el oferente". Así, una oferta de venta de mercancías que habitualmente adquiere el destinatario debe decidirse más rápidamente que una de mercancías que no suele comprar; una oferta de más valor, por lo general, merecerá un plazo de aceptación más amplio que una de menos valor; una oferta enviada por fax supone una aceptación enviada por un medio de la misma celeridad y, por lo tanto, un plazo de aceptación más breve que si la oferta hubiera sido enviada por correo. Además, previene expresamente que las ofertas verbales deben, por lo general, aceptarse inmediatamente, salvo que de las circunstancias resulte otra cosa.[27]

La oferta no se extingue aun cuando haya transcurrido el plazo para aceptarla en los casos que la aceptación tardía, por voluntad o negligencia del oferente, produce efectos de aceptación (art. 21).[28]

c) Por envío de una contraoferta

Asimismo, la oferta expira cuando el destinatario envía una contraoferta, y ésta llega al oferente. En este supuesto, el destinatario inicial se ha convertido en oferente, y el oferente original en destinatario. A veces no es fácil distinguir cuando una respuesta del destinatario es una aceptación con modificaciones que, por lo tanto, hace efectiva la oferta, o una contraoferta, que extingue la oferta inicial. El artículo 19, que se examinará más adelante, dice, en suma, que la aceptación que modifica los elementos principales de la oferta es, en realidad, una contraoferta que, por consecuencia, extingue la oferta inicial.

2. LA ACEPTACIÓN (ARTS. 18-23)

La aceptación de la oferta hace que se perfeccione el contrato de compraventa. La *Convención* la regula en sus artículos 18 a 23, en los que determina cuál debe ser su contenido, la forma en que exprese el asentimiento, el plazo en que debe realizarse, los efectos que produce, los efectos de aceptaciones tardías, y la posibilidad de retirar la aceptación.

[27] *Infra* IV 2 D d.
[28] *Infra* IV 2 E.

A. Contenido (arts. 18 y 19)

La aceptación de la oferta debe consistir en el "asentimiento a una oferta" (art. 18-1). En principio, debe ser un asentimiento no condicionado a otro acto del oferente o del aceptante.[29]

En cuanto al contenido del asentimiento, previsto en el artículo 19, hubo una discusión entre los redactores de la *Convención*, que tuvo lugar mientras se preparaba el proyecto en el seno de la CNUDMI[30] y continuó en las sesiones de la Primera Comisión[31] constituida en la Conferencia de Viena. Unos, a los que Farnsworth[32] llama "tradicionalistas", sostenían el punto de vista de que la aceptación tendría que ser plena, de modo que fuera un asentimiento a todos los términos de la oferta, y sólo así se perfeccionaba el contrato en los términos previstos en la oferta. Otros, a quienes dicho autor llama "reformistas", sostenían que bastaba con que la aceptación indicara un asentimiento en cuanto al precio y las mercaderías, para que se perfeccionara el contrato, con las modificaciones previstas por el aceptante.

El resultado de la discusión fue una solución de compromiso, en la que predomina el punto de vista tradicional (párrafos 1 y 3 del art. 19), pero se admite una excepción (párrafo 2).

Si la respuesta a una oferta, que pretende ser una aceptación, contiene adiciones, limitaciones o modificaciones que alteran "sustancialmente" los términos de la oferta, no es una aceptación, porque falta asentimiento, sino que constituye una contraoferta (art. 19-1).

El artículo 19-3 aclara que alteran "sustancialmente" los términos de la oferta, todas las modificaciones relativas al precio, pago, calidad y cantidad de las mercancías, lugar y fecha de entrega, grado de responsabilidad de una parte con respecto de la otra, o a la solución de controversias. O sea que casi todas las modificaciones posibles alteran sustancialmente los términos de la oferta.

Si la respuesta que pretende ser aceptación contiene modificaciones que no alteran sustancialmente los términos de la oferta, entonces constituye aceptación y perfecciona el contrato con las modificaciones introducidas por el aceptante, a menos que el oferente, "sin demora injustificada", objete las modificaciones verbalmente o enviando un escrito (art. 19-2). Si hay esta objeción, deberá entenderse que la pretendida aceptación en realidad fue una contraoferta, que el oferente inicial rechaza.

Es fundamental distinguir si las modificaciones alteran sustancial-

[29] FARNSWORTH *Commentary* 166.

[30] *Yearbook* VIII (1978) 82; IX (1978) 42-43.

[31] *Actas resumidas 1a. Comisión* sesión 10 párrafos 23-103 (= *DO* 306-312).

[32] *Commentary* 175 y ss.

mente la oferta o no. La lista de modificaciones sustanciales que contiene el párrafo 3 puede resolver muchas dudas, pero hay ciertas cláusulas que se pueden considerar sustanciales, y que no están contenidas en la enumeración del párrafo 3, como la que establece que toda modificación al contrato tendrá que ser por escrito, o la (*merger clause* o cláusula integradora) que dispone que el contenido del contrato es lo que consta por escrito, excluyendo las negociaciones previas o cualquier otra documentación como parte del mismo o auxiliar en su interpretación. También puede haber duda de si ciertas cláusulas están incluidas o no en la lista del párrafo 3, como aquélla por la cual se escoge el Derecho que regirá el contrato: ¿está o no incluida en la frase de dicho párrafo, que se refiere a la solución de controversias?

Al respecto, Farnsworth[33] opina, con razón, que se debe interpretar estrictamente la lista de modificaciones sustanciales que contiene el párrafo tercero, de modo que pueda tener cabida la aplicación del párrafo 2 y se permita la aceptación con modificaciones. De no interpretarse así, se desconocería la razón de ser del párrafo 2, que era dar efectos a la aceptación con modificaciones. Siguiendo ese criterio, puede concluirse que modificaciones sustanciales son exclusivamente las que de manera literal establece el párrafo 3, por lo que todas las que se mencionaron en el párrafo precedente serían modificaciones no sustanciales.

En la práctica comercial no es fácil precisar en qué términos se perfecciona el contrato, si en los de la oferta o en los de la aceptación. Es muy frecuente que entre compradores y vendedores se intercambien formas impresas de oferta, aceptación, orden de compra, recibo de orden de compra, etc. Casi siempre estas formas impresas contienen una serie de condiciones favorables a quien las expide, que por lo general la otra parte no lee. Supóngase que un vendedor envía una oferta de venta impresa, a la que el comprador responde con una orden de compra impresa, de la que da cuenta el vendedor con un recibo de la orden de compra, también impreso, y envía las mercancías. Las condiciones que tienen estos tres documentos son diferentes, ¿cuáles son las que rigen el contrato, si es que en realidad hay contrato?

Siguiendo la lógica del artículo 19, habría que decir que la orden de compra no constituyó una aceptación, sino una contraoferta, y que a ésta respondió el recibo de la orden de compra, que tampoco fue una aceptación sino otra contraoferta; por lo tanto, si el comprador no ha manifestado su aceptación al contrato, puede negarse a pagar el precio, porque no ha habido contrato. Pero si el comprador realizó una conducta que indica asentimiento al contrato, por ejemplo, dando un anticipo del precio o recogiendo las mercancías, podrá afirmarse que sí hay contrato, aunque

33 FARNSWORTH *Commentary* 183.

subsiste la duda de cuáles son sus términos; lo más lógico, de acuerdo con las disposiciones del artículo 19, es concluir que son los términos previstos por el oferente en su último impreso.[34] Pero lo que parece más razonable, como dice Honnold,[35] es que el contrato se rige por lo que las partes efectivamente consintieron y manifestaron en sus escritos o en su conducta.

B. Expresión del asentimiento (arts. 18, 19-2 y 21-2)

El asentimiento a la oferta puede expresarse en una declaración (art. 18-1) o en un acto del destinatario (art. 18-3) y, en ciertos casos, por medio del silencio (arts. 19-2 y 21-2).

a) Asentimiento por declaración

Quizá lo más común es que el asentimiento se exprese por medio de una declaración verbal o escrita. Es frecuente, incluso, que en las ofertas se proponga que el asentimiento se exprese de esa manera, y a veces que se envíe por determinado medio: correo, mensajería, télex o telegrama. El valor que puedan tener esos requerimientos de la oferta, de suerte que se decida si una aceptación por conducta, cuando se exigía por escrito, o enviada por correo, en vez de por télex, surte efectos o no, es una cuestión de interpretación de los términos de la oferta, que deberá resolverse de acuerdo con las reglas de interpretación del contrato previstas en el artículo 8; podría ser, por ejemplo, que una aceptación por conducta fuera válida, no obstante los términos de la oferta, si entre las partes había una práctica establecida de aceptar de esa manera. La aceptación que no se expresa en la forma o por los medios previstos en la oferta, constituye una contraoferta.

b) Aceptación por un acto

La aceptación por un acto, en la mayoría de los casos, consistirá en un acto de ejecución o de preparación para la ejecución del contrato, por

[34] Así opina FARNSWORTH (*Commentary* 183 y ss), quien concluye que es el oferente quien tiene la ventaja en esta ''batalla de las formas'', por ser quien puede enviar el último impreso.

[35] HONNOLD pág. 222, quien sigue la opinión que sostuvo la Comisión para la Reforma del Derecho de Ontario. En la *Convención*, esta solución podría justificarse por el artículo 18-1, que establece que la conducta es un medio de indicar asentimiento, y por el principio de buena fe, previsto en el artículo 7, que exige reciprocidad en las obligaciones.

ejemplo, compra de materias primas para iniciar la fabricación de las mercancías, contratación de transporte para enviarlas, envío del precio, o inicio de trámites para conseguir una carta de crédito.

c) Aceptación por silencio

El mero silencio o la sola inactividad no constituyen aceptación, según lo expresa el mismo párrafo 1 del artículo 18. Pero debe tenerse en cuenta que, de acuerdo con el artículo 6, las partes pueden derogar o variar las disposiciones de la *Convención* y que pueden quedar obligadas por los usos que tácita o expresamente hubieran convenido (art. 9). Por efecto de estas últimas disposiciones, puede suceder que el silencio sí constituya aceptación, cuando ambas partes así lo acuerdan o existe un uso obligatorio o práctica establecida entre ellas que así lo dispone. Lo que sí impide el artículo 18-1, y con razón —porque sería una imposición unilateral, sin contraprestación, de una conducta a una de las partes—, es que el oferente determine que si no recibe un rechazo en determinado plazo, considerará aceptada la oferta.[36]

Sin embargo, la propia *Convención* establece dos casos en que el silencio produce efectos en cuanto al perfeccionamiento del contrato. Uno es el de la aceptación con modificaciones que no alteran sustancialmente la oferta, que, según el artículo 19-2, constituirá aceptación si el oferente no la objeta inmediatamente. Aquí, el silencio manifestado en no objetar, hace que las modificaciones introducidas por el aceptante integren el contrato. El otro es el de una aceptación tardía, que se demoró en llegar por defecto de los medios de comunicación empleados, la cual constituye aceptación, según lo dispone el artículo 21-2, si el oferente no comunica sin demora al aceptante que la oferta ha caducado. Aquí, el silencio manifestado en no hacer la comunicación debida, causa el perfeccionamiento del contrato.

C. Efectos de la aceptación (art. 18 párrafos 2 y 3)

El efecto principal de la aceptación es perfeccionar el contrato. El artículo 18 párrafo 2, siguiendo la teoría de la recepción, establece que la acepta-

[36] Una parte, en cambio, sí puede obligarse unilateralmente por efecto del silencio, por ejemplo, cuando dice a un vendedor que le envíe una cotización de mercancías, y que si en tres días no recibe respuesta, considere que está de acuerdo con los precios y envíe las mercancías. Esto es distinto a pretender que la otra parte se obligue por efecto del silencio.

ción surte efectos, es decir, que se perfecciona el contrato (véase art. 23), cuando llega[37] al oferente.

Pero debe tenerse en cuenta que otro efecto de la aceptación es impedir la revocación de la oferta, el cual se produce (art. 16-1) al momento de enviarla.[38]

Excepcionalmente, la aceptación puede perfeccionar el contrato en el momento en que ésta se produce. Esto sucede, por disposición del párrafo tercero del artículo 18, cuando el aceptante está autorizado —por los términos de la oferta, por los usos o por las prácticas establecidas entre las partes— a manifestar su aceptación mediante un acto, sin necesidad de comunicarlo previamente al oferente; en este caso, el contrato se perfecciona al realizarse el acto que constituye la aceptación. Debe tenerse en cuenta que en la mayoría de los casos, cuando se produce una aceptación por un acto, el aceptante envía también una comunicación al oferente, mediante la cual le indica que ya realizó el acto, por ejemplo, que ya envió las mercancías o un cheque. Pero aun cuando exista esa comunicación, el contrato se perfecciona, si se cumplen los presupuestos previstos en ese párrafo tercero, al momento de realizarse el acto y no al momento de recibirse la comunicación de que se realizó; en consecuencia, si el acto se produce en el plazo fijado por la oferta, el contrato se perfecciona, aun cuando la comunicación del acto llegue al oferente después de haber expirado dicho plazo.

La determinación del momento en que la aceptación surte efectos, esto es, del momento en que se perfecciona el contrato, tiene consecuencias prácticas, porque muchos efectos del contrato se producen en relación con ese momento.

D. Plazo para la aceptación (arts. 18 y 20)

Para que la aceptación produzca su efecto principal, debe llegar al oferente o realizarse —en el caso previsto en el párrafo tercero del artículo 18— en el momento adecuado. Esto implica que el aceptante corre con los riesgos por pérdida o retraso de la comunicación. La *Convención* prevé un caso en que la aceptación que llega fuera del plazo surte efectos, si la demora se debió a defectos del medio de comunicación empleado, pero esta disposición no libera de riesgo al aceptante, porque el oferente puede decidir si en ese caso hay contrato o no. Al cargar al aceptante los riesgos por la transmisión, se le mueve a procurarla por un medio adecuado.[39]

37 Sobre lo que significa "llegar", véase *supra* III 1 C.

38 Véase *supra* IV 1 D sobre revocación de la oferta.

39 HONNOLD 209.

La *Convención* define este momento, según que la oferta sea verbal, escrita y prevea un plazo, o escrita sin expresar un plazo.

a) De ofertas verbales

Si la oferta es verbal (estando las partes frente a frente, o hablando por teléfono), la aceptación debe producirse de inmediato (art. 18-2), a menos que, dice el artículo, "de las circunstancias resulte otra cosa"; esto es, que por convenio de las partes, por prácticas entre ellas, por un uso aplicable, o por la misma naturaleza o características de la oferta, la aceptación pueda hacerse en un momento posterior.

b) De ofertas escritas con plazo

Si la oferta fija un plazo para la aceptación, ésta debe llegar al oferente dentro del plazo fijado (art. 18-2). El plazo definido por el oferente puede resultar ambiguo. Una expresión como "esta oferta caducará en 15 días", podría originar dudas, por ejemplo, sobre si se refiere a los 15 días después de haber sido fechada, de haber sido enviada o de haber sido recibida, y si se incluyen o no los días inhábiles.

El artículo 20 da criterios para solucionar ese tipo de dudas. Dispone (párrafo primero) que cuando la oferta se envía en un telegrama o en una carta, el plazo comenzará a correr a partir de la fecha que ostente el telegrama o la carta; pero si la carta no tiene fecha, a partir de la fecha que aparezca en el sobre. Quizá lo más razonable fuera que el plazo corriera a partir de que el aceptante recibe la oferta, pero como es más fácil probar la fecha en que se expide la carta o el telegrama, resulta mejor, para efectos prácticos, la solución prevista por el artículo mencionado. Si la oferta se comunica por teléfono, télex u otro medio de comunicación instantánea, como el fax, el plazo comienza a correr a partir del día en que la oferta llega al destinatario.

Para el cómputo de los días, precisa el segundo párrafo del artículo 20, no se hará distinción entre días hábiles e inhábiles, sino que se contarán los plazos en días naturales. Pero si resulta que el día del vencimiento del plazo, la aceptación no puede ser entregada al oferente porque tal día es inhábil en el lugar donde éste tiene su establecimiento, el plazo se prorrogará hasta el siguiente día hábil.

Estas reglas pueden variar si el oferente dispone otra cosa. Lo más seguro es que defina el momento en que caduca la oferta indicando una fecha precisa (día, mes y año).

c) De ofertas escritas sin plazo

Si la oferta no fija un plazo, la aceptación tiene que producirse dentro de un plazo razonable, teniendo en cuenta las circunstancias de la transacción y, en particular, la rapidez de los medios de comunicación empleados por el oferente (art. 18-2). Aunque el artículo 20 se refiere expresamente al modo de computar el plazo fijado por el oferente, las reglas que establece pueden aplicarse por analogía[40] para computar el plazo razonable que se prevé en este otro caso, de modo que el plazo comience a correr a partir de la expedición del telegrama o carta que contiene la oferta, o a partir de que la comunicación de la misma llega al destinatario, cuando se hace por teléfono, télex u otros medios de comunicación instantánea.

E. Aceptaciones tardías (art. 21)

En principio, la aceptación recibida fuera del plazo o tardía no produce efectos como aceptación, pero constituye una contraoferta, que el oferente originario puede aceptar o rechazar; si el destinatario de la contraoferta (oferente original) acepta, el contrato se perfecciona cuando la aceptación llegue al contraoferente. Pero hay dos casos, considerados en el artículo 21, en que la aceptación tardía surte efectos.

a) Aceptación tardía por causas atribuibles al aceptante

El artículo 21-1 dice que la aceptación tardía, demorada por causas atribuibles al aceptante, surte "efecto como aceptación" si el oferente, sin demora, lo comunica verbalmente al aceptante o le envía una comunicación en ese sentido. El artículo no aclara si la aceptación tardía surte efectos al momento en que es recibida por el oferente, o cuando el oferente comunica al aceptante que da por buena la aceptación tardía. Pero tomando en cuenta dicho artículo agrega que la aceptación "surte efectos", y que la regla general de la *Convención* —en lo que se refiere a la formación del contrato— es la teoría de la recepción, puede concluirse que el momento

[40] La analogía se justifica por lo siguiente. El caso previsto en el artículo 20 es el de cómputo del plazo fijado por el oferente; el caso no previsto es el cómputo del plazo razonable, que se determina cuando el oferente no definió un plazo. Los dos problemas son análogos —cómputo del plazo para la aceptación—, por lo que se justifica que tengan una misma solución, la prevista en el artículo 20. Otra solución al problema no resuelto sería que el plazo se contara a partir de que la comunicación de la oferta, por cualquier medio, llegue al oferente; pero entonces se tendría el problema de probar el momento en que la comunicación llega, que se quisieron evitar con la regla definida en el artículo 20.

en que se perfecciona el contrato es cuando se recibe la aceptación tardía, no obstante que la aceptación se haga valer hasta que el oferente comunique que la da por buena. Así lo interpretan los *Comentarios de la Secretaría* que dicen: "Según este párrafo es la aceptación tardía la que surte efectos de aceptación en el momento de su recepción, si bien requiere una notificación ulterior para ser válida".[41]

La diferencia de hecho entre este caso y el de cualquier otra aceptación tardía, radica en que el oferente comunica "sin demora" que da por buena la aceptación.

b) Aceptación tardía por defectos del medio de transmisión empleado

El segundo caso, previsto en el segundo párrafo del mismo artículo, es que la aceptación haya llegado tardíamente por defectos de los medios de transmisión, y que esto sea evidente, porque la carta o comunicado escrito que contenía la aceptación, indica que fue enviada en un momento en el que, en circunstancias normales, hubiera podido llegar oportunamente al oferente. En este caso, la aceptación tardía surte efectos, a menos que el oferente, sin demora, comunique al aceptante que considera su oferta caducada. Aquí es claro que el contrato se perfecciona cuando la aceptación tardía llega al oferente.

En el primer caso, se requiere la comunicación del oferente para que la aceptación surta efectos; en este otro, se necesita la comunicación del oferente para que la aceptación no surta efectos. Pero en ambos casos, el oferente tiene la posibilidad de decidir si hay contrato o no. Ello le da una posibilidad de especular en beneficio propio, con detrimento de la otra parte. Por ejemplo, si el oferente comprador se entera, al recibir la aceptación tardía del vendedor, de que el precio de las mercancías ha subido, podrá dar por buena la aceptación tardía y obligar al aceptante a entregarle mercancías por un precio inferior a su valor actual. Pero este resultado puede justificarse: el del aceptante que envía la aceptación tardíamente descuido lo sujeta al riesgo de una aceptación tardía; en el caso del aceptante que la envió a tiempo, pero por defecto del medio de comunicación llega con demora, la regla es que la aceptación vale como si hubiera llegado a tiempo, de modo que el perjuicio que sufra el vendedor aceptante por tener que entregar mercancías a un precio inferior al de su valor actual, es resultado del riesgo normal de un comerciante.

Sin embargo, esta solución podría resultar inequitativa, cuando ha pasado un tiempo considerable entre el envío y el recibo de la aceptación;

[41] *Comentarios de la Secretaría* artículo 19 párrafo 3 (= *DO* 27). Farnsworth *Commentary* 191 y 193 y HONNOLD 226 aceptan esta interpretación.

suponiendo que hubiera llegado seis meses después de haber sido enviada, ¿el oferente tendrá derecho a decidir si hay contrato o no? En favor de la negativa podría argumentarse que el artículo 18-1 dice que la aceptación debe indicar asentimiento a la oferta, y podría interpretarse que una aceptación que tarda tanto en llegar, y habiendo cambiado las circunstancias del mercado, no puede indicar asentimiento; también podría argumentarse que el oferente que especula a su favor, estaría obrando contra el principio de buena fe, previsto en el artículo 7. En cualquier caso, el aceptante puede reducir este riesgo haciendo uso de su derecho a retirar la aceptación (art. 22).

F. Retiro de la aceptación (art. 22)

El artículo 22 concede al aceptante al derecho a retirar la aceptación, siempre y cuando la notificación del retiro llegue al oferente antes o en el mismo momento "en que la aceptación haya surtido efecto". Por regla general, la aceptación surte efecto cuando llega al oferente, por lo que el derecho de retiro expira en ese mismo momento. Pero en el caso de aceptación por conducta, la aceptación surte efectos en el momento en que se produce (art. 18-3), por lo que en esos casos no hay posibilidad de retirar la aceptación, independientemente de que el acto que constituye la aceptación sea notificado o no al oferente.

Éste es un derecho paralelo al que tiene el oferente de retirar la oferta, siempre que el retiro llegue antes o al mismo tiempo que la oferta (art. 15). La razón que hay para uno y otro derecho es que mientras el destinatario no conoce la oferta, o el oferente no conoce la aceptación, no tienen ellos ninguna espectativa de contrato que merezca ser protegida.[42]

Del derecho a retirar la aceptación, junto con la regla que impide revocar la oferta cuando el aceptante envía la aceptación (art. 16-1), resulta una situación ventajosa para el aceptante. Él puede, en cuanto reciba una oferta, impedir su revocación enviando inmediatamente la aceptación por correo ordinario, pero sabiendo que podrá retirar la aceptación enviando un télex o telegrama. Esto le permite especular en su favor, aprovechando las variaciones de precio de las mercancías o de otras condiciones del mercado.

[42] HONNOLD 230 opina que se podría hablar de un principio general de la *Convención*, según el cual "una parte puede retirar o modificar una comunicación por medio de una segunda comunicación que adelante la primera".

3. PERFECCIONAMIENTO DEL CONTRATO (ART. 23)

Las reglas que da la *Convención* sobre la oferta y la demanda vienen a definir cómo se contrae válidamente un contrato de compraventa internacional. Queda a las disposiciones de la ley nacional aplicable, determinar si la compraventa celebrada conforme a esas reglas puede ser impugnada ante un juez por haber adolecido en su proceso de formación de algún vicio de consentimiento o por haber faltado capacidad a las partes.[43] En muchos casos es necesario saber en qué momento se ha perfeccionado el contrato y dónde se ha perfeccionado.

A. Momento del perfeccionamiento del contrato

Aunque el momento en que se perfecciona el contrato podría concluirse de los artículos relativos a la oferta y la aceptación, sobre todo del artículo 18, los redactores del *Proyecto CNUDMI*[44] tuvieron a bien incluir un artículo, el actual artículo 23, que define expresamente ese momento. Dice esta disposición que el contrato se perfecciona ''en el momento de surtir efecto la aceptación de la oferta''. Esto puede suceder o cuando la aceptación ''llega'' al oferente (art. 18-2) —y así será en la mayoría de los casos—, o cuando el aceptante ejecuta el acto que indica la aceptación (art. 18-3), lo cual sólo ocurrirá en los casos en que pueda darse este tipo de aceptación por virtud de los usos aplicables o de prácticas establecidas por las partes.

Determinar este momento es importante puesto que otros artículos de la *Convención* se refieren a él: el artículo 42-1 dispone que el vendedor debe entregar las mercancías libres de cualesquiera derechos o pretensiones de tercero que tuvieran en el momento del perfeccionamiento del contrato; el artículo 55 determina que a falta de precio convenido, se tendrá pactado el que esté vigente en el mercado en el momento del perfeccionamiento del contrato; el artículo 68 dice que el riesgo, por pérdida o deterioro de las mercancías vendidas en tránsito, se transmite al comprador en el momento del perfeccionamiento del contrato; el artículo 74 limita la indemnización por daños y perjuicios a la pérdida previsible en el momento del perfeccionamiento del contrato; el artículo 79-1 exonera de responsabilidad por incumplimiento, cuando fue debido a un impedimento que no podía preverse en el momento de perfeccionamiento del contrato, y el artículo 100 dice que la *Convención* se aplicará en contratos perfeccionados después de que ella entró en vigor.

[43] *Supra* II 3 A a.
[44] *Proyecto CNUDMI* artículo 21.

En la práctica podrá resultar difícil definir el momento de perfeccionamiento del contrato, no obstante que las reglas de la Convención son claras, en los casos en que las partes que negociaron un contrato intercambiaron muchas comunicaciones y no puede precisarse cuál fue, de entre todas ellas, la aceptación final.

B. Lugar de perfeccionamiento del contrato

En el grupo de trabajo de la CNUDMI que preparó el proyecto hubo el intento de ampliar este artículo para que definiera también el lugar de perfeccionamiento del contrato.[45] La propuesta se desechó porque no fue posible llegar a un acuerdo. Sin embargo, esta cuestión es importante, pues el lugar de perfeccionamiento del contrato suele ser tomado en consideración por las reglas del derecho internacional privado para definir cuál es la ley aplicable al mismo, la cual resuelve los aspectos del contrato no regulados por la *Convención*.[46]

Si, de acuerdo con el artículo 23, el contrato se perfecciona en el momento en que surte efecto la aceptación, puede pensarse que se perfecciona en el lugar donde surte efecto la misma.[47] Esto lleva, siguiendo los criterios del artículo 18, a proponer que el lugar de perfeccionamiento del contrato puede ser: *a*) el lugar a donde llega una aceptación verbal o escrita (art. 18-2), que ordinariamente será el lugar donde el oferente tenga su establecimiento; *b*) el lugar donde el aceptante realiza el acto que indica la aceptación (art. 18-3), que por lo general será donde el aceptante tenga su establecimiento.

[45] *Yearbook* VIII (1977) 81-82.

[46] *Supra* I 6 B.

[47] Así lo sugieren los *Comentarios de la Secretaría* artículo 21 párrafo 2 (= *DO* 27).

V. El contrato de compraventa internacional

1. PRINCIPIO DE CONSENSUALIDAD

Ni la oferta de celebrar un contrato ni su aceptación están sujetas a ningún requisito de forma. La *Convención* sólo establece que tengan un determinado contenido, pero no exige palabras formales ni documentos escritos. Basta que una oferta sea suficientemente precisa y que la aceptación indique con claridad su asentimiento a la oferta, para que se perfeccione el contrato. En consecuencia, la *Convención* expresa el principio de que el mero consentimiento de las partes es suficiente para perfeccionar un contrato, para modificarlo o resolverlo, sin que sea necesaria ninguna manifestación por escrito (arts. 11 y 29). Sin embargo, como el Derecho de algunos países exige la forma escrita para la celebración, modificación o resolución de los contratos de compraventa internacional, se aceptó que los Estados que tuvieran semejante Derecho, pudieran hacer la reserva de que no se aplicarían estos artículos de la *Convención*, con lo cual el principio de consensualidad no se aplica respecto de los contratos en que participe alguna persona que tiene su establecimiento en uno de esos Estados (arts. 12 y 96).

A. Perfeccionamiento consensual del contrato (art. 11)

El artículo 11 establece, con claridad, el principio de perfeccionamiento consensual del contrato, al decir que "no tendrá que celebrarse ni probarse por escrito ni estará sujeto a ningún otro requisito de forma". Recoge, de esta manera, una tendencia actual en el comercio internacional que había llevado a modificar las leyes de algunos países que, como Gran Bretaña, exigían la celebración por escrito. La Cámara de Comercio Internacional,[1] en sus opiniones sobre el proyecto de convención, enfatizó la conveniencia de este artículo, alegando que una gran parte del comercio internacional se realiza mediante acuerdos que no constan por escrito.

El artículo no interfiere con las disposiciones del Derecho interno que prevengan, por motivos de control de cambios u otros controles administrativos, que el contrato de compraventa internacional tiene que celebrarse por escrito, y sancionen a quien no cumpla con ello. Cuando existan esas leyes, el artículo 11 se aplicará haciendo que el contrato no escrito produzca obligaciones entre las partes, pero dejando a salvo las sanciones que pudieran corresponder, conforme a la ley interna, a la persona que no cumplió con el requisito de hacerlo por escrito. No podría impugnarse la validez de ese contrato diciendo que careció de la forma escrita porque, en un Estado parte de la *Convención*, la ley aplicable al contrato de compraventa internacional es precisamente la *Convención*, que no exige la forma escrita, a menos que el Estado hubiera hecho la reserva correspondiente. Así, si en un determinado organismo público, su ley orgánica exige que las compras consten en un contrato escrito, y la persona encargada de comprar en el extranjero ciertas mercancías hace un pedido telefónico de las mismas, esta persona ha contraído válidamente un contrato de compraventa internacional, que se rige por la *Convención* —supuesto que se cumplan los demás requisitos que la hacen aplicable— y no podría negarse a pagar el precio alegando que el contrato tenía que constar por escrito, conforme a la ley orgánica del organismo; la falta de este requisito no afecta la validez del contrato, aunque pueda ser causa para exigir responsabilidad administrativa al funcionario que no lo cumplió.[2]

Sin embargo, las partes tienen el derecho, con base en el principio de autonomía de las partes (art. 6), de convenir que el contrato debe perfeccionarse por escrito. Para esto basta que en la oferta o en la aceptación se declare esa voluntad. De hecho, las grandes empresas internacionales tienden a hacer sus contratos por escrito. También es usual que, al hacerse una oferta, se ponga como requisito que la aceptación de la misma debe constar por escrito.

También puede suceder que, sin un acuerdo expreso de las partes, el contrato deba constar por escrito, por efecto de un uso aplicable al ramo de que se trata, o de una práctica que las partes hubieran establecido entre ellas (art. 9).

[1] Véase "Análisis de las observaciones y propuestas de gobiernos y organizaciones internacionales relativas al proyecto de convención...", preparado por el secretario general, artículo 10 párrafo 1 (= *DO* 80).

[2] *Comentarios de la Secretaría* artículo 10 párrafo 2 (= *DO* 21).

B. Resolución consensual del contrato (art. 29-1)

Así como las partes pueden perfeccionar el contrato por el mero consentimiento, también pueden resolverlo de mutuo acuerdo sin necesidad de ninguna formalidad (art. 29-1). Es lógico que lo que se contrae consensualmente puede disolverse consensualmente.

Ahora bien, la resolución del contrato por mutuo acuerdo no significa la nulidad del contrato, sino que las partes han decidido dejarlo sin efectos para el futuro y devolverse lo que hasta el momento de la resolución se hubieren entregado por causa del mismo contrato. Por consiguiente, el vendedor queda obligado a devolver el dinero que hubiera recibido como anticipo o pago del precio y el comprador a regresar las mercancías que hubiere recibido, y en general ambas partes deben restituirse todo lo que hubieran percibido de la otra. La *Convención* regula cómo ha de hacerse esta devolución en sus artículos 81 a 84.[3]

Si surgiera alguna controversia con motivo de la restitución de lo que las partes se deben, se resolvería de acuerdo con las reglas para solución de controversias que se hubieran determinado en el contrato, tales como elección de foro, cláusula arbitral, reglas de procedimiento y otras semejantes (art. 81-1). Con esta norma queda claro que la resolución no anula el contrato, sino que lo mantiene en vigor a efecto de hacer exigibles las obligaciones de las partes concernientes a la restitución de lo que hubieran recibido. Por eso mismo, también serían aplicables las reglas de la *Convención* relativas a los recursos que tienen el comprador o el vendedor en caso de incumplimiento, en especial la acción de daños y perjuicios que cualquiera de las partes pudiera entablar contra la otra, si no hiciera debidamente la restitución.

No obstante el principio de consensualidad para la resolución del contrato, las partes pueden convenir, en un contrato escrito, que sólo pueda resolverse mediante acuerdo que conste por escrito. Si es así, en principio, la resolución tendrá que convenirse de esa manera (art. 29-2). Pero es tan fuerte la opción de la *Convención* por la consensualidad, que señala que de existir una disposición contractual que exija que la resolución del contrato deba constar por escrito, no se podrá alegar esa disposición por una parte, que con su conducta manifiesta su voluntad de resolver el contrato y provoca que la otra actúe en consecuencia. Por ejemplo, cuando el comprador que dio un anticipo del pago pide por teléfono al vendedor, antes de la fecha de entrega de las mercancías, que le devuelva el dinero porque ya no necesita las mercancías y el vendedor lo devuelve; con esta conducta, el comprador ha manifestado su voluntad de resolver el contrato y el

[3] *Infra* IX 3 D c.

vendedor ha reaccionado fundado en esa voluntad; no obstante que el contrato diga que sólo podrá resolverse mediante un acuerdo escrito, el contrato ha quedado resuelto por la voluntad de las partes manifestada en su conducta.

El lenguaje que usa dicho artículo para expresar que prevalece la voluntad efectiva sobre la disposición escrita, es muy expresivo; dice: "cualquiera de las partes quedará vinculada por sus propios actos... en la medida que la otra parte se haya basado en tales actos". Es decir, se trata de casos en los que se ha dado un consentimiento efectivo de resolver el contrato, manifestado en la conducta recíprocamente referida entre ambas partes que, por su factibilidad, se considera derogatorio de una disposición contractual escrita.

Ésta es una regla de interpretación muy importante, aplicable también a los acuerdos modificatorios de un contrato, que hace prevalecer la voluntad efectiva de las partes sobre la letra de un contrato escrito. Es una posición realista, pues muchas veces los abogados o departamentos jurídicos de las empresas de comercio internacional, realizan y conocen los contratos escritos mientras que los encargados de la operación comercial, los directores de compras o directores de exportaciones, no los dominan en detalle y suelen convenir con la contraparte, de manera verbal, condiciones de compra o venta distintas de las que contempla el contrato escrito. Si se considerara que debe prevalecer el contrato escrito que contiene una cláusula con el señalamiento de que toda modificación tiene que ser por escrito, se iría en contra de las prácticas comerciales, que requieren gran flexibilidad, y, sobre todo, en contra de la voluntad realmente expresada por las personas implicadas de forma directa en un contrato de compraventa. Esta posición realista ya había sido recomendada por uno de los juristas romanos, Pomponio, quien decía que en las compraventas debe tenerse en cuenta lo que las partes quisieron hacer más que lo que dijeron (*in emptis enim et venditis potius id quod actum, quam id quod dictum sit*).[4]

Aparte de la resolución del contrato por mutuo consentimiento, o mejor dicho por disentimiento, puede pactarse que alguna de las partes tenga el derecho de resolver un contrato unilateralmente, por ejemplo, el comprador, dentro de un determinado plazo de prueba de las mercancías, o el vendedor, si no recibe el precio en un determinado plazo. Cualquiera de las partes puede tener derecho a resolver de manera unilateral el contrato, cuando la otra comete un incumplimiento esencial.[5]

[4] Pomponio, libro nueve *ad Sabinum*, D 18,1,6,1.

[5] *Infra* IX 3 y X 3.

C. Modificación consensual del contrato (art. 29-1)

El principio de perfeccionamiento consensual implica que el contrato puede modificarse también por mero acuerdo entre las partes sin necesidad de forma escrita. En las relaciones comerciales es muy frecuente que las partes estén modificando constantemente el contrato, haciendo nuevas determinaciones de fecha o lugar de entrega, medio de transporte, condiciones de embarque, empaque o características de las mercancías, etc. El artículo 29-1 reconoce validez a todas estas modificaciones consensuales del contrato. Una razón para la existencia de tal disposición fue dejar claro que tales cambios valen aunque no haya, como lo exige la tradición del *common Law*, una contraprestación en favor de la parte que ve modificado el contenido de su obligación;[6] así, un acuerdo que atrasa, en detrimento del comprador, la fecha de entrega de las mercancías es válido aunque no se reduzca el precio; o un acuerdo que cambia el lugar de entrega, en detrimento del vendedor, es válido aunque no se aumente el precio de las mercancías.

Muchas veces se plantean modificaciones al contrato en comunicaciones que se envían las partes, como pedidos en formas impresas, donde se fijan condiciones de entrega, o facturas que fijan condiciones de pago y otros documentos semejantes. También es frecuente que al emitirse cartas de crédito para el pago de las mercancías, se fijen al vendedor condiciones de entrega que son diferentes a las previstas originalmente en el contrato. El artículo 29-1 hace ver que todas estas modificaciones son válidas si hay acuerdo entre las partes. El mero silencio, según el artículo 18-1, no indica asentimiento a una modificación, pero sí lo puede indicar el realizar un acto determinado, como la expedición de las mercancías (art. 18-3); de modo que si un vendedor convino entregar las mercancías al transportista designado por el comprador el 20 de febrero, y recibe de un banco la notificación de que existe una carta de crédito para cubrirle el precio mediante la entrega de documentos que acrediten la entrega el 10 de febrero, si el vendedor entrega en esta última fecha, se entiende que ha aceptado la modificación al contrato propuesta por el comprador en la carta de crédito. Por eso es conveniente que las partes en compraventas internacionales cuiden el contenido de la correspondencia que envían y reciben, pues cualquier comunicación puede implicar modificaciones a un contrato, incluso a un contrato escrito.

En un contrato escrito,[7] las partes pueden convenir que toda modifi-

[6] *Comentarios de la Secretaría* artículo 27 párrafos 2 y 3 (= *DO* 30).

[7] Aunque el artículo 29-2 se refiere sólo a un "contrato escrito". nada impide que las partes en un contrato no escrito convengan que toda modificación o resolución tenga que hacerse por escrito, ya que con tal convenio estarían excluyendo de su contrato válidamente (de acuerdo con el artículo 6) la aplicación de esta disposición del artículo 29-2.

cación deberá hacerse por escrito, lo cual, en principio, se respetará, excepto cuando una de las partes manifiesta con su conducta su voluntad de modificar el contrato, provocando que la otra parte actúe en consecuencia, pues la conducta de las partes ha constituido un acuerdo que, lo mismo que en el caso de la resolución del contrato arriba examinado, prevalece sobre el contrato escrito. Por ejemplo, se celebra un contrato por escrito con la cláusula de que toda modificación tendrá que hacerse por escrito, que prevé que el vendedor fabrique y entregue 10 000 objetos con determinadas características, y poco después el comprador le hace saber por teléfono que quiere que tengan otras características; si el vendedor, basándose en la conducta del comprador, los fabrica con las nuevas especificaciones, éste no podrá exigir responsabilidad al vendedor porque las mercancías entregadas no son conformes con las especificaciones del contrato escrito. La razón es que existe un acuerdo entre las partes, manifestado en la conducta recíproca, que prevalece sobre lo previsto en el contrato escrito.

D. Reserva que impide la aplicación del principio de consensualidad (arts. 12 y 96)

Como el principio de consensualidad no podía ser aceptado por varios Estados, cuya legislación exige, como norma de orden público, que los contratos de compraventa internacional se celebren por escrito, y para evitar que estos países no se adhirieran a la *Convención*, se decidió (art. 12) permitir que los Estados pudieran hacer una reserva (prevista en el art. 96) de que no aplicarían las disposiciones de la *Convención* (arts. 11, 14 a 24 y 29) que eximen de la forma escrita.

El objetivo de la *Convención*, en este punto, es promover la consensualidad del contrato de compraventa internacional, de modo que el abrir la posibilidad, mediante esa reserva, de que la forma escrita sea obligatoria, fue considerado como una "transacción"[8] a efecto de conseguir mayor número de adhesiones, que no implica una renuncia al principio de consensualidad.

a) Estados que pueden hacer la reserva

La reserva la pueden hacer los Estados "cuya legislación exija que los contratos de compraventa se celebren o se prueben por escrito" (art. 96). Es de advertir el uso de la expresión genérica "los contratos de compraven-

[8] *Actas resumidas 1a. Comisión*, sesión 8, párrafos 15, 19, 32 y 36 (= *DO* 293-294).

ta'' (se entiende de compraventa internacional), porque con ella se quiso significar que no basta con que la legislación exija la forma escrita para un tipo de contrato de compraventa, sino que se requiere que la exija, en general, para todo contrato de compraventa internacional o para la mayoría de ellos.[9] De esta manera, se reducen considerablemente los Estados que tienen derecho a hacer la reserva, y se garantiza la aplicación uniforme de la *Convención*.[10]

La redacción original del artículo 96 señalaba que los Estados debían hacer la reserva en el momento de la adhesión a la *Convención*, o en el de su firma o ratificación, pero en la Conferencia de Viena se decidió modificar la redacción para que también pudieran hacerla en cualquier otro momento, y permitir así que los que lleguen a cambiar su legislación sobre comercio exterior y a exigir la forma escrita en los contratos de compraventa internacional, no queden obligados a denunciar la *Convención*.[11]

Los Estados que habían hecho esta reserva al 31 de diciembre de 1991 eran: Argentina, Bielorrusia, Chile, Hungría, Ucrania, y la Unión de Repúblicas Socialistas Soviéticas.[12]

b) Forma del contrato cuando una de las partes tiene su establecimiento en un Estado que hizo la reserva

El artículo 12 define los efectos que tendrá la mencionada reserva en los contratos en que una de las partes tiene su establecimiento en uno de los Estados que la han hecho. Esta disposición es la única de toda la *Convención* que de forma expresa señala que no podrá ser modificada o suprimida por acuerdo de las partes. La razón de esto es que si el contenido del artículo consiste en precisar los efectos de una reserva hecha por un Estado atendiendo a razones de orden público, no se debe permitir que la voluntad de las partes frustre la intención del Estado que la hace.

El contenido del artículo es negativo. Dispone que no se aplicará el principio de consensualidad —previsto en los artículos 11 y 29 y en la Parte Segunda (arts. 14-24)—, ni en la celebración del contrato (art. 11), ni en su modificación o terminación (art. 29), ni tampoco respecto de la ofer-

[9] Véase *Actas resumidas 1a. Comisión*, sesión 8, párrafos 19-38 (= *DO* 293). La comisión discutió la propuesta del representante de Holanda de abrir la posibilidad de que los Estados cuyas leyes exigen forma escrita para ciertos tipos de contrato de compraventa internacional, pudieran hacer una reserva parcial, aplicable sólo a esos tipos de contrato; la propuesta fue desechada, con el argumento de que la reserva la podrían hacer los Estados cuyas leyes previeran la forma escrita para todos o la mayoría de los contratos de compraventa.

[10] RAJSKI *Commentary* 660.

[11] *Actas resumidas 1a. Comisión*, sesión 8, párrafo 40 (= *DO* 294).

[12] *Supra* I 4 B e.

ta, la aceptación o cualquier manifestación de intención previa al perfeccionamiento del contrato.[13]

Es un efecto fuerte, pues la reserva no sólo afecta al comprador o vendedor que tiene su establecimiento en el Estado que la hizo, sino que se extiende a las dos partes del contrato de compraventa, imponiéndoles la exigencia, no derogable por acuerdo entre ellas, de que el contrato, así como su modificación o resolución, tiene que constar por escrito.

Cabría preguntarse si en estos casos puede valer la regla prevista en el artículo 29-2, referente a que la conducta de las partes las vincula por los actos que hayan realizado, aun cuando un contrato escrito diga otra cosa. Por ejemplo, si un vendedor que tiene su establecimiento en un Estado que hizo la reserva, acepta un anticipo del precio en una moneda que no era la definida en el contrato escrito, y posteriormente el comprador envía el resto del precio en la misma moneda del anticipo, pero el vendedor se niega a aceptarlo alegando que el pago del precio debe hacerse en la moneda prevista en el contrato escrito. ¿Debe prevalecer el contrato escrito según lo dispone el artículo 12, o se aplica la regla del artículo 29-2, que indica que prevalece la voluntad efectiva de las partes? La letra del artículo 12 es, desgraciadamente en este caso, muy clara: dice que no se aplicará ''ninguna disposición del artículo 11, del artículo 29... que permita que la celebración, la modificación o la extinción por mutuo acuerdo del contrato de compraventa,... se haga por un procedimiento que no sea por escrito''. De acuerdo con esto, el vendedor del caso planteado sí podría exigir el pago del precio en la moneda convenida en el contrato escrito, no obstante haber aceptado un anticipo en otra moneda. Se advierte así que la regla del artículo 12 puede dar lugar a resultados que no parecen conformes con la reciprocidad contractual. Es algo que debe tenerse en cuenta cuando se contrata con alguna persona que tiene su establecimiento en alguno de los Estados que hizo la reserva prevista en el artículo 96.

Si los contratos con personas que tienen su establecimiento en Estados que hacen la reserva del artículo 96 no se perfeccionan, resuelven o modifican de acuerdo con las reglas consensuales previstas en la *Convención*, cabe preguntarse entonces, conforme a qué ley se regirá en lo relativo a esos aspectos.

[13] Hay, sin embargo, muchas otras declaraciones de las partes, previstas en la *Convención* en su parte III, que podrán hacerse oralmente o por cualquier medio apropiado, como la que indica falta de conformidad de las mercancías (art. 39), la que establece un nuevo plazo de entrega de las mercancías (arts. 47 y 63), o la que propone una reducción proporcional del precio (art. 50).

c) Ley que regula el perfeccionamiento, la resolución y las modificaciones al contrato cuando no se aplica la Convención

Las reglas de Derecho internacional privado serán las que definan cuál es la ley que regirá lo relativo a la forma aplicable al perfeccionamiento, resolución o modificación del contrato de compraventa internacional cuando alguna de las partes tenga su establecimiento en un Estado que hizo la reserva prevista en el artículo 96.[14] De acuerdo con estas reglas, podrá ser la ley del Estado que hizo la reserva, o bien la ley del otro Estado. Honnold[15] comenta que en las discusiones sobre este artículo se propuso que, cuando un Estado hiciera la reserva, se debería entender que sus requisitos de legislación interna sobre la forma del contrato deberían aplicarse siempre, pero la propuesta fue rechazada con el argumento de que implicaba hacer extensivos a otros Estados los preceptos legales de uno.

Si por efecto de esas reglas resulta que se aplica la ley del Estado que hizo la reserva, no hay ningún problema y el contrato, en cuanto a su perfeccionamiento, modificación o resolución, deberá cumplir los requisitos que determine esa ley nacional.

Si resulta que la ley aplicable es la de un Estado contratante que no hizo la reserva, entonces se presenta la cuestión de si será aplicable, en tanto que ley nacional, la propia *Convención*, o si deberá aplicarse otra ley nacional, como un código de comercio o una ley sobre comercio exterior. Honnold[16] opina que la *Convención* no puede aplicarse, porque lo impide el artículo 12, por lo que deberá aplicarse la ley nacional sobre la materia. En consecuencia, dice que cuando hay una compraventa con una parte que tiene su establecimiento en un Estado que hizo la reserva, el contrato, en cuanto a la forma de su perfeccionamiento, resolución o modificación, se regirá como se regía antes de que la *Convención* entrara en vigor, esto es, por la ley interna aplicable.

Esta solución parece razonable desde el punto de vista del Estado que hizo la reserva, que pretende que no se apliquen esas disposiciones de la *Convención* a los contratos en que fueran partes personas establecidas en su territorio, sino que se apliquen sus propias leyes, que exigen la forma escrita. Pero cuando, de acuerdo con las reglas internacionales privatísticas, la ley de ese Estado no es la ley aplicable al contrato, no puede pretenderse —pues sería imponer unilateralmente una ley a otro Estado— que no se aplique la ley nacional del otro Estado, si contempla que el contrato

[14] En las convenciones sobre la ley aplicable al contrato de compraventa internacional de mercaderías (La Haya, 1955 y 1985) (*supra* I 7) se sigue el criterio de considerar como ley aplicable la del lugar donde tiene su establecimiento o residencia habitual el vendedor.

[15] HONNOLD 180.

[16] HONNOLD 180.

de compraventa se perfeccione, resuelva o modifique sin necesidad de forma escrita. Por lo tanto, me parece que nada impide que se aplique la *Convención* como ley nacional a contratos en los que una de las partes tiene su establecimiento en un Estado que hizo la reserva prevista en el artículo 96, si resulta que la ley nacional aplicable al contrato es la del Estado que no hizo la reserva.

Desde un punto de vista internacional, que es el adecuado para interpretar la convención (art. 7), también parece más adecuado que la *Convención* pueda aplicarse en esos casos, ya que así se favorece su difusión y la uniformidad del régimen jurídico del contrato de compraventa internacional.

2. INTERPRETACIÓN DEL CONTRATO (ART. 8)

El artículo 8 establece las reglas para interpretar las declaraciones y actos de las partes de un contrato de compraventa internacional. Como habla de las "declaraciones y actos de una parte", sin precisar momento, se entiende que se refiere a las declaraciones y los actos realizados antes de la celebración del contrato (entre los cuales se cuentan la oferta y la aceptación) y a los celebrados después de ese momento, sea en ejecución del contrato, sea para modificarlo.

La disposición parece concebida con relación en declaraciones o actos unilaterales, ya que habla de declaraciones y actos "de una parte". Esto es congruente con el punto de vista adoptado en la Parte II de la *Convención*, en la que considera al contrato como resultado de dos actos unilaterales, la oferta y la aceptación. Pero nada impide que se aplique para interpretar un contrato que se ha celebrado mediante intercambio de comunicaciones, ya que cada una de ellas constituye una declaración unilateral, o para interpretar un contrato que se ha redactado en un documento único firmado por ambas partes,[17] ya que su contenido puede concebirse como declaración de las partes que lo firman.[18]

El artículo contiene tres párrafos. El primero establece un criterio subjetivo de interpretación: la intención del declarante. El segundo define

[17] *Comentarios de la Secretaría* artículo 7 párrafo 2 (= *DO* 19).

[18] FARNSWORTH *Commentary* 101. HONNOLD 161 añade (n. 2) que si el documento firmado por ambas partes fue preparado por una, se entiende que es declaración de la parte que lo preparó; y si fuese preparado por ambas partes, entonces sería declaración conjunta y se regiría por las reglas que prevé el párrafo tercero del artículo. Pero esta distinción no parece necesaria, pues independientemente de que el contrato lo haya redactado una de las partes, el hecho de que ambas lo hayan firmado hace que sea una declaración cuya responsabilidad asumen una y otra.

un criterio objetivo: el entendimiento que hubiera tenido una persona razonable.[19] El tercero da criterios para determinar cuál fue la intención del declarante o el entendimiento de una persona razonable.

A. Criterio subjetivo (art. 8-1)

Las declaraciones o actos de las partes, dice el párrafo primero del artículo 8, deben interpretarse conforme a la intención de la parte que las produjo, siempre y cuando la otra parte hubiera conocido o no hubiera podido ignorar esa intención. El resultado es que prevalece la intención del declarante, siempre y cuando logre probar que la otra parte la conoció (lo cual suele ser problemático) o que no podía ignorarla (lo cual es menos problemático).

Nótese que el texto dice "no haya podido ignorar", que es distinto, de "no debía ignorar". La frase que dice que una parte "no haya podido ignorar" la intención de la otra, significa que la intención de ésta era manifiesta, de modo que resultaba imposible ignorarla, por ejemplo, por constar en una carta, o por ser una costumbre entre las partes. La expresión "no debía ignorar", por el contrario, implicaría que la parte que no entendió la intención declarada no hizo lo que ella debía hacer para entenderla, por ejemplo, que omitió consultar un catálogo donde se describían las mercancías objeto de la declaración.

La aplicación de este criterio hace que ciertos entendidos que haya entre las partes se apliquen para interpretar sus actos o declaraciones, aun cuando los documentos digan otra cosa. Por ejemplo, si las dos están de acuerdo en que la mercancía se facture a un precio de 50, cuando el precio real es 100, el precio que el vendedor podrá exigir es de 100, aunque la factura diga 50.[20]

[19] El criterio es objetivo, en tanto que se refiere a un modelo abstracto y general de conducta, el de una "persona razonable". El juez o árbitro que tenga que aplicar este artículo tendrá su peculiar concepción de lo que es una "persona razonable", pero al menos tiene un punto de referencia —la "persona razonable"— que limita y orienta su criterio. Con el tiempo, es de esperar que la doctrina y las decisiones judiciales vayan delimitando, con relación en situaciones concretas, lo que es, en el derecho de la *Convención*, una "persona razonable". En el derecho romano clásico se hablaba del *boni viri arbitrium* (arbitrio de hombre bueno), y en el justinianeo, del *bonus paterfamilias* (buen padre de familia).

[20] FARNSWORTH *Commentary* 98. Sin embargo, este caso puede plantear un nuevo problema, el de dolo a fraude a la ley, que podría, incluso, dar lugar a la anulación del contrato, de acuerdo con el derecho interno aplicable. Pero suponiendo un contrato válido, la regla de interpretación que da el artículo 8-1 es que el contrato se interpreta de acuerdo con los entendidos que hubiera entre las partes, aunque no consten por escrito.

B. Criterio objetivo (art. 8-2)

Si la regla subjetiva no es aplicable porque falta el conocimiento actual o posible de la intención del declarante, entonces las declaraciones y actos de una parte se interpretarán conforme al "sentido que les habría dado en igual situación una persona razonable de la misma condición que la otra parte".

De acuerdo con esto, si el declarante llega a probar que su intención la hubiera entendido una persona razonable, entonces prevalecerá su intención. Pero si el declarante no prueba esto, la otra parte podrá probar que ella entendió el acto o declaración de la otra como lo hubiera entendido una persona razonable, y prevalecerá este sentido.

De lo anterior resulta que si una parte hace una declaración ambigua, corre el riesgo de que sea interpretada, no de acuerdo con su intención, sino según la intención de la otra parte.[21]

Cabe notar que la regla se refiere al entendimiento, no de una persona razonable en abstracto, sino de una persona razonable en la misma situación y de la misma condición de la parte que recibió la declaración. En consecuencia, quien vaya a interpretar una declaración conforme a este párrafo segundo del artículo 8, deberá tener en cuenta el idioma, costumbres, experiencias y cultura de la parte a quien se dirigió la declaración, así como su comportamiento durante las negociaciones previas al contrato y durante el cumplimiento de éste; y después de considerar estas cosas, podrá suponer lo que sería, en esa situación y circunstancias, el entendimiento razonable.

Un caso que puede resultar problemático es el de una oferta ambigua que es aceptada sin que el oferente, ni el destinatario de la oferta puedan probar lo necesario, según lo arriba mencionado, para que su intención prevalezca. La solución que dan Farnsworth y Honnold[22] es que no hay contrato, aun cuando la ambigüedad se refiera a un elemento accidental del mismo, como es el plazo de entrega de las mercancías.

C. Criterios adicionales (art. 8-3)

Para determinar cuál fue la intención del declarante, o cuál sería el entendimiento que daría una persona razonable a determinada declaración, el párrafo tres precisa ciertas circunstancias que deben tomarse en conside-

[21] HONNOLD 164.
[22] FARNSWORTH *Commentary* 101; HONNOLD 165.

ración. Dice que se deben tener "debidamente en cuenta" todas las circunstancias pertinentes del caso, en especial las negociaciones previas al mismo, las prácticas que hubieran establecido las partes, los usos comerciales, y el comportamiento ulterior de las partes.

Es importante el señalamiento de que se toman en consideración las negociaciones previas al contrato y la conducta posterior de las partes. El objetivo de la disposición es evitar que los jueces no queden constreñidos, por las reglas de su derecho procesal interno, a una interpretación estricta y literal del contrato.

En relación con esto, se debe considerar la validez de las llamadas "*merger clauses*", o sea, cláusulas contractuales por las que se declara que el contenido del contrato es exclusivamente el que está por escrito, y que no valdrá ningún acuerdo previo o posterior entre las partes que no conste por escrito. Una cláusula de este tipo puede estar redactada en términos que indican que el contrato no se modifica por ningún acuerdo previo o posterior, pero que sí puede interpretarse por referencia a las negociaciones previas o a la conducta posterior de las partes. En ese caso, la cláusula no causaría problemas. Pero si su redacción elimina también la posibilidad de interpretar el contrato a la luz de esas circunstancias, entonces podría discutirse su validez.[23]

Como ya se indicó arriba,[24] la *Convención* tiende a dar importancia a la conducta de las partes. Por eso indica (art. 29-2) que aun cuando las partes hayan convenido que toda modificación al contrato tendrá que hacerse por escrito, cualquiera de ellas queda vinculada por sus actos, si la otra parte actuó en correspondencia con esos actos. En otras palabras, admite que el contrato pueda modificarse o, incluso, resolverse por la conducta de las partes, aun cuando contradiga sus declaraciones escritas. Esta norma del artículo 29-2 vale como una regla de interpretación de las declaraciones y actos de las partes, que está implícitamente incluida en el párrafo tercero del artículo 8, donde dice que debe considerarse "el comportamiento ulterior de las partes".

Al referirse el párrafo tercero de este artículo a los "usos" está denotando, como bien aclara Schlechtriem,[25] no los usos internacionales a que se refiere el artículo 9-2, sino los usos locales que pueden determinar que una persona entienda una declaración en un sentido o en otro. No es

[23] FARNSWORTH *Commentary* 102. Por una parte, se puede alegar que el artículo 6 de la *Convención* reconoce la autonomía de las partes para excluir o modificar sus reglas. Por la otra, se puede argumentar que las reglas de interpretación de la *Convención* no son derogables por voluntad de las partes, pues de permitirse su derogación, se iría en contra de su objetivo fundamental, el de procurar un régimen uniforme del contrato de compraventa internacional.

[24] *Supra* V 1 B.

[25] SCHLECHTRIEM 40.

que el artículo 8-3 haga aplicables los usos locales, sino que los menciona como un dato que ha de tenerse en cuenta para interpretar el significado que pudo tener la declaración o conducta de una parte.

3. MODALIDADES DEL CONTRATO DE COMPRAVENTA INTERNACIONAL

El contrato de compraventa internacional, dado que se realiza entre personas que tienen sus establecimientos en distintos países, es un contrato que suele ir acompañado de otros contratos accesorios, pero necesarios para hacer llegar las mercancías al comprador y para hacer llegar el pago del precio al vendedor. Por eso, la compraventa internacional suele ir acompañada de un contrato de transporte de las mercancías y otro de seguro por riesgos, así como de algún contrato bancario, por ejemplo, una carta de crédito. A veces, las partes convienen otros contratos, como fianzas para asegurar el pago del precio o la calidad de las mercancías, o un contrato de servicios de inspección de las mercancías, a fin de verificar que sean conformes con el contrato.

La obligación principal que produce el contrato de compraventa es la entrega de las mercancías. La entrega puede cumplirse de diversas maneras, según lo convengan las partes. A través de las prácticas comerciales internacionales, se han llegado a definir ciertos tipos de entrega, conocidos por alguno de los términos comerciales, que constituyen modalidades del contrato de compraventa internacional, pues implican un conjunto de obligaciones específicas para cada una de las partes, derivadas de esa forma de entrega. Estas modalidades del contrato se encuentran definidas en los INCOTERMS.[26]

Debido al pago del precio en la compraventa internacional, se han ido perfilando ciertas modalidades establecidas por medio de intervención bancaria que, si bien no constituyen modalidades del contrato —pues no implica su adopción un entramado de obligaciones para ambas partes—, sí constituyen formas establecidas de pago, sujetas a reglas establecidas que las partes deben conocer y respetar. Se trata principalmente de las formas de pago llamadas "pago contra documentos", que suelen regularse, por disposición del contrato crediticio respectivo, por las reglas especiales preparadas por la Cámara Internacional de Comercio. Sobre éstas se tratará en el capítulo relativo a las obligaciones del comprador.[27]

La *Convención* no hace una descripción de las diversas modalidades

[26] *Supra* III 4.
[27] *Infra* VII 2 C.

que por razón de entrega puede adoptar el contrato de compraventa, pero en algunos artículos relacionados con la entrega de las mercancías o la transmisión del riesgo, hace referencia a diversas modalidades del contrato de compraventa internacional.

A. Modalidades por razón de la entrega de las mercancías

Las modalidades de entrega están definidas en los INCOTERMS que, en su versión de 1990, las agrupan en cuatro categorías: E, F, C y D.[28]

Una primera distinción, muy esclarecedora, es la que hace Eisemann[29] entre compraventas con entrega directa o con entrega indirecta. La entrega es directa cuando el vendedor entrega las mercancías al mismo comprador, poniéndolas a su disposición en el almacén o fábrica del vendedor, o en algún otro lugar convenido, como un puerto, una frontera o incluso el propio almacén del comprador. Las modalidades de los grupos E y D de INCOTERMS son de entrega directa.

La entrega es indirecta cuando el vendedor entrega las mercancías a un transportista, quien las recibe a nombre del comprador, sea el transportista elegido y contratado por el vendedor (como en las modalidades C), o por el comprador (como en las modalidades F).

A continuación se analizarán someramente las distintas modalidades de entrega previstas en los INCOTERMS.

a) Compraventa EXW o "en fábrica"

El vendedor entrega la mercancía en su establecimiento (almacén, taller, fábrica, etc.), en donde la recoge el comprador. El vendedor sólo debe entregar la mercancía, conforme lo dispuesto en el contrato, avisar al comprador cuando ya está a su disposición; prestar la ayuda necesaria, si el comprador la solicita, para hacer los trámites aduaneros de exportación, o para obtener cualquier documento relacionado con las mercancías que sea necesario, a fin de tramitar su exportación o importación, y proporcionarle información, si la solicita, para que pueda contratar un seguro.

Por su parte, el comprador debe recoger la mercancía en el establecimiento del vendedor, contratar y pagar el transporte y el seguro, hacerse cargo de todos los trámites aduanales de exportación e importación, así

[28] *Supra* III 4.

[29] EISEMANN, F. *Incoterms,*[2] Pról. Bernardo M. Cremades (Madrid Banco de Comercio Exterior 1985) 28.

como pagar los derechos correspondientes; corre con el riesgo de pérdida o deterioro de las mercancías desde que éstas son puestas a su disposición. Le corresponde pagar los gastos que generen los documentos que solicite al vendedor.

b) Compraventa FCA o "franco transportista"

El vendedor entrega al transportista designado por el comprador. Corre con todos los gastos de transporte, carga y descarga, hasta que las mercancías están en poder del transportista elegido por el comprador, así como con los trámites aduaneros y pago de derechos correspondientes a la exportación de las mercancías. Debe avisar al comprador del momento en que hizo la entrega y proporcionarle el documento que acredite esa entrega y le permita exigir las mercancías al transportista. Si el comprador lo solicita, el vendedor debe proporcionarle información para contratar un seguro y facilitarle los documentos que sean necesarios para importar las mercancías.

Corresponde al comprador avisar al vendedor del transportista a quien éste debe entregar, pagar el flete y todos los gastos de carga y descarga posteriores a la entrega, y los que causen la expedición de los documentos que solicite al vendedor, así como hacer los trámites de importación y pagar los derechos correspondientes. El comprador asume el riesgo a partir de que las mercancías se ponen en poder del transportista.

Esta modalidad de compraventa se usa para todo tipo de transporte (terrestre, fluvial, aéreo, marítimo o multimodal).

c) Compraventa FAS o "franco al costado del buque"

El vendedor entrega las mercancías poniéndolas al costado del buque, sobre el muelle o en barcazas, en el puerto convenido. Debe avisar al comprador cuando haya hecho la entrega, y proporcionarle el documento que acredite la misma. El vendedor corre con los gastos y riesgos hasta que entrega la mercancía en el muelle, pero no hace los trámites de exportación ni paga los derechos correspondientes. A petición del comprador, debe proporcionarle los documentos necesarios para la exportación o importación de la mercancía, así como información para contratar un seguro.

El comprador debe recibir la mercancía, hacerse cargo de su exportación o importación, erogar todos los gastos que ocasione la mercancía a partir de que fue entregada —como gastos de almacenaje y los que se deriven de la expedición de documentos que solicite al vendedor—, contratar el transporte, y asumir los riesgos a partir del momento en que la mercancía fue entregada.

d) Compraventa FOB o "franco a bordo"

La entrega debe realizarse a bordo de un buque en el puerto convenido. El vendedor asume aquí una responsabilidad mayor que en la compraventa FAS, pues debe erogar los gastos de carga de la mercancía al buque, así como hacer los trámites de exportación, y pagar los derechos correspondientes. Debe avisar al comprador cuando la mercancía esté a bordo del buque, y proporcionarle el documento probatorio correspondiente. Si el comprador lo solicita, debe entregar los documentos necesarios para la importación, e información para contratar un seguro.

El comprador debe contratar el transporte, avisar al vendedor del nombre del buque en cuya borda debe entregar, hacer los trámites de importación y pagar los derechos correspondientes, erogar los gastos y asumir los riesgos a partir del momento de la entrega. Debe pagar también los gastos que ocasione la expedición de los documentos que solicite al vendedor.

Las compraventas FAS y FOB son exclusivas para transporte marítimo. En la versión de 1980 de los INCOTERMS, se incluía una modalidad FOB aeropuerto, que ahora se ha suprimido, al quedar comprendido el transporte aéreo en la modalidad FCA.

e) Compraventa CFR o "costo y flete"

El vendedor entrega la mercancía a bordo de un buque que deberá conducirla al puerto de destino convenido. Debe dar aviso al comprador de que la mercancía ya está a bordo del buque, hacerse cargo de todos los gastos previos y necesarios para la entrega, realizar los trámites de exportación, pagar los derechos correspondientes y contratar y pagar el transporte hasta el puerto de destino. Debe proporcionar al comprador un documento de transporte que le permita disponer de la mercancía mediante simple endoso del documento, es decir, debe proporcionarle un conocimiento de embarque negociable u otro documento equivalente, y proporcionarle, cuando lo solicite, los documentos necesarios para la importación de las mercancías e información para contratar un seguro.

El comprador debe recibir las mercancías en el puerto de destino y hacerse cargo de todos los gastos que ello suponga, como gastos de descarga, almacenaje en puerto, multas por demora en la descarga, así como de los gastos para el subsecuente transporte de las mercancías. Corre con el riesgo desde el momento en que la mercancía fue entregada a bordo del buque, y debe pagar los gastos que haya ocasionado la expedición de documentos que hubiera solicitado al vendedor.

Una diferencia importante de esta modalidad de compraventa, y en general todas las modalidades del grupo C, respecto de las compraventas del tipo F, es que distingue entre el lugar de entrega (la borda del buque) y el lugar de destino (el puerto convenido). En consecuencia, la repartición de riesgos y gastos se hace en atención a esos dos momentos: el comprador asume el riesgo al momento de la entrega (desde que la mercancía está a bordo del buque), pero asume los gastos desde que llega al puerto de destino. En cambio, en las compraventas de tipo F, el comprador asume los riesgos y gastos en un mismo momento, el de la entrega al transportista.

f) Compraventa CIF o "costo seguro y flete"

Es una modalidad idéntica a la CFR, con la sola variante de que el vendedor tiene obligación de contratar y pagar un seguro de las mercancías que, si no se especifica otra cosa en el contrato, se entiende que es un seguro de cobertura mínima.

Tanto la modalidad CIF como la CFR están diseñadas en atención al transporte marítimo y supuesto que la borda del buque es un límite que define quién se hace cargo de la exportación de las mercancías. Cuando se usa otro medio de transporte o un transporte marítimo para el que es irrelevante la borda del buque, conviene usar las modalidades CPT o CIP.

g) Compraventa CIP o "transporte y seguro pagados hasta"

Es igual a la compraventa CPT, excepto en que el vendedor debe contratar y pagar un seguro de cobertura mínima por las mercancías.

h) Compraventa DAF o "entregada en frontera"

El vendedor queda obligado a entregar la mercancía en un lugar de la frontera previa al país del comprador, por lo que debe hacerse cargo de todos los gastos y del transporte hasta ese lugar, así como de asumir los riesgos, hacer los trámites y pagar los derechos correspondientes a la exportación de las mercancías. Debe avisar al comprador del momento en que despachó las mercancías, a fin de que éste pueda recogerlas oportunamente. Debe proporcionar al comprador los documentos necesarios para la importación y, cuando éste lo pida, información sobre seguros.

El comprador recibe las mercancías en el lugar de la frontera convenido y, a partir de ese momento, asume los riesgos y corre con los gastos, incluidos los que haya generado la expedición de documentos que solicite al vendedor, así como con los trámites de importación y pago de derechos correspondientes.

i) Compraventa DES o "entregada sobre buque"

El vendedor entrega la mercancía a bordo del buque en el puerto de destino convenido. En la compraventa FOB la entrega se hace a bordo del buque en el puerto de salida; en ésta se hace también a bordo del buque pero en el puerto de destino. El vendedor corre con los riesgos y gastos, incluido el flete, hasta ese momento, y hace los trámites de exportación y el pago de los derechos correspondientes. Debe dar aviso al comprador de la fecha estimada de arribo del buque al puerto de destino, a fin de que éste pueda recibir la mercancía oportunamente, y proporcionarle el documento de transporte correspondiente. Si el comprador lo pide, debe proporcionarle documentos necesarios para la importación de las mercancías e información sobre seguros.

El comprador debe hacerse cargo de la mercancía cuando llega al puerto de destino, pagar los gastos de descarga y otros que generen las mercancías a partir de ese momento, como las multas por demora en la descarga (*demurrage*). Asume los riesgos a partir del mismo momento, y debe pagar los gastos que ocasione la expedición de documentos que solicite al vendedor.

Esta modalidad sólo es apta para transporte marítimo o por vías navegables interiores.

j) Compraventa DEQ o "entregada en muelle"

Se distingue de la anterior porque el vendedor debe entregar la mercancía, no a bordo del buque, sino sobre el muelle, lo cual implica que el vendedor asume los gastos de descarga, los riesgos consiguientes, la obligación de despachar la mercancía para la importación, y pagar todos los derechos correspondientes. Como puede ser difícil que el vendedor haga los trámites de importación, puede restringirse el alcance de esta modalidad agregando la expresión "derechos no pagados" (*duty unpaid*), con lo cual se entiende que el comprador asume la responsabilidad de la importación y pago de derechos correspondientes, pero el vendedor sigue obligado a los gastos y riesgos hasta que las mercancías estén sobre el muelle. Además, el vendedor debe pagar los gastos que haya erogado el comprador al facilitarle el trámite de importación.

El comprador, además de sus otras obligaciones, debe dar al vendedor, a petición suya, la asistencia necesaria para hacer la importación de la mercancía.

k) Compraventa DDU o "entregada derechos no pagados"

Significa que el vendedor debe entregar la mercancía en un lugar del país de importación, a diferencia de la compraventa DAF en que entrega en algún lugar de la frontera previa a la aduana de importación. El vendedor corre con los gastos y riesgos hasta el lugar de entrega en el país de importación, pero los trámites de ésta y el pago de los derechos correspondientes son por cuenta del comprador. El vendedor puede quedar liberado del riesgo y exonerado de su responsabilidad por la entrega en el lugar convenido, si el comprador no consigue oportunamente la importación de las mercancías. Puede convenirse que el vendedor pague alguno de los derechos de importación, para lo cual será necesario añadir una expresión como "IVA pagado" o semejantes. El vendedor debe avisar con oportunidad al comprador del despacho de las mercancías, proporcionarle la documentación para que pueda recogerlas y los documentos necesarios para su importación si el comprador los solicita.

l) Compraventa DDP o "entregada derechos pagados"

El vendedor entrega en un lugar convenido del país de importación, y asume todos los gastos y riesgos hasta ese momento, así como la responsabilidad de despachar la mercancía para la exportación y la importación, y pagar los derechos correspondientes. Debe proporcionar al comprador la documentación necesaria para tomar posesión de la mercancía, y pagar al comprador los gastos que haya erogado con objeto de facilitar la importación de las mercancías.

El comprador debe recibir la mercancía y, cuando tenga derecho a determinar la fecha de entrega, dar aviso oportuno para que el vendedor despache la mercancía al lugar convenido. Además de hacerse cargo de los gastos y riesgos a partir del momento de entrega, debe proporcionar al vendedor, si éste lo pide, asistencia para realizar los trámites de importación.

Esta modalidad es la que implica mayor responsabilidad para el vendedor y suele usarse, lo mismo que la modalidad DDU, en mercados muy competidos y respecto de países que tienen sistemas aduaneros modernos y rápidos.

B. Clasificación de las modalidades de entrega

Tomando como punto de partida la distinción entre entrega directa e indirecta, y la consideración del transporte que implican, las modalidades del contrato de compraventa por razón de la entrega pueden clasificarse de la siguiente manera:

- ENTREGA DIRECTA (al comprador)
  - En el país del vendedor EXW
  - En frontera de importación DAF
  - En puerto del comprador DES o DEQ
  - En país del comprador DDU o DDP
  - Por transporte marítimo
    - Contratado por el vendedor CIF o CFR
    - Contratado por el comprador FOB
- ENTREGA INDIRECTA (al transportista)
  - Por cualquier transporte
    - Contratado por el vendedor CPT o CIP
    - Contratado por el comprador FCA

C. Modalidades del contrato contempladas en la *Convención*

Aunque la *Convención* no regula expresamente modalidades del contrato de compraventa, sí contempla algunas de ellas al hacer la regulación de la obligación del vendedor de entregar las mercancías y la transmisión del riesgo de las mismas al comprador. Es de advertir que las reglas de la *Convención* en estos aspectos sólo se aplican a falta de convenio de las partes sobre alguna modalidad específica de entrega.

Se distingue entre el contrato de compraventa ''que implique el transporte'' (art. 31-a y art. 67) y el que no lo implica (art. 31-b y c y art. 68). Las compraventas que implican el transporte son aquellas en que el vendedor tiene la obligación de contratar un transporte para las mercancías, o tiene la autorización del comprador para entregarlas a un transportista determinado. Puede ser que el transporte lo contrate el vendedor mismo, o que lo contrate el comprador, pero en todo caso debe haber un contrato de transporte y un transportista que sea distinto del comprador y del vendedor, en cuyas manos ponga el vendedor las mercancías.[30]

30 *Comentarios de la Secretaría* artículo 79 párrafo 2 (= *DO* 69).

La compraventa no implica el transporte si el vendedor transporta las mercancías, con sus propios medios, para entregarlas al comprador,[31] o si el comprador las recoge en el establecimiento del vendedor. En estos casos, el vendedor cumple su obligación de entregar poniendo las mercancías a disposición del comprador en el lugar convenido.

La distinción entre compraventas que implican el transporte y las que no lo implican corresponde con la distinción entre compraventas indirectas (que implican el transporte) y compraventas directas (que no lo implican).

Para que una compraventa implique el transporte basta con que haya un transportista independiente, aunque no sea él quien traslade las mercancías durante toda la travesía; por ejemplo, si el vendedor, con sus propios medios de transporte, conduce las mercancías hasta un punto intermedio, de donde las conducirá un transportista hasta el lugar convenido, donde el comprador las recogerá, la compraventa implica el transporte, pues interviene, aunque sea sólo en parte del trayecto, un transportista independiente.

[31] HONNOLD párrafo 360; coinciden NICHOLAS (*Commentary* 490), SCHLECHTRIEM 88.

VI. Las obligaciones del vendedor

1. ENUMERACIÓN (ART. 30)

El artículo 30 establece que son obligaciones del vendedor: proveer las mercancías, entregar los documentos relacionados con ellas y transmitir su propiedad. Pero en otros artículos se determinan otras responsabilidades del vendedor: contratar el transporte y el seguro; custodiar las mercancías que el comprador no ha recogido (arts. 85 y 86) y tomar medidas para reducir las pérdidas que puede sufrir a consecuencia del incumplimiento del comprador (art. 77).

Las obligaciones que menciona el artículo 30 son las responsabilidades esenciales del vendedor, aunque se reducen, en el fondo, a una sola: entregar las mercancías, lo cual ordinariamente exige la contratación de un transporte y la entrega de los documentos necesarios para el control de las mercancías, y tiene como resultado, casi siempre, que el comprador adquiera la propiedad de las mismas. Entregar las mercancías es la obligación peculiar y específica que produce el contrato de compraventa a cargo del vendedor.

La obligación de tomar medidas para conservar las mercancías y la de tomar medidas para evitar pérdidas, son obligaciones no peculiares del contrato de compraventa, sino derivadas del régimen de buena fe o reciprocidad contractual,[1] que exige, en cualquier tipo de contrato y no sólo en la compraventa, que las partes se ayuden recíprocamente a evitarse daños o pérdidas.

La responsabilidad de tomar medidas para reducir pérdidas tiene la característica de que no es exigible directamente por el comprador, ya que no hay un recurso por el cual el comprador pueda demandar al vendedor

[1] Véase el artículo 7-1 que establece como objetivo de la *Convención* asegurar la observancia de la buena fe en el comercio internacional.

por no haber tomado esas medidas, sino que es exigible sólo de manera indirecta, como compensación, cuando el vendedor reclama una indemnización por daños y perjuicios.

2. ENTREGAR LAS MERCANCÍAS

Ésta es la obligación específica del vendedor y la que se considera característica del contrato de compraventa. La *Convención* regula el contenido de esta exigencia, cuando no hay convenio de las partes sobre dicha materia, pero es frecuente que las partes convengan algo al respecto. Cuando pactan alguna de las modalidades de la compraventa internacional, conocidas por sus siglas como CIF, FOB, FCA, o por cualquier otra sigla de uso general, están aceptando también modalidades de entrega. Por eso, en esta materia debe tenerse siempre presente la interpretación de estos términos comerciales, elaborada por la Cámara Internacional de Comercio, conocida como INCOTERMS,[2] que viene a ser obligatoria, sea porque las partes la invocan de forma expresa, sea como uso comercial tácitamente convenido, de acuerdo con el artículo 9-2.

A. Contenido de la obligación de entregar (art. 31)

Se distingue en apariencia el contenido de esta obligación, según se trate de compraventas que impliquen el transporte de las mercancías o no lo impliquen. En el primer caso, la entrega de las mercancías consiste en "ponerlas en poder del primer porteador para que las traslade al comprador" (art. 31-a). En el segundo, consiste en "ponerlas a disposición del comprador" en un lugar determinado (art. 31-b y c). En realidad, en el caso de mercancías que se entregan al porteador para que las traslade al comprador, las mercancías que se ponen "en poder" del porteador, se ponen a disposición del comprador, quien podrá recogerlas cuando lleguen a su destino. Esto ocurre tanto si el vendedor contrata y paga el transporte (por ejemplo en una compraventa CIF o CPT) como si lo contrata y paga el comprador (en una compraventa FOB o FCA). Se puede, entonces, concluir que la obligación de entregar consiste en poner las mercancías a disposición del comprador,[3] de modo que éste pueda tomar posesión de ellas.

[2] *Supra* III 4 y V 3.
[3] Coinciden GARRO-ZUPPI p. 122; SCHLECHTRIEM p. 65.

El poner las mercancías a disposición del comprador exige del vendedor ciertas conductas. En primer lugar, como lo dice el artículo 32-1, requiere que haya identificado "claramente" las mercancías, ya que de otro modo el comprador no podría saber con seguridad cuáles mercancías son las que están a su disposición. En compraventas que no implican el transporte, le reclama que avise al comprador que las mercancías están a su disposición en un lugar determinado. En compraventas que implican el transporte, le exige avisar al comprador que las mercancías le han sido despachadas a su nombre, o al de la persona que el propio comprador dispusiera, por un determinado medio de transporte y a un cierto lugar de destino, previamente convenidos.[4] Además, le exige que proporcione al comprador los documentos o la información necesaria para poder recoger las mercancías.[5]

Las anteriores consideraciones[6] plantean que el vendedor no ha cumplido su obligación de entregar en los siguientes casos:

Cuando avisa al comprador que ya puede pasar a recoger las mercancías a un determinado almacén, pero éstas no están todavía claramente identificadas (o especificadas), esto es, contadas, medidas o pesadas y separadas mediante marcas —o alguna otra forma— de mercancías semejantes.[7] Cuando ha puesto las mercancías en poder del porteador, pero no ha avisado de esto al comprador, ni le ha dado la información o documentos necesarios para disponer de ellas en el lugar de destino. Ni cuando el vendedor, habiendo puesto las mercancías en poder del porteador y habiendo avisado de ello al comprador, las envía a una persona o lugar equivocado.

Si se interpretara de manera literal el artículo 31-a en el sentido de que la obligación de entregar, en contratos que impliquen el transporte, consiste exclusivamente en "poner las mercancías en poder del porteador" sin más aclaración, se llegarían a conclusiones absurdas, como la de que el vendedor cumple poniendo las mercancías en poder del porteador, sin

[4] Esto lo apoya la frase final del inciso *a* del artículo 31, que dice que el vendedor debe entregar las mercancías al porteador para que "las traslade al comprador", es decir, para que las lleve al lugar y a la persona convenidos.

[5] Esto puede relacionarse con la obligación de entregar documentos, analizada más adelante. A veces, no precisa el comprador documentos para recoger las mercancías, sino una orden del vendedor al administrador de un almacén para que las entregue, o bien conocer el número de la guía de embarque que las ampara.

[6] Con las cuales coincide SCHLECHTRIEM 65.

[7] Por lo tanto, cuando el comprador, por efecto del contrato, tiene derecho a hacer la especificación de las mercancías (art. 65), el vendedor requiere de su cooperación para cumplir su obligación de entregar; no obstante, si el comprador incurre en mora de la responsabilidad de especificar, el vendedor la puede hacer unilateralmente y cumplir con la obligación de entregar; sobre esto último véase *infra* VII 4.

tener que avisar de esto al comprador, o que cumple aunque las haya enviado a un lugar distinto del convenido.

La obligación del vendedor de entregar las mercancías puede implicar otras conductas, según el tipo de compraventa que las partes hayan pactado. Puede implicar, por ejemplo en una compraventa FOB, que el vendedor tenga que poner las mercancías a bordo de la nave, lo que significa que corre por su cuenta la carga de las mismas; en cambio, en una compraventa FAS, debe colocarlas al costado del buque, de modo que el cargarlas a bordo ya no es obligación del vendedor.

B. Objeto de la entrega (art. 35)

El vendedor está obligado a entregar las mercancías "cuya cantidad, calidad y tipo correspondan a los estipulados en el contrato" (art. 35-1) y que estén "libres de cualesquiera derechos o pretensiones de un tercero" (art. 41). Cuando el vendedor entrega mercancías que no corresponden exactamente con el contrato, por ejemplo, entregarlas en menor cantidad, de menor calidad o de distinto color, cumple con su obligación de entregar las mercancías, pero es responsable porque no son conformes con el contrato.[8] Pero si entrega mercancías de distinta especie (por ejemplo una segadora en lugar de un tractor) o de distinto género (papas en vez de frijoles) no ha cumplido su obligación de entregar.[9]

C. Entrega en exceso (art. 52-2)

En caso de que el vendedor entregue una cantidad de mercancías mayor que la convenida, el comprador (art. 52-2) puede aceptar o rechazar, total o parcialmente, la cantidad entregada en exceso. La entrega en exceso, como advierte Will,[10] constituye un incumplimiento contractual, una falta de conformidad de las mercancías, lo mismo que la entrega de mercan-

[8] El contenido de esta responsabilidad se desarrolla *infra* VI 5.

[9] Así opina BIANCA *Commentary* p. 273, apoyado en el comentario del proyecto de convención preparado por el Secretariado de Naciones Unidas. SCHLECHTRIEM, en cambio, opina (p. 67) que aun en el caso de entrega de una especie o un género por otro, el problema es de falta de conformidad de las mercancías, y no de incumplimiento de la obligación de entregar. La discusión no tiene aparentemente importancia, pues, cualquiera que sea el planteamiento, el comprador afectado tendrá los mismos recursos para exigir responsabilidad (véase VI) y tendrá las mismas obligaciones de devolver y conservar las mercancías recibidas (véase VII 6).

[10] *Commentary* 379.

cías en menor cantidad que la convenida. En consecuencia, el comprador que acepta el exceso puede, no obstante, reclamar la indemnización de los daños y perjuicios que se sigan de ello.

Quizás, en la mayoría de los casos en que el comprador reciba mercancías en exceso, se trate de mercancías que puede aceptar o rechazar en parte, como sucedería cuando recibiera mil pares de zapatos, si se convino la entrega de 800. El comprador, en éste y semejantes casos, deberá admitir la parte convenida y rechazar los 200 pares de zapatos entregados en exceso, o rechazar sólo 100 y aceptar 900. Pero podrá ser que el comprador esté en la disyuntiva de aceptar todas las mercancías o tener que rechazarlas todas, como sucedería cuando la mercancía fuera entregada al amparo de un conocimiento de embarque que sólo permite recibir la totalidad de la mercancía; en este caso, la entrega en exceso da al comprador el derecho a rehusar toda la mercancía y, eventualmente, a resolver el contrato.[11]

Si el comprador pretende recusar la entrega en exceso, debe notificar oportunamente al vendedor, de acuerdo con lo prescrito en el artículo 39-1.[12] La falta de aviso oportuno hace que se presuma la aceptación de la mercancía entregada.[13]

Siempre que el comprador rechace la mercancía enviada, tiene la obligación de tomar medidas para evitar pérdidas al vendedor (arts. 75-77) y, en ciertos casos, de tomar posesión de las mercancías y custodiarlas, no obstante el rechazo de su aceptación (arts. 85 y 86).[14]

Si el comprador acepta la mercancía excedente, deberá pagarla, según lo precisa la frase final del artículo 52-2, al precio convenido en el contrato, independientemente de cuál sea el precio de la mercancía al momento de la entrega o al de la aceptación de la mercancía excedente. Esta disposición da al comprador la posibilidad de lucrar, si el precio que tienen las mercancías excedentes al momento de su aceptación es superior al precio fijado en el contrato.

D. Lugar de entrega (art. 31)

En la compraventa internacional conviene distinguir entre el lugar donde deben entregarse las mercancías (lugar de entrega) y el sitio al que deben enviarse (lugar de destino). Éstos son puntos que las partes suelen convenir. Hay ventas en las que se conviene que el espacio de entrega sea el mis-

[11] *Comentarios de la Secretaría* artículo 48 párrafo 9 (= *DO* 48).
[12] *Infra* VI 5 C c.
[13] También así opina WILL en *Commentary* 381.
[14] *Infra* VII 5 y 6.

mo que el lugar de destino, por ejemplo, en las que el vendedor se obliga a entregar las mercancías en frontera o en el establecimiento del comprador.[15] En otras ventas no hay un lugar de destino, ya que es el comprador quien recoge las mercancías en el almacén o establecimiento del vendedor, el cual constituye el sitio de entrega. Pero, en la mayoría de las ventas, el vendedor tiene la obligación de entregar las mercancías a un porteador en un lugar determinado para que éste las conduzca a cierto destino. En estos casos se hace preciso distinguir entre lugar de entrega y lugar de destino, lo cual tiene muchas consecuencias prácticas; por ejemplo, si un vendedor tenía obligación de entregar las mercancías el 7 de abril y éstas llegaron a su destino el 11 del mismo mes, no podrá afirmarse que el vendedor incurrió en mora de su obligación de entregar, si entregó las mercancías al porteador el 7 de abril, aunque éstas hayan llegado a su destino cuatro días después.[16]

La determinación del lugar de entrega puede ser importante para definir si el vendedor cumplió o no con su obligación de entregar, y también para definir a quién corresponden los gastos de transporte hasta el lugar de entrega y el pago de impuestos y derechos por exportación e importación de mercancías.

En principio, se respeta el lugar de entrega que las partes hayan convenido, según lo que dice el artículo 31, primer párrafo. A falta de convenio, se aplican las reglas establecidas en el mismo artículo. En muchos casos podrá ocurrir que el comprador y el vendedor convienen un lugar de destino, que es lo que más interesa al comprador, pero no un lugar de entrega. Así ocurre, por ejemplo, cuando convienen una compraventa CIF Manzanillo o cualquier otro lugar; Manzanillo es, de acuerdo con lo que significa el término CIF, el lugar de destino; pero no se ha convenido un lugar de entrega, por lo que para definirlo habrá que aplicar las reglas que marca el citado artículo, que distinguen, según se trate de: *a*) ventas que implican el transporte; *b*) ventas que no implican el transporte, y c) otros casos.

a) Ventas que implican el transporte

El artículo 31-a dice que si la venta implica el transporte, el lugar de entrega será el lugar donde se encuentre el primer porteador que conducirá las mercancías al comprador (art. 31-a). En el caso arriba mencionado —de

[15] Tal es el caso de las compraventas con una cláusula del grupo "D" de los *Incoterms*, como DAF (delivered at frontier) o DDP (delivered duty paid).

[16] Sin embargo, podrá discutirse si el vendedor incumplió con su obligación de contratar un transporte adecuado; véase adelante en VI 3 A.

una compraventa CIF Manzanillo—, el lugar de entrega será en donde esté el primer porteador que reciba las mercancías para conducirlas hasta el puerto de destino, que podrá ser un porteador que las vaya a llevar por carretera hasta el puerto de donde habrán de embarcarse para ser trasladadas al puerto de destino, o podrá ser el mismo puerto de embarque, si el vendedor las traslada con sus propios medios de transporte hasta ese lugar.

En algunos casos (por ejemplo una compraventa CIF) será el vendedor quien tenga la facultad de escoger el medio de transporte y, por lo tanto, podrá definir también el lugar de entrega; en otros (por ejemplo una compraventa FOB) es el comprador quien escoge al porteador y define el sitio de entrega.

b) Ventas que no implican el transporte

En los contratos que no impliquen el transporte, si se trata de ciertas mercancías, el lugar de entrega es el sitio donde éstas se encuentren; si se trata de mercancías que deben especificarse de entre un género determinado, es el lugar donde se encuentre ese género, y si se trata de mercancías que deban ser producidas o manufacturadas, es el sitio donde han de producirse o manufacturarse. Esta regla opera siempre y cuando las dos partes sepan, al momento de perfeccionarse el contrato, que las mercancías o el género del cual se especificarían se encuentra en ese lugar o que habrán de ser producidas o manufacturadas en tal sitio (art. 31-b). Resulta, así, que la regla contiene un elemento objetivo: el lugar donde se encuentren, se produzcan o se elaboren las mercancías; y otro elemento subjetivo: el que ambas partes conozcan la existencia de ese lugar.

c) Otros casos

Si no se pudiera determinar el lugar de entrega conforme a los anteriores criterios, porque en una compraventa que no implica el transporte el comprador no sabía de la existencia del lugar donde estaban las mercancías, el lugar de entrega será el lugar donde el vendedor tenga su establecimiento en el momento de la celebración o perfeccionamiento del contrato (art. 31-c).

E. Momento de la entrega (art. 33)

En principio, el momento de entrega es la fecha que se haya determinado en el contrato o que "pueda determinarse" con arreglo al mismo (art.

33-a). Que "pueda determinarse" una fecha de acuerdo con el contrato, puede significar que en un contrato escrito se fijaron criterios para establecerla, como "diez días después de haber producido o cosechado las mercancías". Pero puede también significar que en la correspondencia que intercambian las partes, la cual constituye fuente de interpretación del contrato (art. 8-3), o en convenios modificativos del contrato (art. 29), se den criterios para fijarla. Asimismo, es posible que la fecha de entrega pueda definirse de acuerdo con usos y costumbres que las partes hayan convenido (art. 9-1) o que por disposición de la *Convención* son aplicables al contrato (art. 9-2).

Si el contrato determina, o con arreglo al mismo puede determinarse, no una fecha, sino un plazo de entrega, el momento de entrega será, por lo general, la fecha que escoja el vendedor dentro de ese plazo (art. 33-b). Esta regla atiende al hecho de que ordinariamente el vendedor tiene que hacer varios arreglos previos a la entrega de las mercancías, como especificarlas, empacarlas, contratar un transporte o seguro, etc., por lo que resulta conforme con la buena fe que sea el propio vendedor —el deudor de la obligación— quien defina la fecha de entrega a su conveniencia. Sin embargo, esta regla no es absoluta, pues el mismo artículo dispone que sea el comprador quien determine la fecha, cuando de "las circunstancias resulte que corresponde al comprador elegir la fecha". Esto puede suceder, por ejemplo, en el caso de una compraventa FOB, en la que el comprador escoge la fecha y el medio de transporte,[17] o en una compra de granos que deben ser almacenados en silos que el comprador debe arrendar previamente.

Por último, si no pueden especificarse ni una fecha ni un plazo de entrega, entonces el momento de entregar es el que se determine "dentro de un plazo razonable a partir de la celebración del contrato" (art. 33-c). Cabe pensar que la parte que fije la fecha es aquélla a quien le corresponde hacerlo según los criterios arriba señalados. Cuál sea el "plazo razonable" dependerá de las circunstancias del contrato (como el tipo de mercancía, la forma de pago, las cláusulas de garantía o de condicionamiento de las obligaciones) y de las partes (como distancia que hay entre ellas, experiencia en el comercio, o necesidades que tengan de recibir la mercancía o el precio).

F. Entrega anticipada (art. 52-1)

Cuando el vendedor no entrega las mercancías en la fecha convenida, comete un incumplimiento contractual, del cual deriva responsabilidad por

[17] *INCOTERMS 1990*, FOB B-7.

daños y perjuicios y, si el incumplimiento implica un perjuicio esencial al comprador, le otorga a éste el derecho de resolver unilateralmente el contrato.[18] Pero también la entrega anticipada de mercancías constituye un incumplimiento contractual, ya que puede causar al comprador inconvenientes, como hacer gastos de almacenaje no previstos o tener que pagar el precio, si se convino pagarlo contra la entrega de mercancías, antes de lo esperado, con la consiguiente desventaja financiera. Por eso, el comprador tiene el derecho de rechazar la entrega anticipada (art. 52-1) y, en caso de aceptarla, de reclamar los daños y perjuicios que ello pueda causarle.

El derecho del comprador a negarse a la entrega anticipada, no está condicionado en el citado párrafo 1 del artículo 52 por ninguna norma; debido a ello, Will[19] opina que el comprador puede rechazarla sin necesidad de probar que aceptarla le causaría inconvenientes. En los *Comentarios de la Secretaría*,[20] en cambio, se sugiere que el comprador que la rechace sin tener una buena razón, obraría en contra de la buena fe exigida en el artículo 7-1. En esta discusión debe tenerse en cuenta que el comprador —si acepta o rechaza la entrega anticipada— tiene la obligación de tomar medidas para reducir las pérdidas que pueda sufrir el vendedor (arts. 75-77), lo cual puede exigir que acepte una entrega anticipada, sin perjuicio de que pueda reclamar la indemnización de los daños y perjuicios que ello le cause.

Si el comprador recibe la entrega anticipada, su aceptación puede interpretarse de dos maneras: como una modificación del tiempo de entrega convenido en el contrato, o como la aceptación de una entrega anticipada. Conforme al primer planteamiento, el comprador no podrá reclamar daños y perjuicios puesto que ha consentido en modificar el contrato. Por eso, en caso de aceptar una entrega anticipada, conviene al comprador dejar en claro que su voluntad es la de aceptarla como tal y no la de modificar la fecha de entrega convenida en el contrato.

El aceptar la entrega anticipada no implica, dice con razón Schlechtriem,[21] que el comprador tenga que adelantar el examen de las mercancías para conocer si son conformes o no con el contrato,[22] ya que esto podría ser un inconveniente adicional para el comprador. Me parece que aquí también debe atenderse al planteamiento que se dé a la aceptación del comprador: si es una modificación a la fecha de entrega del contrato, se entiende que el examen de las mercancías también debe anticipar-

[18] *Infra* IX 3 A.
[19] *Commentary* 380.
[20] *Comentarios de la Secretaría* artículo 48 párrafo 3, nota 1 (= *DO* 48).
[21] SCHLECHTRIEM 69 y 80.
[22] *Infra* VI 5 C c.

se de acuerdo con la nueva fecha de entrega; si es un acto de aceptación de una entrega tardía, no hay razón para adelantar dicho examen.

No obstante el rechazo de la entrega anticipada, el comprador puede, de acuerdo con los artículos 85 y 86, quedar obligado a tomar posesión de las mercancías y custodiarlas.[23]

3. CONTRATAR TRANSPORTE Y SEGURO (ART. 32 PÁRRAFOS 2 Y 3)

De acuerdo con lo convenido por las partes, el vendedor puede quedar obligado a contratar el transporte o el seguro para las mercancías durante la travesía. Tal convenio puede ser expreso o tácito, como cuando las partes convienen una modalidad de entrega, como CIF o CIP, que implican que el vendedor contrate y pague el transporte y el seguro. Son obligaciones a cargo del vendedor que sólo surgen por acuerdo especial entre las partes, de modo que si no lo hay, se entiende que el comprador tendrá que recoger las mercancías o contratar el transporte que las traslade y el correspondiente seguro. La *Convención*, teniendo en cuenta estas prácticas, contiene disposiciones (art. 32 párrafos 2 y 3) que especifican el contenido de estas obligaciones, siempre que las partes no las hayan determinado con claridad.

A. Contratar transporte (art. 32-2)

La compraventa internacional requiere el transporte de las mercancías. El contrato de transporte lo puede celebrar el comprador o el vendedor, según lo que ellos hayan acordado en el contrato de compraventa. En las compraventas en que el comprador recoge la mercancía en el lugar donde éstas se encuentran, él contrata por sí mismo el transporte. También suele ser el comprador quien pacta el traslado en las compraventas tipo FOB o semejantes,[24] en las que el vendedor debe entregar las mercancías al porteador que designe el comprador.[25] En cambio, cuando el vendedor debe entregar las mercancías en el lugar de destino, como una compraven-

23 *Infra* VII 5 A b.

24 *Incoterms 1990* FOB B3. Lo mismo se conviene en ventas que contengan cualesquiera de los términos comerciales del grupo "F".

25 En este tipo de ventas, aunque el vendedor no tiene obligación de contratar el transporte, suele suceder que el vendedor, entendiendo que presta un servicio a su cliente, contrata el transporte y a veces paga el flete. Cuando el vendedor realiza esto, como no lo hace en cumplimiento de una obligación, el comprador corre con todos los riesgos y gastos que se deriven de ello. Véase RAMBERG, J. *Guide to incoterms 1990* (París 1991) 16.

ta DAF,[26] o enviarlas, por cuenta del comprador, a un lugar determinado, como una compraventa CIF, es el vendedor quien tiene obligación de contratar el transporte.[27]

Cuando el vendedor tiene la obligación de contratar la conducción de las mercancías, debe usar medios de transporte "adecuados a las circunstancias" y en las "condiciones usuales para tal transporte" (art. 32-2). Medios de transporte "adecuados a las circunstancias" significa, entre otras cosas, que sean aptos para el tipo de mercancías, como podría ser, para ciertos medicamentos, un transporte con refrigeración; o, para mercancías perecederas, un transporte de corta duración, aunque sea más caro que otro que tarda más. Que se contrate en las "condiciones usuales" puede significar que se haga de acuerdo con los precios corrientes y con las cláusulas habituales, por ejemplo, las relativas a la responsabilidad del transportista por demora, o la de avisar al destinatario cuando la mercancía llegue, etcétera.

B. Contratar un seguro (art. 32-3)

En principio, el vendedor no tiene obligación de contratar un seguro por las mercancías. Pero las partes pueden convenir que el vendedor lo contrate, como ocurre en las compraventas CIF o CIP. En tales casos, el vendedor está obligado a contratar a favor del comprador un seguro, que, de acuerdo con los INCOTERMS, ha de ser un seguro al mínimo costo posible y que cubra, cuando menos, 10% más del precio contratado por las mercancías, en la misma moneda que el precio.[28] Como la *Ley de Instituciones de Seguros* vigente en México establece que todos los seguros a favor de personas mexicanas deben contratarse con instituciones mexicanas de seguros, no es recomendable que un comprador mexicano compre en términos CIF o CIP, porque el vendedor normalmente contrataría con una compañía aseguradora de otro país; en cambio, no hay inconveniente para que un vendedor mexicano se obligue a contratar un seguro a nombre del comprador extranjero.

Cuando el vendedor no tiene obligación de contratar el seguro, dados los riesgos que implica el transporte de mercancías de un país a otro, el comprador suele contratarlo. Tomando en cuenta esa necesidad, el artículo 32-3 señala que el vendedor debe proporcionar al comprador,

26 O, en general, con cualquier término comercial del grupo *D* de los INCOTERMS.

27 Podrá discutirse si el vendedor tiene la obligación de contratar el transporte a su nombre y cuenta, o a nombre y cuenta del comprador; pero en todo caso tiene obligación de contratarlo.

28 Véase *Incoterms* 90 CIF A3 y CIP A3.

cuando éste lo pida, información para contratar el seguro. En realidad, ésta no parece una verdadera obligación jurídica, sino un mero deber de colaboración, ya que en los términos en que está redactada la disposición ("proporcionar... la información de que disponga"), se hace muy difícil pensar el caso en que el comprador pueda reclamar responsabilidad al vendedor por no haberle proporcionado la información que éste tuviera; el comprador tendría que probar que el vendedor disponía de información que no le proporcionó, y si el comprador puede probar que existía esa información, quiere decir, en la mayoría de los casos, que él también la tenía y no le hacía falta.

4. ENTREGAR LOS DOCUMENTOS NECESARIOS (ART. 34)

De acuerdo con el contrato y los usos aplicables, el vendedor puede estar obligado a entregar ciertos documentos al comprador. En el contrato se pueden señalar, de manera expresa, los documentos que el vendedor deberá proporcionar al comprador, tales como factura, conocimiento de embarque, póliza de seguro, certificados de origen o de calidad, certificados sanitarios, o incluso manuales de operación y uso. Sin embargo, aunque no haya disposición contractual expresa, cabe entender que el vendedor, por estar obligado a entregar las mercancías, es decir, a ponerlas a disposición del comprador, debe entregarle todos los documentos necesarios para tener control de ellas, o sea, los que sean necesarios para recibirlas del transportista y pasarlas por la aduana.[29] El vendedor podrá también estar obligado por el contrato, aunque no haya disposición expresa, a entregar documentos que no sean necesarios para disponer de las mercancías, como manuales o instructivos, pólizas de garantía, propaganda y otros, pero que son necesarios o convenientes para su uso; el fundamento de esta obligación, como dicen Garro y Zuppi,[30] es la obligación del vendedor de entregar mercancías que sean conformes con el contrato.[31]

Los documentos que debe entregar el vendedor pueden variar por razón del tipo de entrega convenida. En una venta CPT, el vendedor debe entregar la factura, el documento acreditativo del transporte y el documento aduanal de exportación;[32] mientras que en una compraventa

[29] LANDO (*Commentary* p. 34) opina que el vendedor tiene esta obligación con base en el principio de buena fe; pero no me parece necesario acudir a este principio, cuando la mera obligación de entregar las mercancías exige la entrega de los documentos.

[30] GARRO y ZUPPI 124.

[31] Sobre dicha obligación se abundará más adelante (IV, 5).

[32] *Incoterms 1990* CPT A1 A8 y A2.

DDP, además de esos documentos, deberá entregar los correspondientes a la importación de las mercancías.[33]

5. ENTREGAR MERCANCÍAS CONFORMES CON EL CONTRATO O CON LA *CONVENCIÓN* (ARTS. 35 A 40)

El vendedor debe entregar mercancías cuyas características, calidad y empaque correspondan a lo que las partes determinaron en el contrato o, a falta de acuerdo contractual, a lo que dispone la propia *Convención* como norma mínima.

A. Entregar mercancías conformes con el contrato (art. 35-1)

En principio, el vendedor debe entregar mercancías "cuya cantidad, calidad y tipo correspondan a los estipulados en el contrato y que estén envasadas o embaladas en la forma fijada por el contrato" (art. 35-1).

Puede ser que las partes hayan convenido un contrato por escrito que determina con precisión la cantidad, calidad, tipo y envase de las mercancías; pero en muchos casos sucederá que falta esa precisión, y es necesario indagar en la correspondencia que se cruzan las partes, las prácticas que ha habido entre ellas y la conducta que siguen con posterioridad al contrato, para saber si, implícita o explícitamente, han acordado algo nuevo acerca de la cantidad, calidad, tipo y envase de las mercancías. Se presenta entonces un problema de interpretación del contrato, que debe resolverse conforme a las reglas de interpretación previstas por la *Convención* en su artículo 8.

Pueden considerarse varios casos de este tipo. Por ejemplo: después de celebrado un contrato en que el vendedor se obliga a entregar maquinaria agrícola, el comprador le avisa que necesita ser apta para funcionar con el tipo de combustible que se expende en su país, y el vendedor responde enviando la maquinaria sin ser apta para el combustible del que dispone el comprador. Para determinar si hay falta de conformidad de las mercancías con el contrato, es preciso decidir si hubo o no modificación al mismo, esto es, si la declaración del comprador y la conducta del vendedor deben interpretarse como un acuerdo modificativo del contrato o no.

O bien, si el vendedor remitió, junto con la oferta de venta, un catálogo que describía características técnicas de las mercancías, pero en el contrato que firmaron las partes no se especificaban esas características y se

[33] *Incoterms 1990* DDP A1 A8 y A2.

decía que el contenido del contrato era exclusivamente el que constaba por escrito en el documento que lo contenía. Si las mercancías que envía el vendedor no tienen las características previstas en el catálogo, ¿hay o no falta de conformidad de las mercancías con el contrato? La respuesta depende de la interpretación que se dé al envío de catálogo, como declaración vinculativa del vendedor, y al alcance de la cláusula que restringe el contenido del contrato (cómo entendió el comprador la expedición del catálogo y la cláusula contractual o cómo los entendería una persona razonable, art. 8).

También cabría preguntarse si el envío, por parte del comprador al vendedor, de una muestra o modelo de las mercancías, implica o no un acuerdo contractual.

En estos casos, y otros semejantes, la determinación de la falta de conformidad de las mercancías con el contrato dependerá de la interpretación que se dé a las declaraciones y conductas de las partes, la cual, como toda interpretación, será discutible.[34] Por eso, en los contratos por escrito conviene especificar lo más posible las características, calidad y empaque de las mercancías.

B. Entregar mercancías conformes con la *Convención* (art. 35-2)

A falta de un acuerdo contractual, el vendedor está obligado a entregar mercancías que sean conformes con los criterios que establece la propia *Convención*.

Con el fin de obviar la discusión que puede darse respecto de si hubo o no un acuerdo contractual, la *Convención* (art. 35-2) contempla criterios para determinar la conformidad de las mercancías. Por una parte, establece: a) presunciones de la existencia de un acuerdo contractual, en dos supuestos: i) cuando el comprador manifiesta que las destinará a un uso especial, y ii) cuando el vendedor envía muestras o modelos de las mercancías al comprador. Además, prevé: b) criterios objetivos, que contemplan que las mercancías sean i) aptas para su uso ordinario, e ii) empacadas en la forma habitual.

a) Presunciones de acuerdo contractual

Los incisos *b*) y *c*) del segundo párrafo del artículo 35 contienen, en mi opinión, no tanto criterios para juzgar de la conformidad de las mercan-

[34] Sobre interpretación del contrato, *supra* V 2.

cías, sino presunciones de la existencia de un acuerdo contractual sobre la calidad de las mismas, que admiten prueba en contrario; de modo que cuando el comprador puede probar que se dio uno de los supuestos previstos en dichos incisos, se presume la existencia de un acuerdo contractual, salvo que el vendedor logre destruir la presunción.

i) Cuando el comprador manifiesta que las destinará a un uso especial

El inciso *b*) dice que el vendedor queda obligado a entregar mercancías que sean aptas para "cualquier uso especial que expresa o tácitamente se haya hecho saber al vendedor en el momento de la celebración del contrato". Como explica Honnold,[35] el hacerle saber al vendedor que requiere un uso especial —por ejemplo, que quiere taladros para perforar acero al carbón— crea en el comprador la expectativa de que su declaración ha sido comprendida, al menos como lo comprendería una persona razonable;[36] si en respuesta el vendedor envía unos taladros, el comprador puede esperar que sean aptos para perforar ese tipo de acero; si los taladros no fueran útiles para ese fin, el comprador podrá demandar responsabilidad por falta de conformidad de las mercancías, para lo cual tendrá que probar que él hizo saber al vendedor el fin particular (perforar acero al carbón) para el que necesitaba esos taladros. Con la prueba de la manifestación del comprador al vendedor, se entendería probada —se presumiría— la existencia de un acuerdo contractual al respecto. Sin embargo, el vendedor puede destruir esa presunción demostrando que "el comprador no confió, o no era razonable que confiara, en la competencia y juicio del vendedor".

ii) Cuando el vendedor envía muestras o modelos de las mercancías al comprador

La otra presunción (art. 35-2-c) señala que si el vendedor envió muestras o modelos de las mercancías al comprador, se entiende la existencia de un acuerdo contractual, en el sentido de que las mercancías deben tener las características de la muestra o modelo. El comprador, por lo tanto, podrá reclamar por falta de conformidad de las mercancías, si éstas no reúnen las características de las muestras, para lo cual bastará que pruebe la disconformidad de las mercancías con las muestras recibidas, sin necesidad de argumentar acerca de si las muestras forman parte o no del contrato.

[35] HONNOLD p. 281.
[36] Véase artículo 8.

b) Criterios objetivos

Cuando no hay acuerdo contractual ni posibilidad de que se apliquen las presunciones arriba mencionadas, la *Convención* establece dos criterios objetivos respecto de la calidad de las mercancías. Las mercancías deben ser (art. 35-2-a) "aptas para los usos a que ordinariamente se destinan mercaderías del mismo tipo", y (art. 35-2-d) estar empacadas en la forma habitual.

i) Aptas para su uso ordinario

Bianca opina[37] que las mercancías no son aptas para sus usos ordinarios cuando, por falta de cualidades requeridas o por inherencia de defectos, simplemente no pueden usarse, o su uso produce resultados deficientes o exige gastos excesivos. Respecto de mercancías que el comprador adquiere para revender, no son aptas para su uso ordinario (la comercialización) si su valor comercial disminuye considerablemente por la ausencia de ciertas cualidades o la presencia de ciertos defectos.

El juicio sobre la aptitud de las mercancías para su uso ordinario debe hacerse, cuando es posible, en relación con patrones internacionales.[38] Así, cuando existen normas internacionales de calidad respecto de ciertos productos, se puede considerar que dichas normas podrán ser regla de juicio para decidir si las mercancías son o no aptas para sus usos ordinarios. Cuando no existan patrones internacionales, entonces habrá que juzgar la aptitud de las mercancías para sus usos ordinarios, de acuerdo con las medidas y patrones del país del vendedor. Así opina, con razón, Bianca,[39] quien considera que sería excesivo pedirle al vendedor que conozca la normatividad del país del comprador.[40]

[37] *Commentary* p. 274.

[38] Esto concuerda con la regla interpretativa del artículo 7-1 que exige que la *Convención* se interprete con sentido internacional.

[39] *Commentary* 274.

[40] En México, sin embargo, la *Ley federal de metrología y normalización*, que es ley de orden público (art. 1), establece (art. 54) que en las controversias de carácter civil, mercantil o administrativo, cuando no haya patrones de calidad convenidos, las autoridades judiciales o administrativas deberán tomar como referencia de calidad las normas oficiales mexicanas y las normas mexicanas no oficiales. Pero cabe entender que esto se aplicará en la compraventa internacional, cuando el vendedor es mexicano, pero no cuando lo es el comprador, pues de no ser así, en este último caso se impondría una responsabilidad excesiva el vendedor extranjero.

ii) Empacadas en la forma habitual

El otro criterio independiente de todo acuerdo contractual (expreso, implícito o presunto) es (art. 35-2-d) que las mercancías "estén envasadas o embaladas en la forma habitual para tales mercaderías" o, al menos, "de una forma adecuada para conservarlas y protegerlas". Es una disposición importante, ya que el transporte de las mercancías exige que sean debidamente empacadas o embaladas para resistir la travesía y las operaciones de carga y descarga. El criterio establece que se atienda primero a la forma habitual de empacar las mercancías en el comercio internacional, y luego a la manera usual del país del vendedor.[41] Si no existe una forma habitual, por ejemplo, si se trata de mercancías de reciente aparición en el mercado, entonces se precisa que su empaque debe ser suficiente para conseguir los objetivos de conservarlas y protegerlas. Si el vendedor sabe, o debía saber, que el comprador podría reexpedir las mercancías en tránsito, debe empacarlas o embalarlas de modo que puedan resistir hasta llegar a su nuevo lugar de destino (art. 38-3).

C. Responsabilidad del vendedor por faltas de conformidad (arts. 35-3 a 40)

Si las mercancías no reúnen los requisitos convenidos o previstos por el contrato o la *Convención*, el vendedor es responsable por "falta de conformidad" de las mercancías. Esta responsabilidad tiene otros condicionamientos: *a*) ignorancia del comprador de las faltas de conformidad (art. 35-3); *b*) tiempo en que debe existir la falta de conformidad (art. 36, y *c*) notificación al vendedor de la falta de conformidad (arts. 38, 39 y 40); hay, sin embargo, *d*) casos en que no es necesaria la notificación al vendedor de la falta de conformidad.

a) Ignorancia del comprador de las faltas de conformidad (art. 35-3)

El vendedor sólo es responsable por faltas de conformidad, que el comprador ignoraba al momento de la celebración del contrato. No responde, en consecuencia, de las faltas de conformidad que el comprador "conociera o no hubiera podido ignorar en el momento de la celebración del contrato" (art. 35-3). La razón de esta regla, como bien explica Bianca,[42]

[41] Así opina BIANCA *Commentary* 277.
[42] *Commentary* 278.

es que se entiende que el comprador acepta recibir las mercancías en el estado en que sabe que se encuentran. Según el citado artículo, esa exclusión de responsabilidad del vendedor sólo opera cuando se trata de faltas de conformidad que se determinan por los criterios previstos en el segundo párrafo del artículo 35, que se aplican a falta de un acuerdo contractual específico sobre las características de las mercancías. Pero no hay razón para no aplicarla cuando se trata de faltas de conformidad que se determinan según el acuerdo contractual expreso que las partes hicieran acerca de las características de las mercancías. Puede pensarse en este caso que las partes firmaron un contrato de contenido predeterminado (un "machote"), sin discutir sus cláusulas; allí se establecían ciertas características, que no tenían las mercancías que el comprador conoció de antemano; ¿acaso podrá el comprador reclamar por falta de conformidad de las mercancías, si éstas no son conformes con la descripción hecha en el contrato pero corresponden a las que el comprador conoció, argumentando que su conocimiento de las mercancías no excluye la responsabilidad del vendedor, porque el párrafo tercero del artículo 35 sólo se refiere a los casos en que no hay acuerdo contractual expreso respecto de las características de las mercancías? Evidentemente no, ya que la conducta del comprador, el conocer las mercancías, hizo confiar al vendedor que el comprador las aceptaba como eran, por lo que el comprador queda obligado por tal conducta (art. 29-1).

El vendedor no responde por faltas de conformidad que el comprador conocía "o no hubiera podido ignorar". El contenido de esta última expresión tendrá que irse aclarando en relación con casos concretos. Pero pueden darse algunas orientaciones generales. Honnold aclara[43] que la *Convención* usa en diversos artículos dos expresiones semejantes: lo que alguien "debe conocer" y lo que alguien "no hubiera podido ignorar".[44] Cuando usa la expresión "debe conocer", supone una mayor exigencia que cuando dice "no hubiera podido ignorar"; cuando dice que alguien "debe conocer", concluye el citado autor, se entiende que esa persona tiene obligación de hacer un examen de aquello que debe conocer; a lo cual no está obligada en el otro caso. De acuerdo con esto, el sentido de la expresión en el párrafo tercero del artículo 35 es que el vendedor no es responsable de faltas de conformidad que el comprador hubiera podido conocer sin hacer un examen de las mercancías, esto es, de faltas de conformidad que estuvieran a la vista.[45] Bianca[46] hace una precisión más. De

[43] HONNOLD 283.

[44] "No hubiera podido ignorar" en artículos 35-3, 40, 42-1 y 42-2. "Debía conocer" en artículos 38-3, 39-1, 43-1, 49-2-b-i, 64-2-b-i, 68 y 79-4.

[45] Es distinto el examen de las mercancías que debe hacer el comprador cuando llega a tener control sobre ellas, y que es requisito para reclamar por faltas de conformidad, artículos 39-1 y 43-1.

[46] *Commentary* 279.

ciertas circunstancias puede inferirse que el comprador no podía ignorar las faltas de conformidad de las mercancías, por ejemplo, cuando el vendedor ha entregado, en operaciones anteriores, mercancías de poca calidad que el comprador ha aceptado, o cuando el precio de las mercancías es tal que no se puede esperar razonablemente que tengan la calidad de mercancías que se venden al mayor precio.

b) Tiempo en que debe existir la falta de conformidad (art. 36)

En la compraventa internacional, las mercancías se trasladan grandes distancias y están expuestas a sufrir deterioros o pérdidas, por ello, tiene que haber un momento en que el vendedor se desligue de su responsabilidad de entregar mercancías que sean conformes con el contrato y el comprador asuma el riesgo por deterioros o pérdidas. Ese momento suele llamarse el momento de transmisión del riesgo al comprador.

La *Convención* precisa (art. 36-1) que el vendedor responde, en general, de toda falta de conformidad que exista i) hasta el momento de transmisión del riesgo al comprador (art. 36-1); pero puede también responder, si hay algún incumplimiento de su parte, ii) después de la transmisión del riesgo, o iii) durante un periodo de garantía.

i) Hasta el momento de transmisión del riesgo

Ese momento ocurre, por lo general, en las compraventas que implican el transporte, cuando el vendedor las entrega al primer porteador que habrá de conducirlas al comprador, o cuando las entrega al porteador específico que le hubiera señalado el comprador (art. 67); en las compraventas que no implican el transporte, dicho momento sucede cuando el comprador se hace cargo de las mercancías o incurre en incumplimiento de su obligación de recibirlas, después de haber sido avisado que estaban a su disposición (art. 68).[47] La precisión de este momento es decisiva para saber si se produce un caso de incumplimiento del vendedor de su obligación de entregar las mercancías, o se trata de un riesgo que debe asumir el comprador. Así, cuando el vendedor entrega al porteador granos de trigo por menor cantidad que la convenida, incurre en responsabilidad por falta de conformidad; pero si el comprador recibe menor cantidad de trigo que la convenida porque cierta parte pereció durante la travesía, no hay incumplimiento del vendedor, sino una pérdida que debe soportar el comprador.

[47] Para más detalles sobre la precisión de este momento, véase *infra* XI 2.

La responsabilidad del vendedor es por faltas de conformidad que existan hasta el momento de transmisión del riesgo. Pero puede ocurrir que haya una falta de conformidad antes de ese momento, pero que se manifieste o conozca después. Esto ocurre sobre todo en los casos de compraventas que implican el transporte de las mercancías, que son la mayoría de las compraventas internacionales, ya que ordinariamente el porteador recibe las mercancías empacadas o embaladas y no tiene posibilidad ni obligación de revisarlas, de modo que la falta de conformidad se descubrirá hasta que el comprador las desempaque. La *Convención* aclara en el mismo artículo que el vendedor no se desliga de su responsabilidad por el hecho de que la falta de conformidad se conozca o manifieste después del momento de la transmisión del riesgo, pero queda entonces a cargo del comprador demostrar que la falta de conformidad ya existía en dicho momento.[48] Esto puede resultar problemático, por lo que es recomendable que, en casos importantes, el comprador o el vendedor contraten alguna agencia especializada que certifique la calidad y cantidad de las mercancías en el momento en que se entregan al porteador o se ponen a disposición del comprador.

ii) Después de la transmisión del riesgo

La responsabilidad del vendedor por faltas de conformidad de la mercancía se extiende más allá del momento de transmisión del riesgo, cuando la falta de conformidad se produce por causa del incumplimiento del vendedor de alguna de sus obligaciones (art. 36-2), por ejemplo, por haber contratado un transporte inadecuado para el tipo de mercancías, haberlas empacado deficientemente, o no haber dado instrucciones claras sobre su manejo. En estos casos, hay una falta de conformidad sobrevenida, que no puede considerarse a riesgo del comprador, porque deriva de un incumplimiento del vendedor; sólo cabe hablar de riesgo cuando no hay incumplimiento.

iii) Durante un periodo de garantía

El mismo párrafo 2 del artículo 36 aclara que el vendedor sigue respondiendo por falta de conformidad de las mercancías, aun después de la

[48] Podría también pensarse que el comprador debe demostrar sólo la falta de conformidad objetiva de las mercancías, y que corresponde al vendedor, a modo de excepción, demostrar que no existía la falta de conformidad al momento de la transmisión del riesgo. Pero esto iría en contra del principio que dice que la parte que alega un incumplimiento debe probarlo; de otro modo, se estaría suponiendo, con presunción *iuris tantum*, la responsabilidad del vendedor. Véase BIANCA *Commentary* 288.

transmisión del riesgo, cuando exista en el contrato una "garantía" del vendedor que asegure la calidad de las mercancías por un periodo determinado. Cuando se trata de una garantía expresa en el contrato, es claro que el vendedor responde por mero efecto del acuerdo contractual. Pero cuando no es expresa, cabe preguntar si puede considerarse una garantía implícita de que las mercancías mantendrán sus características o calidades durante un cierto periodo. En el proyecto de convención (art. 34-2) se aclaraba que se trataba de una garantía "expresa", pero esta palabra fue eliminada, por lo que queda claro que la intención de los legisladores era que el párrafo también se aplicara a una garantía no expresa, sino implícita de que las mercancías mantendrían su calidad un cierto tiempo. Esta garantía implícita se puede colegir de la obligación del vendedor de entregar mercancías que sean aptas para su uso ordinario (art. 35-2-a), lo cual implica, como afirma Bianca,[49] su uso durante un lapso de tiempo razonable.

Por consiguiente, el vendedor no puede exonerarse de su responsabilidad por falta de conformidad de las mercancías, cuando éstas se deterioran excesivamente en poco tiempo, diciendo que él entregó mercancías conformes con el contrato al momento de la transmisión del riesgo. La poca durabilidad de las mercancías estaría demostrando que las éstas no eran conformes en ese momento, porque no fueron aptas para su uso ordinario.

c) Notificación al vendedor de la falta de conformidad (art. 39)

Ordinariamente, la falta de conformidad de las mercancías es algo que ignora el vendedor y que descubre el comprador cuando recibe las mercancías. Por eso, es natural que el vendedor responda de la falta de conformidad, como lo disponen los artículos 38 y 39, sólo si el comprador le avisa oportunamente de ella; o que responda, sin necesidad de aviso, como establece el artículo 40, cuando ya la conocía o debía conocerla.

La notificación por falta de conformidad surte efectos, siguiendo la regla general establecida en el artículo 27, por el hecho de haber sido enviada a través de algún medio adecuado a las circunstancias, independientemente de si el vendedor la recibió o no. Esto es, la no recepción de la notificación no privará al comprador de su derecho a invocar la falta de conformidad, aunque el vendedor se enterara de ella después de haber transcurrido el tiempo razonable o de haber transcurrido el plazo límite de dos años; pero, el comprador no podrá reclamar al vendedor la indemnización de los daños causados por la demora de éste, calculada con base

[49] *Commentary* 289.

en la fecha de envío de la notificación, para responder por la falta de conformidad.

El vendedor no responde por la falta de conformidad de las mercancías (art. 39-1), si el comprador no la "comunica al vendedor, especificando su naturaleza, dentro de un plazo razonable a partir del momento en que la haya o debiera haberla descubierto". Por eso conviene precisar: i) contenido de la notificación; ii) el momento en que el comprador debe hacer el examen de las mercancías para conocer las faltas de conformidad, y iii) el plazo para hacer la notificación.

i) Contenido de la notificación (art. 39-1)

El comprador debe notificar la falta de conformidad "especificando su naturaleza". La exigencia de que se especifique la naturaleza de la falta de conformidad es con el fin de que el vendedor pueda tomar medidas para reparar o sustituir las mercancías[50] o para reducir pérdidas al comprador. En muchos casos será fácil determinar la naturaleza de la falta de conformidad, por ejemplo, cuando son problemas de cantidad (menos mercancías de las convenidas) o problemas de calidad evidentes (alimentos descompuestos); pero en otros podrá ser claro que la mercancía no sirve para su uso ordinario o para el fin especial convenido, aunque no pueda precisarse con facilidad la causa de ese defecto, por ejemplo, cuando una maquinaria no funciona o un material no tiene la resistencia necesaria. En estos casos, la carga del comprador de especificar la naturaleza de la falta de conformidad se cumple indicando simplemente el defecto de la mercancía, sin que sea necesario precisar la causa que lo produce; no tendría el comprador, por ejemplo, necesidad de analizar químicamente los materiales recibidos para poder indicar con exactitud al vendedor la causa de su escasa resistencia.

ii) Momento en que el comprador debe hacer el examen para conocer las faltas de conformidad (art. 38)

Para poder avisar al vendedor de la falta de conformidad, el comprador tuvo que haber examinado las mercancías (art. 38).[51] Realizar el examen de las mercancías no es una obligación del comprador, ya que no puede ser demandado por incumplimiento en caso de no hacerlo, sino una carga que debe cumplir para poder reclamar por la falta de conformidad de las mercancías.[52] El examen lo puede hacer el comprador en persona o por

50 *Infra* IX 6 B b.

51 Cfr. el examen que tiene derecho a hacer el comprador (art. 58) antes de que le sea exigible el pago de las mercancías, *infra* VII 2 E.

52 También así opina BIANCA en *Commentary* 297.

medio de sus empleados. La *Convención* (art. 38) no precisa qué aspectos de las mercancías son los que deben examinarse, ni con qué profundidad debe hacerse el examen; esto es algo que podrá precisarse por acuerdos de las partes o por los usos y costumbres aplicables y, a falta de unos y otros, deberá determinarse caso por caso de acuerdo con las circunstancias del contrato. Así, cuando las mercancías son cuantiosas, por ejemplo, 10 000 pares de zapatos, no es necesario que el comprador examine los pares de zapatos uno por uno, sino que basta con que haga pruebas selectivas en número suficiente; o si las mercancías son productos muy complejos o sofisticados, por ejemplo una maquinaria industrial, no cabe esperar que el comprador examine todas y cada una de sus partes, sino sólo su funcionamiento.

El examen debe hacerse en "el plazo más breve posible atendidas las circunstancias" (art. 38-1). No se define un plazo fijo para llevarlo a cabo, ya que no puede encontrarse un límite temporal que sea adecuado para todo tipo y cantidad de mercancías; se deja entonces a la prudencia de los jueces y árbitros el determinar caso por caso si el examen se hizo o no en el plazo más breve posible. Honnold[53] propone un caso que ilustra la doctrina contenida en el artículo 38-1: el comprador de 500 bidones de cloro, sellados, recibe la mercancía el primero de junio; él sabe que si rompe los sellos tiene que usar rápidamente el cloro, porque si no se evapora; el primero de septiembre el comprador abre los primeros bidones y se da cuenta que en la mitad de ellos el cloro no tiene la calidad convenida; luego procede a contarlos y encuentra que recibió sólo 400 en lugar de 500, y comunica ambas faltas de conformidad al vendedor. Atendidas las circunstancias de este caso, el citado autor concluye que el vendedor no hizo el examen de cantidad en el plazo más breve posible, pero sí el examen de calidad dentro de dicho plazo.

Si el comprador tiene que recoger las mercancías en un almacén, fábrica o establecimiento del vendedor, el plazo para hacer el examen comienza a correr a partir de que las recibe o, según una opinión, a partir del momento en que el comprador incurre en mora de recibirlas.[54]

Cuando el vendedor entrega las mercancías a un porteador que las conducirá al comprador, el plazo para hacer el examen comienza a correr a partir de que las mercancías lleguen a su lugar de destino (art. 38-2), pues hasta ese momento suele tener el comprador la posibilidad física de hacerlo. No importa que al transportista lo haya escogido el vendedor o el comprador; no importa que el lugar de entrega haya sido el sitio donde el vendedor entregó las mercancías al primer porteador, o haya coincidido con el lugar de destino, o haya sido un lugar intermedio. Lo que parece ser

[53] HONNOLD 302.
[54] SCHLECHTRIEM 69.

el momento determinante en este aspecto es el momento en que el comprador adquiere el control físico de las mercancías o, como dice el artículo 39-2, el momento en que las mercancías "se pusieron efectivamente en poder del comprador".

Pero si el comprador cambia en tránsito el destino de las mercancías o las reexpide, antes de haber tenido una oportunidad de examinarlas, y el vendedor conocía o debía haber conocido esa posibilidad de cambio de destino o reexpedición, el plazo para hacer el examen comienza a correr a partir de que las mercancías lleguen a su nuevo destino (art. 38-3). Cambiar el destino de las mercancías significa que el comprador, antes de recibirlas, les fija uno nuevo; reexpedirlas significa que, después de recibirlas, las envía a otro comprador. En ambos casos, con el fin que el plazo para hacer el examen se posponga, es necesario que el comprador no haya tenido oportunidad de examinarlas; en los casos de cambio de destino, lo más probable es que el comprador no tenga esa oportunidad, pero en los casos de reexpedición, puede ser que sí la tenga, por ejemplo, si deja unos días las mercancías en las bodegas de su agente aduanal, puede pensarse que tuvo oportunidad de, al menos, verificar el número de las mercancías y el estado de su empaquetadura.

El requisito de que el vendedor conociera o debiera conocer la posibilidad de cambio de destino o reexpedición, es para salvaguardar los intereses del vendedor, pues con la postergación del examen se alarga el periodo en que el vendedor puede recibir una notificación de falta de conformidad; sería injusto que el comprador pudiera postergar ese plazo a su arbitrio haciendo cambios de destino o reexpediciones inesperadas de las mercancías. Si el vendedor ignoraba o no debía conocer la posibilidad de cambio de destino o reexpedición, el plazo para hacer el examen comenzará a correr a partir de que las mercancías debieron de llegar (en casos de cambio de destino) o llegaron (en casos de reexpedición) a su destino originario.

iii) Plazo para hacer la notificación (art. 39)

El comprador debe notificar al vendedor la falta de conformidad "dentro de un plazo razonable a partir del momento en que la haya o debiera haberla descubierto" (art. 39-1). El momento en que se descubre o debe descubrirse una falta de conformidad ordinario corresponde con el momento en que se practica o debe practicarse el examen de las mercancías, de acuerdo con las prescripciones del artículo 38 antes comentadas. Pero también podrá suceder, según la naturaleza de las mercancías, que la falta no pueda conocerse mediante un examen ordinario de las mismas, sino que aparezca hasta el momento en que se usan o después de un cierto tiempo de uso;[55] en esos casos, el momento en que se conoce la falta o debe conocerse corresponde con el momento en que se empiezan a usar o con el momento en que se vence un cierto plazo de uso. También ayudará a determinar el momento en que el comprador debe descubrir la falta, la consideración de la persona y circunstancias del comprador: un comprador experto en el manejo de ciertas mercancías debe descubrir sus faltas más rápidamente que uno que no lo es.

En cualquier caso, el comprador debe notificar al vendedor la falta de conformidad en un plazo máximo de dos años a partir de que las mercancías se pusieron efectivamente en poder del comprador (art. 39-2). Este plazo sirve para dar al vendedor la seguridad de que su responsabilidad por faltas de conformidad de las mercancías no se extiende más allá de dos años después de que el comprador tuvo las mercancías en su poder. Pasado ese plazo, el vendedor, por lo general, no responde por ninguna falta de conformidad. Pero no debe confundirse este plazo para recibir avisos de falta de conformidad con el plazo de cuatro años para ejercitar una acción por una falta de conformidad oportunamente notificada, que también comienza a correr a partir del momento en que el comprador recibe efectivamente las mercancías.[56]

Sin embargo, añade el mismo artículo 39-2, el plazo límite de dos años no opera cuando resulte inconsistente con un plazo de garantía establecido en el contrato. Esto puede ocurrir cuando el contrato establece un periodo de garantía de dos años o más; entonces, el plazo para dar aviso de la falta de conformidad, si no se convino otra cosa, corre a partir de que se descubre la falta de conformidad, lo cual puede suceder los últimos días del segundo año o posteriormente.

d) Casos en que no es necesaria la notificación al vendedor de la falta de conformidad (arts. 40 y 44)

El requisito de avisar con oportunidad al vendedor la falta de conformidad de las mercancías funciona como una limitante de la responsabilidad del vendedor en este aspecto. Esta limitante no tiene razón de operar cuando el vendedor conocía la falta de conformidad o tenía elementos suficientes para suponer que se produciría. Esto lo expresa el artículo 40, afirmando que no se exigirá el aviso de falta de conformidad cuando ésta se refiere a hechos que el vendedor ''conocía o no podía ignorar''. Así, cuando un vendedor envía las mercancías por un transporte que sabe que no es ade-

[55] Cfr. artículo 36.

[56] Véase la *Convención sobre la prescripción en materia de compraventa internacional de mercaderías* artículos 8 y 10.

cuado o empacadas de un modo que no puedan resistir la travesía, no podrá excusarse de su responsabilidad por la falta de conformidad de las mercancías alegando que no le fue notificada en un plazo razonable, ni siquiera alegando que ya transcurrieron los dos años previstos por el artículo 39-2 para reclamar por faltas de conformidad. Nótese que el artículo no exige el conocimiento de la falta de conformidad, sino de hechos de los que ella pudiera derivarse. Si el vendedor reveló esos hechos al comprador (por ejemplo la elección de un medio de transporte menos adecuado), éste ya no se libera de su carga de notificar por faltas de conformidad, como lo dispone la frase final del artículo 40, e, incluso, puede perder su derecho a reclamar por una falta de conformidad que no hubiera podido ignorar (art. 35-3).

El sancionar al comprador que no notifica oportunamente al vendedor con la pérdida del derecho a reclamar por faltas de conformidad pareció una consecuencia excesivamente grave a un grupo de representantes de países preponderantemente importadores. Por eso, propusieron[57] suavizar esa consecuencia con una disposición que no estaba en el proyecto original y que fue aprobada, con ciertas modificaciones, como el artículo 44. Allí se establece que el comprador, "si puede aducir una excusa razonable por haber omitido la comunicación requerida", podrá reclamar, por faltas de conformidad, una reducción proporcional del precio o una indemnización por daños, en la cual no se incluya el lucro cesante. No opera esta disposición cuando el comprador tarda más de dos años en hacer la notificación (en cuyo caso pierde el derecho a reclamar por faltas de conformidad), sino sólo cuando no la hace en el plazo razonable.

Es difícil encontrar casos en que pueda aducirse una "excusa razonable" para no hacer la notificación en un plazo razonable de una falta de conformidad conocida por el comprador. Honnold[58] propone el siguiente: el comprador descubre una falta de conformidad que de pronto le parece insignificante pero tiempo después se da cuenta de su importancia. La "excusa razonable" sería la ignorancia de los efectos que tendría la falta de conformidad descubierta.

La "excusa razonable" también puede referirse al examen de las mercancías que tiene que hacer el comprador al recibirlas. En efecto, el comprador puede aducir una "excusa razonable" para no haber hecho el examen con el detenimiento necesario para conocer la falta de conformidad y, en consecuencia, para no comunicar oportunamente al vendedor la falta de conformidad; o aducirla para justificar que no hizo el examen a la

[57] Propuesta conjunta de los representantes de Finlandia, Ghana, Kenya, Nigeria y Pakistán, véase *Informe 1a. Comisión* artículo 37 párrafo 7 (= *DO* 116-117).

[58] HONNOLD 260.

brevedad posible y, en consecuencia, que no pudo notificar con oportunidad al vendedor.

En estos casos, la responsabilidad del vendedor por la falta de conformidad de las mercancías queda mitigada, pues ya no abarca, como en los demás casos, la indemnización por daños y perjuicios, sino sólo la indemnización de daños.

6. ENTREGAR MERCANCÍAS LIBRES DE DERECHOS Y PRETENSIONES DE TERCEROS (ARTS. 41 A 44)

El vendedor debe entregar mercancías libres de derechos y pretensiones de terceros, es decir, mercancías sobre las cuales el comprador pueda tener la pacífica e indiscutida posesión. Si el vendedor entrega mercancías afectadas por pretensiones o derechos de tercero, incurre en incumplimiento contractual, como si no entregara mercancías conformes con el contrato. Para regular esta responsabilidad del vendedor, la *Convención* distingue los derechos y pretensiones de terceros en general (art. 41), de los derechos y pretensiones basados en la propiedad intelectual (art. 42). Fue preciso hacer esta distinción (que no existía en la LUCI), porque se vio que los derechos y pretensiones basados en la propiedad intelectual, que pueden ser reconocidos por un país y por otro no, o estar sujetos a reconocimiento internacional, son más difíciles de conocer, para el vendedor, que los otros derechos sobre las mercancías que ordinariamente se regulan sólo por la ley del país del propio vendedor.[59] Además, como advierte Schlechtriem,[60] los derechos fundados en la propiedad intelectual afectan no tanto el derecho de propiedad o de posesión del comprador, como la posibilidad de hacer un uso adecuado de las mercancías.

A. Entregar mercancías libres de derechos y pretensiones de terceros en general (art. 41)

El artículo 41 dice que el vendedor debe entregar mercancías que estén libres no sólo de derechos, sino también de "pretensiones" de terceros, a menos que el comprador haya consentido en aceptarlas sujetas a tales derechos o pretensiones. Schlechtriem[61] aclara que no es suficiente, para

59 DATE-BAH *Commentary* 320.
60 SCHLECHTRIEM 73 y 74.
61 SCHLECHTRIEM 72.

eximir de responsabilidad al vendedor, que el comprador conozca la existencia de derechos o pretensiones de terceros, sino que hace falta que consienta en ellos.[62]

La *Convención* no especifica qué entiende por derechos o pretensiones de terceros. Su definición es algo que queda, por consiguiente, al Derecho interno aplicable que, en este caso, siguiendo la regla *lex rei sitae*, es el Derecho del país donde se encuentren las mercancías antes de ser entregadas al comprador. Puede tratarse de derechos y pretensiones que versen estrictamente sobre la cosa, es decir, siguiendo una terminología civilista, de derechos reales o pretensiones fundadas en derechos reales, como un derecho de prenda, la ejecución de un embargo o la reclamación de la propiedad de las mercancías.[63] O tratarse de otros derechos relacionados con la cosa.[64]

El artículo no señala que se trate de pretensiones fundadas, sino de cualquier pretensión de tercero, fundada o no.[65] De modo que un vendedor que entrega una mercancía, cuya propiedad intenta reivindicar infundadamente un tercero, incurre en responsabilidad por los daños que pueda causarle al comprador por la existencia de ese litigio, aun cuando lo llegue a ganar el vendedor. Esto muestra que el objetivo de tal disposición no es tanto asegurar que el comprador adquiera la propiedad de la mercancía, sino asegurarle su pacífica posesión.

[62] En cambio, para eximir de responsabilidad al vendedor por faltas de conformidad de las mercancías o por derechos o pretensiones basados en la propiedad intelectual (art. 42-2-a), basta con que el comprador las conociera o no hubiera podido ignorarlas (art. 35-2-d).

[63] Sin embargo, puede plantearse la cuestión de si quedarían comprendidas por estas disposiciones de la *Convención* las pretensiones que pueda tener el Estado sobre las mercancías, a causa del incumplimiento de normas de calidad o de competencia desleal. Así, cuando un importador mexicano introduce mercancías que no cumplen las normas de calidad oficiales, el gobierno puede prohibir su comercialización e inmovilizarlas (art. 57 de la *Ley federal de metrología y normalización*, publicada en el *Diario Oficial* el 01, 07, 92). Suponiendo que el vendedor conocía la existencia de las normas oficiales y el comprador no convino en aceptar las mercancías que no cumplieran normas oficiales, ¿cabría plantear el caso como existencia de derechos o pretensiones de tercero o, más bien, como faltas de conformidad de mercancías que no son aptas para sus usos ordinarios? Me parece que sería un caso de falta de conformidad de las mercancías; véase nota 40.

[64] Por ejemplo, los derechos de los terceros —fabricantes nacionales— a solicitar la imposición de una cuota compensatoria a la importación de mercancías vendidas en condiciones de competencia desleal (*dumping*). Cabe cuestionar si el vendedor que entrega mercancías en estas condiciones tiene responsabilidad por entregar mercancías sujetas a pretensiones de terceros. Me parece que la redacción amplia del artículo 40, que no especifica qué derechos ni qué pretensiones, ni tampoco qué terceros, justifica que se aplique a este caso. Esta interpretación, además, está conforme con los objetivos de la *Convención* de promover la buena fe en el comercio internacional (art. 7-1), pues desalienta la práctica del *dumping*, haciendo corresponsables a los productores, que son los más interesados en practicarlo.

[65] Así opina también DATE-BAH *Commentary* 318.

El artículo no precisa en qué momento deben existir los derechos y pretensiones de tercero para que el vendedor responda por ellos. Pero como está incluido en la misma sección (sección segunda del capítulo II), que se refiere a la falta de conformidad de las mercancías, cabe extender, por analogía, la disposición del artículo 36-1, que dice que el vendedor responde por faltas de conformidad que existan al momento de la transmisión del riesgo; en consecuencia, el vendedor responde por derechos y pretensiones de tercero que existan en ese mismo momento.[66]

Sin embargo, cabe notar que no es conveniente dar el mismo tratamiento a la responsabilidad del vendedor por los derechos sobre la mercancía, que a la responsabilidad que tiene por las pretensiones de terceros sobre ella. Es evidente que el vendedor ha de responder por todos los derechos reales que graven la mercancía, ya que él tiene posibilidad de conocerlos y controlarlos; pero las pretensiones de terceros es algo que puede quedar fuera del ámbito de control del vendedor, sobre todo, cuando son infundadas. Para ilustrar esta diferencia, puede plantearse este caso: un vendedor entrega una maquinaria que no es de su propiedad, es decir, una mercancía sobre la cual existe un derecho real a favor de un tercero; después de que el comprador recibió la maquinaria, el tercero propietario inicia un juicio, que posteriormente gana, para recuperarla; el vendedor debe responder porque existía un derecho de tercero sobre la cosa al momento de la entrega. Pero si, en el mismo caso, el vendedor es legítimo propietario que entrega debidamente la maquinaria, pero después un tercero inicia un juicio, que luego se demuestra infundado, contra el comprador, el vendedor no tiene por qué responder, ya que cuando entregó la mercancía no existía esa pretensión del tercero.

Es decir, la responsabilidad del vendedor por derechos que graven la cosa se extiende, después del momento de la transmisión del riesgo, a las pretensiones de terceros fundadas en derechos que existían en ese momento. En cambio, la responsabilidad por pretensiones de tercero abarca exclusivamente las existentes en el momento de transmisión del riesgo; las que se produjeran después, deben considerarse como un riesgo, semejante a los de pérdida o deterioro, que asume el comprador.[67]

La responsabilidad del vendedor por la existencia de derechos sobre la mercancía se complementa con su obligación de transmitir la propiedad al comprador (art. 31).

[66] No sería justo considerar que el momento fuera el de la celebración del contrato —como afirma el artículo 42 respecto de derechos y pretensiones basados en la propiedad intelectual—, porque podría ser que en ese momento no existiera derecho o pretensión alguna, pero se constituyera o iniciara posteriormente y antes de la entrega.

[67] HONNOLD 315 parece opinar, no decididamente, que el vendedor responde aun por pretensiones infundadas que se iniciaron después de ser entregadas las mercancías.

B. Entregar mercancías libres de derechos y pretensiones de tercero basadas en la propiedad intelectual (art. 42)

En la actualidad, los derechos de propiedad intelectual, tales como marcas, patentes, diseños, derechos de autor o denominaciones de origen, tienen una gran importancia en el comercio internacional, por lo que resulta muy conveniente que la *Convención* trate expresamente de ellos en su artículo 42. En este artículo se describe, en general, la obligación del vendedor de entregar mercancías libres de tales derechos, y distingue: *a*) los derechos y pretensiones de los que responde el vendedor (párrafo primero), de: *b*) los derechos y pretensiones de los que no responde (párrafo segundo).

a) Derechos y pretensiones de los que responde el vendedor

La doctrina de este artículo es, en general, que el vendedor debe entregar mercancías que estén libres de derechos o pretensiones de terceros, fundados en la propiedad intelectual que el vendedor conociera o no hubiera podido ignorar "en el momento de la celebración del contrato".

Lo que el vendedor no hubiera podido ignorar, es algo que debe determinarse caso por caso, atendiendo las circunstancias y condiciones de cada vendedor en particular; es claro, por ejemplo, que un vendedor con experiencia en el ramo no puede ignorar ciertas cosas que otro sin esa misma experiencia sí puede ignorar. En general, la expresión "no poder ignorar" se refiere a lo que se conoce sin necesidad de examen, por lo que no se implica la diligencia o cuidado de informarse o investigar.[68]

El artículo exige el conocimiento —real o posible— del vendedor "en el momento de la celebración del contrato". Pero la definición de este momento no parece consistente con la intención de asegurar al comprador la pacífica posesión y el libre uso de las mercancías. Si se interpretara estrictamente esa disposición, resultaría, por ejemplo, que un vendedor que debe fabricar las mercancías y desconoce la existencia de un derecho o pretensión de tercero al momento de celebrar el contrato, si posteriormente la conociera, quizá por haber fabricado las mercancías siguiendo un proceso patentado, y no obstante las entregara al comprador, podría excusarse de responsabilidad alegando que él no conocía el derecho o pretensión, como lo exige el artículo 42, "en el momento de la celebración del contrato". Debe, más bien, entenderse que el "momento de la celebración del contrato" es un momento que fija el inicio de un periodo (un término *post*

[68] Véase nota 44.

quem) en que se considera la responsabilidad del vendedor por esta causa, periodo que termina, como la responsabilidad por falta de conformidad de las mercancías (art. 36-1), en el momento de transmisión del riesgo (como término *ante quem*). Según esta opinión, el vendedor responde por los derechos y pretensiones de tercero fundados en la propiedad intelectual, que conociera o no hubiera podido ignorar desde el momento de perfeccionamiento del contrato hasta el momento de transmisión del riesgo.

Debe hacerse también la distinción, hecha al tratar de los derechos y pretensiones en general, entre responsabilidad por la existencia de un derecho, y responsabilidad por la existencia de una pretensión.

Como la existencia de los derechos de propiedad intelectual dependen del régimen interno de cada país, resulta excesivo hacer responder al vendedor por la existencia de tales derechos en cualquier país, pues es como exigirle que se informe de todos los registros de propiedad intelectual que hubiera en el mundo. Por eso, la *Convención* limita su responsabilidad en atención al territorio donde vayan a ser usadas o revendidas las mercancías. El vendedor responde cuando las mercancías estén sujetas a tales derechos o pretensiones según la ley del Estado donde el comprador tiene su establecimiento (art. 42-1-b), o según la ley de otro Estado donde fueran a revenderse o usarse, siempre y cuando las partes hubieran convenido en el contrato[69] que las mercancías iban a ser revendidas o usadas en ese Estado (art. 42-1-a).

b) Derechos y pretensiones de los que no responde

Sin embargo, el vendedor no es responsable si el comprador "al momento de la celebración del contrato" conocía o no podía ignorar la existencia del derecho o pretensión (art. 42-2-a). Esta exención de responsabilidad no opera cuando se trata de derechos o pretensiones distintos de la propiedad intelectual, en cuyo caso se exige (art. 41) que el comprador convenga en aceptarlos.[70] Lo que el comprador no puede ignorar es algo que ten-

[69] El artículo señala que las partes debían haber previsto "en el momento de la celebración del contrato" que las mercancías se revenderían o usarían en otro Estado, pero no hay por qué restringir la eficacia de un acuerdo de este tipo a que sea celebrado en ese momento y no en otro posterior. No hay razón para que el vendedor no responda por la existencia de derechos o pretensiones fundados en la propiedad intelectual según la ley de un tercer Estado, cuando el comprador y el vendedor convinieron, después de la celebración del contrato, pero antes del momento de la transmisión del riesgo, que el comprador revendería o usaría las mercancías en ese tercer Estado. Aquí, también, "el momento de la celebración del contrato" debe interpretarse como un término *post quem*.

[70] Véase nota 52.

drá que decidirse caso por caso, de manera análoga a lo que el vendedor no puede ignorar.

Tampoco responde el vendedor (art. 42-2-b) cuando el derecho o pretensión deriven de que se haya ajustado a las fórmulas, modelos o diseños que le proporcionó el comprador, pues en tales casos se entiende que el comprador asume la responsabilidad por los derechos de propiedad intelectual que afecten las fórmulas o modelos que él proporcionó.

C. Responsabilidad del vendedor por derechos o pretensiones de terceros sobre las mercancías (art. 43)

Para exigir responsabilidad al vendedor por los derechos y pretensiones de terceros que existan sobre las mercancías, el comprador, de manera semejante a lo que ocurre con la exigencia de responsabilidad por faltas de conformidad de las mercancías (art. 39), debe comunicar al vendedor la existencia de tales derechos o pretensiones, especificando su naturaleza, en un plazo razonable, a partir del momento en que la haya conocido o debiera haberla conocido (art. 43-1). Lo dicho arriba respecto del contenido de la notificación de faltas de conformidad, el momento en que debe conocerse la falta de conformidad y el plazo para hacerla puede extenderse a esta notificación por la existencia de derecho o pretensiones de terceros fundadas en la propiedad intelectual. Sin embargo, dada la naturaleza incorpórea de estos derechos o pretensiones, puede ser que el comprador no advierta su existencia por el mero examen de las mercancías, sino que la conozca hasta que recibe un aviso o notificación del tercero afectado. Por eso, la definición del momento en que el comprador debió conocer la existencia del derecho o pretensión, no debe ligarse necesariamente al momento de practicar el examen.

El requisito de la comunicación no es necesario (art. 43-2) si el vendedor conocía[71] la existencia del derecho o pretensión y su naturaleza. Como el vendedor sólo es responsable por derechos o pretensiones de terceros que conoció o no pudo ignorar (art. 42-1), resulta, como nota Schlechtriem,[72] que el requisito de comunicar su existencia sólo se exigirá respecto de aquellos derechos o pretensiones de tercero que el vendedor no podía ignorar.

En todo caso, si el comprador puede aducir una excusa razonable para no haber comunicado la existencia del derecho o pretensión con la

[71] No basta, como en la responsabilidad por falta de conformidad de las mercancías, que el vendedor no pueda ignorar las faltas de conformidad (art. 40), sino que se requiere positivo conocimiento.

[72] SCHLECHTRIEM 74 nota 285.

precisión suficiente o dentro del plazo razonable, puede, de acuerdo con el artículo 44 ya comentado, reclamar una indemnización por daños.

A diferencia de la responsabilidad por falta de conformidad de las mercancías, que tiene un plazo límite de dos años a partir de que el comprador tuvo las mercancías en su poder (art. 39-2), la responsabilidad por existencia de derechos o pretensiones de terceros no tiene tal limitación. Así opinan diversos autores,[73] que no extienden el alcance de ese límite a la responsabilidad por derechos y pretensiones de terceros. Como los derechos y pretensiones de terceros están regulados por las leyes nacionales, el límite temporal que tendrá el comprador para exigir responsabilidad al vendedor por ellos, corresponderá con los plazos de prescripción y caducidad que impongan dichas leyes.

7. TRANSMITIR LA PROPIEDAD DE LAS MERCANCÍAS (ART. 30)

El vendedor, dice el artículo 30, debe transmitir la propiedad de las mercancías al comprador. Por "transmitir la propiedad" cabe entender el realizar todos los actos que sean necesarios para que el comprador, haciendo lo que le corresponda, adquiera la propiedad. No es, pues, obligación del vendedor el hecho de que el comprador adquiera la propiedad, ni realizar todos los actos necesarios para ello, sino sólo ejecutar los que son precisos, como requisitos o supuestos previos, para que el comprador adquiera la propiedad haciendo lo que debe hacer.

El contenido específico de esta obligación, es decir, los actos en concreto que tiene que realizar el vendedor, no está determinado por la *Convención*, ya que ésta se abstiene expresamente (art. 4-b) de regular nada acerca de los efectos del contrato sobre la propiedad de las mercancías. Por lo tanto, tocará a las legislaciones nacionales aplicables determinar esos actos. Por lo común, la legislación del Estado del comprador determinará lo que éste tiene que hacer para adquirir la propiedad, lo cual podrá hacer necesario, de manera eventual, un acto del vendedor, por ejemplo, el otorgamiento de una escritura, o la cancelación de un registro. No es razonable esperar que el vendedor conozca estos detalles, por lo que corresponde al comprador informar al vendedor de lo que tiene que hacer en cumplimiento de su obligación de transmitir el dominio.

Como en la mayoría de las compraventas internacionales, las mercancías son cosas venales o fungibles, que se adquieren o por mero efecto del contrato, como en el derecho mexicano,[74] o por simple *traditio* o entre-

[73] HONNOLD 321; SONO en *Commentary* 323; SCHLECHTRIEM 74.

[74] Así, el artículo 2014 del *Código Civil* para el Distrito Federal, que es norma supletoria de la legislación mercantil.

ga,[75] la obligación del vendedor de transmitir la propiedad se reducirá a su obligación de entregar las mercancías.

Cabe notar que la *Convención* no toma en cuenta la propiedad de las mercancías como criterio para determinar cuál de las partes corre con los riesgos por pérdida o deterioro de las mercancías, sino que establece unas reglas (arts. 66-70) que atienden a cuál de ellas tiene control sobre las mercancías.[76]

8. TOMAR MEDIDAS PARA LA CONSERVACIÓN DE LAS MERCANCÍAS (ARTS. 85, 87 Y 88)

Es claro que mientras las mercancías están a riesgo del vendedor, no se puede decir que tiene obligación de cuidarlas, ya que los deterioros o pérdidas que sufran serán en su propio detrimento. Pero, en cuanto el riesgo se ha transmitido al comprador, el vendedor puede quedar obligado a custodiarlas, según lo prescriben los artículos 85, 87 y 88.

A. Casos en que el vendedor tiene esta obligación (art. 85)

El artículo 85 precisa dos situaciones en que el vendedor tiene esta obligación. La primera, cuando el comprador se ha demorado en la recepción de las mercancías y el vendedor conserva su posesión o el control sobre ellas. Esto puede ocurrir, sobre todo, en las compraventas en que se conviene que el comprador recoja las mercancías en determinado lugar, por ejemplo, la fábrica o el almacén del vendedor. En estos casos, el vendedor cumple su obligación de entregar avisando al comprador que las mercancías, debidamente identificadas, están a su disposición en ese lugar; si el comprador no las recoge de manera oportuna, tendrá que correr con el riesgo por su pérdida o deterioro, a partir del momento en que incurrió en mora de recibir (art. 69-1). A partir de ese momento, el vendedor podría considerarse libre de responsabilidad por las mercancías, excepto por los daños dolosamente causados, ya que ha cumplido su obligación de entregar y el riesgo se ha transmitido al comprador. Pero la *Convención* le impone la obligación de tomar medidas para conservarlas y reducir así el riesgo del comprador.

[75] Según LANDO (*Commentary* 247 y ss) así ocurre en el *Common Law*; mientras que en los derechos alemán, español, holandés y suizo se exige el acto de recepción de las mercancías.

[76] *Infra* XI.

La otra situación prevista en el artículo 85 es cuando el vendedor envía las mercancías a un lugar determinado, donde podrá recogerlas el comprador previo pago del precio. El riesgo se ha transmitido al comprador, salvo acuerdo en contrario, al momento de poner las mercancías en manos del porteador (art. 69-1), pero el vendedor retiene el control de las mercancías, ya que el comprador no podrá recogerlas del transportista en tanto no pague el precio. Si el comprador se demora en pagar, el vendedor tiene la obligación de conservar las mercancías.

En ambas situaciones, la obligación del vendedor depende de dos circunstancias: que el riesgo se haya transmitido al comprador, y que el vendedor siga teniendo la posesión o "poder de disposición sobre ellas". La demora del comprador en recibir las mercancías o en pagar el precio, señalan el momento en que nace esta obligación pero no es la causa de la misma.[77] Su fuente, en mi opinión, es la buena fe contractual, que exige que las partes procuren evitarse pérdidas,[78] y en estos casos, la parte que puede evitar pérdidas a la otra es la que tiene la posesión o el control sobre las mercancías. No importa, por lo tanto, determinar si el comprador se demora en recibir las mercancías o pagar el precio por mera negligencia o por alguna razón, como la de que las mercancías no son conformes con el contrato. Lo decisivo es, como advierte Honnold,[79] que el vendedor, por tener la posesión, puede evitar pérdidas a la otra parte. La mora del comprador en recibir o en recoger es el hecho que hace patente la necesidad de tomar medidas conservatorias, ya que se entiende que el vendedor ha entregado mercancías que son conformes con el contrato hasta ese momento, pero que, por causa de la demora del comprador, necesitarán protegerse un tiempo más, que no estaba originalmente considerado.

B. Contenido de la obligación de conservar las mercancías (arts. 85, 87 y 88)

El vendedor que se encuentra en las situaciones arriba descritas queda obligado, dice el artículo 85, a "adoptar las medidas que sean razonables,

[77] Si la mora fuera la causa de la obligación, se llegaría a un resultado absurdo: que el incumplimiento de la obligación de una parte genera una obligación a cargo de la otra. En cambio, considerando que el requisito es la transmisión del riesgo y la posesión o control de las mercancías, resulta razonable que la parte que no corre con el riesgo, pero que tiene la posesión o control sobre ellas, tenga la obligación de cuidarlas, por virtud de la buena fe contractual, para evitar daños a la otra.

[78] Sin embargo, véase BARRERA GRAF *Commentary* 617, quien opina que la fuente de esta obligación es la propia ley, es decir la *Convención*.

[79] HONNOLD 498.

atendidas las circunstancias'' para conservar las mercancías. Por medidas razonables cabe entender aquí las que sean adecuadas para preservar las mercancías y no sean excesivamente caras, en relación con el valor de las mismas. El contenido de estas medidas puede ser muy variado, pero en la mayoría de los casos será almacenarlas (art. 87) o venderlas (art. 88).

a) Almacenaje de las mercancías

En muchos casos, la medida razonable será depositar las mercancías en el almacén de un tercero, lo cual podrá hacer el vendedor (art. 87) a expensas del comprador. El depósito de las mercancías en el almacén de un tercero es, como nota Barrera Graf,[80] una alternativa que tiene el vendedor, entre otras posibles —por ejemplo, depositarlas en un almacén propio—, para cumplir su obligación de preservar las mercancías. Sólo en casos en que no hubiera otra medida razonable posible, podrá decirse que el vendedor debe hacer el depósito en el almacén de un tercero.

b) Venta de las mercancías

En otros casos, la medida razonable para conservar, ya no las mercancías sino su valor,[81] será venderlas. Esto sucede, según contempla el artículo 88-2, si ''están expuestas a deterioro rápido, o si su conservación entraña gastos excesivos''. Por ''deterioro'' cabe entender no sólo la pérdida total (como en los artículos perecederos), sino también la disminución de sus cualidades o de su mero valor comercial;[82] así, la ropa para una temporada o circunstancia específica, podría considerarse de rápido deterioro, no obstante que se puede conservar mucho tiempo sin merma de sus cualidades físicas; o podría considerarse que una cantidad de trigo se deteriora rápidamente porque se avizora o se produce una baja importante de su precio en el mercado. Para determinar si la aplicación de una medida implica gastos ''excesivos'', habrá que considerar el valor de la mercancía, la capacidad financiera del comprador —quien tendrá que pagarlos— y el tiempo que duraría tal medida.

En esos casos, la obligación del vendedor consiste en ''adoptar medidas razonables para venderlas'', lo cual no exige que venda efectivamente las mercancías. Por eso, puede suceder que el vendedor toma las medidas

[80] *Commentary* p. 625.

[81] Finalmente, lo que se trata de proteger con el deber de conservar las mercancías es evitar pérdidas a la otra parte y no mantener íntegras las mercancías a cualquier costo.

[82] Así lo entienden los *Comentarios de la Secretaría* artículo 77 párrafo 6 (= *DO* 68).

adecuadas y razonables, pero no hay quien compre las mercancías, y éstas se pierden. ¿Tendrá responsabilidad el vendedor por la pérdida de esas mercancías? Todo depende de si tomó o no las "medidas razonables" para venderlas, como anunciarlas y ofrecerlas a un precio atractivo.

Además, el vendedor deberá comunicar a la otra parte, "en la medida de lo posible", su intención de vender las mercancías. Hacer esta comunicación es, pues, un deber condicionado por las circunstancias y por el objetivo general del artículo 88-2, que es evitar el deterioro de las mercancías. Así, cuando se presenta al vendedor alguien que ofrece comprar de inmediato mercancías perecederas que no ha querido recibir el comprador, el vendedor puede hacer la venta sin avisar a éste, pues podría perderse la oportunidad de venderlas.

En los casos de venta de mercancías que no merecen conservarse, el vendedor queda desligado de su obligación de entregar las mercancías, pero debe entregar el precio cobrado por ellas, una vez hechas las deducciones a que tiene derecho, y que se examinan adelante. Y así, si el vendedor que había convenido un precio de mil dólares con el comprador original, vendió las mercancías a 800 dólares, tendrá que devolver esta cantidad al comprador originario, si éste ya le había pagado el precio convenido; o si el comprador no adelantó el precio, el vendedor podrá exigirle que pague los 200 dólares que faltan para completar los mil pactados como precio originario. Igualmente, si ese comerciante vendió al tercero en 1200 dólares, el comprador originario, si había pagado el precio, podrá exigirle que le entregue ese dinero cobrado al tercero, o, si no lo había pagado, que le entregue los 200 dólares que exceden la suma del precio original. Para que el vendedor quedara desligado de la obligación de dar al comprador original el precio cobrado al tercero, sería necesario que declare, previamente a la venta, la resolución del contrato.[83]

C. Derecho de reembolso y de retención del vendedor (art. 88)

Como la conducta del vendedor ha servido para reducir pérdidas al comprador, es justo que el comprador corra con los gastos de conservación y que el vendedor tenga una garantía de que le será reembolsada la cantidad que hubiera erogado por tal motivo. Las garantías que prevé la *Convención*, retención y venta de las mercancías, dan al vendedor, en este punto, una posición predominante, que se justifica por lo mismo que quedó obligado a conservar las mercancías, esto es, por tener la posesión o el control de las mismas.

[83] *Infra* IX 3.

El derecho de reembolso se hace efectivo cuando el comprador recibe las mercancías, que es el momento en que termina la obligación del vendedor de conservarlas; cuando el vendedor las vende a un tercero, o cuando el comprador "se demora excesivamente" en recibirlas o en pagar el precio.

a) Cuando el comprador recibe las mercancías (arts. 85 y 88-1)

Si el comprador que se demoró en recibir las mercancías o en pagar el precio, después de que el vendedor adoptó las medidas conservatorias, está dispuesto a recibirlas y, en su caso, paga el precio debido, el vendedor puede exigirle el reembolso de los "gastos razonables que haya realizado", y negarse a entregar las mercancías en tanto no le sean reembolsados (art. 85). Aun cuando el comprador ya hubiera pagado el precio total de las mercancías, el vendedor puede negarse a entregarlas mientras no le sean reembolsados dichos gastos.

Además, si este comprador se demorase "excesivamente" en pagar los gastos de conservación, el vendedor tiene derecho a vender las mercancías, avisando con "antelación razonable" a la otra parte (art. 88-1), a fin de cobrarse con el precio los gastos "razonables" que hubiera hecho, entregando al comprador el resto de las mercancías[84] y del precio (art. 88-3). La determinación de si la demora ha sido "excesiva", de si los gastos fueron "razonables" o si el aviso fue dado con antelación "razonable", tendrá que hacerla, caso por caso, el vendedor, para decidir si vende o no las mercancías y, eventualmente, el juez, para decidir si el vendedor actuó o no con derecho.

b) Cuando el vendedor vende mercancías perecederas (art. 88-3)

El vendedor tiene derecho a retener, del precio cobrado al tercero, la cantidad equivalente a los gastos razonables que le haya ocasionado la conservación y venta de las mercancías (art. 88-3), pero debe abonar la diferencia a la otra parte, según se explicó arriba. También aquí, el vendedor decide, a fin de cuantificar la cantidad que retiene, qué son gastos "razonables", aunque el juez podrá, eventualmente, confirmar o modificar esa decisión.

[84] Aunque la *Convención* no habla de devolver el resto de las mercancías, cabe entender que así debe ser, ya que para recuperar los gastos de almacenaje ordinariamente será suficiente con vender un parte de las mercancías. Para que el vendedor quede desligado de su obligación de entregar las mercancías, sería preciso resolver el contrato.

c) Cuando el comprador se demora excesivamente en recibir o en pagar (art. 88-1)

En estos casos, el vendedor tiene derecho a vender las mercancías a un tercero, avisando con ''antelación razonable'' al comprador, y a retener, del precio cobrado, la cantidad equivalente a los gastos razonables de conservación y venta. De nuevo, el vendedor juzga si la demora fue ''excesiva'', si el aviso lo dio con ''antelación razonable'', o si los gastos fueron ''razonables''. Aquí también, como en el caso de venta de cosas que se deterioran, el vendedor deberá abonar el precio cobrado a la otra parte, de modo que tendrá que darlo al comprador, si éste ya había pagado el precio originalmente convenido, o retenerlo a cuenta de éste.

Este derecho del vendedor puede considerarse, también, como un recurso en caso de incumplimiento del comprador, ya que es un medio que tiene para defender sus intereses cuando el comprador, en apariencia, no cumple alguna de sus obligaciones (pagar o recibir las mercancías).[85] Es un recurso efectivo, ya que da al vendedor un derecho de autodefensa, como bien lo ha llamado Schlechtriem.[86] Pero el vendedor que hace uso de este derecho debe estar seguro de que se han cumplido objetivamente todos los requisitos para ejercerlo, ya que su decisión podrá ser revisada con posterioridad por un juez, y de resultar que no fue debidamente tomada, el vendedor será responsable de los daños y perjuicios que hubiera causado.

El derecho a vender las mercancías a un tercero no implica la resolución del contrato, por lo que el vendedor sigue obligado a entregar al comprador, ya no las mercancías originalmente pactadas, sino aquellas que hayan sobrado, o el precio obtenido por ellas, descontadas las deducciones que tenga derecho a hacer el vendedor como indemnización de gastos y daños.

9. TOMAR MEDIDAS PARA REDUCIR PÉRDIDAS (ART. 77)

La *Convención* establece (art. 77) el compromiso del vendedor[87] de tomar las medidas razonables, de acuerdo con las circunstancias, para reducir las pérdidas que puede sufrir a causa del incumplimiento, por parte del comprador, de alguna de sus obligaciones. A primera vista, parecería que el citado artículo no establece un deber a cargo del vendedor, sino que tan

[85] Sobre los recursos en caso de incumplimiento del comprador, *infra* X.

[86] SCHLECHTRIEM 108 le llama ''right to a self-help sale'', o derecho a una venta de autodefensa.

[87] Y también la del comprador, *infra* VII 6.

sólo le da un consejo en su propio interés, el de hacer lo posible por reducir las pérdidas. Sin embargo, se trata de una verdadera obligación, puesto que el comprador puede exigir responsabilidad al vendedor por no haber tomado esas medidas. En efecto, cuando el vendedor reclame al comprador el pago de daños y perjuicios que sean consecuencia del incumplimiento de alguna de sus obligaciones, el comprador podrá exigir que se reduzca el monto de la indemnización por daños y perjuicios si el vendedor no tomó medidas adecuadas para reducir, en lo posible, esos daños y perjuicios. Se trata, por consiguiente, de una obligación que es exigible, no por vía de acción, sino por vía de compensación o reconvención, pero ciertamente exigible.

Debe tenerse en cuenta que la indemnización de daños y perjuicios causados por el incumplimiento de una obligación puede reclamarse, bien como una acción independiente, bien como una acción concurrente con otro recurso, por ejemplo, con el de exigir el pago del precio (art. 45-2).

A. Casos en que hay obligación de reducir pérdidas

El artículo 77 dice que existe esta obligación en el caso de que el vendedor "invoque el incumplimiento del contrato". Invocar el incumplimiento significa no sólo demandar ante un juez o árbitro por esa causa, sino también aducirlo ante la otra parte, en cualquier comunicación, como causa para resolver el contrato o para exigir su cumplimiento o el pago de daños y perjuicios. Así, el vendedor que avisa al comprador que no ha recibido el pago del precio y, de acuerdo con el artículo 63, le fija un plazo suplementario para pagar, está ya invocando ese incumplimiento, y queda obligado a tomar medidas para reducir pérdidas. De acuerdo con esto, el deber del vendedor de tomar medidas para reducir las pérdidas surgiría, por regla general, en el momento en que envíe una comunicación[88] al comprador, o a un juez o árbitro, invocando el incumplimiento. Pero como la *Convención* permite invocar no sólo el incumplimiento ya demostrado, sino también el "incumplimiento previsible", esto es, el que puede producirse (art. 71) o que es patente que se producirá (art. 72), cabe concluir que cuando el vendedor invoca un incumplimiento previsible, a partir de ese momento surge la obligación de tomar medidas para reducir pérdidas, y no a partir del momento en que llegue a invocar el incumplimiento ya consumado.[89]

[88] Véase artículo 27.

[89] Coincide con esto KNAPP en *Commentary* 561, al proponer como ejemplo de aplicación del artículo 77 un caso de incumplimiento previsible regido por el artículo 72.

Conviene advertir que esta obligación surge en un supuesto ligeramente diferente del que causa la obligación del vendedor de conservar las mercancías. Esta última nace cuando el comprador no recibe las mercancías o no paga el precio, sin importar la decisión del vendedor de invocar o no ese incumplimiento; en cambio, la obligación de reducir las pérdidas surge cuando se invoca el incumplimiento.

Este caso puede aclarar la diferencia: el vendedor puso las mercancías a disposición del comprador en un determinado almacén de un tercero, en donde están bien cuidadas. El comprador no las recoge, ni paga el precio, en el tiempo que debiera hacerlo. Entonces, el vendedor, cumpliendo con su obligación de conservar las mercancías, conviene con el propietario del almacén para que continúe guardándolas en depósito, y da al comprador un plazo suplementario para recogerlas. Como el comprador sigue sin recogerlas, el vendedor, invocando el incumplimiento del comprador, exige el pago de daños y perjuicios, y queda, en consecuencia, obligado a tomar medidas para reducir las pérdidas.

B. Contenido de la obligación de reducir pérdidas

La obligación consiste en "tomar las medidas que sean razonables, atendidas las circunstancias" para reducir las pérdidas. Por "pérdidas" deben entenderse los daños y los perjuicios, como lo dice el propio artículo 77.

El vendedor debe tomar medidas que "sean razonables, atendidas las circunstancias". No son razonables las que constituyan una carga excesiva, en relación con el valor del contrato. El tipo concreto de medidas que deberá tomar el vendedor dependerá de las circunstancias de cada caso y de la clase de incumplimiento. Cuando se trata del incumplimiento o demora de la obligación de pagar el precio de mercancías que ya fueron entregadas y recibidas por el comprador, las medidas que deberá tomar el vendedor serán de carácter financiero, por ejemplo, contratar un crédito y así reducir las pérdidas derivadas de la no disponibilidad de la cantidad que esperaba cobrar como precio; pero quizá no fuera una medida razonable, si el vendedor, para obtener el crédito, tuviera que dar en garantía un bien inmueble, o si los costos financieros del crédito fueran excesivos.

Cuando se trata del incumplimiento de la obligación de recibir las mercancías o de pagar el precio de mercancías no entregadas, la medida razonable, en la mayoría de los casos, será resolver el contrato y vender las mercancías a un tercero, tal como lo prevé el artículo 75. En otros casos, esto podría no ser una "medida razonable", por ejemplo, cuando se trata de mercancías fabricadas según requerimientos técnicos muy específicos que solicitó el comprador, y que difícilmente pueden venderse a otro.

Knapp[90] discute si el artículo 77 podría interpretarse en el sentido de que el vendedor estaba obligado, cuando invocaba el incumplimiento, a resolver el contrato y vender las mercancías. El mismo autor concluye lo siguiente: que el vendedor, en caso de incumplimiento del comprador, no está obligado, en general, a resolver el contrato y tiene el derecho de reclamar el cumplimiento específico del mismo; pero que la resolución del contrato y la venta de las mercancías a un tercero son, en general, medidas razonables para evitar las pérdidas (y, en consecuencia, se entienden como obligatorias) en los casos en que el vendedor, quien no ha entregado las mercancías, prevé que el comprador no podrá cumplir sus obligaciones contractuales.

C. Responsabilidad del vendedor por incumplimiento de esta obligación

El vendedor que no toma medidas razonables para reducir las pérdidas, es responsable del valor de las pérdidas que pudo haber evitado tomándolas.

La responsabilidad le es exigible no directamente, sino como reducción del monto de la indemnización por daños y perjuicios que reclame del comprador que no ha cumplido. Por ejemplo, si el comprador, que no ha recibido las mercancías, declara que no puede pagar el precio de 1000 dólares que se había convenido; y el vendedor, no obstante que sabe que el comprador está en dificultades financieras, insiste en conseguir el pago del precio y pierde la oportunidad de vender esas mercancías a un tercero que ofrecía pagar 800 dólares; finalmente, el vendedor resuelve el contrato, vende las mercancías, cuyo valor había bajado en el mercado, a 600 dólares, y exige al comprador una indemnización de daños y perjuicios equivalente a 400 dólares. El comprador puede, entonces, exigir que el monto de la indemnización se reduzca 200 dólares, que es la cantidad equivalente a la pérdida que hubiera evitado el vendedor resolviendo oportunamente el contrato y vendiendo las mercancías en 800 dólares.

Otro caso sería el del vendedor que ha enviado las mercancías a un determinado almacén donde debe recogerlas el comprador; el almacenaje genera gastos que tendrá que pagar quien recoja las mercancías. Si el comprador declara que no recogerá las mercancías porque no puede pagarlas, es razonable que el vendedor proceda a recogerlas y pague los gastos de almacenaje, sabiendo que podrá reclamar al comprador, por el incumplimiento del contrato, una indemnización, en la cual se comprenderán to-

90 *Commentary* 566.

dos los gastos de almacenaje. Pero si el vendedor, en vez de recoger las mercancías de inmediato, se demora en hacerlo tres o cuatro meses, cuando reclame al comprador la indemnización por incumplimiento, en la que incluirá los gastos de almacenaje, el comprador podrá pedir que la indemnización se reduzca descontando los gastos de almacenaje que pudieron evitarse si el vendedor hubiera recogido oportunamente las mercancías.

El espíritu que informa estas disposiciones de la *Convención*, es el de fomentar la responsabilidad de los comerciantes por obtener el mayor aprovechamiento posible de las mercancías. Por esto, se sanciona la negligencia del comerciante que no cuida sus intereses, pensando que podrá exigir una indemnización a la otra parte que no ha cumplido con su obligación. Como no se trata de disminuir la responsabilidad del contratante que no ha cumplido, no deben interpretarse estas disposiciones en un sentido desfavorable al vendedor que ha hecho lo razonable por reducir las pérdidas. Así, en el caso de un vendedor que fabrica mercancías, siguiendo especificaciones muy precisas solicitadas por el comprador, y que difícilmente podrían ser vendidas a otra persona, si el vendedor, sabiendo que el comprador ha declarado que no puede pagar el precio, insiste en que se le pague, no cabe pensar que su insistencia es excesiva y causa de pérdidas que podían haberse evitado.

VII. Las obligaciones del comprador

1. ENUMERACIÓN (ART. 53)

El artículo 53 de la *Convención* indica cuáles son las principales obligaciones del comprador, de modo semejante al artículo 31, que indica cuáles son las principales obligaciones del vendedor. Si quisiera hacerse una definición del contrato de compraventa internacional, habría que combinar, como sugiere Maskow,[1] el contenido de ambos artículos. El artículo 53 sólo menciona dos obligaciones del comprador: pagar el precio (cuyo contenido se especifica en los artículos 54 a 59) y recibir las mercancías (desarrollada en el artículo 60). Pero éstas son nada más las responsabilidades esenciales o fundamentales del comprador, ya que la misma *Convención* contempla otras obligaciones del comprador que se producen, no en todo contrato, sino en situaciones específicas, como es el deber de conservar las mercancías (arts. 85 a 88), que se produce cuando el comprador tiene la posesión de las mismas que, por una u otra causa, va a devolver al vendedor, y la exigencia de tomar medidas para reducir pérdidas (art. 77), que se genera cuando el comprador invoca el incumplimiento de alguna obligación del vendedor. Nótese que el artículo 61, que indica cuáles son los recursos que tiene el vendedor por causa del incumplimiento de las obligaciones del comprador, dice en su primer párrafo que tales recursos operan cuando el comprador incumple ''cualquiera de las obligaciones que le incumben'', sin precisar que sean exclusivamente las que menciona el artículo 53. Además, se menciona aparte (art. 65) la obligación que puede tener el comprador, por efecto del contrato, de especificar las mercancías; dada la importancia práctica de esta responsabilidad, que condiciona la

[1] *Commentary* 386.

entrega de las mercancías, se creyó oportuno legislar acerca de las consecuencias que tendría su incumplimiento.

La obligación de conservar las mercancías es un verdadero deber en cuanto la otra parte tiene posibilidad de exigirle responsabilidad por su incumplimiento, mediante el ejercicio de una reclamación de daños y perjuicios. La obligación de tomar medidas para reducir las pérdidas es también exigible, pero no por vía de acción, sino por vía de excepción.[2] Hay otras conductas que la *Convención* prescribe al comprador, pero que en mi opinión no son obligaciones, puesto que su incumplimiento no genera responsabilidad exigible por la otra parte, sino que constituye un obstáculo o impedimento para ejercitar determinados derechos. Así, cuando el artículo 38-1 dice que el comprador "deberá examinar o hacer examinar las mercaderías" en un plazo breve, lo que hace es prescribir al comprador una conducta cuya omisión le impide reclamar al vendedor responsabilidad por la falta de conformidad de las mercancías, mas no determinar una obligación de cuyo incumplimiento tenga que responder ante el vendedor. La especificación de las mercancías, de que trata el artículo 65, no es propiamente una obligación del comprador, sino un derecho que le puede ser conferido por el contrato. Dicho artículo prescribe que el comprador pierde ese derecho, en favor del vendedor, si no lo ejercita en el tiempo oportuno.

Aparte de las obligaciones del comprador prescritas en la *Convención*, puede haber otras dispuestas por el contrato o los usos mercantiles, como proporcionar al vendedor modelos, especificaciones técnicas, empaques o materiales, contratar transportes o pagar ciertos gastos de carga o descarga de las mercancías.

En la definición del contenido de las obligaciones del comprador, y en especial en el de la obligación de recibir las mercancías, así como en la distribución de los gastos por transporte y carga y descarga de las mismas, deben tenerse en cuenta los INCOTERMS, ya que cada uno de los términos comerciales implica la definición del lugar de entrega y, en consecuencia, del lugar de recepción de las mercancías; asimismo, los términos comerciales distribuyen los gastos del transporte, de carga y descarga de las mercancías, la realización de las gestiones ante las autoridades aduaneras del país exportador o del país importador, y la obligación de pagar los derechos de importación o exportación.

[2] *Supra* VI 9 C.

2. PAGAR EL PRECIO (ARTS. 52, 54 A 59)

Respecto de esta obligación, la *Convención* precisa diversos aspectos: A) contenido, B) determinación del precio, C) lugar de pago, D) tiempo del pago, y E) requerimiento de pago.

A. Contenido de la obligación (art. 54)

La obligación de pagar el precio consiste, sobre todo, en dar la cantidad de dinero que se hubiese convenido como precio. No precisa el artículo 54 si el pago ha de ser en numerario, pero se entiende tácitamente que, en principio, así es, salvo que las partes convengan otra forma de pago, como puede ser en cheque o una transferencia de fondos. Aunque, en teoría el vendedor puede exigir el pago en numerario, lo más común será que acepte el pago en cheque o la transferencia de fondos, incluso si no se hubiera convenido de manera específica. El pago implica la realización, por parte del comprador, de otras conductas previas y necesarias para tal fin, como la compra de divisas, la contratación de una carta de crédito o de una fianza. El artículo 54 dice claramente que la obligación de pagar el precio "comprende la de adoptar las medidas y cumplir los requisitos" determinados por el contrato o por las leyes.

La posición de incluir en la exigencia de pagar el precio (que es una obligación de dar) el compromiso de realizar los actos previos (que es una obligación de hacer), es una novedad de esta *Convención* respecto de la anterior realizada en La Haya (LUCI), en la que se separaba la obligación de pagar el precio de "otras" obligaciones del comprador, consistentes en realizar lo necesario para pagar el precio. Durante el curso de los trabajos de la comisión que preparó el proyecto de la convención actual, se consideró la conveniencia de que esas "otras" obligaciones quedaran comprendidas en la obligación de pagar el precio.[3] Sin embargo, la redacción actual del artículo 54 mantiene la idea de que una es la obligación "de pagar el precio" y otra la "de adoptar medidas y cumplir requisitos".

Con base en esta distinción de dos o más obligaciones del comprador contenidas en la de pagar el precio, en los *Comentarios de la Secretaría* se opina[4] que el incumplimiento, por parte del comprador, de alguna de las medidas previas al pago del precio constituye un verdadero incumplimiento, que da lugar al ejercicio de los recursos previstos en los artículos

[3] *Yearbook* VI (1975) 103.

[4] *Comentarios de la Secretaría* artículo 50 párrafo 5 (= *DO* 49).

61 a 65, y no un hecho que funde una previsión de incumplimiento que dé lugar a los recursos previstos en los artículos 71 a 73.[5] Esto, se dice ahí, es el "significado principal" del artículo 54.

En apariencia, esta doctrina da al vendedor mayor seguridad que si se considerara que la falta de adopción de tales medidas o de llenado de algún requisito constituye una base objetiva para prever un incumplimiento. Pero no es así. Con uno u otro planteamiento, el vendedor obtiene finalmente la misma protección: la posibilidad de resolver el contrato si el comprador no realiza determinado acto requerido para el pago en un plazo prudente. Por ejemplo, si el vendedor espera que se le notifique la apertura de una carta de crédito para enviar las mercancías y no recibe el aviso oportunamente, podrá, de acuerdo con el planteamiento de que ha-bido un incumplimiento, fijar al comprador un plazo suplementario (art. 63-1) para que la obtenga, con la advertencia de que si no lo consigue, el vendedor resolverá el contrato. Y de acuerdo con el planteamiento de que dicha omisión constituye una base para prever un incumplimiento, el vendedor podrá pedirle al comprador que asegure que obtendrá la carta de crédito, con la advertencia de que si no lo hace, el vendedor resolverá el contrato (arts. 71 y 72).

Al no haber diferencia en cuanto a los efectos prácticos que se siguen e los dos planteamientos, me parece que sería mejor considerar que la obligación del comprador es pagar el precio y que todo lo que él tenga que hacer para pagarlo constituye, no el objeto de una obligación distinta, sino los medios para cumplir esa única obligación de pagar el precio. Este compromiso queda incumplido cuando, vencido el plazo, el dinero no ha sido entregado total o parcialmente; la falta de realización de algún acto constituye un indicio para prever un futuro incumplimiento del pago del precio.

Los actos previos al pago del precio que ha de ejecutar el comprador, pueden ser muy variados y dependen, en buena parte —como lo señala el propio artículo 54—, del contenido del contrato, en especial de la forma de pago convenida. Pueden consistir en la expedición de pagarés o la aceptación de letras de cambio, la constitución de garantías o la contratación de créditos bancarios. Muchas veces será necesario que el comprador realice contratos con terceros (bancos, compañías de fianzas), lo cual se corresponde con la necesidad que tiene el vendedor de contratar con terceros (transportistas, compañías de seguros) para entregar las mercancías. Hay otros actos previos y necesarios para el pago que dependen, no del contrato, sino de la legislación del Estado del comprador, como son el cumplimiento de trámites administrativos para comprar o exportar divisas.

[5] *Infra* VIII 4 sobre el incumplimiento previsible.

Todos los actos previos deben realizarse, como bien dice Maskow,[6] si no se especifica el momento en el contrato, con una anticipación razonable, al momento en que el precio debe pagarse.

La *Convención* nada dice en cuanto a la moneda en que debe pagarse el precio. Hubo, durante la conferencia diplomática en Viena, la propuesta de incluir un párrafo que señalara que, a falta de moneda convenida, el precio debía pagarse en la moneda de curso legal en el país del comprador, pero fue rechazada por una clara mayoría.[7] En el caso, poco probable, de que la moneda no fuera convenida en el contrato, deberá determinarse con base en las prácticas comerciales habidas entre el comprador y el vendedor, o entre los Estados a que pertenecen, o de acuerdo con la costumbre internacional (art. 9).

B. Determinación del precio (arts. 14, 52, 55 y 56)

El precio que debe pagar el comprador es el acordado en el contrato. Puede ser que se haya pactado un precio determinado, en cuyo caso no surge ninguna duda al respecto, o que las partes convengan: *a*) contratos con precio determinable (arts. 14 y 56), o *b*) contratos de precio abierto (arts. 14 y 55).

a) Contratos con precio determinable (arts. 14 y 56)

La *Convención* no contiene reglas específicas acerca de los diversos medios que pueden convenir las partes para determinar el precio, por lo que esto queda completamente abierto a la voluntad de los contratantes. Puede convenirse el precio de un determinado mercado en una fecha cierta, el precio que designe un tercero, o el que indique el vendedor, mediante la emisión de una lista pública de precios. Incluso, podría considerarse eficaz el acordar que el comprador o el vendedor, de manera unilateral fijaran el precio, si pudiera demostrarse, como lo exige el artículo 14-1, que al hacerlo las partes tuvieron la intención de obligarse.

El modo de determinar el precio puede ser convenido de manera expresa o tácita. La cuestión de cuándo o cómo se conviene tácitamente un medio para determinar el precio es, sobre todo, una cuestión de interpretación del contrato y de aplicación de los usos mercantiles. Así, entre partes que tienen una relación comercial estable, puede considerarse que exis-

[6] *Commentary* 398.

[7] *Informe 1a. Comisión* artículo 50 párrafos 3 y 5 (= *DO* 129).

te un acuerdo de que el precio es el de la lista pública de precios que emite en forma periódica el vendedor; o en las compraventas de un ramo específico en el que el precio suele determinarse por el peso de las mercancías, se entiende que las partes han convenido tácitamente ese medio para determinarlo.

i) Determinación del precio por medio del peso de las mercancías

Considerando que una práctica extendida en determinados ramos, como por ejemplo el de granos, es que el precio se determine por el peso de la mercancía, la *Convención* incluyó un artículo específico (el 56) acerca de este modo de fijación del precio. El artículo contiene, más que una regla de conducta, una regla interpretativa, según la cual el peso de la mercancía que ha de considerarse para fijar el precio es el peso neto. Por éste se entiende el peso de la mercancía sin su empaque.[8] Esto se aplica tanto si se conviene la determinación de un precio por cada unidad, de acuerdo con su peso, como si se pacta un sólo precio, de acuerdo con el peso de toda la mercancía.

Hay contratos en los que se establece que cada unidad de mercancía debe tener un peso mínimo y que, si no lo alcanza, el precio se rebaja proporcionalmente, como cuando se fija un precio por cada naranja que pese cuando menos 80 gramos. En estos casos, aunque el mecanismo convenido no es tanto una forma de determinar el precio, sino de determinar rebajas del precio convenido, es aplicable, por analogía, la regla de este artículo.

Si las partes convinieran, como lo hacen cuando acuerdan la cláusula ''gross for net'', que el peso a considerar es el peso bruto, su acuerdo prevalece sobre la regla del artículo 56.

b) Contratos de precio abierto (arts. 14 y 55)

En la práctica comercial suelen darse los llamados ''contratos de precio abierto'', es decir, compraventas en las que no se determina el monto del precio ni un medio explícito para fijarlo. Esto sucede principalmente en casos de compras de emergencia o de mercancías con características y precios conocidos. Por ejemplo, cuando un comprador que necesita partes para reparar una máquina, pide su envío sin definir ni el monto del precio ni un medio para determinarlo; si el vendedor responde enviando las mercancías, surgen dos cuestiones: ¿se ha celebrado válidamente un contrato

[8] MASKOW *Commentary* 410.

de compraventa?, y, de ser así, ¿cuál es el precio que el vendedor podrá cobrar? La primera cuestión se contempla en el artículo 14-1 y la segunda en el artículo 55.

i) ¿Hay contrato válido sin determinación de precio?

Los artículos 14-1 y 55 contienen disposiciones que parecen ser contradictorias. El primero dice que la oferta es válida si de manera expresa o tácita indica un precio o un medio para determinarlo. El segundo habla de un contrato "válidamente celebrado", en el que "ni expresa ni tácitamente se haya señalado el precio o estipulado un medio para determinarlo". La cuestión es: ¿cómo puede ser válido un contrato que resulta de una oferta no válida? Esto lo tuvieron en cuenta los redactores de la *Convención* durante la discusión del actual artículo 55[9] y, aunque no llegaron a formular una armonización expresa de los dos preceptos, en su ánimo estaba que podían conciliarse, y por eso rechazaron enmiendas que tendían a la modificación del artículo 14-1 o del artículo 55, con el objeto de salvar la contradicción.

Una posibilidad para que haya un contrato válido sin determinación de precio es, como lo dicen los *Comentarios de la Secretaría*,[10] cuando un contrato de compraventa internacional se celebra entre un comprador y un vendedor que tienen su establecimiento en Estados que no ratificaron la segunda parte de la *Convención*, relativa a la formación del contrato;[11] en ese caso, como no se aplica el artículo 14-1, podría formarse válidamente un contrato —si así lo previera la ley aplicable— sin que se hubiera fijado en la oferta ni un precio determinado ni una manera de determinarlo. Pero esta posibilidad se daría en pocos casos.

Garro y Zupi opinan[12] que el artículo 14-1 deja de aplicarse, además de en el caso mencionado, por efecto de la voluntad de las partes, esto es, cuando ellas están de acuerdo en celebrar un contrato sin determinación de precio o de medio para establecerlo y, de esa manera, derogan la aplicación del citado artículo, o bien cuando existe un uso comercial aplicable al contrato que permite la celebración de semejantes contratos. Eörsi[13] señala que la existencia del artículo 55 indica que es posible un contrato de precio abierto, no obstante la prescripción del artículo 14-1, puesto que al perfeccionarse un contrato, dejan de aplicarse las reglas de la oferta;

[9] *Actas resumidas 1a. Comisión* sesión 24 párrafo 21 ss (= *DO* 389).
[10] *Comentarios de la Secretaría* artículo 51 párrafo 2 (= *DO* 49).
[11] *Supra* I 4 B a.
[12] GARRO y ZUPPI 189.
[13] *Commentary* 406 y 407.

la mera conclusión del contrato, añade, prueba que hubo una oferta válida; en el fondo, su argumento es el mismo de los primeros autores: la voluntad de las partes supera la restricción de que la oferta debe indicar el precio o el modo de determinarlo.

En mi opinión, los contratos de precio abierto contienen siempre un acuerdo tácito sobre el precio, pues de otro modo no habría voluntad de pagar un precio, lo cual indicaría que no hay consentimiento contractual. No cabe suponer un contrato en que el vendedor diga: "te vendo al precio que yo quiera o al precio que tú quieras".[14] En tal declaración faltaría obviamente intención de obligarse y constituiría, cuando más, una invitación a hacer una oferta precisa de compra o venta.[15] Lo que puede suceder, y sucede de hecho, son contratos en los que implícitamente se conviene pagar el precio que la cosa vale, sin indicar cuál es el monto de ese precio ni cómo va a determinarse. Así, el pedido de las refacciones que el comprador necesita con urgencia, sin indicación del monto del precio ni del modo de determinarlo, es una oferta en la que tácitamente se indica que se pagará el precio que valgan en ese momento tales mercancías. Por consiguiente, una oferta para realizar un contrato de precio abierto es una oferta válida de acuerdo con el artículo 14-1, pues señala tácitamente un precio (lo que la cosa vale), aunque sin indicar su monto ni el modo específico de determinarlo. El artículo 55 proporciona el medio para determinar el precio convenido en los contratos de precio abierto.

Además, debe considerarse, como advierte Eörsi,[16] que la validez de un contrato de compraventa internacional puede impugnarse por los recursos y con los fundamentos previstos en la ley nacional aplicable al contrato (art. 4-a), por lo que si en dicha ley no se considera válido el contrato de precio abierto, éste puede ser impugnado por la parte que resulte afectada.

ii) Determinación del precio en los contratos de precio abierto

El artículo 55 proporciona un método para definir el monto del precio en estos contratos, siempre y cuando hayan sido válidamente celebrados, es decir, siempre que no sean declarados inválidos por un juez o árbitro, en aplicación de la ley nacional que rija el contrato.

Se considerará implícitamente convenido el precio "generalmente cobrado, en el momento de la celebración del contrato por tales mercaderías

[14] Véase Gayo D 18,1,35: "Consta que es imperfecto aquel negocio en que el vendedor dice al que quiere comprar: 'te queda comprado en la cantidad que quieras'..."

[15] Véase artículo 14 párrafos 1 y 2.

[16] *Commentary* 406.

vendidas en circunstancias semejantes, en el tráfico mercantil de que se trate''.

La mención del precio ''generalmente cobrado ... en el tráfico mercantil de que se trate'' es una innovación respecto del *proyecto CNUDMI*, que se refería al precio ''generalmente cobrado por el vendedor''. El sentido de la enmienda es claro: procurar mayor objetividad en la determinación del precio, considerando el valor de la mercancía en el mercado y no sólo en la negociación del vendedor.

Se da también una referencia temporal: el valor de las mercancías ''al momento de la celebración del contrato'', lo cual evita discusiones en casos de variaciones de precio en el mercado entre el momento del perfeccionamiento del contrato y el momento del pago del precio. Eörsi[17] añade, con razón, que debe hacerse también una referencia espacial: el valor de las mercancías en el lugar de perfeccionamiento del contrato.[18]

El artículo 55 añade, con acierto, que deben considerarse las circunstancias del contrato, entre las que cabe mencionar la cantidad de mercancías, las condiciones de entrega, transporte y seguro, la forma de pago, etc., que son condiciones que influyen directamente en el monto del precio.

C. Lugar de pago del precio (art. 57)

A falta de acuerdo contractual, el artículo 57 precisa cuál es el lugar donde debe pagarse el precio, distinguiendo dos situaciones: *a*) si el pago ha de hacerse contra entrega de documentos o mercancías, y *b*) los demás casos.

La determinación del lugar de pago puede también tener el efecto de precisar ante qué juez competente el vendedor tiene que exigir el precio,[19] pues en muchas leyes procesales la competencia se fija en razón del lugar de ejecución de la obligación.[20] Si el lugar de pago es el país del vende-

17 *Commentary* 408.

18 Sin embargo, la *Convención* no da reglas acerca de cuál es el lugar donde se perfecciona el contrato, por lo que la determinación del mismo puede resultar discutible. Quizá fuera mejor considerar el valor que tengan en el mercado del vendedor, puesto que el comprador, al contratar con un vendedor, lo hace, en parte, por razón del precio que tienen las mercancías en el mercado del vendedor.

19 Durante los trabajos de la conferencia diplomática, los representantes de la República Federal Alemana presentaron una propuesta para que el artículo 57 precisara que la determinación del lugar de pago del precio no importaría para establecer la competencia judicial, pero la propuesta fue rechazada por considerar que interfería en las leyes procesales nacionales. Véase *Informe 1a. Comisión* artículo 53 párrafo 3 (= *DO* 131).

20 No es que la *Convención* (como piensa HONNOLD 332) se extienda a regular aspectos procesales, sino que define el lugar de pago, y dicho lugar es tomado por las leyes procesales nacionales como criterio para definir la competencia.

dor, éste, ante el juez de su propio país, podrá demandar al comprador el pago del precio, pero, de obtener una sentencia favorable, tendría que ejecutarla en el país del comprador. Si el lugar de pago fuera el país del comprador, el vendedor tendría la desventaja de tener que demandar el pago del precio en ese país, pero le sería más fácil ejecutar la sentencia.

a) Pago contra entrega de documentos o mercancías (art.57-1-b)

El artículo 57-1-b precisa que, cuando se conviene pago contra entrega de documentos o mercancías, el pago debe hacerse "en el lugar en que se efectúe la entrega" de los documentos o las mercancías.

En el comercio internacional es cada vez más frecuente acordar el pago contra entrega de documentos, lo cual suele convenirse en una de dos formas: i) pago contra documentos, ii) pago mediante carta de crédito, también llamada por anglicismo "crédito documentario".[21] Pero también se conviene: iii) pago contra entrega de mercancías.

i) Pago contra documentos

En esta forma suele pactarse que el pago lo reciba un banco que actúa a nombre y por cuenta del vendedor. El comprador está obligado a pagar en cuanto el banco —sea directamente el contratado por el vendedor, o uno que actúa como intermediario— le presente los documentos convenidos, que generalmente son aquellos que dan al comprador el control y disposición de las mercancías, tales como facturas, conocimientos o guías de embarque, certificados sanitarios, pedimentos de importación y exportación, etcétera.

Cuando se conviene esta forma de pago, el lugar de entrega de documentos suele ser el lugar donde el comprador tiene su establecimiento, por lo que el lugar de pago del precio es el del establecimiento del comprador. Esto significa que todos los gastos por la presentación de los documentos y la recepción del pago, así como los riesgos que hubiera en la transmisión de los fondos entregados por el comprador al banco receptor, son por cuenta del vendedor. La relación entre el vendedor y el banco receptor suele regirse, si así lo convienen ellos, por las *Uniform Rules for Collections*, elaboradas por la Cámara de Comercio Internacional.[22]

[21] Expresión formada a partir de *documentary credit*.

[22] *Uniform Rules for Collections* (Paris International Chamber of Commerce) publicación núm. 322.

ii) Pago mediante carta de crédito

El comprador obtiene de un banco un crédito para pagar el precio de las mercancías. El banco pagará el precio al vendedor —sea por medio de una sucursal o agencia, sea por medio de otro banco intermediario— en cuanto el vendedor le presente los documentos convenidos, que son los mismos documentos que dan al comprador el control y disposición de las mercancías. El banco debe notificar al vendedor de la existencia de la carta de crédito y de los documentos que tiene que entregar para recibir el pago.

El sitio donde el vendedor debe presentar los documentos suele ser donde tiene su establecimiento, por lo que el lugar de pago del precio es el del establecimiento del vendedor. Por consiguiente, los gastos y riesgos derivados de la transferencia de fondos son por cuenta del comprador. Un riesgo que debe tomarse en cuenta es el que se deriva de la práctica de que el banco que paga el precio suele ser un intermediario que lo paga al vendedor, señalando que podrá exigirle la devolución de la suma pagada, en caso de que el banco emisor de la carta de crédito no se la rembolse; si esto llega a ocurrir, el comprador tendrá que responder al vendedor de los daños y perjuicios que le haya causado esta forma de pago y la consiguiente demora, es decir, corre el riesgo derivado de esa actuación de los bancos. Las relaciones entre el banco y el comprador acreditado suelen regirse, cuando lo establecen los contratos de apertura de estos créditos, por las *Uniform Customs and Practice for Documentary Credits*, elaboradas también por la Cámara de Comercio Internacional.[23]

iii) Pago contra entrega de mercancías

En los contratos que definen esta forma de pago, el lugar de pago del precio se determina por el lugar de entrega de las mercancías, que, según se convenga puede ser: el lugar de establecimiento del vendedor, si se convino una venta EX WORKS; el lugar del establecimiento del comprador, si se convino, por ejemplo, una venta DDP; el lugar donde se entregó al primer transportista, si se convino por ejemplo una venta FCA, o un punto intermedio en la ruta que siguen las mercancías, como una frontera, si se convino una venta DAF.[24] Puede, además, acordarse que el pago lo reciba un agente o representante del vendedor, o incluso la misma empresa que transporta las mercancías, que puede tener orden de no entregarlas sino hasta que el precio haya sido totalmente pagado.

[23] *Uniform Customs and Practice for Documentary Credits* (Paris International Chamber of Commerce) publicación núm. 400. Existe una versión española, editada por la misma cámara.

[24] Sobre el lugar de entrega véase *supra* VI 2 D.

b) Los demás casos

Si no se conviene el pago contra entrega de documentos o entrega de mercancías, pueden acordarse otras formas, como pago por adelantado, sea que se convenga el pago de todo el precio por adelantado —lo cual suele suceder pocas veces en el comercio internacional—, o que se pacte el pago adelantado de una parte del precio; o pago, en una o varias exhibiciones, en un plazo posterior a la entrega de las mercancías. En estos casos, el lugar de pago del precio, según define el artículo 57-1 es el establecimiento del vendedor.[25] En caso de que el vendedor tuviera varios establecimientos, se toma en consideración, siguiendo el artículo 10-1, aquel que tenga una relación más estrecha con el contrato.

Como el lugar de pago es el lugar donde el vendedor tiene su establecimiento al momento en que se realice el pago, puede ocurrir que al momento de perfeccionarse el contrato, el vendedor tenga su establecimiento en un lugar, y que al momento en que el comprador debe pagar el precio, el vendedor tenga su establecimiento en otro sitio. El citado artículo dispone en su párrafo 2 que el precio debe pagarse en este nuevo establecimiento, si bien el vendedor tendrá que hacerse cargo de los gastos que implique el pago del precio en este nuevo lugar. Esto permite que el vendedor pueda cambiar unilateralmente el lugar de pago del precio, cambiando de lugar su establecimiento. Pero el ejercicio de esta facultad debe quedar circunscrito a los límites de la buena fe o reciprocidad contractual, según lo dispone el artículo 7-1, por lo que se entiende que el vendedor debe notificar con oportunidad de su cambio de establecimiento, y que el comprador no será responsable de las demoras en el pago que sean consecuencia del cambio de lugar, si no recibió ese aviso.[26]

Que el lugar de pago del precio sea el sitio del establecimiento del vendedor, tiene como consecuencias que el comprador debe hacer todos los trámites, cubrir todos los gastos y correr todos los riesgos por la transferencia de fondos a dicho lugar.

[25] Aplicando analógicamente esta disposición, Maskow opina (*Commentary* 414), con razón, que el establecimiento del vendedor será también el lugar donde el comprador deba pagar las cantidades que el comprador adeudara por concepto de indemnización por daños y perjuicios.

[26] De acuerdo con el artículo 27, las declaraciones de las partes, después de perfeccionado el contrato, surten efectos desde el momento de su expedición; pero sería excesivo aplicar rígidamente este criterio al caso del vendedor que envía un aviso de cambio de establecimiento que el comprador, por defectos del medio empleado, no llega a recibir, y por lo cual prepara un pago en el lugar donde el vendedor tenía su anterior local; la demora en el pago, producto de la ignorancia del comprador, sería causada por un acto del vendedor —el cambio de establecimiento—, por lo que el comprador quedaría exonerado de responsabilidad —de acuerdo con el artículo 80—, no obstante que el vendedor hubiera enviado la comunicación.

D. Tiempo del pago del precio (art. 58)

Si el contrato no especifica el tiempo de pago del precio, el artículo 58 da normas para determinarlo, distinguiendo si se trata de una compraventa que implica o no el transporte de las mercancías. La regla general es lo que comúnmente se llama "compra de contado", es decir, que el precio debe pagarse al momento en que el comprador recibe las mercancías. Para aclarar el sentido de esta regla, es muy útil la distinción que hace Maskow[27] entre el momento de entrega de las mercancías y el momento de recepción de las mismas. Puede ser que el vendedor cumpla su obligación de entregar, si el contrato no implica el transporte, poniendo las mercancías a disposición del comprador (art. 31-a y b) o, si el contrato implica el transporte, poniéndolas en manos del primer porteador (art. 31-c). Pero el precio no debe pagarse en esos momentos, sino hasta que el comprador reciba las mercancías, esto es, cuando las recoja en el lugar donde se pusieron a su disposición, o cuando reciba las mercancías que le fueron enviadas o los documentos que le permiten recogerlas.

a) Compras que no implican el transporte (art. 58-1)

Si el contrato no implica el transporte de mercancías, pues el comprador recogerá las mercancías en el lugar donde se encuentran o en el domicilio del vendedor,[28] el precio debe pagarse —dice el párrafo 1 del artículo 58— en el mismo momento en que el vendedor ponga las mercancías a disposición del comprador.

El comprador tiene la ventaja de que corresponde al vendedor dar el primer paso; éste debe, primero, poner las mercancías a disposición del comprador, para luego exigir el precio; en cambio, el comprador no tiene que pagar el precio para exigir que el vendedor ponga las mercancías a su disposición. Pero el vendedor está protegido, puesto que puede hacer del pago, como lo prevé el párrafo citado del artículo 58, una condición para la entrega de las mercancías o de los documentos relativos a ellas. De acuerdo con esto, si un vendedor tuviera la obligación de poner las mercancías a disposición del comprador el 15 de junio en la misma fábrica donde las produjo, el vendedor, para exigir el precio, tendría que avisar al comprador que las mercancías están a su disposición en el lugar convenido y, para proteger sus intereses, podría advertir que las mercancías o los documentos no se entregarán al comprador si éste no paga el precio

[27] *Commentary* 423.

[28] Véase art. 31 y *supra* (entrega sin transporte).

convenido; pero si el vendedor no pusiera a disposición del comprador las mercancías en la fecha convenida, éste podría reclamar el incumplimiento del vendedor, sin tener que ofrecer el pago del precio.[29]

b) Compras que implican el transporte (art. 58-2)

Cuando el contrato implica el transporte, es decir, cuando el vendedor tiene que entregar las mercancías a un transportista, el pago del precio debe hacerse (art. 58-2) cuando el comprador reciba las mercancías o los "documentos representativos" de ellas.

De nuevo, la iniciativa corresponde al vendedor, quien tiene mayor riesgo que cuando la venta no implica el transporte, pues en estas otras ventas debe entregar las mercancías al porteador, es decir, perder cierto control sobre ellas, para luego poder exigir el pago del precio. El vendedor también puede protegerse en estos casos, dando instrucciones al transportista de que no entregue las mercancías si no recibe el pago del precio, o advirtiendo al comprador que no le entregará los documentos "representativos" si no paga el precio.

Una dificultad que plantea el párrafo segundo del artículo 58, es la de entender qué significa la expresión "documentos representativos". Si se interpretara con rigidez, puede entenderse que son exclusivamente aquellos documentos que otorgan a su titular la propiedad y control de las mercancías, como puede ser un conocimiento de embarque. La consecuencia de esta interpretación sería que el vendedor, para asegurarse del pago del precio, sólo podría retener este tipo de documentos, y no otros que, aunque no son estrictamente representativos de las mercancías, son necesarios para poder disponer y usar de ellas, tales como las facturas, certificados de origen o certificados sanitarios, sin los cuales las mercancías no pueden ser importadas; o las guías de embarque, sin las cuales el comprador no puede reclamar las mercancías al transportista; o certificados de calidad, sin los cuales no pueden ser comercializadas. Como el objetivo del artículo 58 es definir el momento de pago en relación con el momento en que el comprador recibe las mercancías u obtiene el control sobre las mismas, cabe concluir que los documentos a que se refiere esta expresión son todos aquellos que en cada caso dan al comprador la posibilidad de usar o disponer de las mercancías.[30]

[29] Véase SCHLECHTRIEM 83.

[30] Así opinan MASKOW en *Commentary* 428 y SCHLECHTRIEM 82 nota 327.

E. Condiciones para exigir el pago del precio (arts. 58-3 y 59)

El artículo 59 señala que el vendedor no debe cumplir ninguna formalidad, como el requerimiento de pago, para poder exigir el precio. La intención del artículo es, como indica Honnold,[31] aclarar a juristas de sistemas que exigen semejantes formalidades, que éstas no son exigibles en la compraventa internacional.

Si el momento de pago está expreso en el contrato, el vendedor podrá exigir el pago del precio a partir de ese momento. Pero si tal momento no está definido y tiene que determinarse con arreglo a las reglas del artículo 58 arriba examinadas, podrá exigirlo cuando avise al comprador que las mercancías están a su disposición en un lugar determinado (art. 58-1), o cuando le avise que las mercancías han sido despachadas por determinado medio de transporte y a cierto lugar de destino. Estos avisos no son propiamente una formalidad para poder cobrar el precio, sino el medio adecuado para pedir su pago; pero si el vendedor omitiera pedir el pago del precio en estos avisos, podría, no obstante, exigirlo por cualquier otro medio o, incluso, judicialmente, si el comprador hubiera ya recibido las mercancías, pues ese hecho eliminaría toda duda, de acuerdo con las reglas del artículo 58, acerca del momento en que el precio debía pagarse.

Si se pactó el pago del precio en varias exhibiciones, la regla de este artículo indica que el comprador debe cumplir en las fechas previstas, sin necesidad de requerimiento, y que la demora en el cumplimiento de alguna genera inmediatamente intereses moratorios, de conformidad con el artículo 78.

No obstante la regla de ausencia de formalidades para exigir el pago del precio, la *Convención* establece una condición de hecho para poder exigirlo, que es la prevista en el artículo 58-3. Esta disposición señala que el vendedor no puede exigir el pago del precio al comprador si éste no ha tenido "la posibilidad de examinar las mercancías". Esto constituye una protección importante a favor del comprador. El examen que haga antes de pagar el precio es distinto del que habrá de hacer, con más detenimiento y una vez que ha recibido las mercancías, para cerciorarse de que éstas son conformes con el contrato, tal como lo dispone el artículo 38.[32]

Si el comprador que examina las mercancías encuentra que no son conformes con el contrato puede: recibir las mercancías y ejercer los recursos con que cuenta (reducción proporcional del precio, reparación o sustitución de las mercancías, conforme a los artículos 45 y siguientes); o bien, rechazarlas y resolver el contrato. En este último caso, podría que-

[31] HONNOLD 384.
[32] *Supra* VI 5 C c.

dar obligado, no obstante el rechazo, a tomar posesión de las mercancías para evitar su deterioro o pérdida.[33]

La posibilidad del comprador de examinar las mercancías antes de pagar el precio resulta, de hecho, muy limitada, porque se excluye, según dice el propio artículo, en los contratos en los que las partes hayan pactado modalidades de entrega de las mercancías o de pago del precio, que resultan "incompatibles con esa posibilidad". Muchas de las formas de pago o entrega utilizadas en compraventas internacionales son incompatibles con ella, tales como el convenio de pago por anticipado, o de pago mediante carta de crédito, u otras formas de pago contra documentos.[34] También los son aquellas en que se conviene que el comprador podrá reexpedir las mercancías en tránsito a favor de un tercero.

El comprador que en semejantes contratos quiera asegurar la posibilidad de examinar las mercancías antes de pagar, puede contratar los servicios de alguna agencia internacional de inspección de bienes, y convenir que el documento de certificación de calidad emitido por tal agencia, es requisito indispensable para que el vendedor pueda recibir el pago del banco o agente intermediario.

3. RECIBIR LAS MERCANCÍAS (ARTS. 52 y 60)

La obligación del comprador de recibir las mercancías depende de la obligación del vendedor de entregarlas. Por eso, si el vendedor incumple su obligación de entregar, porque entrega mercancías que no son conformes con el contrato, porque entrega con demora excesiva, porque entrega anticipadamente, o porque entrega mayor cantidad que la convenida, el comprador puede rehusar su recepción (art. 52). El contenido, lugar y tiempo de esta obligación del comprador, también se definen en relación con aquella obligación del vendedor.

A. Contenido (art. 60)

Así como la obligación de pagar el precio comprende realizar actos previos y pagar la cantidad convenida, la obligación de recibir las mercancías comprende también dos conductas: *a*) realizar los actos que posibilitan la entrega (art. 60-a), y *b*) recibir las mercancías (art. 60-b).

[33] *Infra* VII 5.

[34] No se impide la inspección previa de las mercancías en las formas de pago contra documentos que condicionan el pago al arribar las mercancías al lugar de destino.

a) Realizar actos que posibilitan la entrega (art. 60-a)

Cuáles sean en concreto estos actos es algo que ha de determinarse caso por caso. El artículo 60 proporciona dos criterios para reconocerlos: que sean actos que posibiliten "la entrega", y que sean actos que uno pueda esperar "razonablemente" que el comprador realice. Esta última expresión es más amplia que la que tenía el correspondiente artículo de la LUCI (art. 65), que decía que el comprador debía hacer sólo aquellos actos que fueran "necesarios" para la entrega.

Como ejemplos de esos actos pueden mencionarse los siguientes: enviar al vendedor las etiquetas que han de llevar las mercancías, informarle del lugar a donde éstas deben ser enviadas o del medio de transporte por el que debe remitirlas, requerir el envío de las mercancías en un momento determinado, proporcionar al vendedor documentos para la importación de las mercancías, etcétera.

Los actos que ha de realizar el comprador dependen en gran parte del tipo de entrega que se haya convenido, sea de manera expresa, o implícitamente al hacer referencia a alguno de los INCOTERMS. Así, cuando se conviene una compra FOB o FCA, el comprador debe contratar el transporte;[35] pero si es una compra CIF, lo contrata el vendedor[36] y el comprador debe avisar del tiempo de embarque y lugar de destino;[37] en una compra en la que se conviene que el vendedor se haga cargo de los trámites de exportación e importación y que entregue las mercancías en el establecimiento del comprador, como sucede en las compras DDP, el comprador deberá ayudar al vendedor a obtener los permisos o autorizaciones aduanales necesarios para la importación de las mercancías.[38]

Cuando se conviene que el comprador determine, dentro de un plazo, el momento de la entrega haciendo una requisición al vendedor, se discute si hacer tal requisición es parte de la obligación del comprador de entregar las mercancías. Maskow opina[39] que debe entenderse a lo acordado por las partes. Si el convenio fue que si el comprador no requería las mercancías dentro del plazo fijado, el vendedor podía enviarlas, entonces el comprador tiene el derecho de elegir el tiempo de entrega, pero no la obligación de requerir las mercancías; si, en cambio, lo pactado era que el vendedor no las entregara en tanto el comprador no la pidiera, entonces el comprador tiene la obligación de pedirlas, ya que ése es un acto que posibilita la entrega.

35 FOB B3, FCA B3.
36 CIF A3.
37 CIF B7.
38 DDP B2.
39 *Commentary* 438.

La especificación de las mercancías por parte del comprador, es tratada en la *Convención* por separado (art. 65), dada su importancia, pues la especificación condiciona la entrega.[40]

b) La recepción de las mercancías (art. 60-b)

Consiste, según dice textualmente el artículo 60-b, "en hacerse cargo de las mercaderías". Recibir las mercancías no significa aceptar que sean conformes con el contrato. Por eso, el artículo 86-1, previendo el caso del comprador que recibió las mercancías y luego se dio cuenta de que no eran conformes con el contrato, dice que éste, no obstante que "ha recibido las mercancías", puede ejercer su "derecho a rechazarlas". Y también puede suceder, como lo dispone el párrafo segundo del mismo artículo, que el comprador que rechaza las mercancías deba, sin embargo, "tomar posesión de ellas", es decir, hacerse cargo de ellas o recibirlas, para evitar su deterioro o pérdida.

En mi opinión, no hay ninguna diferencia de sentido jurídico entre recibir las mercancías (arts. 60 y 86-1), hacerse cargo de ellas (art. 60) y tomar posesión de las mismas (art. 86-2). Podría pensarse que recibir las mercancías significa tomar posesión de ellas a nombre propio, a diferencia de la toma de posesión de las mercancías a nombre y cuenta del vendedor del que habla el artículo 86-2. Pero esta diferencia sólo tendría interés para efecto de determinar quién sería el propietario de las mercancías, lo cual es materia no regulada por la *Convención* (art. 4-b). Tampoco sirve para determinar quién corre con los gastos de conservación, pues siempre serán por cuenta del vendedor, tanto si el comprador recibió las mercancías y luego las rechazó, como si sólo tomó posesión de ellas por cuenta del vendedor.

El hacerse cargo de las mercancías puede significar varias conductas, según el tipo de contrato que se haya convenido. Si se convino que el comprador recogería las mercancías en el lugar donde se fabricaron (como en una compraventa EX WORKS), recibir las mercancías significa ir a recogerlas, pagar los gastos de carga y descarga, transportarlas hasta el lugar de destino, y pagar los derechos aduanales (de exportación e importación) correspondientes. Si se convino que el vendedor las entregaría a bordo de una nave en un puerto (como en una compraventa FOB), significa que el comprador debe recogerlas en ese lugar, pagar los gastos de carga y descarga, contratar el transporte, y pagar los derechos aduanales correspondientes. Si se convino que el vendedor las enviaría por un medio de transporte a un determinado lugar (como en una compraventa CIF), significa

[40] *Infra* VII 4.

recogerlas en ese lugar, pagar los gastos de descarga y los derechos aduanales de importación. Si se convino que el vendedor las enviaría hasta el establecimiento del comprador (como en una compraventa DDP), hacerse cargo de las mercancías significa simplemente recibirlas.

Esta obligación también puede implicar que el comprador reciba los documentos representativos de las mercancías, sobre todo cuando compra mercancías en tránsito, que reexpedirá en favor de un tercero.

B. Lugar y tiempo de esta obligación (art. 31)

La obligación de recibir las mercancías depende de la obligación del vendedor de entregarlas. Por consiguiente, el lugar y tiempo de recepción de las mercancías, se define en relación con el lugar y tiempo de entrega de las mismas.

a) Lugar (art. 31)

El lugar de entrega se determina, a falta de acuerdo de las partes, conforme a las reglas del artículo 31. Allí se establecen tres supuestos: si el contrato implica el transporte de las mercancías; si el contrato indica que las mercancías han de fabricarse o especificarse en un lugar determinado, o si faltan una y otra determinación.

Si el contrato implica el traslado, puede ser que el medio de transporte lo elijan el comprador o el vendedor. Cuando el medio lo elige el comprador, como en una compraventa FOB o FCA, el lugar de entrega es el del porteador designado por el comprador, y en ese mismo lugar se hace la recepción de las mercancías, por medio del porteador mismo (actuando a nombre del comprador), o de un agente de carga. Si el medio de transporte lo elige el vendedor, como en una compraventa CIF o CIP, el lugar de entrega es el del porteador, pero el comprador cumple su obligación de recibir en el lugar convenido de destino de las mercancías.

Cuando las mercancías han de recogerse en una fábrica o almacén determinados, o en el establecimiento del vendedor (como en la compraventa EX WORKS), el sitio de entrega es también el lugar de recepción de las mercancías.

b) Tiempo

El tiempo de recepción de las mercancías tiene gran importancia práctica, pues de él dependen gastos de almacenaje y conservación de las mercancías, así como el riesgo de su deterioro o pérdida, que es a cargo del comprador si incurre en mora de recibirlas (art. 69-1).

En las compraventas en que el comprador ha de recoger las mercancías en determinado lugar, suele darse al comprador, aunque no lo prevé la *Convención*, un plazo razonable para recogerlas a partir de que recibió el aviso de que estaban a su disposición en ese lugar.

Cuando las mercancías han de ser transportadas por el medio que elige el comprador, el tiempo de entrega coincide con el tiempo de recepción y, ordinariamente, las partes lo determinan, no en el momento de perfeccionar el contrato, sino en un momento posterior; el comprador, por lo común deberá indicar, en un momento oportuno de acuerdo con la fecha de entrega, el medio de transporte. Si las mercancías serán embarcadas en el medio que elija el vendedor, el tiempo de recepción será el tiempo en que lleguen las mercancías a su destino; en estos casos, el vendedor debe avisar con oportunidad la fecha de embarque al comprador, a fin de que éste pueda hacer los preparativos para recogerlas lo más pronto posible y evitar gastos de almacenaje en el lugar de destino.

En caso de entrega anticipada, el comprador puede rehusar la recepción de las mercancías (art. 52-1).

4. ESPECIFICAR LAS MERCANCÍAS (ART. 65)

Por regla general, el vendedor tiene el derecho y el deber de especificar las mercancías, lo cual constituye parte importante de su obligación de entregarlas. No puede haber entrega sino de mercancías específicas o, como dice el artículo 32, de mercancías "claramente identificadas". Pero las partes pueden convenir que el comprador sea el encargado de hacer la especificación. Si así se conviniera y el comprador no la hiciera, el vendedor quedaría imposibilitado de entregar. Podría, incluso, pensarse que en tal caso no hay un contrato de compraventa, ya que no existe una mercancía determinada. Para evitar las discusiones que pudieran surgir a este respecto, los redactores de la *Convención* decidieron establecer un artículo, el 65, que definiera las consecuencias de esa falta de la especificación que debía hacer el comprador.

El artículo, en general, se ocupa de dar al vendedor la posibilidad de especificar él mismo la mercancía, cuando el comprador no lo hace a su debido tiempo. Pero, antes de examinar los requisitos que debe seguir el vendedor para hacer esa especificación alternativa, hace falta considerar las consecuencias más amplias que implica este artículo.

En primer lugar, deja claro, como ya destacaban los *Comentarios de la Secretaría*,[41] que el contrato es obligatorio, y no puede considerarse

[41] *Comentarios de la Secretaría* artículo 61 párrafo 42 (= *DO* 56).

como si estuviera sujeto a una condición suspensiva consistente en la especificación de las mercancías. Esto es importante pues evita el riesgo de dejar la validez del contrato al arbitrio del comprador.

En segundo lugar, debe considerarse si hacer la especificación es un derecho o un deber del comprador. Por una parte, parece un derecho, pues concede al comprador una ventaja, la de elegir las mercancías que debe entregar el vendedor. Pero también aparece como una obligación, si se considera que la especificación es parte del deber del comprador de hacer los actos necesarios para posibilitar la entrega (art. 60-a). En los citados comentarios[42] se dice que puede considerarse, según lo determine el contrato, como un derecho o como una obligación. Knapp[43] critica esa tesis, señalando que tendría consecuencias absurdas el que se viera la especificación nada más como un derecho del comprador, pues contradiría la obligación del comprador de hacer los actos que posibilitan la entrega. Sin embargo, me parece que nada se opone a que las partes puedan convenir que el comprador tenga el derecho de hacer la especificación y que, si no lo ejerciera, pueda el vendedor hacer la especificación y entregar.

La consideración de esta actividad del comprador como una obligación o como un derecho tiene consecuencias prácticas. Si el contrato define que el comprador tiene la obligación de especificar y éste no la cumple, el vendedor podrá reclamar el incumplimiento con los recursos previstos en los artículos 61 a 64 —a eso se refiere la frase del artículo 65-1, que dice que el vendedor puede "sin perjuicio de cualesquiera otros derechos que le correspondan"— o hacer la especificación él mismo, conforme al artículo 65. Si se convino que hacer la especificación fuera un derecho del comprador y éste no la hace, el vendedor puede hacerla él mismo, conforme al artículo 65, y entregar las mercancías, pero no podrá reclamar incumplimiento del contrato.

El artículo 65 fija ciertos requisitos para que el vendedor puede hacer la especificación y ésta resulte vinculante para el comprador. El primero es que el comprador no haya hecho la especificación en la fecha convenida o, si no se convino fecha, que no la haya hecho en un plazo razonable, después de haber recibido un requerimiento del vendedor (art. 65-1).

El segundo es que el vendedor haga la especificación "de acuerdo con las necesidades del comprador que le sean conocidas" (art. 65-1 *in fine*). Aquí se presenta un problema de fijación del texto. La versión inglesa de este artículo de la *Convención* dice que el vendedor ha de hacer la especificación de acuerdo con las necesidades del comprador que el vendedor pudiera conocer (*the requirements of the buyer that may be known to him*). Ésta es una regla más exigente que la que contiene la versión española. La

[42] *Comentarios de la Secretaría* artículo 61 párrafo 5 (= *DO* 56).
[43] *Commentary* 481-482.

disparidad se hace más notoria si se considera, como lo hace Knapp,[44] que el antecedente de este artículo era el artículo 67 de la LUCI, que se refería a las necesidades del comprador que el vendedor conocía. Los redactores del *Proyecto CNUDMI*, señala este autor, quisieron que el vendedor actuara con más diligencia al hacer la especificación. Analizando la historia documental de la versión española del artículo 65, se advierte que el *Proyecto CNUDMI*[45] (art. 61) decía "de acuerdo con las necesidades del comprador que puedan serle conocidas al vendedor"; la primera comisión que examinó el texto no recibió ni aprobó ninguna reforma de esas palabras[46] y lo remitió al comité de redacción, el cual cambió el sentido de la frase y presentó a la sesión plenaria una redacción que decía "de acuerdo con las necesidades del comprador que le sean conocidas", la cual fue aprobada y pasó al artículo vigente.[47] Con este giro introducido por el comité de redacción, vino a resultar que el sentido de la versión española de esta frase del artículo 65 actual es equivalente al del artículo 67 de la LUCI que se pretendía superar y que textualmente decía: "De acuerdo con las necesidades del comprador, en cuanto que éstas resultaren conocidas". Hay, pues, una contradicción entre la versión inglesa,[48] que se refiere a las necesidades que pudieran ser conocidas, y la versión española, que se refiere a las necesidades que sean conocidas. La contradicción debe resolverse en favor de la primera, que es la que conserva el sentido que tenía el artículo en el *Proyecto CNUDMI*, que no quiso cambiarse ni en los trabajos de la comisión, ni en los de la sesión plenaria.

La exigencia de que el vendedor tome en cuenta las necesidades del comprador, tiende a evitar que el vendedor pueda forzar al comprador a que reciba mercancías que no le son útiles, enviándole, por ejemplo, mercancía que está pasada de moda. En estos casos, en que el vendedor entrega mercancías que él especificó sin tomar en cuenta las necesidades del comprador, éste puede rechazarlas o exigir responsabilidad al vendedor porque no son conformes con el contrato.

El tercer requisito para que la especificación hecha por el vendedor vincule al comprador es que el primero, después de hacerla, informe de ella al comprador y le fije un plazo razonable para que la apruebe o haga una especificación diferente. Si el vendedor omitiera fijar un plazo, se entendería, de acuerdo con los principios de la *Convención*, que el compra-

[44] *Commentary* 476.

[45] *Proyecto CNUDMI* artículo 61 (= *DO* 12).

[46] *Informe 1a. Comisión* artículo 61 párrafos 1 a 5 (= *DO* 135).

[47] Véase el documento titulado *Proyectos de artículos de la convención presentados a la conferencia plenaria por la Primera Comisión*, art. 61 (= *DO* 174).

[48] Y también la versión francesa, que dice *d'apres les besoins de l'acheteur dont il peut avoir connaissance.*

dor tiene un plazo razonable para ello.[49] La notificación surte efectos, contrariando la regla general del artículo 27, solamente si el comprador la recibe, lo que significa que el vendedor corre con los riesgos por defectos en la transmisión. Si, pasado el plazo fijado o el plazo razonable, el comprador que recibió la notificación no hace una nueva especificación, se entiende que la acepta o, como dice el texto del artículo (párrafo 2 *in fine*), que "la especificación hecha por el vendedor tendrá fuerza vinculante".

Me parece que esta última expresión tiene un alcance limitado. Significa sólo que el comprador no puede hacer una especificación diferente y que no puede, por consecuencia, rechazar las mercancías diciendo que no son las que él especificó. Pero no significa que el comprador queda privado de su derecho a exigir responsabilidad al vendedor si las mercancías no resultan conformes con el contrato. Por ejemplo, si el vendedor estaba obligado a entregar un millar de vestidos de un cierto estilo y color y de las tallas que el comprador posteriormente especificara; si el comprador no hizo la especificación y el vendedor, cumpliendo todos los requisitos del artículo 65, envió los vestidos en las tallas que el comprador solía pedir, no podrá éste rechazar las mercancías diciendo que él quería otras tallas, pero sí podrá rechazarlas o exigir responsabilidad si los vestidos estuvieran mal cortados o mal teñidos.

5. TOMAR MEDIDAS PARA CONSERVAR LAS MERCANCÍAS (ARTS. 86 A 88)

Así como el vendedor puede quedar obligado a tomar medidas para la conservación de las mercancías, cuando el riesgo de su pérdida o deterioro corre a cargo del comprador, y siempre y cuando el vendedor tenga el control de las mercancías,[50] también el comprador, en semejantes circunstancias, puede quedar igualmente obligado en beneficio del vendedor. El artículo 86 prevé los casos en que el comprador contrae esta obligación. Los artículos 86 y 87 describen cuál es el contenido de dicha obligación.

A. Casos en que el comprador contrae esta obligación (art. 86)

Se trata de situaciones en las que el comprador tiene prácticamente el control de mercancías que rechaza e intenta devolver al vendedor, quien, si

[49] *Comentarios de la Secretaría* artículo 61 párrafo 9 (= *DO* 56).
[50] *Supra* VI 8.

el rechazo fuera fundado, deberá correr con los riesgos de pérdida y deterioro de las mismas, según lo prescriben los artículos 70 y 82-2-a. Es, pues, la misma situación que causa la responsabilidad semejante del vendedor de tomar medidas para conservar mercancías que están a riesgo del comprador. El fundamento de esta responsabilidad es la buena fe o reciprocidad contractual, que exige que las partes procuren evitarse pérdidas. Se distinguen dos supuestos: *a*) si el comprador ha recibido las mercancías, y *b*) si el comprador no ha recibido las mercancías puestas a su disposición en el lugar de destino.

a) Si el comprador ha recibido las mercancías (art. 86-1)

En cuanto el comprador recibe las mercancías, las cuida como cosa propia, pero puede quedar obligado con el vendedor a conservarlas, si pretende devolverlas por no ser conformes con el contrato, sea porque exija mercancías en sustitución, o porque declare resuelto el contrato. En tales casos, "deberá adoptar las medidas que sean razonables, atendidas las circunstancias, para su conservación" (art. 86-1).

b) Si el comprador no ha recibido las mercancías puestas a su disposición en el lugar de destino (art. 86-2)

Cuando el comprador no ha recibido las mercancías que han sido puestas a su disposición en el "lugar de destino",[51] puede quedar obligado a tomar medidas conservatorias si, después de haberlas examinado, decide rechazarlas (art. 86-2). Puede ser que las rechace por no ser conformes con el contrato, o porque su arribo excesivamente tardío constituya un incumplimiento esencial.

Como en estos casos el comprador no ha tomado posesión de las mercancías, la obligación de tomar medidas conservatorias depende de que se den ciertas circunstancias que hacen necesario que el comprador "tome posesión de ellas por cuenta del vendedor". Dichas circunstancias son: i) que las mercancías se hayan puesto a disposición del comprador en el lugar de destino, que ordinariamente será el lugar donde el comprador tiene su establecimiento; no se cumple esta circunstancia en una compraventa FOB o FCA cuando las mercancías se entregan al porteador, ni cuando el comprador rechaza las mercancías antes de que se hayan puesto a su disposición en el lugar de destino, por ejemplo, rechazando los documentos que amparan una venta CIF y negándose a pagar el precio.[52] ii) Que

[51] Véase la diferencia entre lugar de entrega y lugar de destino, *supra* IV 2 C.
[52] *Comentarios de la Secretaría* artículo 75 párrafo 4 (= *DO* 65).

el comprador no tenga que pagar el precio para poder tomar posesión de las mercancías, de modo que si se convino que el transportista las entregara únicamente contra pago del precio, el propio vendedor tendrá que hacerse cargo de la conservación, de acuerdo con lo prevenido en el artículo 85.[53] iii) Que el tomar posesión de las mercancías no cause "inconvenientes ni gastos excesivos", lo cual deberá juzgarse caso por caso, atendiendo al valor de las mercancías, su naturaleza, la capacidad financiera del comprador, etc. Y, finalmente, iv) que no esté presente en ese lugar el vendedor o alguna persona facultada por él (puede ser el propio transportista), que pueda hacerse cargo de las mercancías.

Una vez que el comprador toma posesión de las mercancías a nombre del vendedor, surge a su cargo la obligación de tomar medidas conservatorias, y su situación jurídica es exactamente igual que la del comprador, arriba analizada, que recibió las mercancías e intenta rechazarlas.

B. Contenido de la obligación (arts. 86-1, 87 y 88)

El comprador que se encuentra en las situaciones arriba descritas queda obligado a "adoptar las medidas que sean razonables", atendidas las circunstancias, para la conservación de las mercancías (art. 86-1). Por medidas razonables cabe entender las que sean adecuadas para preservar las mercancías y que no sean excesivamente caras en relación con el valor de las mismas. El contenido de estas medidas puede ser muy variado, pero en la mayoría de los casos será almacenarlas (art. 87) o venderlas (art. 88).

a) Almacenaje de las mercancías (art. 87)

En muchos casos, la medida razonable será depositar las mercancías en el almacén de un tercero, lo cual podrá hacer el comprador (art. 87) a expensas del vendedor. El depósito de las mercancías en el almacén de un tercero es, como nota Berrera Graf,[54] una alternativa que tiene el comprador, entre otras posibles —como depositarlas en un almacén propio—, para cumplir su obligación. Sólo en casos en que no exista otra medida razonable posible, puede afirmarse que el comprador debe hacer el depósito en el almacén de un tercero.

[53] *Supra* VI 8 A.

[54] *Commentary* 625.

b) Venta de las mercancías (art. 88)

En otros casos, la medida razonable para conservar, ya no las mercancías sino su valor,[55] será venderlas. Esto sucede, según contempla el artículo 88-2, si ''están expuestas a deterioro rápido, o si su conservación entraña gastos excesivos''. Por ''deterioro'' cabe entender no sólo la pérdida total (como en los géneros perecederos), sino también la disminución de sus cualidades o de su mero valor comercial;[56] así, la ropa para una temporada o circunstancia específica, podría considerarse de rápido deterioro, no obstante que se puede conservar mucho tiempo sin merma de sus cualidades físicas; o podría considerarse que una cantidad de trigo se deteriora rápidamente porque se avizora o se produce una baja importante de su precio en el mercado. Para determinar si la aplicación de una medida implica gastos ''excesivos'', habrá que considerar el valor de la mercancía, la capacidad financiera del vendedor —quien tendrá que pagar los gastos— y el tiempo que duraría tal medida.

En esos casos, la obligación del comprador consiste en ''adoptar medidas razonables para venderlas'', lo cual no exige que, efectivamente, venda las mercancías. Podría suceder que el comprador toma las medidas adecuadas y razonables, pero no hay quien compre las mercancías, y éstas se pierden. ¿Tendrá responsabilidad el comprador por la pérdida de esas mercancías? Todo depende de si tomó o no las ''medidas razonables'' para venderlas, como anunciarlas y ofrecerlas a un precio atractivo.

Además, el comprador deberá comunicar a la otra parte, ''en la medida de lo posible'', su intención de vender las mercancías. Hacer esta comunicación es, pues, un deber condicionado por las circunstancias y por el objetivo general del artículo 88-2 —que es evitar el deterioro de las mercancías—. Así, cuando se presenta al comprador alguien que ofrece comprar de inmediato las mercancías perecederas, el comprador puede hacer la venta sin avisar a éste, pues podría perderse la oportunidad de venderlas.

En las ventas de mercancías que no merecen conservarse, el comprador queda desligado de su obligación de pagar el precio originalmente convenido, pero debe entregar el precio cobrado por ellas, una vez hechas las deducciones a que tiene derecho, y que se examinan más abajo. Y así, si el comprador que había convenido pagar un precio de mil dólares al vendedor original, vendió a un tercero las mercancías en 800 dólares, tendrá que devolver lo que quede de ese dinero después de hacer las retenciones a que tiene derecho. Pero si el comprador ya hubiera pagado el precio

[55] En última instancia, con el deber de conservar las mercancías, lo que se intenta es evitar pérdidas a la otra parte y no mantener íntegras las mercancías a cualquier costo.

[56] *Comentarios de la Secretaría* artículo 77 párrafo 6 (= *DO* 68).

originalmente convenido, entonces tendría que declarar resuelto el contrato para poder retener, del precio cobrado al tercero, la cantidad que él había pagado originalmente, además de las otras cantidades a que tuviera derecho.

C. Derecho de reembolso y de retención (arts. 86-1 y 88-3)

Como la conducta del comprador ha servido para reducir pérdidas al vendedor, es justo que éste corra con los gastos de conservación, y que el comprador tenga una garantía de que le será reembolsada la cantidad que hubiera razonablemente erogado por tal motivo. Las garantías que prevé la *Convención* (retención y venta de las mercancías) dan al comprador, en este punto, una posición predominante, que se justifica por lo mismo que quedó obligado a conservar las mercancías, esto es, por tener la posesión o el control de las mismas.

El derecho de reembolso se hace efectivo: *a*) cuando el vendedor recoge las mercancías, que es el momento en que termina la obligación del comprador de conservarlas, *b*) cuando el comprador vende mercancías perecederas, y *c*) cuando el vendedor se demora excesivamente en recogerlas o en pagar los gastos de conservación.

a) Cuando el vendedor recoge las mercancías

Si el vendedor acepta la devolución de las mercancías que el comprador ha tenido que conservar, el comprador puede exigirle el reembolso de los ''gastos razonables que haya realizado'', y negarse a entregarlas en tanto no le sean reembolsados (art. 86-1). El comprador puede hacer esta retención, aun cuando no hubiera pagado el precio de las mercancías.

Además, si el vendedor se demorase ''excesivamente'' en pagar los gastos de conservación, el comprador tiene derecho a vender las mercancías, avisando con ''antelación razonable'' a la otra parte (art. 88-1), a fin de cobrarse, con el precio, los gastos ''razonables'' que hubiera hecho, entregando al vendedor el resto de las mercancías[57] y del precio (art. 88-3). La determinación acerca de si la demora ha sido ''excesiva'', de si los gastos fueron ''razonables'' o de si el aviso fue dado con antelación ''razonable'', tendrá que hacerla, caso por caso, el comprador, para decidir si ven-

[57] Aunque la *Convención* no habla de devolver el resto de las mercancías, cabe entender que así debe ser, ya que para recuperar los gastos de almacenaje, ordinariamente será suficiente con vender una parte de las mercancías.

de o no las mercancías, y eventualmente el juez, para decidir si el comprador actuó o no con razón.

b) Cuando el comprador vende mercancías perecederas

El comprador tiene derecho a retener, del precio cobrado al tercero, la cantidad equivalente a los gastos razonables que le haya ocasionado la conservación y venta de las mercancías (art. 88-3), y abonar la diferencia a la otra parte. Para que el comprador pueda, además, retener la cantidad que hubiera adelantado como precio, tendría que haber declarado previamente la resolución del contrato. También aquí el comprador decide, a fin de cuantificar la cantidad que retiene, qué son gastos "razonables", aunque el juez podrá, eventualmente, confirmar o modificar esa decisión.

c) Cuando el vendedor se demora excesivamente en recogerlas o en pagar los gastos de conservación

En estos casos, el comprador tiene derecho a vender las mercancías a un tercero, avisando con "antelación razonable" al vendedor, y a retener, del precio cobrado, la cantidad equivalente a los gastos razonables de conservación y venta. El comprador juzga si la demora fue "excesiva", si el aviso lo dio con "antelación razonable", o si los gastos fueron "razonables". Aquí también, como en el caso de venta de cosas que se deterioran, el comprador, después de hacer las deducciones, deberá entregar la diferencia al vendedor, a no ser que haya declarado resuelto el contrato y pueda, así, retener también esa cantidad, en compensación del precio que hubiera pagado anticipadamente.

Este derecho de retención del comprador puede considerarse también como un recurso en caso de incumplimiento del vendedor, ya que es un medio para conseguir que el vendedor acepte la devolución de las mercancías que no fueron conformes con el contrato, o que fueron entregadas con tardanza. Es un medio efectivo, casi como un derecho de prenda que tiene el comprador respecto de las mercancías, que le permite venderlas y cobrarse con el precio. Schlechtriem lo ha llamado un derecho de autodefensa. [58] Pero el comprador que hace uso de este derecho debe estar seguro de que se han cumplido objetivamente todos los requisitos para ejercerlo, ya que su decisión podrá ser revisada con ulterioridad por un juez, y, de resultar que no fue debidamente tomada, el comprador será responsable de los daños y perjuicios que hubiera causado.

[58] SCHLECHTRIEM 108 le llama "right to a self-help sale", o derecho a una venta de autodefensa.

6. TOMAR MEDIDAS PARA REDUCIR PÉRDIDAS (ART. 77)

La *Convención* establece (art. 77) la obligación del comprador,[59] de tomar las medidas razonables, de acuerdo con las circunstancias, para reducir las pérdidas que él pueda sufrir a causa del incumplimiento de alguna de las obligaciones del vendedor. A primera vista, parecería que el citado artículo no establece una obligación a cargo del comprador, sino que tan sólo le da un consejo en su propio interés, el de hacer lo posible por reducir las pérdidas. Sin embargo, se trata de una verdadera obligación, puesto que el vendedor puede exigirle responsabilidad por no haber tomado esas medidas. En efecto, cuando el comprador reclame al vendedor el pago de daños y perjuicios que sean consecuencia del incumplimiento de alguna de sus obligaciones, el vendedor podrá pedir que se reduzca el monto de la indemnización de daños y perjuicios que él deba, si el comprador no tomó medidas adecuadas para reducir, en lo posible, esos daños y perjuicios. Se trata, por consiguiente, de una obligación que es exigible, no por vía de acción, sino por vía de compensación o reconvención, pero ciertamente exigible.

Debe tenerse en cuenta que la indemnización de daños y perjuicios causados por el incumplimiento de una obligación, puede reclamarse, bien como una acción independiente, bien como una acción concurrente con otro recurso, por ejemplo, con la de exigir el cumplimiento o la resolución del contrato.

A. Casos en que hay obligación de tomar medidas para reducir pérdidas

El artículo 77 dice que existe esta obligación en el caso de que el comprador ''invoque el incumplimiento del contrato''. Invocar el incumplimiento significa no sólo demandar ante un juez o árbitro por esa causa, sino también aducirlo ante la otra parte, en cualquier comunicación, como causa para resolver el contrato, para exigir su cumplimiento o el pago de daños y perjuicios. Así, el comprador que avisa al vendedor que no va a recibir las mercancías, o que las mercancías recibidas no son conformes con el contrato y que solicita su reparación o sustitución, está ya invocando ese incumplimiento, y queda obligado a tomar medidas para reducir pérdidas. De acuerdo con esto, la obligación de tomar medidas para reducir las pérdidas surgiría, por regla general, en el momento en que envíe

[59] Obligación que también tiene el vendedor, *supra* VI 9.

una comunicación[60] al vendedor (o a un juez o árbitro) invocando el incumplimiento. Pero, como la *Convención* permite invocar, no sólo el incumplimiento ya demostrado, sino también el ''incumplimiento previsible'', esto es, el incumplimiento que puede producirse (art. 71) o que es patente que se producirá (art. 72),[61] cabe concluir que cuando el vendedor invoca un incumplimiento previsible, a partir de ese momento surge la obligación de tomar medidas para reducir pérdidas, y no a partir del momento en que llegue a invocar el incumplimiento ya consumado.[62]

Conviene advertir que esta obligación surge en un supuesto ligeramente diferente del que causa la obligación de tomar medidas para la conservación de las mercancías. Esta última nace cuando el comprador se niega a recibir las mercancías o cuando pretende devolverlas, sea resolviendo el contrato, sea exigiendo la sustitución de las mercancías. En cambio, la obligación de tomar medidas para reducir las pérdidas surge cuando se invoca un incumplimiento.

Este caso puede aclarar la diferencia: el vendedor puso las mercancías a disposición del comprador en un determinado almacén de un tercero, en donde están bien cuidadas. El comprador, advirtiendo que son mercancías completamente diferentes a las que él había pedido, no las recoge, ni paga el precio. El comprador no tiene que tomar medidas para conservar las mercancías, porque éstas se encuentran en poder de un tercero (el almacenador) que actúa por instrucciones del vendedor. Pero si tarda en avisar al vendedor que las mercancías no eran conformes con el contrato, aun cuando el contrato pueda ser resuelto fundadamente por el comprador, porque le dio el aviso dentro del plazo razonable previsto en el artículo 49-2-b-i, el comprador será responsable de los gastos de almacenamiento en exceso que tuvo que pagar el vendedor por no haberle avisado con rapidez.

B. Contenido de esta obligación

La obligación consiste en ''tomar las medidas que sean razonables, atendidas las circunstancias'', para reducir las pérdidas. Por ''pérdidas'' deben entenderse los daños y, además, los perjuicios, como lo dice el propio artículo 77.

El comprador debe tomar medidas que ''sean razonables, atendidas las circunstancias''. No son razonables las que constituyan una carga ex-

[60] Véase artículo 27.

[61] *Infra* VIII 4.

[62] Coincide con esto KNAPP (*Commentary* 561) al proponer como ejemplo de aplicación del artículo 77 un caso de incumplimiento previsible regido por el artículo 72.

cesiva, en relación con el valor del contrato. El tipo concreto de medidas que deberá tomar dependerá de las circunstancias de cada caso y de la clase de incumplimiento. Cuando se trata del incumplimiento por falta de conformidad de las mercancías, el comprador podrá tomar medidas como éstas: reparar las mercancías él mismo, o proceder a una compra de reemplazo si las mercancías recibidas son de plano inutilizables; si se trata de una demora en la entrega, quizás el comprador pueda adquirir con otro proveedor una parte de las mercancías que necesita de inmediato y así minimizar la pérdida por la demora.

En ciertos casos, quizá la medida adecuada sea resolver el contrato, por ejemplo, si el vendedor avisa al comprador que no podrá fabricar las mercancías que el comprador requiere, éste podría, en principio, exigir el cumplimiento y esperar la entrega de las mercancías o resolver el contrato, y procurar abastecerse de ellas con otro proveedor; esta última alternativa sería una medida razonable que evitaría pérdidas al comprador. Ello no quiere decir, como se aclaró durante la discusión en la conferencia diplomática,[63] que el artículo 77 prive al comprador de su derecho a resolver el contrato, sino simplemente que le hace ver este recurso como más conveniente a sus intereses, que el de exigir el cumplimiento específico del contrato.

C. Responsabilidad del comprador por incumplimiento de esta obligación

El comprador que no toma medidas razonables para reducir las pérdidas, es responsable de las pérdidas que pudo haberse evitado tomando esas medidas.

La responsabilidad le es exigible no directamente, sino como reducción del monto de la indemnización por daños y perjuicios que reclame al vendedor que no ha cumplido. Por ejemplo, el vendedor informa al comprador que no podrá entregarle la maquinaria convenida al precio de 50 000 dólares que se había fijado en el contrato, sino sólo al precio de 60 000 dólares. Al momento de recibir esta comunicación, el comprador podía haber adquirido la maquinaria con otro proveedor al precio de 55 000 dólares, pero en vez de resolver el contrato y proceder a una compra de reemplazo, estuvo insistiendo, durante tres meses, para que el vendedor le entregase la maquinaria en el precio convenido. Finalmente, viendo que el vendedor no entregará, el comprador decide resolver el contrato y proceder a una compra de reemplazo al precio de 58 000 dólares.

63 *Actas resumidas 1a. Comisión* sesión 30 párrafos 60, 62, 64 y 66 (= *DO* 425).

Cuando el comprador exija al vendedor que le reembolse los 8000 dólares que tuvo que pagar de más por la maquinaria, el vendedor podrá hacer que se rebaje esa suma en 3000, que es el equivalente de la pérdida que el comprador hubiera evitado, de haber procedido rápidamente a una compra de reemplazo al precio de 55 000 dólares.[64]

El espíritu que informa esta disposición es el de fomentar la responsabilidad de los comerciantes por obtener el mayor aprovechamiento posible de las mercancías. Por esto, se sanciona la negligencia del comerciante que no cuida sus intereses, pensando que podrá exigir una indemnización a la parte que no ha cumplido con su obligación. Como no se trata de disminuir la responsabilidad del contratante que no ha cumplido, no deben interpretarse estas disposiciones en un sentido desfavorable al comprador que ha hecho lo razonable por reducir las pérdidas. Así, en el caso mencionado de un comprador que requiere mercancías con características muy especiales, que difícilmente podría fabricar otro vendedor, no cabe afirmar que no cumple su obligación de reducir pérdidas si insiste en que el vendedor las fabrique cuando éste ha declarado que no lo hará.

[64] Véase un caso semejante en *Comentarios de la Secretaría* artículo 73 párrafo 4 (= *DO* 67).

VIII. Incumplimiento de las obligaciones contractuales

La falta de cumplimiento de las obligaciones del vendedor o del comprador da lugar a que la parte afectada pueda exigirle responsabilidad contractual, con los procedimientos que la propia *Convención* dispone. Pero la misma posibilidad de ejercer un recurso, y también el tipo de recurso que puede usarse, dependen del modo en que se produzca el incumplimiento. Por eso, antes de estudiar los recursos que tienen las partes entre sí, conviene detenerse a examinar las distintas formas de incumplimiento que prevé la *Convención*. No hay en ésta un capítulo o sección especial sobre el incumplimiento de las obligaciones contractuales, pero cuenta con varias disposiciones que se refieren a ello, diseminadas en sus diversas partes. Recogiendo y analizando conjuntamente todas ellas, se puede apreciar una determinada teoría acerca del incumplimiento de las obligaciones contractuales, en la que priva la idea de que el incumplimiento ha de determinarse por criterios objetivos, considerando, primordialmente, si se ha producido un daño a la otra parte, y sin acudir a los criterios tradicionales de culpa y caso fortuito, si bien no se excluye la consideración de factores excluyentes de responsabilidad por el incumplimiento de obligaciones contractuales.

De acuerdo con la gravedad del daño que produzca a la otra parte, la *Convención* califica el incumplimiento como esencial (art. 25), sustancial (art. 71), o simple incumplimiento. Complementaria de esta regla de determinar el incumplimiento por el daño objetivo causado a la otra parte, es la regla de limitar la resolución del contrato por incumplimiento a los casos en que se produce un incumplimiento esencial.

En este capítulo se analizan, primero, los casos en que no hay responsabilidad por el incumplimiento, sea 1) porque hay exoneración de responsabilidad por incumplimiento, o 2) porque la parte obligada subsana o remedia el incumplimiento. Luego se estudia 3) la noción de incumplimiento esencial, de la cual dependen las nociones de 4) incumplimiento previsible, y 5) incumplimiento parcial.

1. EXONERACIÓN DE RESPONSABILIDAD POR INCUMPLIMIENTO (ARTS. 79 Y 80)

Los conceptos de caso fortuito, fuerza mayor o acto del príncipe, que suelen usarse en los sistemas de Derecho civil para excluir la responsabilidad por el incumplimiento de obligaciones contractuales, no fueron acogidos en el texto de la *Convención*, por considerar que darían lugar a interpretaciones divergentes. En vez de ellos, el texto habla de incumplimiento causado por un "impedimento" ajeno a la voluntad de la parte obligada (art. 79), y de incumplimiento causado por la contraparte (art. 80).[1]

A. Incumplimiento causado por un impedimento externo (art. 79)

El artículo 79 señala: *a*) casos en que se produce la exoneración de responsabilidad por incumplimiento; *b*) alcance de la exoneración, y *c*) condición para hacerla valer.

a) Casos en que se produce la exoneración de responsabilidad por incumplimiento

Contempla dos situaciones: i) cuando la parte obligada no puede cumplir por causa de un impedimento ajeno a su voluntad (art. 79-1), y ii) cuando la parte obligada no puede cumplir porque un tercero, con quien ella contrató, no puede cumplir por causa de un impedimento ajeno a su voluntad, lo que provoca, como repercusión, el incumplimiento de la parte obligada (art. 79-2).

i) Incumplimiento de la parte obligada

Opera la exoneración de responsabilidad por incumplimiento de la parte obligada, cuando éste se produce por causa de "un impedimento ajeno a su voluntad", imprevisible, inevitable e insuperable (art. 79-1).

[1] Es distinta la exoneración de responsabilidad por incumplimiento, de la imposibilidad de reclamar responsabilidad por no cumplirse ciertos requisitos, por ejemplo, el de avisar al vendedor de la falta de conformidad de las mercancías, sin lo cual no se puede exigir responsabilidad por dicha falta de conformidad (artículo 39), o por haber caducado la acción.

Que el impedimento sea ajeno a la voluntad de la parte que no cumple significa dos cosas: que no puede ser una conducta activa realizada por esa parte, por ejemplo, un vendedor no puede decir que el error que cometió en la fabricación de las mercancías fue "un impedimento ajeno a su voluntad", ya que fue su propia conducta lo que impidió la fabricación de las mercancías; y que tampoco puede ser algo que, de alguna manera, esté bajo el control de la parte que no cumple, sino que debe ser algo externo e independiente de su voluntad; así, la falta de personal capacitado para fabricar una mercancía no es, por sí misma, un impedimento ajeno a la voluntad del vendedor que tiene poder para contratar personal capacitado; en cambio, una huelga decidida por el sindicato de trabajadores sí sería un impedimento ajeno a su voluntad.

El impedimento debe ser algo no previsto al momento de la celebración del contrato, ya que si su existencia o posibilidad hubiera sido prevista en ese momento por la parte que no cumplió se entiende que ella habría asumido el riesgo de obligarse contractualmente en esas circunstancias. Pero el criterio que fija el artículo 79-1 no es meramente subjetivo. No basta con que la parte que no cumplió demuestre, para quedar exenta de responsabilidad, que ella no previó el impedimento, por ejemplo que no previó una huelga laboral en su fábrica, sino que, además, deberá probar que tampoco lo hubiera previsto una persona razonable.[2] Esto es lo que exige dicho artículo, cuando dispone que debe probarse que "no cabía razonablemente esperar que tuviese en cuenta el impedimento en el momento de la celebración del contrato". Por eso, se puede concluir que el impedimento debe ser, no sólo no previsto al momento de la celebración del contrato, sino imprevisible.

Debe, además, tratarse de un impedimento del que "no cabía razonablemente esperar" que fuese evitado. Lo que cabe razonablemente esperar que sea evitado, me parece que es aquello que puede evitarse por medios ordinarios, al alcance de la persona obligada. Queda a criterio del juez decidir caso por caso qué es lo que puede evitarse por medios ordinarios y qué no. Quizá una huelga en la fábrica del vendedor puede considerarse como algo evitable, si las peticiones de los trabajadores pueden cumplirse con los recursos ordinarios de la empresa; pero no si son demandas exageradas en relación con la capacidad actual de la misma; en cambio, una huelga en el ramo fabril al que pertenece el vendedor, quizá sea siempre algo inevitable para un solo fabricante. También debe analizarse, caso por caso, si las consecuencias del impedimento externo pudieron evitarse o no, por ejemplo, una huelga pudo ser inevitable, pero quizá pudo evitarse el paro total de la producción. Para que se produzca la exoneración de

[2] Así opina TALLON en *Commentary* 580.

responsabilidad, debe probarse que ni el impedimento mismo, ni sus consecuencias, eran evitables por medios ordinarios.

Y debe ser un impedimento en sí insuperable o de consecuencias insuperables. Esto es, suponiendo que ya se produjo, que es inevitable, hace falta demostrar que no puede superarse acudiendo a medios ordinarios, que son los que cabe razonablemente esperar que sean empleados. Por ejemplo, si se produce una escasez imprevista de materia prima en el mercado nacional, puede eso considerarse como algo superable para un fabricante vendedor que tiene acceso a fuente internacionales de abastecimiento, pero como algo insuperable para el fabricante que depende de proveedores nacionales.

Bajo esta misma perspectiva de la imposibilidad de superar las consecuencias de un impedimento, se hace evidente que nunca puede considerarse un obstáculo insuperable la pérdida parcial o total de mercancías genéricas, ya que el vendedor siempre puede entregar otras en sustitución de las que perecieron, es decir, siempre puede superar las consecuencias del impedimento. De este modo, se hace valer la regla tradicional que dice que los géneros no perecen (*genera non pereunt*).

Si el impedimento tiene esas características, la parte que incumple no será responsable, siempre y cuando demuestre, además, la relación causal entre el impedimento (causa) y el incumplimiento del contrato (efecto) o, como dice el párrafo primero del artículo, que pruebe que "la falta de cumplimiento se debe a un impedimento". A veces puede resultar difícil precisar cuál fue la causa de contravenir el contrato, sobre todo si intervienen varios factores, por ejemplo, si por un error en la fabricación de las mercancías, el vendedor debe comprar nueva materia prima, cuando ésta ha subido de precio en el mercado a un grado que hace incosteable la producción; ¿cuál es la causa del incumplimiento, el error en la fabricación, la escasez de la materia prima, o su aumento de precio?

Como puede resultar polémico determinar cuándo existe o no un impedimento, y si éste es o no causa del incumplimiento, conviene definir en los contratos una lista de acontecimientos que ambas partes consideran obstáculos exonerantes de responsabilidad. Además de los tradicionales casos de fuerza mayor (terremoto, incendio, inundación, asalto, etc.), deben considerarse los acontecimientos que son producto de decisiones del Estado, también conocidos como "actos del príncipe", entre los que destacan el embargo, confiscación, negación de permisos de exportación, restricciones monetarias, etc., y otros acontecimientos que son resultado de las condiciones socioeconómicas, como escasez de materia prima, huelgas en la propia industria, en empresas de transporte, o proveedores de insumos para la fabricación de las mercancías, insurrecciones, etcétera.

ii) Incumplimiento de un tercero

Si el incumplimiento del contrato se debe a que la parte obligada encargó total o parcialmente la ejecución del contrato a un tercero que no cumplió, la parte obligada quedará exonerada de responsabilidad, sólo si se cumplen dos condiciones (art. 79-2): una, que el incumplimiento por parte del tercero pueda considerarse como un impedimento ajeno a la voluntad de la parte obligada, con las características antes dichas (imprevisible, inevitable e insuperable); y la otra, que el incumplimiento del tercero se deba también a la ocurrencia de un obstáculo con las mismas características.

La exigencia de que el incumplimiento del tercero sea, para la parte obligada, un impedimento ajeno a su voluntad, imprevisible, inevitable e insuperable, hace recaer en ésta una responsabilidad grande por el incumplimiento de tercero, ya que será responsable si encargó la ejecución del contrato a un tercero que una persona razonable habría previsto que no cumpliría, quizá porque no contaba con la capacidad financiera o técnica adecuada; o será responsable si el incumplimiento del tercero podía evitarse dándole apoyo financiero oportuno, o si podía superarse encargando con oportunidad la ejecución del contrato a otro que fuera capaz. Esto es algo que debe tomarse en cuenta al momento de hacer un contrato, si se prevé que habrá de intervenir un tercero, máxime cuando ese tercero lo impone una de las partes, por ejemplo, cuando un comprador pide que la fabricación de cierta parte de las mercancías se encargue a un tercero específico que él designa. En este caso, la responsabilidad del vendedor por el incumplimiento del tercero debe aminorarse por el hecho de no haberlo escogido el vendedor, pero no puede excluirse del todo, ya que él lo aceptó.

Debe aclararse que esta disposición se refiere al caso de que la parte obligada haya subcontratado la ejecución de su obligación con un tercero, pero no a los casos en que la parte obligada recibe de terceros insumos o servicios que ordinariamente le suministran. Así, cuando el vendedor obligado a entregar 10 000 pares de zapatos, contrata su fabricación a un tercero que no le cumple, la posible exoneración de responsabilidad del vendedor debe examinarse a la luz del párrafo 2 del artículo comentado; pero si el vendedor va a fabricar él mismo el calzado, y uno de los proveedores que ordinariamente le suministran materia prima no se la entrega a tiempo, la posible exoneración de responsabilidad del vendedor deberá examinarse a la luz del primer párrafo de dicho artículo. La clave de la distinción entre uno y otro casos está en si el vendedor encargó o no a un tercero "la ejecución total o parcial del contrato".

b) Alcance de la exoneración

La exoneración de responsabilidad opera mientras dure el impedimento (art. 79-3). Esto significa, como bien advierte Schlechtriem,[3] que si el impedimento deja de tener efecto, por ejemplo, cuando se suspende una huelga que impedía la producción, la parte obligada debe cumplir cabalmente su obligación como estaba originalmente pactada, y el efecto de la exoneración será eximir de la responsabilidad por la demora en el cumplimiento. También puede suceder que mientras opera un impedimento temporal, se produce una nueva circunstancia que viene a constituir otro impedimento a la ejecución del contrato, por ejemplo, que mientras dura la huelga, aumenta el precio de la materia prima a un monto que hace incosteable la producción de las mercancías; en este caso, terminada la huelga, habrá que analizar si el aumento de precio de la materia prima constituye un impedimento —con las características previstas en el párrafo primero del artículo 79— que exonere de responsabilidad por incumplimiento del contrato.

Parece que existe una contradicción en cuanto a los límites de la exoneración de responsabilidad entre lo que dicen los párrafos 1 y 5 del artículo que se trata. En el primero se dice que "una parte no será responsable por la falta de cumplimiento", cuando éste se debe a un obstáculo con las características señaladas; pero el párrafo quinto dice que la exoneración sólo impide que la parte afectada reclame daños y perjuicios, pero no que ejerza otro derecho, como exigir el cumplimiento específico o la resolución del contrato. Al respecto, Tallon[4] distingue si el impedimento causa un incumplimiento total y definitivo, o sólo un incumplimiento temporal o parcial. En el primer caso, por ejemplo, cuando un terremoto destruye una obra de arte que el vendedor debía entregar, el impedimento hace inviable la reclamación de daños y perjuicios y la petición de cumplimiento específico o de resolución del contrato, pues la obligación se ha vuelto de objeto imposible. En cambio, cuando el impedimento causa una demora en la entrega de las mercancías o la cancelación de una de las entregas parciales, el comprador, no obstante el obstáculo, conserva su derecho a reclamar el cumplimiento del contrato o a resolverlo, si demuestra que la demora o la falta de cumplimiento de una entrega parcial es causa suficiente para ello.[5] De acuerdo con esta doctrina, el párrafo cinco se aplica sólo a casos de incumplimiento parcial o demorado.[6]

[3] SCHLECHTRIEM 104.

[4] *Commentary* 589-590.

[5] Sobre resolución del contrato véase IX 3 y X 3.

[6] Esta misma discusión se plantea, con otros términos, en el Digesto (18, 1, 57) en el caso de venta de una casa incendiada después de haberse perfeccionado el contrato; allí se menciona que unos juristas (Nerva Sabino y Casio) opinaban que la venta se había resuelto

Pero en muchos casos no será fácil aclarar si un impedimento causa un incumplimiento definitivo y total o sólo una demora. Por ejemplo, si se produce un aumento imprevisible en el precio de la materia prima, ¿se entiende que el vendedor queda desligado definitivamente de su obligación, o que permanece obligado a entregar las mercancías si el precio baja a un nivel que, aunque no sea el mismo que al momento de la contratación, hace, sin embargo, costeable la producción de las mercancías? Durante la conferencia diplomática, la representación noruega hizo una propuesta en el sentido de que se considerara que el obligado quedaba desligado de su responsabilidad cuando cesaba un impedimento temporal, si las circunstancias hubieran cambiado fundamentalmente.[7] Pero la propuesta fue rechazada, considerándose, entre otras cosas, que introduciría una doctrina ajena a la *Convención*, la teoría de la imprevisión del derecho francés, o la teoría de la frustración del derecho anglosajón, que amplían los casos y el alcance de la exoneración de responsabilidad, mientras que el artículo 79 pretendía precisamente lo contrario.[8]

La cuestión debe resolverse considerando si el aumento de precio de materia prima es tan sólo un impedimento temporal, que exonera temporalmente de responsabilidad, o se trata de un obstáculo que, conjugado con otros factores, por ejemplo, la necesidad del comprador de disponer de la mercancía en un plazo límite, constituye un impedimento definitivo.

Como exoneración de responsabilidad sólo es oponible a la acción de reclamación de daños y perjuicios, se entiende que la parte afectada por el incumplimiento, podrá reclamar por otras causas; por ejemplo, el comprador que adelantó una parte del precio, podrá reclamar el pago de los intereses correspondientes, o, si no lo pagó, podrá declarar la resolución del contrato, a efecto de quedar desligado de su obligación de pagar el precio.

Otra cuestión interesante, es si la exoneración de responsabilidad incluye también la cancelación de las cláusulas contractuales en que una parte se obliga a pagar una cantidad en caso de incumplimiento de sus obligaciones; por ejemplo, si un vendedor se obliga a pagar una cantidad en caso de no entregar las mercancías, ¿debe pagar o no esa cantidad cuando el incumplimiento de la entrega se debió a un impedimento ajeno a su voluntad? La solución depende, en mi opinión, de si se considera que la obligación de pagar esa cantidad es una obligación contractual o es una

por falta de objeto, mientras que otros (Neracio y Paulo) opinaban que la venta subsistía si permaneció una parte importante de la casa. La primera opinión coincide con la doctrina del párrafo 1 del artículo 79 (exoneración total de responsabilidad); la segunda, con la del párrafo quinto (exoneración parcial).

[7] *Informe 1a. Comisión* artículo 65 párrafo 3-3-i (= *DO* 144-145).

[8] *Actas resumidas 1a. Comisión* sesión 27 párrafos 52-68 (= *DO* 408-409).

obligación derivada de una promesa. Si se considera que es una obligación contractual, no podría aceptarse la exigibilidad de la cantidad prometida en concepto de indemnización preconstituida de daños y perjuicios, porque la presencia del impedimento exonera al vendedor de la responsabilidad por daños y perjuicios; tampoco, opino, podría aceptarse la exigibilidad de una cantidad concebida como pena, ya que hacerlo iría en contra de la reciprocidad o buena fe contractual. Pero si se considera que es una obligación derivada, no del contrato, sino de una promesa —que puede constar en el mismo documento que el contrato sin ser materialmente parte de él— entonces sí podrá exigirse esa cantidad, porque la responsabilidad de pagarla no deriva del contrato mismo, sino de la promesa como tal; en este supuesto, la reclamación de la promesa no se regiría por la *Convención*, ya que no es materia de la compraventa, sino por las disposiciones de la ley aplicable relativas a las promesas.[9]

c) Condición para hacerla valer

La parte que no cumple alguna obligación contractual por causa de un impedimento ajeno a su voluntad, podrá exonerarse de responsabilidad sólo si comunica oportunamente a la otra parte la presencia del impedimento y la consecuencia que prevé que tendrá en el cumplimiento de sus obligaciones contractuales (art. 79-5).

Aunque el citado párrafo del artículo 79 no señala un plazo para hacer la comunicación, se entiende que contempla que sea un plazo breve a partir del momento en que la parte obligada conoce la existencia del impedimento, ya que el mismo párrafo determina que la comunicación deberá recibirse "dentro de un plazo razonable" después de dicho momento.

La *Convención* no lo dice de manera expresa, pero se entiende que si falta esta comunicación, no se produce la exoneración de responsabilidad, ya que se priva a la parte afectada de la posibilidad de tomar oportunamente las medidas necesarias para mitigar los daños y pérdidas que se produzcan como consecuencia del incumplimiento. Pero ¿qué ocurre si la parte obligada envió la comunicación y ésta no llegó por causa de defectos en el medio de transmisión empleado? El citado párrafo 4, en su frase final, dice que la parte que envía la comunicación "será responsable de los daños y perjuicios causados por esa falta de recepción". Esto significa que la parte que envía la comunicación es responsable de los daños y perjuicios que causa a la otra parte el no haberla recibido, pero no significa

[9] De acuerdo con los *Comentarios de la Secretaría* artículo 65 párrafo 9 (= *DO* 60). TALLON opina (*Commentary* 589) que si la promesa es de pagar una cantidad como indemnización por daños, no es exigible.

que la falta de recepción impide la exoneración de responsabilidad por los daños y perjuicios derivados del incumplimiento del contrato.[10]

Por lo anterior, me parece que este artículo sigue la regla general establecida en el artículo 27, de que las comunicaciones que se envían las partes, después de formado el contrato, surten efecto por el hecho de haberse enviado por medios adecuados, aun cuando no lleguen a su destino.[11] De acuerdo con el artículo 79-4, si la parte que no cumple por un impedimento envía oportuna y adecuadamente la comunicación respectiva a la otra, queda, cumplidos los demás requisitos, exonerada de su responsabilidad por incumplimiento, es decir, surte efecto la comunicación por el hecho de haberla enviado, aunque no haya llegado a su destino. El que se le haga responsable de los daños y perjuicios que produzca la demora o la falta de recepción, no quiere decir que la comunicación no produzca efecto por no haber llegado a su destino, sino sólo que se le determina una responsabilidad especial de cuidar el envío de esta comunicación.

B. Incumplimiento causado por la contraparte (art. 80)

El artículo 80 contempla el caso de que el incumplimiento de las obligaciones contractuales de alguna parte haya sido causado por una acción u omisión de la otra parte. Dispone que en tal caso, la parte afectada no "podrá invocar el incumplimiento", en la medida en que haya sido causado por su propia "acción u omisión". Esta disposición no se encontraba en el proyecto de convención preparado por CNUDMI, y fue agregada en la conferencia de Viena, no obstante que algunos la consideraban innecesaria, pues creían que su contenido era implícito a la buena fe contractual, prevista en el artículo 7 de la *Convención*. Sin embargo, se decidió incluirla para hacer explícita esa regla.[12]

La exoneración de responsabilidad prevista en este artículo, que impide cualquier reclamación contra el deudor, es, en principio, más amplia que la prevista en el artículo 79, que sólo excluye la reclamación por daños y perjuicios. Esta diferencia de tratamiento se justifica porque lo que impide el cumplimiento de la obligación contractual, en el caso previsto por el artículo 80, no es, como en el supuesto del artículo 79, un hecho de la naturaleza o el acto de una persona ajena al contrato, sino la conducta de la contraparte.

[10] Así lo entienden TALLON (*Commentary* 587) y SCHLECHTRIEM 105.

[11] Es decir, se aplica la teoría de la expedición, prevista en el artículo 27 para las comunicaciones posteriores al perfeccionamiento del contrato, y no la teoría de la recepción, prevista en los artículos 15 y 18-2, para las comunicaciones de oferta y aceptación. TALLON, en cambio (*Commentary* 587), opina que el artículo 79-4 sigue la teoría de la recepción.

[12] *Informe 1a. Comisión*, artículo 65, párrafos 12 y 13 (= *DO* 146).

Esta última observación explica que el artículo 80 deba interpretarse, como lo hace Tallon,[13] independientemente del artículo 79, de modo que no se exija que la conducta de la contraparte constituya un impedimento con los requisitos previstos en el artículo 79, ni se exija que el deudor tenga que cumplir con el deber de notificar previsto en el mismo. ¡Sería absurdo que el deudor tuviera que notificar el impedimento a la otra parte, cuando el impedimento es precisamente la conducta de esta parte!

La conducta causante del incumplimiento puede ser, según lo prevé el artículo 80, "una acción o una omisión". En muchos casos podrá consistir en el incumplimiento de las obligaciones que tiene esta parte, por ejemplo, el incumplimiento del comprador de especificar las mercancías que ha de entregarle el vendedor, o el incumplimiento de la obligación de enviarle modelos conforme a los cuales ha de fabricar las mercancías, etcétera.

El artículo deja claro que tiene que haber una relación causal entre la acción u omisión de una parte y el incumplimiento de la otra, al decir que éste debe ser "causado" por alguna de ellas. Esto puede presentar problemas de prueba, pues en muchos casos resultará difícil precisar si el incumplimiento fue causado por la conducta de la otra parte o por otros factores; por ejemplo, un vendedor no entrega las mercancías en el momento convenido y alega que no las pudo fabricar a tiempo porque no recibió con oportunidad el adelanto convenido del precio; en este caso habría que ver si tal demora en el pago fue realmente la causa de la tardanza en la entrega, o si intervinieron otros factores que fueron las causas verdaderas. En todo caso, probar esta relación causal corresponde a la parte que quiere liberarse de la responsabilidad por incumplimiento.

El alcance de la exoneración de responsabilidad prevista en este artículo es mayor, como ya se dijo, que el de la prevista en el artículo 79, que no excluye la responsabilidad por daños y perjuicios. Sin embargo, el artículo 80 dispone que la exoneración de responsabilidad sea proporcional ("en la medida" dice el artículo) a la eficacia que tuvo la conducta de una parte en el incumplimiento de otra; así opina también Tallon.[14] De esta disposición resulta que el alcance de la exoneración deberá determinarse caso por caso, y según el tipo de acción que intente la parte que sufre el incumplimiento. Así, si la parte perjudicada demanda una indemnización por daños y perjuicios, el juez podrá absolver al demandado si éste prueba que el incumplimiento se debió a la conducta del mismo actor; pero deberá condenarlo, aunque en menor grado del que pretende el actor, si el demandado prueba que su incumplimiento se debió en parte a la conducta del actor; o si la parte perjudicada demanda la entrega de mer-

[13] *Commentary* 598 y ss.
[14] *Commentary* 599.

cancías, pero el demandado prueba que el incumplimiento se debió en parte a la conducta del actor, el juez podrá denegar la petición de entregar las mercancías, pero condenar al pago de daños y perjuicios. Este tipo de casos van a ser un buen campo para ejercicio de la prudencia de los jueces y los árbitros.

2. SUBSANACIÓN DEL INCUMPLIMIENTO (ARTS. 34, 37 Y 48)

La *Convención*, siguiendo con el principio de mantener el contrato (*favor contractus*), abre la posibilidad de que el vendedor pueda "subsanar" cualquier incumplimiento de sus obligaciones, sea antes de que se haya vencido el plazo de cumplimiento (arts. 34 y 37), sea, incluso, con posterioridad a ese momento (art. 48). En estas disposiciones subyace la idea de que se deben dar al deudor todas las posibilidades para cumplir con sus obligaciones, pues es mejor, para ambas partes, el cumplimiento voluntario del contrato que el pago ordenado por un juez o árbitro. Es una regla que coincide con la regla del Derecho romano clásico, que dice que todas las acciones contractuales son absolutorias (*omnia bonae fide iudicia sunt absolutoria*), esto es, que en todas ellas el demandado siempre tiene la posibilidad de salir absuelto si cumple el contrato antes de dictarse la sentencia.[15]

La *Convención* sólo prevé expresamente el derecho del vendedor de subsanar su incumplimiento, sea antes de la fecha de entrega de las mercancías, o después de esa fecha. Pero nada impide extender, por analogía, esta disposición al comprador para reconocerle el derecho a subsanar el incumplimiento en el pago del precio.

A. Subsanación de incumplimiento por el vendedor (arts. 34, 37 y 48)

La subsanación o remedio del incumplimiento por parte del vendedor puede hacerse antes o después de la fecha de entrega.

a) Subsanación antes de la fecha de entrega (arts. 34 y 37)

Cuando el vendedor entrega las mercancías con anticipación, y el comprador acepta recibirlas,[16] el vendedor puede luego subsanar, antes de la fe-

[15] Véase D'ORS *Derecho Privado Romano*[7] (Pamplona, 1991) párrafo 456.

[16] El comprador tiene derecho a rehusar la recepción de mercancías entregadas anticipadamente, artículo 52-1.

cha fijada en el contrato para la entrega, cualquier deficiencia que haya habido en la entrega, sea entregando las partes faltantes, sea sustituyendo o reparando las mercancías defectuosas (art. 37).

El derecho del vendedor a subsanar está condicionado por varias circunstancias. En primer lugar, la subsanación sólo la puede hacer "antes de la fecha fijada de entrega". Debe tenerse en cuenta que el artículo habla de la fecha de entrega, que en la mayor parte de las compraventas internacionales es el momento en que debe entregarse al transportista, y no de la fecha de arribo de las mercancías al comprador, de modo que puede suceder que un vendedor que tiene obligación de entregar al transportista el 15 de junio, lo hace el treinta de mayo, y como advierte que faltó una parte de las mercancías, envía el resto (corrige el incumplimiento) el 13 de junio; este vendedor ha subsanado oportunamente, no obstante que el primer envío llegue al comprador el 30 de junio, 15 días después del momento de entrega.

En segundo lugar, el derecho a subsanar depende de que no ocasione al comprador "inconvenientes ni gastos excesivos". En los casos en que el incumplimiento consista en una falta de conformidad de las mercancías con el contrato, puede ser que la sustitución de las mercancías defectuosas por otras nuevas constituya una dificultad excesiva para el comprador, pues tendría que devolver las mercancías recibidas, pagando los gastos de transporte, almacenaje e impuestos de exportación que ello causa, y luego hacer los gastos de importación de las nuevas mercancías; o también puede ser que la reparación de las mercancías pueda causarle contrariedades excesivas, si se trata, por ejemplo, de una maquinaria que ha sido instalada en su fábrica y la reparación pudiera detener o afectar la línea de producción.

En los casos de entrega incompleta, es difícil que la subsanación (la entrega del faltante) antes del vencimiento de la fecha de entrega pueda causar dificultades excesivas al comprador. Podría, sin embargo, darse el caso de que el comprador, al darse cuenta de que la entrega es incompleta, proceda a adquirir de un tercero la parte restante, y que luego el primer vendedor, antes de la fecha fijada para la entrega, pretenda entregar la mercancía faltante; aquí cabría pensar que la subsanación causaría al comprador inconvenientes excesivos.

En todos los casos, la cuestión está en definir qué significan lo "excesivo" de un gasto o un inconveniente. Ello puede determinarse en relación con el valor económico de la prestación no cumplida y el costo de su subsanación.

El derecho del vendedor a enmendar antes de la fecha de entrega, no excluye su responsabilidad por los daños y perjuicios que cause al comprador con la subsanación (art. 37 *in fine*). Será responsable, por ejemplo, de reembolsar al comprador los gastos que le haya causado el regreso de las mercancías defectuosas, o indemnizarle de lo que dejó de producir al permitir la reparación de una maquinaria defectuosa, etcétera.

Pero aun cuando el vendedor sea quien responda de esos daños y perjuicios, el comprador puede negarse a que se haga la subsanación si, como se dijo antes, es a costa de gastos o inconvenientes excesivos, ya que en la mayoría de los casos el comprador tiene que soportar inmediatamente el costo de la subsanación, aunque después pueda exigirlo al vendedor. Pero si el comprador se niega injustificadamente a aceptar la subsanación, entonces él incurre en responsabilidad, puesto que esa negativa viene a constituir un incumplimiento de su deber de reducir las pérdidas, y tendrá que sufragar todos los daños y perjuicios que pudo haber evitado aceptando la subsanación.[17] Este derecho del vendedor a corregir hace que no pueda considerarse, como advierte Honnold,[18] que exista un "incumplimiento esencial"[19] mientras no expire el plazo de entrega.

Lo mismo se aplica para subsanar cualquier defecto en la entrega de los documentos que el vendedor debe proporcionar al comprador (art. 34).

b) Subsanación después de la fecha de entrega (art. 48)

El artículo 48 establece que el vendedor tiene derecho a subsanar cualquier incumplimiento de sus obligaciones, "incluso después de la fecha de entrega", si con esto no causa inconvenientes excesivos al comprador, y sin que por ello se libere de la responsabilidad por los daños y perjuicios que haya causado la demora en el cumplimiento.

El derecho del vendedor a subsanar, incluso después de la fecha de entrega, se contrapone con el derecho del comprador a resolver el contrato por incumplimiento del vendedor. En la conferencia de Viena se discutió esta relación entre ambos derechos. El texto del proyecto de convención, preparado por CNUDMI, decía (art. 44): "A menos que el comprador haya resuelto el contrato conforme al artículo 45, el vendedor podrá subsanar..." En esta fórmula, estaba claro que prevalecía el derecho del comprador a resolver el contrato; pero en las discusiones en Viena, se vio la conveniencia de que el derecho del vendedor a subsanar no dependiera de que el comprador no resolviera el contrato. Con ese fin, se sustituyó la frase "a menos que...", por la del actual artículo 48 que dice: "Sin perjuicio de lo dispuesto en el artículo 49 (esto es, sin perjuicio del derecho

[17] Sobre este deber, *supra* VII 6.
[18] HONNOLD 298.
[19] Sobre la noción de "incumplimiento esencial", véase *infra* VIII 3.

del comprador a resolver el contrato), el vendedor podrá, incluso después de la fecha de entrega, subsanar...''[20]

La redacción actual del primer párrafo del artículo 48 es ambigua y tendrá que clarificarse por medio de interpretación. Es ambigua, porque dice que no se lesiona el derecho del comprador a resolver el contrato y que el vendedor tiene derecho a subsanar el incumplimiento. La cuestión es saber cuál de los dos derechos debe prevalecer en caso de conflicto. Para solucionarla, es mejor analizar previamente las demás condicionantes del derecho del vendedor a resolver.

Según el mismo párrafo 1 del artículo 48, el vendedor tiene derecho a resolver siempre y cuando lo haga ''sin una demora excesiva y sin causar al comprador inconvenientes excesivos o incertidumbre en cuanto al reembolso por el vendedor de los gastos anticipados por el comprador''. Michael Will opina acertadamente[21] que en realidad se fija ahí una sola condicionante: que, con la subsanación, no se causen al comprador ''inconvenientes excesivos'', ya que la demora excesiva o la inseguridad en cuanto al reembolso de gastos no son más que ejemplos de inconvenientes excesivos.

De acuerdo con esto, puede concluirse que el vendedor tendrá derecho a subsanar cualquier incumplimiento, después de la fecha de entrega, si lo puede hacer en un lapso breve, atendidas las circunstancias, y sin causar inconvenientes excesivos al comprador. Mientras exista tal posibilidad, debe considerarse que el comprador no puede resolver el contrato, pues el incumplimiento del vendedor no es todavía un ''incumplimiento esencial''.[22]

Por lo anterior, es recomendable que el comprador afectado por el incumplimiento del vendedor, que no quiere esperar la subsanación, reclame pronto los daños y perjuicios o una reducción proporcional del precio, con lo cual, si bien no elimina el derecho del vendedor a subsanar, sí puede demostrar que la subsanación le causa inconvenientes excesivos.[23]

El derecho de subsanar permite al vendedor sustituir mercancías defectuosas, repararlas, completar una entrega incompleta o, incluso, entre-

[20] El debate lo iniciaron los representantes de la República Federal Alemana, quienes propusieron que se suprimiera la frase: ''A menos que...''; opinaron lo mismo los representantes de Bulgaria y Japón, pero luego retiraron su propuesta para proponer, junto con los representantes de Canadá, Estados Unidos, Países Bajos y la República Democrática Alemana, una propuesta conjunta, que fue finalmente aprobada, que dice: ''Sin perjuicio de lo dispuesto en el artículo *45 'ahora 49'*, el vendedor podrá, incluso después de la fecha de entrega, subsanar...'' Véase *Informe 1a. Comisión*, artículo 44 párrafos 6 a 13 (= *DO* 124-125).

[21] *Commentary* 352.

[22] En el mismo sentido opina SCHLECHTRIEM 78, quien juzga que el principal inconveniente a considerar es la demora. También HONNOLD 341.

[23] Véase *Comentarios de la Secretaría* artículo 44 párrafo 9 (= *DO* 44).

gar tardíamente las mercancías y realizar cualquier conducta que hubiera omitido, como proporcionar información sobre seguros o medios de transporte, pero no lo libera de la responsabilidad por los daños y perjuicios que haya causado al comprador debidos al cumplimiento tardío de sus obligaciones (art. 48-1 *in fine*).

El vendedor que quiere ejercer su derecho a subsanar puede intentar hacerlo sin avisar previamente al comprador, por ejemplo, entregando tardíamente al transportista la mercancía para que la conduzca al lugar del comprador, pero corriendo el riesgo de que éste rechace la subsanación, alegando que le causa inconvenientes excesivos. Por supuesto que la negativa infundada del comprador le genera responsabilidad por los daños y perjuicios que pudo haber evitado, para sí o para el vendedor, en tanto que tal negativa constituye un incumplimiento de su deber de reducir pérdidas o, eventualmente, de su deber de conservar las mercancías.

Por eso, es más seguro para el vendedor notificar al comprador, de manera previa, la intención de subsanar el incumplimiento, a fin de que éste manifieste si la acepta o rechaza. Sobre esto último tratan los párrafos 2 a 4 del artículo 48 que se comenta.

El vendedor puede enviar una comunicación al comprador preguntándole si acepta la subsanación en un determinado plazo (párrafo 2), o sólo avisarle que subsanará en un determinado plazo, lo cual se presume que es una pregunta sobre si acepta o rechaza tal acto (párrafo 3). Esta comunicación del vendedor sólo surte efectos si es efectivamente recibida por el comprador (párrafo 4), lo cual constituye una excepción expresa a la regla general, prevista en el artículo 27, de que las comunicaciones entre los contratantes surten efectos por su sola expedición, y carga al vendedor con el riesgo de los defectos o demoras en la transmisión. El artículo no fija un plazo dentro del cual el vendedor pueda hacer esta comunicación, ni un plazo en el cual deba hacer la subsanación; pero se entiende, como acertadamente dice Will,[24] que el plazo para hacer la comunicación y la subsanación es el que sea necesario, en cada caso, para que la demora en el cumplimiento no constituya un inconveniente excesivo para el comprador.

Ante una petición de este tipo, el comprador deberá dar respuesta, en un plazo razonable (art. 48-2), contado a partir del día que recibió efectivamente la comunicación (art. 48-4). Si el comprador acepta la subsanación, el vendedor podrá enmendar en el plazo convenido, y el comprador no podrá ejercitar ninguna acción que sea incompatible con el derecho que ha reconocido al vendedor de subsanar el incumplimiento, mientras no expire el plazo mencionado; por ejemplo, el vendedor podrá entregar tardíamente las mercancías o repararlas, y el comprador no podrá deman-

24 *Commentary* 355.

dar la resolución del contrato, ni exigir la sustitución de las mercancías cuando ha aceptado su reparación, ni solicitar una reducción proporcional del precio, mientras no expire aquel plazo, aunque sí podrá reclamar, en todo momento, los daños y perjuicios que le haya causado el incumplimiento original y la subsanación.

Si el comprador no responde en el plazo razonable, cuya duración deberá determinarse caso por caso, se presume que acepta la petición del vendedor, y éste podrá subsanar en el plazo indicado por él (párrafo 2). Pero debe tenerse en cuenta que la comunicación que en respuesta envía el comprador surte sus efectos de acuerdo con la regla general, citada arriba, por el hecho de haberse expedido, y aun cuando nunca llegue a su destinatario.[25] En consecuencia, en el caso de que el comprador hubiera enviado oportunamente una respuesta negativa que nunca llegó al vendedor, si éste intenta subsanar, el comprador puede justamente rechazar la subsanación, demostrando que envió tal respuesta.

El comprador puede responder a la propuesta de subsanación del vendedor con un rechazo y, además, ejercer alguna acción por causa del incumplimiento del vendedor, como la resolución del contrato o la sustitución de mercancías. El rechazo del comprador impide la subsanación, pero hace al comprador responsable, si el rechazo fuera infundado, de las pérdidas que pudo haber evitado. El rechazo es infundado cuando la subsanación no causa al comprador inconvenientes excesivos, en el sentido explicado arriba.

B. Subsanación de incumplimiento por el comprador

Si bien la *Convención* nada dice acerca del derecho del comprador a subsanar su incumplimiento, cabe extender al comprador, por analogía, las reglas arriba analizadas para la subsanación por parte del vendedor. Ciertamente, la obligación de entregar las mercancías es de naturaleza diferente de la de pagar un precio, pero en uno y otro caso, se trata del pago de una obligación contractual, y la misma razón —promover el cumplimiento del contrato— que existe para darle al vendedor la oportunidad de subsanar el incumplimiento, justifica dársela al comprador.

La hipótesis prevista en el artículo 37 —subsanación antes de la fecha de vencimiento de la obligación— quizá pocas veces pueda aplicarse al comprador, pues aunque él haya adelantado una parte del precio, siempre tiene el derecho de pagar la diferencia en tanto no se venza el plazo, de modo que parecería superfluo hablar de un derecho a subsanar antes del

[25] Véase *Comentarios de la Secretaría* artículo 44 párrafo 15.

vencimiento del plazo. Pero pudiera ser necesario aplicar analógicamente las reglas del artículo 37 a compraventas en que el precio no se fijó en el contrato, sino que se previó su posterior determinación por un tercero o un factor externo, como, por ejemplo, el mercado;[26] en los casos en que el monto del precio puede ser discutible, si el comprador, antes de la fecha de vencimiento del plazo, paga una cantidad que él considera que representa el precio convenido, pero que el vendedor discute, podría aplicarse analógicamente el citado artículo para reconocer al comprador el derecho a subsanar el incumplimiento —suponiendo que hubo error en la determinación de la cantidad que él pagó—, mientras no se extinga el plazo de pago, lo cual implica que el vendedor no podrá resolver el contrato y vender las mercancías mientras no expire dicho plazo.

Más frecuente será la aplicación analógica del artículo 48 a los casos en que, vencido el plazo de pago, el comprador paga tardíamente o pide un plazo para pagar. En estos casos deberá reconocérsele, lo mismo que al vendedor, su derecho a subsanar el incumplimiento, mientras no cause con ello inconvenientes excesivos. El reconocimiento de este derecho implica, con las condiciones previstas en el artículo citado, que el vendedor no podrá ejercitar los recursos por incumplimiento del comprador, ni resolver el contrato mientras exista tal derecho.

3. INCUMPLIMIENTO ESENCIAL (ART. 25)

El artículo 25 de la *Convención* contiene la noción de "incumplimiento esencial". Se trata de una noción peculiar de este instrumento jurídico y que tiene consecuencias prácticas importantes en el régimen del contrato de compraventa internacional, pues de ella dependen el derecho de resolver un contrato (arts. 49 y 64), el de exigir mercancías en sustitución de las que no fueran conformes con el contrato (art. 46-2), el de subsanar el incumplimiento (art. 48), o la posibilidad de revertir al vendedor los riesgos por pérdida o deterioro de las mercancías (art. 70).

Se define como incumplimiento esencial aquel incumplimiento que "cause a la otra parte un perjuicio tal que la prive sustancialmente de lo que tenía derecho a esperar en virtud del contrato".

El centro de gravedad de la noción está en la palabra "perjuicio". Sólo el incumplimiento que cause un "perjuicio" grave —grave en el sentido que después se aclarará— puede ser un incumplimiento esencial. En la convención de La Haya sobre los contratos de compraventa internacional (LUCI art. 10) se contemplaba esta noción, pero se definía como aquel

[26] Véase artículos 14, 55 y 56.

incumplimiento que, de haberlo previsto la parte afectada, no habría convenido el contrato. La noción se criticó por ser subjetiva, pues dependía de la consideración acerca de lo que hubiera sido la conducta hipotética de la parte afectada, si hubiera previsto el incumplimiento. Ya en las sesiones del grupo de CNUDMI que preparó el proyecto de la convención actual, los representantes mexicanos hicieron la propuesta de ligar la noción de incumplimiento esencial con la de "perjuicio importante".[27] La propuesta fue aprobada, y en el proyecto de convención que se presentó a la Conferencia de Viena (art. 23) se definía el incumplimiento esencial como el que "causa un perjuicio importante". Se pasó así, por iniciativa de los juristas mexicanos, de una definición subjetiva de incumplimiento esencial a una objetiva.

Debe advertirse, como bien señala Will,[28] que la palabra "perjuicio" (en la versión inglesa *detriment*) del artículo 25, debe interpretarse en sentido amplio, como cualquier deterioro o menoscabo económico, y no en el sentido restringido de ganancia dejada de obtener, con el que aparece en el artículo 74 que se refiere a la indemnización por daños y perjuicios.

Durante los trabajos de la conferencia diplomática pareció necesario precisar en qué podía consistir el perjuicio que constituía un incumplimiento esencial. Algunos delegados pensaban que sólo debía considerarse el detrimento patrimonial efectivamente causado a la parte afectada, por lo que no era necesaria ninguna precisión; otros, encabezados por los representantes de Alemania Federal, pensaban que también debía tomarse como perjuicio constitutivo de un incumplimiento esencial la frustración de las expectativas generadas por el contrato.[29] En la comisión que examinaba este artículo, se integró un grupo de trabajo especial que formuló una propuesta,[30] que fue aprobada, con cambios de estilo, e incorporada al actual artículo 25, que señala que el perjuicio que constituye un incumplimiento esencial debe ser "tal que la prive (a la parte afectada) sustancialmente de lo que tenía derecho a esperar en virtud del contrato".[31] De este modo, queda claro que puede constituir un incumplimiento esencial aquel que frustra expectativas derivadas del contrato, como la posibilidad de revender las mercancías, o la de concluir en cierta fecha la fabricación de unos bienes que debían terminarse con los materiales comprados.

El perjuicio —dice el artículo citado— debe "privar sustancialmente" a la parte agraviada de sus legítimas expectativas. Lo que ha de enten-

[27] Véase *Yearbook* VI (1975) 53, 64, 77-78 y 94-95.
[28] *Commentary* 210.
[29] *Actas resumidas 1a. Comisión* sesión 12 párrafo 68 (= *DO* 323).
[30] *Informe 1a. Comisión* artículo 23 párrafo 7 (= *DO* 107).
[31] La propuesta aprobada originalmente decía: "un perjuicio tal que menoscabe sustancialmente sus expectativas en relación con el contrato".

derse por "privar sustancialmente"[32] es algo que tendrá que aclararse caso por caso, en atención a las circunstancias del contrato, como el monto total del mismo, el daño pecuniario que causa el incumplimiento o las desventajas económicas que produce.[33] Entre las circunstancias a considerar, puede estar una oferta de subsanación hecha por el vendedor, o incluso la mera posibilidad de que el vendedor subsane con oportunidad el incumplimiento. Difícilmente podrá considerarse esencial un incumplimiento si hay una oferta de subsanar o si existe una posibilidad cierta de ello.

Puede constituir incumplimiento esencial, por parte del vendedor, no sólo la falta de entrega de las mercancías, sino también la falta de conformidad de las mismas, la demora en la entrega o la entrega parcial, si producen un perjuicio con las características anotadas. Por parte del comprador, puede serlo, además de la falta de pago de precio, su demora en hacerlo, la negativa de recibir las mercancías o su demora en recibirlas.

La parte que con el incumplimiento de sus obligaciones ha ocasionado un perjuicio grave a la otra, puede rechazar la responsabilidad de haber cometido un "incumplimiento esencial" —dice el mismo artículo 25— si demuestra que no previó "tal resultado" y que tampoco lo "hubiera previsto" una "persona razonable de la misma condición" y "en igual situación". La previsibilidad del resultado viene a ser, así, una condición para que exista ese tipo de incumplimiento. La previsibilidad del resultado debe juzgarse con dos criterios, uno subjetivo, y otro objetivo. El primero es que la propia parte que incumple efectivamente no haya previsto el resultado; y el segundo es que tampoco lo hubiera previsto una "persona razonable". La combinación de ambos criterios permite que no pueda excusarse una parte que, por negligencia o torpeza, no previó el resultado que causaba con su incumplimiento.[34] Debe advertirse que el criterio objetivo no es el de una "persona razonable" en abstracto, sino de una persona de "la misma condición" que la parte que incumple, esto es, que tenga la misma profesión, semejante experiencia, misma cultura, lengua, raza, edad, religión, y colocada en "la misma situación", es decir, ante un contrato de la misma importancia, en semejantes condiciones del mercado, de clima o de estabilidad política, etcétera.

El artículo no precisa en qué momento debiera haber previsto el resultado que causaría el incumplimiento, si en el momento del perfeccionamiento del contrato o en un momento posterior. La intención de los redac-

[32] No parece que el adverbio "sustancialmente", usado en este artículo, deba interpretarse en sentido meramente cuantitativo como el adjetivo "sustancial", utilizado en el artículo 3-2.

[33] Véase *Comentarios de la Secretaría* artículo 23 párrafo 3 (= *DO* 28).

[34] La inclusión del criterio objetivo se debe a una propuesta de los delegados de Egipto, ver *Informe 1a. Comisión*, artículo 23 párrafo 2-v (= *DO* 107).

tores del proyecto era dejar este punto a la decisión de los jueces y árbitros,[35] ya que podría ser, por ejemplo, que al momento de perfeccionarse la venta de una maquinaria, el vendedor no supiera que la fecha de entrega tiene gran importancia para el comprador, sino que esto se lo hizo saber el comprador poco después; si se determinara la previsibilidad del resultado de la demora de una semana en la entrega según la información que tenía el vendedor al momento de perfeccionarse el contrato, podría concluirse que el vendedor no previó, ni podía preverlo una persona razonable, que tal demora causaría un perjuicio grave al comprador; si, en cambio, se admite que la previsibilidad puede juzgarse en relación con un momento posterior, podía concluirse que la gravedad del resultado del incumplimiento sí era previsible. Tomando en cuenta que la relación contractual no es una relación estática, sino que se va modificando por acuerdos entre las partes y por la información que entre ellas se dan, me parece que debe considerarse la previsibilidad en un momento posterior al perfeccionamiento del contrato y, más concretamente, en el momento en que la parte que incumplió intentó cumplir (por ejemplo, en el momento en que envió las mercancías que resultaron no ser conformes con el contrato), u omitió hacerlo (por ejemplo, en el momento que venció el plazo para entregar).

4. INCUMPLIMIENTO PREVISIBLE (ARTS. 71, 72 Y 73)

Después de celebrado el contrato, y antes de que venza el plazo para el cumplimiento de las obligaciones contractuales, puede suceder que una de las partes advierta que la otra no está en condiciones de cumplir alguna de sus obligaciones; por ejemplo, que el vendedor no podrá entregar las mercancías porque aún no ha obtenido la materia prima para fabricarlas. Siguiendo una lógica rigurosa, debería concluirse que el comprador, en ese caso, tendría que respetar el contrato, esperarse hasta que venza el plazo de entrega de las mercancías, y posteriormente proceder a reclamar al vendedor por el incumplimiento. Pero esta lógica va en contra de las exigencias de justicia de una relación contractual fundada en la reciprocidad, ya que resulta desproporcionado exigir a una parte que cumpla sus obligaciones contractuales cuando es patente que la otra parte no cumplirá las suyas. En atención a esto, la *Convención* incluye, en sus artículos 71-1, 72-1 y 73-2, la noción de "incumplimiento previsible" y los recursos que puede emplear la parte que se ve amenazada por ello.

[35] Véase *Comentarios de la Secretaría* artículo 23 párrafo 5 (= *DO* 28).

A. Noción de incumplimiento previsible

En apariencia, cada uno de los artículos citados contiene una noción peculiar de incumplimiento previsible, relacionada con los efectos que se siguen del mismo. En el artículo 71-1 se trata del incumplimiento previsible que da lugar a una suspensión de las obligaciones de la parte amenazada; en el artículo 72-1, del que da lugar a pedir la resolución del contrato; y en el 73-2, del que ocasiona una resolución de un contrato con entregas sucesivas. Sin embargo, como se verá, en el fondo la noción es la misma.

a) Incumplimiento previsible según el artículo 71-1: "incumplimiento sustancial"

Según el artículo 71, hay incumplimiento previsible[36] "si, después de la celebración del contrato, resulta manifiesto que la otra parte no cumplirá una parte sustancial de sus obligaciones..." Hay tres puntos que merecen comentario: el tiempo en que debe manifestarse la posibilidad de incumplimiento, el grado de probabilidad del mismo, y el tipo de obligación que podrá quedar incumplida.

La posibilidad de incumplimiento debe manifestarse después de la celebración del contrato, ya que si era conocida cuando se convino el contrato, se entendería que tal posibilidad fue un riesgo del que estaba enterado y asumió la parte afectada. Lo importante es, como menciona Schlechtriem,[37] en qué momento "resulta manifiesto" que la otra parte no cumplirá. Así, cuando la parte afectada conoce, después de la celebración del contrato, circunstancias que ya existían en el momento de la celebración del contrato, y que le hacen prever el incumplimiento, tal previsión se le ha hecho manifiesta después de la celebración del contrato, aunque se funde en hechos preexistentes.

Esta referencia temporal tiene como consecuencia que la parte que hubiera contratado sin conocer, por ignorancia o por engaño, la capacidad real de la otra parte para cumplir sus obligaciones, puede defender su patrimonio, con los recursos que se analizarán más adelante, sin tener que recurrir a la impugnación del contrato por causa de error o engaño. Es decir, la *Convención* supone que el contrato celebrado por error o engaño, por ejemplo, habiendo sido engañado el comprador acerca de la ca-

[36] La expresión "incumplimiento previsible" no aparece en los artículos 71 y 72, pero sí en la rúbrica de la sección I ("incumplimiento previsible y contratos con entregas sucesivas") del capítulo V de la *Convención*.

[37] SCHLECHTRIEM p. 93.

pacidad del vendedor para fabricar cierto tipo de mercancías, es válido,[38] pero dispone los recursos necesarios para que la parte afectada salga indemne.

La previsión de un incumplimiento es algo que debe estimarse en relación con hechos o circunstancias que la fundamenten, pero no podrá esperarse de ella certeza absoluta, pues aun la previsión basada en la declaración de la parte obligada de que no cumplirá el contrato, puede fallar si ésta cambia su voluntad. La previsión de incumplimiento es, pues, una opinión, que debe ser fundada, pero no es más que una opinión que emite la parte que se siente amenazada por el incumplimiento de la otra.

El artículo 71-1 exige que la previsión de incumplimiento se funde en (inciso a) un ''grave menoscabo'' de la capacidad para cumplir sus obligaciones o de la ''solvencia'' económica. Un grave menoscabo en su capacidad para cumplir puede ser algo que se refiera directamente a la parte obligada, por ejemplo, deficiencias técnicas en su línea de producción; o puede ser algo que derive de una situación general, como una guerra o una prohibición de exportaciones.[39] El deterioro de la solvencia económica puede conocerse, por ejemplo, por no haber cumplido las obligaciones pecuniarias derivadas de otros contratos.[40]

O que se funde (inciso b) en el ''comportamiento'' de la parte obligada ''al disponerse a cumplir o al cumplir el contrato''; por ejemplo, que el vendedor ha adquirido materia prima de baja calidad para fabricar las mercancías, lo que hace presumir que no tendrán la calidad convenida, o que no ha comprado oportunamente esa materia, o que ha iniciado con tardanza el proceso de fabricación. El incumplimiento de alguna obligación secundaria, por ejemplo, no enviar una muestra de las mercancías fabricadas, puede también contituir un comportamiento que haga presumir un incumplimiento de mayores consecuencias.

Si se produce alguno de esos hechos, cabe pensar que puede haber un incumplimiento, pero el artículo 71 exige algo más que la prueba de estos hechos; la prueba de estos hechos no presume el incumplimiento, sino que lo presenta como posible. El artículo 71 exige (párrafo 1) que ''resulte manifiesto'' que la otra parte no cumplirá. Esto significa, como dice Honnold,[41] que debe haber ''motivos objetivos que demuestren un alto grado de probabilidad de incumplimiento''; pero, en todo caso, se trata sólo de probabilidad y no de certeza.

[38] Si se quisiera optar por la impugnación de la validez de un contrato celebrado por error o engaño, tendría que acudirse a los recursos que establezca la ley nacional aplicable al contrato; véase artículo 4-a.

[39] Véase *Comentarios de la Secretaría* artículo 62 párrafo 2 (= *DO* 57).

[40] Véase *Comentarios de la Secretaría* artículo 62 párrafo 3 (= *DO* 57).

[41] HONNOLD 432.

En cuanto a la obligación que ha de quedar sin cumplirse, el mismo artículo precisa que debe tratarse de "una parte sustancial" de las obligaciones. Va a ser difícil precisar qué significa este incumplimiento de "una parte sustancial", pero por lo pronto es claro que no ha de tratarse de incumplimiento de obligaciones que tengan poca importancia económica para la parte afectada, por ejemplo, el incumplimiento de una característica secundaria de las mercancías, como en ciertos casos pueden serlo el color o la empaquetadura. También es claro que este incumplimiento sustancial es menor que el incumplimiento esencial previsto en el artículo 25, ya que en el artículo 72-1 se contempla la previsión de un incumplimiento esencial, con otra consecuencia —la resolución del contrato— en vez de la suspensión de cumplimiento de obligaciones. El incumplimiento sustancial de que habla este artículo es, pues, algo intermedio entre un incumplimiento "no sustancial" y un incumplimiento esencial. La distinción de estos grados de incumplimiento tendrá que hacerse por vía casuística.

b) Incumplimiento previsible según el artículo 72-1: incumplimiento esencial

Este artículo se refiere a que "antes de la fecha de cumplimiento fuere patente que una de las partes incurrirá en incumplimiento esencial del contrato".

En cuanto al tiempo en que debe hacerse la previsión del incumplimiento, según este artículo, debe hacerse "antes de la fecha de cumplimiento", y el artículo 71-1 dice que debe realizarse "después de la celebración del contrato". En realidad, en ambos artículos se prevé, no un momento específico para hacer la previsión de incumplimiento, sino un plazo que va desde la celebración del contrato (art. 71-1), hasta la fecha de cumplimiento (art. 72-1).

En el artículo 72-1 parece exigirse un grado mayor de probabilidad del incumplimiento, por cuanto se exige que éste sea "patente", y no, como en el artículo 71-1, que "resulte manifiesto". Durante los trabajos en la Conferencia de Viena se quisieron mantener dos expresiones diferentes para esos dos artículos, porque se pensaba que se trataba de dos grados de probabilidad diferentes, el del artículo 71-1 menor que el del 72-1, dadas las consecuencias desiguales que se seguían de uno y otro artículo.[42] Pero en la práctica va a resultar muy difícil encontrar una diferencia entre ambas expresiones.[43] Aunque el artículo 72 no lo precisa, cabe extender

[42] Véase *Actas resumidas 1a. Comisión* sesión 38 párrafos 104-106 (= *DO* 462).

[43] SCHLECHTRIEM 96 opina que no hay diferencia en el grado de probabilidad.

lo que dice el artículo 71-1 respecto de los hechos que pueden hacer suponer un incumplimiento: el grave menoscabo de la capacidad de la parte obligada, o su comportamiento al disponerse a cumplir o al cumplir alguna de sus obligaciones, también pueden fundar una previsión de incumplimiento esencial.

El incumplimiento previsible que contempla el artículo 72 es un "incumplimiento esencial", a diferencia del que considera el artículo 71, que es un incumplimiento "sustancial". Esta diferencia en cuanto a los posibles daños y perjuicios que se sigan del incumplimiento, en mi opinión, es lo único que justifica —y no la diferencia en el grado de probabilidad— que haya un recurso más fuerte —la resolución del contrato— cuando se prevé un incumplimiento esencial, que cuando se prevé uno sustancial.

c) El incumplimiento previsible según el artículo 73-2: incumplimiento parcial

Este artículo dispone, respecto de un contrato en el que se pactaron entregas sucesivas, que hay un incumplimiento previsible cuando el "incumplimiento por una de las partes de cualquiera de sus obligaciones relativas a cualquiera de las entregas da a la otra parte fundados motivos para inferir que se producirá un incumplimiento esencial del contrato en relación con futuras entregas". El incumplimiento que se prevé es, pues, un incumplimiento parcial, como el que anticipa el vendedor-fabricante cuando el comprador-distribuidor ha demorado excesivamente en pagar la última entrega de mercancías, o el que anticipa el comprador-distribuidor respecto de un fabricante que en la última ocasión entregó mercancías de muy baja calidad.

Se trata de una previsión de incumplimiento que debe de hacerse, como en los casos contemplados en los otros artículos, después de celebrado el contrato y antes de la fecha de cumplimiento de la entrega futura.

En cuanto a la previsión, este artículo exige un dato objetivo: que haya habido un incumplimiento de alguna obligación previa, el cual haga inferir que se producirá un incumplimiento esencial. Este elemento objetivo también vendría exigido para incumplimiento previsible contemplado en el artículo 71-1, donde dice (párrafo 1 inciso b) que debe fundarse en el comportamiento de la parte al disponerse a cumplir o al cumplir alguna de sus obligaciones, ya que es claro que un incumplimiento de cualquiera de las obligaciones es un comportamiento que hace prever el incumplimiento de otras obligaciones. Pero además exige, lo mismo que los artículos 71-1 y 72-1, que exista un cierto grado de probabilidad de que se produzca el incumplimiento, aunque lo hace con otra expresión, afirmando que la parte afectada tenga "fundados motivos para inferir" que se producirá el incumplimiento.

Hay, pues, tres expresiones para indicar el grado de probabilidad: que "resulte manifiesto" (art. 71-1), que sea "patente" (art. 72-1) y que haya "fundados motivos para inferir" (art. 73-2). No me parece que en el fondo haya ninguna diferencia, pues para que "resulte manifiesto" o sea "patente" que va a ocurrir un incumplimiento debe haber, ciertamente, "fundados motivos" para pensar así; y la diferencia entre que algo sea "manifiesto" y que sea "evidente" es imperceptible, máxime cuando se trata de cosas que todavía no son, sino de cosas que pueden ser: la evidencia de una posibilidad, no es en realidad una evidencia —no es la certeza de que algo es así—, sino sólo una opinión bien fundada de algo que puede ser, aunque quizá no sea.

d) Una noción unitaria de incumplimiento previsible

A partir del análisis de los tres artículos citados, puede concluirse que existe en la *Convención* una sola noción de incumplimiento previsible, que consiste en la previsión que hace una de las partes contratantes, después de celebrarse el contrato y antes de la fecha de cumplimiento, con base en datos objetivos (incapacidad o comportamiento de la otra parte) que la hacen altamente probable, de que la otra parte no cumplirá alguna de sus obligaciones contractuales.

En todos los casos, el criterio para decidir si la previsión de incumplimiento fue fundada o no, ha de ser, como opina Schlechtriem,[44] el de si una "persona razonable" la hubiera hecho o no en las mismas circunstancias.

La previsión de incumplimiento puede tener consecuencias diferentes, por razón del perjuicio que el incumplimiento pueda causar. Si se causa un perjuicio "sustancial", cabe la suspensión de cumplimiento de obligaciones (art. 71); si se causa un perjuicio "esencial", cabe la resolución del contrato (art. 72), y si se causa un perjuicio esencial con el incumplimiento de una entrega futura, cabe la resolución del contrato respecto de esa entrega o de varias entregas futuras o, incluso, de todo el contrato (art. 73).

B. Recursos por incumplimiento previsible

La previsión de incumplimiento puede dar lugar a varios recursos, como se dijo arriba, dependientes del perjuicio que pueda causarse a la parte amenazada.

[44] SCHLECHTRIEM 96.

a) Suspensión del cumplimiento de obligaciones (art. 71 párrafos 1, 2 y 3)

Si prevé un incumplimiento sustancial, la parte amenazada "podrá diferir el cumplimiento de sus obligaciones" (art. 71-1). Este diferir o suspender el contrato puede implicar diversas conductas por parte del comprador, como no pagar el precio, no enviar materiales, muestras o modelos, no iniciar trámites de importación; o por parte del vendedor, como no enviar las mercancías, suspender su fabricación o los trámites para la exportación; es decir, puede suspenderse la realización de actos que constituyen el cumplimiento mismo de una obligación (el pago o la entrega de mercancías), o la realización de actos preparatorios.[45]

Un caso especial de suspensión del cumplimiento de obligaciones es el del vendedor que envió las mercancías antes de prever el incumplimiento del comprador. El párrafo 2 del artículo 71 lo autoriza a "oponerse a que las mercaderías se pongan en poder del comprador, aun cuando éste sea tenedor de un documento que le permita obtenerlas". Esta acción involucra ciertamente al transportista, que puede tener distintas instrucciones: entregar previo cobro (COD), entregar contra presentación de documentos o entregar a persona determinada debidamente identificada. La posibilidad del vendedor de impedir que el transportista entregue las mercancías al comprador depende, por lo tanto, no del contrato de compraventa ni de la *Convención*, sino del contrato de transporte y la legislación aplicable al mismo; por eso, la frase final del citado párrafo dice que la disposición sólo es aplicable a las relaciones entre comprador y vendedor, es decir, que sólo autoriza a que el vendedor detenga la entrega de mercancías, sin incurrir en responsabilidad por el incumplimiento de su obligación de entregarlas, pero que no autoriza sin más al transportista para que deje de entregarlas.

En los *Comentarios de la Secretaría*[46] se afirma que el derecho del vendedor a impedir la entrega de las mercancías no opera si las ha adquirido de buena fe, mientras están en tránsito, un tercero. En mi opinión, esto sería justo si el transportista expidió un documento negociable, como un conocimiento de embarque, que otorga a su poseedor el derecho de reclamar las mercancías, ya que el derecho que tiene el poseedor de este documento es, en la práctica del comercio internacional, completamente independiente de la voluntad del vendedor. Pero si el transportista sólo expidió un documento no negociable, como una guía de embarque (*waybill*), en mi opinión, el vendedor podría, sin incurrir en responsabilidad frente al comprador, oponerse a que se entreguen las mercancías incluso a un ter-

[45] SCHLECHTRIEM 93.

[46] *Comentarios de la Secretaría* artículo 62 párrafo 11 (= *DO* 57).

cero de buena fe, que se presentara, por ejemplo, con una carta poder del comprador, si así lo permitiera el contrato de transporte.

La parte que suspende el cumplimiento de sus obligaciones puede hacerlo sin avisar previamente a la otra parte.[47] Pero una vez que toma esta decisión, debe "comunicarlo inmediatamente a la otra parte" (art. 71-3), a fin de que ésta pueda dar "seguridades suficientes de que cumplirá sus obligaciones". Qué es una seguridad "suficiente" es algo que depende de cada caso, y en especial de los hechos que fundamentaron la previsión de incumplimiento, pues la seguridad debe consistir en la superación de tales hechos. Si, por ejemplo, el vendedor, sabiendo que el comprador no pagaba otras deudas, suspendió el envío de las mercancías, el comprador deberá demostrar que tiene solvencia suficiente para pagar el precio, o presentar un fiador; si el comprador suspendió el pago del precio porque supo que una huelga en la fábrica del vendedor impedía la producción de las mercancías, bastará con que el vendedor demuestre que la huelga ha terminado. En todo caso, como dice acertadamente Bennett,[48] la parte que pide seguridad no debe exigir una seguridad mayor que la que le otorga el propio contrato; sería excesivo, por ejemplo, que el comprador, en el caso antes mencionado, exigiera del vendedor una fianza de que entregaría las mercancías. Basta con que sea una seguridad, añade ese autor, que impida que la parte amenazada sufra un perjuicio sustancial. Si se exigiera una seguridad mayor, como parece opinar Schlechtriem,[49] se estaría obligando a una parte a dar más de lo que está obligada por causa del contrato.

Si se otorgan seguridades suficientes, la parte que suspendió el cumplimiento de sus obligaciones debe proceder a cumplirlas, toda vez que ha quedado garantizada la bilateralidad contractual. Pero debe prorrogarse el plazo para el cumplimiento de las obligaciones por el mismo tiempo que estuvo suspendido el contrato, de modo que si el vendedor suspendió el cumplimiento de sus obligaciones y 30 días después el comprador dio seguridades suficientes, el plazo para entregar las mercancías se debe aplazar 30 días más de lo convenido en el contrato.[50]

Un punto que quedó sin regular en la *Convención* es el del tiempo que debe esperarse para el otorgamiento de las seguridades de cumplimiento. De acuerdo con el principio de razonabilidad, patente en muchos artículos de la misma, cabe interpretar que debe ser un tiempo razonable, atendidas las circunstancias del caso.

[47] Sin embargo, como observa BENNETT (*Commentary 521) es conveniente dar el aviso previo para facilitar que la otra parte otorgue seguridades.*

[48] *Commentary* 523.

[49] SCHLECHTRIEM 94.

[50] Véase *Comentarios de la Secretaría* artículo 62 párrafo 9 (= *DO* 57).

Si no se otorga la seguridad requerida en un plazo razonable, la parte amenazada podrá resolver el contrato, de acuerdo con el artículo 72, sin necesidad de esperar a que se venza el plazo que tenía la otra parte para cumplir sus obligaciones, ya que la falta de seguridad hace prever un incumplimiento esencial; o podrá esperar a que venza dicho plazo y pedir la resolución del contrato, conforme a los artículos 49 y 64, demostrando que hay un efectivo incumplimiento esencial.[51] O, finalmente, podrá dejar en suspenso el cumplimiento de sus obligaciones y esperar a que transcurra el plazo de cuatro años para que caduque la acción de la otra parte.[52] Esta última opción sólo es aconsejable, en general, al comprador que no ha pagado el precio o parte del mismo y que ha suspendido el cumplimiento de sus obligaciones con estricto apego al contrato y al artículo 71 de la *Convención*. En los demás casos, conviene resolver el contrato, exigir la devolución de lo que se hubiere entregado y la indemnización correspondiente por daños y perjuicios.

b) Resolución del contrato (art. 72)

Si la parte amenazada prevé un incumplimiento esencial, podrá entonces, conforme al artículo 72, declarar resuelto el contrato. El que pueda declararse la resolución del contrato en vez de la suspensión, depende principalmente del tipo de incumplimiento previsto; si se prevé un incumplimiento sustancial, procede la suspensión; si se prevé un incumplimiento esencial, procede la resolución. Pero puede ser que de la suspensión del contrato se pase a la resolución, si la parte requerida no da seguridades de que cumplirá el contrato, con lo cual dará fundamento para prever que incurrirá en un incumplimiento esencial.[53]

La parte que tiene intención de resolver el contrato, "si hubiere tiempo para ello", debe comunicar su intención a la otra parte "con antelación razonable" (art. 72-2). Como la resolución del contrato es una medida más drástica que la suspensión del mismo, se quiso que el derecho a resolver estuviera condicionado por el requisito de avisar previamente a la otra parte, a fin de que ésta tenga oportunidad de dar seguridades de que cumplirá. Pero el aviso no es un requisito indispensable, pues sólo se exige cuando el tiempo lo permite; en la mayoría de los casos, como opina Honnold,[54] gracias a los medios modernos de comunicación, será posible

[51] Ver *Comentarios de la Secretaría* artículo 62 párrafo 15 (= *DO* 58).

[52] *Comentarios de la Secretaría* artículo 62 párrafo 14 (= *DO* 58). El plazo de caducidad lo establece el artículo 8 de la *Convención sobre la prescripción de acciones*.

[53] *Comentarios de la Secretaría*, artículo 63 párrafo 2 (= *DO* 58).

[54] HONNOLD 398.

dar ese aviso sin afectar los intereses de la parte amenazada por el incumplimiento. De manera expresa se exime del requisito de aviso previo (art. 72-3) cuando la otra parte declara que no cumplirá sus obligaciones.

Cuando una parte declara resuelto el contrato sin haber avisado previamente a la otra, surge la cuestión de si esta última puede ofrecer seguridades de que cumplirá, a fin de mantener en vigor el contrato. La respuesta es negativa, porque si en un caso hay tiempo para ofrecer seguridades, es porque también habría habido tiempo para avisar previamente la resolución. Pero las partes podrán convenir lo que les resulte más conveniente, de modo que si la que resolvió acepta las seguridades que ofrece la otra, el contrato sigue en vigor.

c) Resolución del contrato con entregas sucesivas (art. 73)

Si en un contrato con entregas sucesivas, el incumplimiento de cualquier obligación relativa a una entrega —como una entrega de mercancías defectuosas o una demora excesiva en el pago del precio de esa entrega— hace prever que habrá un incumplimiento esencial respecto de futuras entregas, el artículo 73-2 autoriza a la parte amenazada a declarar resuelto el contrato respecto de las entregas futuras, "siempre que lo haga dentro de un plazo razonable". Incluso, admite (párrafo 3) que el comprador —y sólo el comprador— pueda declarar resuelto el contrato respecto de entregas ya efectuadas, si existe entre las diversas entregas una interdependencia tal que hace que la falta de una haga inútiles las otras, como en el caso de una maquinaria que se entregara por partes.

Para la resolución de este tipo de contratos por causa de incumplimiento esencial previsible no se exige aviso previo, como en los otros contratos (art. 72-2), pero se fija un plazo para hacerla, el "plazo razonable", que deberá definirse caso por caso, de acuerdo con las circunstancias.[55] El plazo debe computarse, aunque no lo dice el artículo, desde el momento en que la parte afectada hizo la previsión o, aplicando analógicamente el artículo 25, que define el incumplimiento esencial, desde el momento en que la hubiera hecho una persona razonable de su misma condición.

Si bien el artículo 73 no habla de la previsión de un incumplimiento sustancial, como el artículo 71, no se puede excluir que en un contrato con entregas sucesivas pueda hacerse una previsión de incumplimiento sustancial, conforme a lo previsto por el artículo 71, que justifique que la parte amenazada suspenda el cumplimiento de sus obligaciones, en tanto la otra parte no le dé seguridades de cumplimiento.

[55] También se fija un "plazo razonable" para que el comprador resuelva el contrato por incumplimiento de alguna de las obligaciones del vendedor (artículo 49-2-b), y para algunos casos de resolución del contrato por incumplimiento del comprador (artículo 64-2).

C. Responsabilidad de la parte que suspende o resuelve el contrato por causa de incumplimiento previsible

La parte que, ante la posibilidad de un incumplimiento de la otra parte, decide suspender o resolver el contrato, debe asegurarse de tener perfecto derecho a hacerlo, ya que si suspendiera el contrato o lo resolviera infundadamente, la otra parte podría reclamar la indemnización de los daños y perjuicios que le haya causado con esa decisión infundada. Pueden presentarse varios casos.

Si se suspende el contrato sin fundamento, la parte que deja de cumplir sus obligaciones puede incurrir en mora y, por lo mismo, será responsable de los daños y perjuicios consiguientes. Y aun cuando no incurra en mora, puede ser que la mera suspensión cause a la otra parte daños y perjuicios por la incertidumbre en que la pone. Si se suspende el contrato fundadamente, pero no se le avisa "inmediatamente" a la otra parte, la demora en el aviso puede causar daños y perjuicios en tanto que estorba la posibilidad de otorgar seguridades y continuar con el contrato.[56] Por último, si se suspende fundadamente el contrato y se avisa con oportunidad a la otra parte, pero se rechazan, sin fundamento, las seguridades que ésta ofrece, se incurre en responsabilidad por los daños y perjuicios causados por tal rechazo.

Pero también puede ser que la decisión de una parte de no suspender un contrato cuando hay signos claros de que la otra parte no cumplirá, genere una responsabilidad, conforme al artículo 77, por los daños y perjuicios que pudo evitarse si hubiera suspendido oportunamente el contrato.

La resolución del contrato puede generar, también, responsabilidad por daños y perjuicios cuando se hace infundadamente; cuando, pudiendo avisar previamente, no se hizo, o cuando se rechazan seguridades que eran suficientes para garantizar el cumplimiento. Y si se resuelve fundadamente el contrato, la parte que lo hace debe, de acuerdo con lo prescrito por los artículos 75 a 77, tomar las medidas necesarias para reducir las posibles pérdidas.

Si bien los artículos 71 y 72 proveen a la parte afectada con dos recursos distintos (suspensión y resolución del contrato) para afrontar un posible incumplimiento, que puede emplear indistintamente, en la práctica, ante un posible incumplimiento, conviene primero suspender el cumplimiento del contrato y avisar a la otra parte indicándole que si no da seguridades de cumplimiento se declarará resuelto el contrato. De esta manera se evita el riesgo de resolver precipitadamente cuando no hay un posible

[56] SCHLECHTRIEM 94.

incumplimiento esencial, y se cumple con el requisito de avisar la intención de resolver el contrato.

5. INCUMPLIMIENTO PARCIAL (ARTS. 51 Y 73)

La *Convención* contempla la posibilidad de incumplimiento parcial del contrato en dos supuestos: 1) entrega parcial de las mercancías (art. 51) y 2) incumplimiento parcial de cualesquiera de las partes en un contrato con entregas sucesivas (art. 73). Pero por extensión analógica deben considerarse también los casos de: 3) pago parcial del precio, y 4) incumplimiento de un contrato con pago de precio a plazos.

A. Incumplimiento parcial de la obligación de entregar mercancías (art. 51)

El artículo 51-1 dispone que si el vendedor cumple parcialmente su obligación de entregar mercancías, porque sólo proporciona una parte de la cantidad convenida (incumplimiento parcial de cantidad), o porque sólo una parte de las mercancías entregadas es conforme con el contrato (incumplimiento parcial de calidad), el comprador podrá reclamar responsabilidad por ese incumplimiento parcial con los mismos recursos que tiene para reclamar cualquier otro incumplimiento contractual. Es decir, podrá exigir que el vendedor entregue la parte que falta, o que repare o sustituya las mercancías defectuosas, o podrá rebajar proporcionalmente el precio o exigir una indemnización de los daños y perjuicios causados. Si éste fuera el único alcance del citado párrafo del artículo 51, sería un precepto repetitivo, que no añadiría nada a lo dispuesto en los artículos 46 a 50, que describen los recursos que tiene el comprador en caso de incumplimiento del vendedor; pero hay todavía otra posibilidad implícita en este párrafo que es la que justifica su existencia, la posibilidad de que el comprador resuelva el contrato respecto de la parte no cumplida.[57] Así, en el caso de que el vendedor entregue 100 pacas de algodón, de las cuales sólo 90 son conformes con el contrato, el comprador puede aceptar las 90 y rechazar las 10 deficientes y resolver el contrato en esa parte; o si aquél entrega sólo 90 pacas, todas conformes con el contrato, el com-

[57] El artículo 49, que trata de los casos en que el comprador puede declarar resuelto el contrato a causa del incumplimiento del vendedor, no contempla más que la resolución de todo el contrato, por lo que era necesario que el artículo 51 aclarara la posibilidad de resolver parte del contrato.

prador puede resolver el contrato respecto de las 10 pacas que faltan por entregar.[58] Esta posibilidad permite mantener el contrato, evitando el extremo de que el comprador tenga que rechazar toda la mercancía cuando sólo una parte de ella no es conforme con el contrato. La utilidad de una resolución parcial del contrato consiste en que libera al comprador de su obligación de recibir las mercancías faltantes, lo que le permite procurar conseguirlas de otro proveedor.

Si el incumplimiento parcial del contrato es de tal magnitud que constituye un incumplimiento esencial, por ejemplo, la entrega de sólo una tercera parte de las mercancías convenidas, el comprador podrá (art. 51-2) declarar la resolución de todo el contrato.

B. Incumplimiento parcial de un contrato con entregas sucesivas (art. 73)

El artículo 73 se refiere específicamente al contrato con entregas sucesivas, considerando tres posibles tipos de incumplimiento parcial: incumplimiento de obligaciones relacionadas con una entrega (párrafo 1), incumplimiento previsible de futuras entregas (párrafo 2), e incumplimiento de obligaciones relacionadas con una entrega que constituye un incumplimiento esencial respecto de otras entregas pasadas o futuras (párrafo 3). En los tres casos, el artículo 73, a diferencia del artículo 51, sólo dispone un recurso, la resolución parcial del contrato. Esto no quiere decir que, en un contrato con entregas sucesivas, el comprador no pueda exigir la reparación de las mercancías relacionadas con una entrega que resultaron defectuosas y tenga forzosamente que declarar resuelto el contrato respecto de esa entrega. El incumplimiento de una entrega en un contrato con entregas sucesivas es un incumplimiento parcial, que cae dentro de lo previsto por el artículo 51 arriba analizado, y que da lugar a todos los recursos que dispone ordinariamente el comprador o el vendedor, entre ellos, el de exigir la reparación de las mercancías. A lo que se refiere específicamente el artículo 73, sin excluir lo anterior, es a la resolución parcial de un contrato con entregas sucesivas a causa de un incumplimiento parcial.

En sus dos primeros párrafos, el artículo no distingue entre incumplimiento de las obligaciones del comprador o del vendedor, sólo habla de "incumplimiento por una de las partes", por lo que cabe aplicarlo no sólo al incumplimiento de la obligación de entregar mercancías conformes con el contrato o la de entregar documentos, o de cualquier otra obligación del vendedor, sino también al incumplimiento de la obligación de pagar

[58] HONNOLD 361.

el precio o de recibir las mercancías, o de cualquier otra obligación del comprador.

El primer párrafo dispone que el incumplimiento de cualquier obligación relacionada con una entrega da derecho a la parte afectada a declarar resuelto el contrato en lo que respecta a esa entrega, si tal incumplimiento constituye un incumplimiento esencial respecto de dicha entrega. Así, podría un distribuidor de ropa de marca resolver el contrato en lo que se refiere a la entrega correspondiente a la ropa de primavera, porque el fabricante no se la entregó en el tiempo fijado que era esencial para el distribuidor, sin resolver el contrato de distribución respecto de pasadas o futuras entregas de ropa de otra estación.

Si el incumplimiento de una entrega constituye fundamento para prever el incumplimiento de futuras entregas, la parte afectada (párrafo 2), como ya se explicó arriba,[59] puede resolver el contrato respecto de futuras entregas con base en ese incumplimiento previsible.

El párrafo tercero se refiere exclusivamente al incumplimiento de alguna obligación del vendedor relacionada con alguna de las entregas, que puede dar derecho al comprador a declarar resuelto el contrato respecto de esa entrega y declararlo, al mismo tiempo, "resuelto respecto de entregas ya efectuadas o de futuras entregas si, por razón de su interdependencia, tales entregas no pudieran destinarse al uso previsto por las partes en el momento de la celebración del contrato".

Este párrafo sigue tratando de incumplimiento parcial y de una resolución parcial del contrato, que puede comprender la resolución de una entrega actual y otras ya efectuadas o de otras futuras, pero que no implica la resolución de todo el contrato. Así, un comerciante que compra máquinas copiadoras para comercializarlas en su país, y pacta la entrega sucesiva de las máquinas y los insumos necesarios para su funcionamiento, puede declarar la resolución de la entrega de insumos que no llegaron a tiempo y de las máquinas previamente recibidas que no puede comercializar sin esos insumos, sin resolver el contrato respecto de futuras entregas; o puede resolver el contrato en lo que respecta a la entrega de una cierta cantidad de máquinas que resultaron defectuosas, y resolver la entrega futura de los insumos previstos para esas máquinas, sin afectar otras entregas recibidas o futuras.

Sin embargo, el citado párrafo del artículo 73 no niega la posibilidad de resolver todo el contrato, es decir, resolver la entrega actual, todas las entregas ya recibidas y todas las entregas futuras. Entonces sería necesario demostrar que el incumplimiento parcial constituye un incumplimiento esencial, no sólo respecto de una entrega (como exige el párrafo primero

[59] VIII 4 B c.

del art. 73), sino respecto de todo el contrato (como lo demanda el artículo 51-2 y el artículo 25).[60]

El punto crucial que condiciona la posibilidad de resolver, junto con la entrega actual, otras entregas pasadas o futuras es la "interdependencia" que haya entre las mismas; y esa interdependencia se evalúa en razón de si las mercancías pueden "destinarse al uso previsto por las partes en el momento de la celebración del contrato". El "uso previsto por las partes" no es necesariamente el uso acordado por ellas en el contrato; así, cuando un comerciante compra mercancías, se entiende que es para comercializarlas, y la comercialización es el uso previsto por las partes si el vendedor sabía que el comprador era comerciante, aunque en el contrato escrito que firmaron nada se haya dicho al respecto. Para definir cuál es el uso previsto por las partes, conviene aplicar analógicamente las reglas que da el artículo 35-2-b acerca del uso que "expresa o tácitamente se haya hecho saber al vendedor en el momento de la celebración del contrato".[61]

Llama la atención que el párrafo tercero, a diferencia de los dos precedentes, sólo se refiere al derecho del comprador a resolver el contrato respecto de entregas pasadas o futuras interdependientes con una entrega actual, y no contempla la posibilidad de que el vendedor haga lo propio. Así, en el caso mencionado de la venta de máquinas copiadoras e insumos, el vendedor podría tener interés en declarar resuelto el contrato respecto de unas máquinas ya entregadas, si el comprador no paga oportunamente los insumos; o de declararlo resuelto respecto de una entrega futura de máquinas, si el comprador no ha pagado oportunamente los insumos entregados, y, en ambos casos, mantener la vigencia del contrato de distribución. Me parece que esta posibilidad de que el vendedor declare parcialmente resuelto el contrato no está excluida por la redacción del párrafo tres del artículo 73; aunque no está prevista de forma expresa en dicho lugar, cabe aceptarla por extensión analógica de lo dicho allí, como se explica más adelante, pues la misma razón que hay para proteger al comprador lesionado por el incumplimiento parcial del vendedor existe para proteger al vendedor por el incumplimiento parcial de aquél.

C. Incumplimiento parcial de la obligación de pagar el precio

Es de notar que el artículo 51 sólo se refiere al incumplimiento parcial de la obligación del vendedor de entregar las mercancías, y que no hay otro artículo en la *Convención* que se refiera al caso paralelo del incumplimiento parcial de la obligación del comprador de pagar el precio. Pero el ven-

[60] *Supra* V 3.
[61] *Supra* VI 5 B a i.

dedor que sólo recibe una parte del precio convenido, puede tener razones semejantes a las del comprador que sólo recibe parte de las mercancías, para declarar resuelto el contrato en la parte no pagada y así poder vender las mercancías correspondientes a otro comprador. Me parece que las disposiciones del artículo 51 deben extenderse por analogía al caso de incumplimiento parcial de la obligación de pagar el precio, de modo que también el vendedor tenga la posibilidad de resolver parcialmente el contrato o resolverlo en su totalidad si el incumplimiento parcial constituye un incumplimiento esencial. La extensión analógica se justifica porque los hechos de uno y otro caso son semejantes (incumplimiento parcial) y porque la misma razón que hay para proteger al comprador existe para proteger al vendedor.[62]

D. Incumplimiento parcial de un contrato con pago de precio a plazos

El artículo 73 sólo se refiere a los contratos "que estipulen entregas sucesivas de mercaderías", pero no hay un artículo en la *Convención* que se refiera a los contratos que estipulen el pago del precio en varias exhibiciones o, como comúnmente se les llama, "ventas a plazos". Puede ser que en un contrato con entregas sucesivas se estipulen también pagos sucesivos; en ese caso, el vendedor quedaría, respecto del incumplimiento del pago relacionado con alguna entrega, protegido por las disposiciones del artículo 73. También puede darse el caso de que el vendedor entregue la mercancía en un solo acto, y el comprador quede obligado a hacer pagos parciales en determinados plazos. ¿Qué derecho tendría el vendedor por el incumplimiento de uno o varios pagos parciales?

Me parece que, interpretando analógicamente el artículo 51-1, como antes se mencionó, el vendedor tendría la posibilidad de exigir el pago parcial no hecho (conforme al artículo 62), fijar al comprador un plazo suplementario para hacerlo (conforme al artículo 63) o resolver parcialmente el contrato, si esto tuviera alguna ventaja para él, como la de recuperar la parte correspondiente de las mercancías entregadas.

También podría, haciendo extensivas las disposiciones del artículo 73, resolver parcialmente el contrato respecto de la parte no pagada (párrafo 1); y respecto del futuro, si el incumplimiento de ese pago parcial da motivos para prever un futuro incumplimiento (párrafo 2); así, en el

[62] En las sesiones del grupo de trabajo de CNUDMI que preparó el proyecto de convención se reconoció que sería útil una disposición que diera al vendedor la posibilidad de resolver parcialmente el contrato, véase *Yearbook* VIII (1977) 54.

caso del vendedor que entregó 100 toneladas de trigo, si el comprador sólo paga la primera exhibición correspondiente a la cuarta parte del precio, al faltar el pago de la segunda exhibición, el vendedor podrá declarar resuelto el contrato respecto de esa cuarta parte de trigo no pagada y respecto de las otras dos cuartas partes cuyo pago todavía no es obligatorio si el incumplimiento del segundo pago parcial hace prever un incumplimiento de los futuros pagos. Y, asimismo, podrá resolver parcialmente el contrato respecto del pago no hecho y respecto de pagos ya hechos o por hacer (párrafo 3); por ejemplo, en una venta a plazos de cuatro equipos de computación en la que el precio de cada equipo de computación se cubre con tres pagos parciales, si el vendedor ya recibió cuatro pagos parciales y no recibe oportunamente el quinto, podría declarar resuelto el contrato respecto del cuarto pago (ya recibido) y del sexto (aún por recibir), pues ambos —junto con el quinto pago— se refieren a uno de los equipos de cómputo entregados.

La posibilidad de resolver todo el contrato de venta a plazos por causa del incumplimiento de uno o varios pagos parciales requeriría, de acuerdo con los artículos 51-2 y 25, que el incumplimiento de ése o esos pagos parciales constituya un incumplimiento esencial respecto de todo el contrato.

IX. Recursos en caso de incumplimiento del vendedor

El incumplimiento de cualquiera de las obligaciones del vendedor da al comprador la posibilidad de optar por diversos recursos para obtener una reparación. La *Convención* enumera y explica estos procedimientos en una sección especial (arts. 45 a 52), al final del capítulo sobre las obligaciones del vendedor. El que haya una parte específica destinada a esta materia, y que no se encuentren los recursos mencionados junto a cada una de las obligaciones del vendedor, fue una decisión que partió de la experiencia habida con la convención anterior (LUCI). En ella no había una sección especial para los recursos, lo cual resultó confuso y muy pronto fue criticado. En la nueva convención se quizo evitar este error.[1] Sin embargo, hay otros artículos de la *Convención* que contemplan otros recursos (arts. 71 a 73 y 88) y unos más que complementan el régimen de los recursos definidos en esa sección especial (arts. 74 a 78 y 81 a 84).

1. LOS RECURSOS EN GENERAL (ART. 45)

A manera de introducción al tema, se hacen aquí algunas consideraciones en cuenta al fundamento, número y clasificación de los recursos que tiene el comprador.

[1] WILL *Commentary* 330.

A. Fundamento de los recursos

El artículo 45 indica que el fundamento para ejercitar los recursos es el incumplimiento de "cualquiera de las obligaciones" del vendedor, sea una obligación que provenga del contrato, sea que proceda de la propia *Convención*. Esto quiere decir que el comprador que quiere ejercitar un recurso debe probar que ha habido incumplimiento de alguna de las obligaciones; no hace falta que pruebe que la falta fue debida a mala fe o a culpa del vendedor; basta que demuestre el incumplimiento objetivo. Por esto se ha dicho[2] que la noción de culpa o negligencia es ajena a la *Convención*.

Pero si bien es cierto que nunca emplea las palabras culpa, negligencia o semejantes, la *Convención* sí contiene las nociones correspondientes, con rasgos propios y bien definidos, en los artículos 79 y 80, donde trata de la exoneración de responsabilidad por incumplimiento de las obligaciones. El artículo 79 contempla la exoneración de la responsabilidad por los daños y perjuicios si la parte que incumple puede demostrar que la falta se debió a la presencia de un impedimento ajeno a su voluntad, imprevisible e insuperable.[3] El artículo 80 exime de toda responsabilidad cuando el incumplimiento ha sido causado por la conducta de la contraparte.[4]

También puede suceder que se produzca un incumplimiento no exonerado de responsabilidad, pero la parte que incumple tiene el derecho de subsanarlo en un determinado plazo (arts. 34, 37 y 48),[5] durante el cual la parte afectada no puede ejercer ninguno de los recursos de que dispone para obtener una reparación.

Por lo tanto, cabe decir que el fundamento de los recursos del comprador es el incumplimiento de las obligaciones del vendedor no exonerado de responsabilidad ni susceptible de subsanación. En consecuencia, el comprador que quiere ejercer un recurso sólo tiene que probar que hubo un incumplimiento objetivo de alguna de las obligaciones del vendedor, pero éste puede demostrar que está exonerado de responsabilidad, y así salir absuelto; o que tiene derecho a subsanar el incumplimiento, y así impedir el uso del recurso.

El incumplimiento parcial del contrato da lugar al ejercicio de los recursos, como ya se explicó antes,[6] respecto de la parte incumplida (art. 51-1); también puede, eventualmente, dar pie a la resolución del contrato (art. 73-2).

[2] HONNOLD 325. WILL *Commentary* 331.
[3] *Supra* VIII 1 A.
[4] *Supra* VIII 1 B.
[5] *Supra* VIII 2.
[6] *Supra* VIII 5.

B. Enumeración de los recursos

El artículo 45 hace una referencia general a los recursos "establecidos en los artículos 46 a 52" (art. 45-1-a), y trata, de manera específica, el recurso de indemnización de daños y perjuicios (art. 45-1-b). Con esto marca una clara diferencia entre una serie de recursos, por una parte, y el recurso de indemnización de daños y perjuicios, por la otra. La diferencia está en que la indemnización de daños y perjuicios puede ejercitarse como un recurso para indemnizar cualquier tipo de incumplimiento, a la manera como se hace en el *Common Law* o se hacía en el derecho romano clásico,[7] o como un recurso que se acumula con los otros (art. 45-2), de suerte que el comprador, por ejemplo, puede ejercer el recurso de cumplimiento o resolución del contrato y exigir, además, la indemnización de los daños y perjuicios, tal como se hace en los países de derecho civil.

Los recursos específicos que tiene el comprador son: *a*) requerir la indemnización de los daños y perjuicios (art. 45-1-b); *b*) exigir el cumplimiento de las obligaciones, lo cual puede concretarse en reclamar la sustitución o reparación de mercancías que no son conformes con el contrato (art. 46); *c*) fijar un plazo suplementario para que el vendedor cumpla sus obligaciones (art. 47); *d*) declarar la resolución del contrato (art. 49), sin afectar el derecho del vendedor a subsanar el incumplimiento[8] (art. 48); *e*) rebajar proporcionalmente el precio de mercancías que no son conformes con el contrato (art. 50); *f*) rechazar las mercancías entregadas con anticipación o en exceso. A estos recursos, previstos en la sección correspondiente, habría que añadir que el comprador, ante el incumplimiento previsible del vendedor, puede: *g*) exigir garantías de cumplimiento (art. 71); ante la negativa del vendedor a reembolsarle gastos de conservación, puede *h*) retener las mercancías (art. 86-1), y ante la demora del vendedor en recoger mercancías rechazadas puede: *i*) vender las mercancías y retener parte del precio (art. 88).

C. Clasificación de los recursos

La sección que trata de los recursos del vendedor (sección III del capítulo II de la *Convención* se titula "Derechos y acciones en caso de incumpli-

[7] En el procedimiento clásico de las fórmulas, la condena era siempre pecuniaria, por lo que cuando el objeto en litigio era cualquier cosa distinta de dinero, el juez tenía que hacer una estimación del litigio, en la que comprendía el valor de la cosa y los daños y perjuicios. El valor de la cosa no recibida equivale también a un "daño", según la terminología moderna. Véase D'ORS *Derecho Privado Romano*[7] (Pamplona EUNSA 1991) párrafos 76 y 77.

[8] *Supra* VIII 2 A.

miento del contrato por el vendedor''. La mera rúbrica ya está indicando una dualidad de recursos, hay unos llamados ''derechos'' y otros llamados ''acciones''. La misma terminología doble se mantiene en otros artículos de la *Convención* (arts. 70 y 83), en el título de la sección sobre los recursos del vendedor (sección III del capítulo III). También la *Convención sobre prescripción de acciones* habla, en su artículo 1, de ''derechos y acciones''.

Si bien esta terminología manifiesta una intención clara de distinguir dos tipos de recursos, en cada recurso no se precisa, de hecho, si corresponde a uno u otro tipo. Respecto de los recursos del vendedor, el artículo 45 los llama a todos ''derechos'', y lo mismo hace el artículo 61 respecto de los recursos del comprador. Sin embargo, cabe distinguir dos tipos de recursos, atendiendo al modo como surten efecto. Hay unos que tienen efecto por la mera declaración del comprador o del vendedor, que podrá ser ulteriormente confirmada o revocada por un juez, y otros que surten efecto por decisión de un juez o árbitro. Cabe, entonces, distinguir entre recursos extrajudiciales, o ''derechos'' en la terminología de la *Convención*, y recursos judiciales, o ''acciones''.

El comprador puede declarar, por sí mismo, el plazo suplementario para el cumplimiento de las obligaciones del vendedor, la resolución del contrato, la reducción proporcional del precio, el incumplimiento previsible y la consiguiente petición de garantías, y, además, decidir la retención de las mercancías que custodia, su venta y la retención del precio cobrado por ellas. Se trata de recursos extrajudiciales o derechos, ya que la mera declaración del comprador produce efectos contra el vendedor, aunque posteriormente un juez o árbitro podrá revisar la decisión del comprador y declarar si fue fundada o infundada, con las consiguientes consecuencias para el comprador y el vendedor.

En cambio, la exigencia de la indemnización de daños y perjuicios, así como de cumplimiento del contrato, no producen efecto por la declaración del comprador, sino hasta que un juez o árbitro decida en una sentencia. Lo ordinario será que el comprador pida, primero extrajudicialmente, la indemnización o el cumplimiento del contrato; sólo ante la negativa del vendedor acudirá al juez o árbitro para iniciar los recursos judiciales o acciones.

En adelante se examinarán, primero, los derechos o recursos prejudiciales: fijación de plazo suplementario (número 2), resolución del contrato (número 3), reducción proporcional del precio (número 4), y rechazo de las mercancías (número 5). La petición de garantías ante un incumplimiento previsible ya fue tratada antes,[9] lo mismo que el derecho de reten-

[9] *Supra* VIII 4 B.

ción y venta de mercancías que el comprador rechaza.[10] Después se tratarán (número 5) los recursos judiciales o acciones: la acción para exigir el cumplimiento del contrato y la acción para reclamar la indemnización de daños y perjuicios.

2. FIJACIÓN DE PLAZO SUPLEMENTARIO (ART. 47)

Si el vendedor no entrega las mercancías en el momento oportuno, sea la fecha convenida por las partes o la definida de acuerdo con el artículo 33-c, el comprador puede fijar un plazo suplementario para que las entregue. El objeto de la concesión de un nuevo plazo es que el comprador pueda resolver con mayor facilidad el contrato si el vendedor no entrega las mercancías en el nuevo plazo. Es una ventaja importante porque la resolución del contrato sólo puede declararse, por regla general, cuando hay un incumplimiento esencial (art. 25),[11] y la mera demora en la entrega, en muy pocos casos podrá constituir un incumplimiento esencial. Si el comprador fija un nuevo plazo, podrá luego resolver el contrato demostrando solamente que el vendedor no entregó las mercancías en el plazo suplementario o que ha declarado que no las entregará en dicho plazo (art. 49-1-b). En otras palabras, por la falta de entrega de mercancías en el plazo suplementario, el comprador adquiere el derecho a resolver unilateralmente el contrato.[12] Gracias a esto, podrá buscar otro proveedor sin tener el riesgo de que el vendedor original intente entregar tardíamente las mercancías y cobrar el precio correspondiente.

Si bien el artículo 47-1 dice que el comprador podrá fijar un plazo suplementario por el incumplimiento de cualquiera de las obligaciones del vendedor, en realidad sólo tiene sentido que lo haga por la demora en la entrega de las mercancías, pues únicamente en ese caso la fijación de un nuevo plazo tiene la consecuencia jurídica de permitir la resolución del contrato sin tener que demostrar que hubo un incumplimiento esencial. Puede tratarse, opina Honnold,[13] también de la demora de una entrega parcial, pero la fijación de un plazo suplementario para una entrega parcial tendrá el efecto de facilitar la resolución parcial del contrato, pues para resolver todo el contrato habría que demostrar que el incumplimiento de la entrega parcial constituye un incumplimiento esencial respecto de

[10] *Supra* VII 5 C.

[11] *Supra* VIII 3.

[12] Es un derecho análogo el que tenía el vendedor en la compraventa romana por virtud de la *lex comissoria*, que le permitía resolver unilateralmente el contrato si el comprador no pagaba el precio en el plazo fijado. Véase *Digesto* 18, 3.

[13] HONNOLD 333 nota 2 y 334.

todo el contrato (art. 53-2). Durante las discusiones sobre el actual artículo 49, se propuso que se pudiera resolver el contrato por incumplimiento en el plazo suplementario de otras obligaciones diferentes de la entrega de mercancías, pero la propuesta fue rechazada.[14] Will opina[15] que la fijación de un plazo suplementario para el cumplimiento de otras obligaciones (por ejemplo, para reparar las mercancías), podría servir, no para resolver el contrato de acuerdo con el artículo 49-1-b, pero sí para demostrar más fácilmente que ha habido un incumplimiento esencial y resolverlo conforme al artículo 49-1-a ; así lo contempla el artículo 49-2-b-ii.

La fijación de plazo debe ser comunicada al vendedor. Como no dice el artículo en qué momento surte efecto la comunicación, se entiende que se aplica la regla general del artículo 27, que expresa que los efectos se producen desde la fecha de la expedición.[16]

En la comunicación, el comprador debe fijar un cierto plazo, como 20 días después de la fecha de la comunicación o una fecha precisa. Si sólo pide que el vendedor cumpla "lo más pronto posible", no está fijando un verdadero plazo, ni podrá, en consecuencia, resolver el contrato por incumplimiento en el plazo adicional. El comprador debe, también, indicar que el nuevo plazo que fija es perentorio, de modo que el vendedor sepa que el incumplimiento en el nuevo plazo podrá implicar la resolución del contrato.[17]

El plazo suplementario ha de ser de duración"razonable", es decir, que dé al vendedor la posibilidad de entregar las mercancías. Esta exigencia se basa en el propósito de que no se use la fijación de un plazo suplementario como un mero pretexto para resolver más fácilmente el contrato cuando el comprador ha perdido interés en su cumplimiento; por ejemplo, si hubieran bajado en el mercado los precios de las mercancías, el comprador podría pretender la resolución del contrato fijando un plazo suplementario de tres días para el vendedor que apenas se ha demorado un día en la entrega. La determinación de lo que en cada caso es un plazo razonable se confía al comprador, quien deberá cuidar de juzgar con prudencia, pues su decisión podrá ser eventualmente revisada por el juez o árbitro, si el vendedor la impugnara.

14 *Informe 1a. Comisión* artículo 45 párrafos 3, 5 y 6 (= *DO* 125-126).

15 *Commentary* 346.

16 Sin embargo, el artículo 48, que trata sobre el derecho del vendedor a subsanar el incumplimiento, dice que la comunicación que envía el vendedor mediante la que notifica que cumplirá tardíamente, surte efectos sólo si es recibida por su destinatario (art. 48-4). La diferencia de tratamiento puede deberse a que merece más protección el derecho de un comprador que ha sido afectado por un incumplimiento, que el derecho del vendedor a subsanar un incumplimiento propio.

17 HONNOLD 335.

El derecho del comprador a fijar un plazo suplementario y preparar, así, el camino para la resolución del contrato se contrapone con el derecho del vendedor a subsanar el incumplimiento, previsto en el artículo 48.[18] ¿Qué ocurriría si el vendedor envía una comunicación diciendo que cumplirá tardíamente en un plazo razonable y el comprador, por su parte, quiere fijar un plazo suplementario? Como el derecho del vendedor a cumplir tardíamente no prevalece sobre el derecho del comprador a resolver el contrato, según lo expresa el mismo artículo 48-1, me parece que el comprador puede aceptar una petición de cumplimiento tardío formulada por el vendedor, pero indicando que el plazo solicitado por el vendedor, de acuerdo con el artículo 48-2, funcione también como plazo suplementario, de acuerdo con el artículo 47-1, de modo que si el vendedor no cumple, el comprador pueda resolver el contrato.

Al conceder una fecha suplementaria para la entrega de las mercancías, el comprador se compromete a respetar tal plazo, por lo que no podrá ejercer ninguna acción por incumplimiento del contrato mientras no venza dicho plazo. No podrá, por eso, declarar resuelto el contrato, ni reclamar la consecuente devolución del precio pagado, ni demandar la indemnización de los daños y perjuicios que le haya causado el incumplimiento total de la obligación de entregar las mercancías. Pero la concesión del plazo suplementario no exime al vendedor de su responsabilidad por haberse demorado en el cumplimiento, ni de su obligación de entregar las mercancías, por lo que el comprador sí podrá exigir, antes o después de que se venza el plazo suplementario, los daños y perjuicios que haya sufrido por causa de la demora del vendedor, y aun cuando el vendedor entregue las mercancías en el plazo suplementario (art. 47-2). Cuando el vendedor avisa al comprador que no entregará en el plazo suplementario, éste no tiene por qué respetar el plazo ofrecido y puede utilizar libremente los recursos de que disponga para exigir reparación por el incumplimiento del vendedor.

3. RESOLUCIÓN DEL CONTRATO (ARTS. 26, 48, 49, 81 A 84)

La *Convención* establece el derecho del comprador a resolver el contrato en ciertos casos de incumplimiento del vendedor. La resolución es un derecho que tiene el comprador o, en su caso, el vendedor, y no una consecuencia que se produzca *ipso iure* o que tenga que declarar un juez. La LUCI sí establecía, en ciertos casos, la resolución *ipso iure* del contrato, y en otros señalaba que se operaba por declaración del comprador o ven-

[18] *Supra* VIII 2 A b.

dedor afectados, pero este sistema creaba inseguridad en cuanto a la subsistencia del contrato: a veces era problemático definir si un contrato había sido resuelto *ipso iure* o continuaba en vigor. En vista de esto, los redactores del proyecto CNUDMI decidieron[19] eliminar la resolución automática y establecer que la resolución dependería siempre de la declaración del afectado. Éste, en atención a sus intereses, decidirá si declara resuelto el contrato, exige su cumplimiento específico o reclama una indemnización de daños y perjuicios.

Para que la resolución surta efectos, no es necesario que el comprador avise al vendedor de su intención de resolver el contrato, como lo exigía la LUCI.[20] La declaración de resolución surte efecto, así lo establece expresamente el artículo 26, "sólo si se comunica a la otra parte". Pero los efectos se producen, de acuerdo con el principio de expedición recogido en el artículo 27, desde el momento en que el comprador envía la comunicación, lo que significa que el vendedor corre con los riesgos por defectos o demora en la transmisión del mensaje.[21] Los *Comentarios de la Secretaría*[22] dicen textualmente: "De aquí se deduce que el contrato queda resuelto en el momento de notificar la declaración de resolución a la otra parte".

A. Casos en que procede la resolución (art. 49-1)

Debido al principio de favorecer en lo posible la subsistencia del contrato, el derecho del comprador a resolverlo se limitó a los casos en que el vendedor incurre en un incumplimiento esencial de cualquiera de sus obligaciones (art. 49-1-a), es decir, en un incumplimiento —según se explicó antes— que prive al comprador de una parte sustancial de lo que tenía derecho a esperar por virtud del contrato.

Lo más común es que los incumplimientos que muevan al comprador a declarar resuelto el contrato sean la falta de entrega de las mercancías, la falta de conformidad de las mismas[23] o la falta de entrega de los docu-

[19] *Yearbook* III (1972) 41-54 y IV (1973) 41.

[20] Se exige manifestación de la intención de resolver el contrato sólo en el caso de que se pretenda resolver el contrato a partir de un incumplimiento previsible que puede constituir un incumplimiento esencial, y siempre y cuando sea posible dar ese aviso, artículo 72-2; véase *supra* VIII 4 B b.

[21] *Comentarios de la Secretaría* artículo 45 párrafo 3 (= *DO* 45).

[22] *Comentarios de la Secretaría* artículo 24 párrafo 2 (= *DO* 28).

[23] Para poder declarar resuelto el contrato por falta de conformidad de las mercancías, es necesario que el comprador haya hecho oportunamente el examen de las mismas y avisado al vendedor de la falta de conformidad, tal como lo disponen los artículos 38, 39 y 43; véase *supra* VI 5 C c.

mentos necesarios para disponer de ellas. La mera demora en la entrega, si el comprador no fijó un plazo suplementario, sólo en casos especiales moverá a la resolución. En todo caso, es necesario que el incumplimiento tenga las características requeridas para ser considerado esencial. El comprador debe asegurarse de esto antes de declarar la resolución, pues si la declara infundadamente, corre el riesgo de que el vendedor le reclame el incumplimiento del contrato y los consiguientes daños y perjuicios. Por eso es conveniente que antes de tomar esta decisión, el comprador examine si puede obtener la reparación que pretende por otros medios, como reducción del precio o reclamación de daños y perjuicios.

El comprador también puede —según se explicó antes—[24] declarar resuelto en parte un contrato, cuando se trata de un convenio con entregas sucesivas, como puede serlo uno de distribución; o bien, declarar totalmente resuelto un acuerdo de este tipo cuando el incumplimiento de una entrega constituye un incumplimiento esencial. Además, puede disolver el pacto cuando prevé, con los fundamentos requeridos, que el vendedor incurrirá en un incumplimiento que será esencial.[25]

Aparte de los casos de incumplimiento esencial, el comprador puede resolver el contrato cuando el vendedor no entrega las mercancías, o avisa que no las entregará dentro del plazo suplementario fijado por el comprador (art. 49-1-b).[26]

B. Pérdida del derecho a resolver el contrato (art. 82)

El comprador pierde su derecho a resolver el contrato si no puede restituir las mercancías "en un estado sustancialmente idéntico a aquél en que las hubiera recibido" (art. 82-1). La pérdida de este derecho no implica que el comprador quede privado de los otros recursos de que puede disponer conforme a la *Convención* o el contrato (art. 83).

En abstracto, no puede precisarse qué es un estado de las mercancías "sustancialmente idéntico"; la expresión, cuando menos, deja claro que no se toman en cuenta diferencias de poca importancia,[27] por ejemplo, mermas cuantitativas del uno por ciento del total de las mercancías; pero su interpretación es algo que irán decidiendo los jueces y árbitros caso por caso. Esto debe tenerse en cuenta antes de tomar la decisión de declarar la resolución del contrato, pues el juez podría considerarla infundada, no

[24] *Supra* VIII 5 C.
[25] *Supra* VIII 4 B.
[26] *Supra* IX 2 A.
[27] SCHLECHTRIEM 106.

obstante que hubiera incumplimiento esencial, si el comprador pretende restituir las mercancías en un estado que a juicio del juez o árbitro no es "sustancialmente idéntico" al que tenían cuando las recibió.

También es necesario aclarar, caso por caso, cuál es el momento en que el comprador recibe las mercancías, que ordinariamente coincide con el momento en qu e el comprador asume el riesgo de pérdida o deterioro; para este fin debe distinguirse si la recepción tiene lugar en el almacén o fábrica del vendedor, en el lugar donde se entregan las mercancías al primer porteador, o en el sitio de destino de las mercancías.

Hay, sin embargo, tres situaciones, previstas en el mismo artículo, en las que el comprador no pierde su derecho a resolver el contrato, aunque no pueda devolver las mercancías en el mismo estado en que las recibió: *a*) cuando la incapacidad de restituir proviene de una causa no imputable al comprador; *b*) cuando las mercancías se deterioran o se pierden al ser examinadas, y *c*) cuando el comprador, en el curso natural de sus negocios, hubiera dispuesto de las mercancías.

a) Cuando la incapacidad de restituir las mercancías proviene de una causa no imputable al comprador (art. 82-2-a)

El comprador podrá resolver el contrato aunque no pueda restituir las mercancías en un estado sustancialmente idéntico, cuando tal incapacidad "no fuere imputable a un acto u omisión" suyos (art. 82-2-a). Para explicar lo que no es imputable al comprador deben tomarse en cuenta las disposiciones del artículo 79-1,[28] que se refieren a la exoneración de responsabilidad por incumplimiento,[29] y las del artículo 86, que trata sobre la obligación del comprador de conservar las mercancías que pretende devolver.[30] De acuerdo con lo prescrito en el artículo 79-1, el comprador no pierde el derecho a resolver el contrato si la pérdida o deterioro se debe a un factor ajeno a su voluntad, imprevisible e insuperable, como un terremoto o una inundación. Las disposiciones del artículo 86 aclaran si ha habido o no alguna omisión del comprador en cuanto a su deber de "adoptar medidas razonables" para la conservación de las mercancías. Ambos criterios deben tomarse en cuenta, de modo que en el caso de que las mercancías se pierdan por causa de una inundación, si el comprador no tomó previamente las medidas razonables para su conservación —como depositarlas en un almacén apropiado—, habría que decir que el comprador ha

[28] Así lo sugiere también TALLON (*Commentary* 608).

[29] *Supra* VIII 1.

[30] *Supra* VII 5.

perdido el derecho a resolver el contrato porque las mercancías se perdieron por causa de una omisión suya.

Si la pérdida o deterioro se debe a actos de terceros, no sería imputable al comprador, a menos que, como opina Schlechtriem,[31] tales actos se deban a un acto del comprador (como sería confiar las mercancías a un dependiente designado por él) o a una omisión suya (como no supervisar al dependiente).

El efecto que tiene esta excepción es de gran importancia práctica, pues implica que el comprador puede resolver el contrato sin tener que devolver, en un estado ''sustancialmente idéntico'', las mercancías que se han deteriorado o perdido por una causa que no es imputable a él. Esto lo confirma el artículo 70, que establece que el comprador no correrá con el riesgo por pérdida o deterioro de las mercancías cuando el vendedor haya incurrido en un incumplimiento esencial, es decir, cuando el vendedor haya dado lugar a que el comprador declare resuelto el contrato. En los *Comentarios de la Secretaría*[32] se propone este caso: el comprador debe recoger 100 cajas de transistores en el almacén del vendedor el primero de junio; en esa fecha, el comprador paga el precio y las recoge, por lo que corre, desde ese momento, con el riesgo por pérdida o deterioro; dos días después, antes de que el comprador tuviera oportunidad de examinar las mercancías, un incendio destruye 50 cajas y él se da cuenta que los transistores que recibió no eran conformes con el contrato y que esta falta constituye un incumplimiento esencial; la solución del caso es, según dichos comentarios, la siguiente: ''A pesar de que el comprador no podía devolver las 100 cajas debido al incendio después de traspasado el riesgo de pérdida, sí podía dar por resuelto el contrato y recuperar el precio que había pagado''.[33] La misma solución sería en el caso de que el incendio de las 50 cajas se produjera durante el trayecto de las mercancías, aunque el riesgo ya se hubiera transmitido al comprador.

Esta solución significa que el comprador, al resolver el contrato, revierte el riesgo por pérdida o deterioro al vendedor. La solución me parece justa, porque si bien es razonable que el comprador corra con el riesgo de mercancías que él quiere recibir, y por cuya causa celebró el contrato de compraventa, no parece razonable que el comprador tenga que correr con el riesgo de mercancías que no son las que él quiso comprar, y respecto

31 SCHLECHTRIEM 106.

32 *Comentarios de la Secretaría* artículo 82 párrafo 3 (= *DO* 71-72).

33 En los *Comentarios de la Secretaría* artículo 67 (actual artículo 82) párrafo 5 (= *DO* 62) se dice que la posibilidad de resolver el contrato, aunque las mercancías se han deteriorado, cuando hay un incumplimiento esencial del vendedor es una ''cuarta excepción'' a la regla del artículo 82; en realidad, no es una excepción más, pues la presencia de un incumplimiento esencial se requiere en todos los casos en que se pretenda resolver el contrato.

de las cuales ya tiene la obligación de tomar medidas para su conservación (art. 86).

b) Cuando las mercancías se deterioran o perecen al ser examinadas (art. 82-2-b)

Para poder reclamar por faltas de conformidad de las mercancías, el comprador debe hacer un examen de las mismas en el plazo más breve posible (art. 38).[34] Si las mercancías se pierden o deterioran al practicarse el examen, el comprador no pierde su derecho a resolver el contrato (art. 82-2-b) por no poder restituirlas en un estado sustancialmente idéntico al que tenían cuando las recibió. Por lo común, las pérdidas o deterioros que pueda causar tal examen serán poco importantes, salvo casos de mercancías de mucho valor que tengan que usarse para ser probadas, como un motor que puede incendiarse al ser puesto en operación. En todo caso, la razón de esta excepción es no cargar al comprador con la pérdida o deterioro provocados por la realización de una conducta (la práctica del examen) prevista en la *Convención*; pero esto no releva al comprador de practicar el examen con el cuidado y las precauciones debidas en cada caso. Si el motor que recibió el comprador se incendia cuando lo prueba, podrá pedir la resolución del contrato si el incendio es a causa de un defecto de la maquinaria, pero no si se debe a falta de cuidado de él o de sus operarios al practicar el examen.[35]

c) Cuando el comprador, en el curso natural de sus negocios, hubiera dispuesto de las mercancías (art. 82-2-c)

Si el comprador, antes de conocer la falta de conformidad de las mercancías, o antes del momento en que debía conocer la falta de conformidad de las mismas, es decir, antes de vencer el plazo razonable para hacerles el examen conforme al artículo 38, dispone total o parcialmente de ellas vendiéndolas, transformándolas o consumiéndolas, no pierde su derecho a resolver el contrato si no puede devolverlas en un estado sustancialmente idéntico al que tenían, por haberlas vendido "en el curso normal de sus negocios" o por consumirlas o transformarlas "conforme a un uso normal".

La idea es no castigar al comprador que actúa de buena fe vendiendo o consumiendo mercancías que él piensa que son conformes con el contra-

[34] *Supra* VI 5 C c.
[35] Tallon *Commentary* 609.

to. Como esto implica que el vendedor tenga que soportar la pérdida de estas mercancías, la relación se equilibra con la disposición del artículo 84-2, que dice que el comprador debe restituir los beneficios que hubiera obtenido de la disposición de las mercancías, esto es, los precios que hubiera cobrado o las nuevas mercancías que hubiera fabricado a partir de las recibidas.

C. Plazo para declarar la resolución (art. 49-2)

En principio, no existe un plazo especial para que el comprador declare resuelto el contrato, por lo que se entiende que cuenta con el plazo general de cuatro años, contado a partir de la fecha en que se produjo el incumplimiento, o a partir de la fecha en que se manifiesta la intención de resolver por causa de un incumplimiento previsible, tal como lo prevé la *Convención sobre prescripción de acciones* (arts. 8 y 12-1).

Sin embargo, el derecho del comprador a resolver se limita temporalmente en los casos en que el vendedor haya entregado las mercancías (art. 49-2). En ellos, el comprador cuenta con un "plazo razonable" para hacer la declaración correspondiente. La disposición contempla dos situaciones: *a*) entrega tardía; *b*) otros incumplimientos. En ambos casos, vencido el plazo, el comprador no podrá declarar resuelto el contrato.

a) En caso de entrega tardía (art. 49-2-a)

El comprador cuenta con un plazo razonable —cuya duración habrá de definirse en atención a las características del contrato y circunstancias de las partes—, contado a partir del momento en que el comprador ha tenido conocimiento de que se ha efectuado la entrega (art. 49-2-a). Esto significa que el comprador tiene una ligera ventaja, en caso de que el vendedor no proporcione la mercancía a tiempo, ya que no es necesario precipitarse a resolver el contrato en cuanto se produce la demora, sino que puede esperar y declarar resuelto el contrato, por causa de la demora, incluso después de que el vendedor haya entregado la mercancía.[36] Esto contrasta con la situación que tiene el vendedor para resolver el contrato por la demora en el pago del precio, pues pierde su derecho a resolverlo en cuanto el comprador paga.[37] Sin embargo, el vendedor que quiere evitar el riesgo de que se resuelva el contrato por entrega tardía, puede hacer uso de su derecho a subsanar tardíamente el incumplimiento del contrato, con-

[36] HONNOLD 351; coincide WILL *Commentary* 364.
[37] *Infra* X 3 B.

forme al artículo 48, y pedir al comprador que le haga saber si aceptará la entrega demorada.

b) En caso de otros incumplimientos (art. 49-2-b)

En los demás casos en que el vendedor entregó mercancías, pero ha incurrido en un incumplimiento distinto de la entrega demorada —que en su mayoría serán situaciones de falta de conformidad de las mercancías—, el comprador tiene un plazo razonable, contado a partir del momento en que tuvo conocimiento del incumplimiento o de la fecha en que debió haber tenido conocimiento de ello (art. 49-2-b-i). Hay una pequeña diferencia respecto de cuándo inicia el plazo en caso de entrega tardía, que es el momento en que el comprador conoce que se hizo la entrega; mientras que en los demás casos, es el momento en que el comprador conoce o debe conocer el incumplimiento. Esto significa que el plazo puede estar corriendo aunque el comprador ignore el incumplimiento por alguna omisión suya; por ejemplo, en caso de falta de conformidad de las mercancías, el comprador debió conocer el incumplimiento al realizar el examen de las mismas, pero si no lo hizo e ignora la falta de conformidad, el momento en que debió hacer el examen es la fecha en que debió conocer la falta de conformidad y, por consecuencia, el momento a partir del cual corre el plazo razonable para declarar resuelto el contrato.

Si se hubiera fijado un plazo suplementario para el cumplimiento de las obligaciones del vendedor (sea el definido por el comprador, conforme al artículo 47-1, o el solicitado por el vendedor, conforme al artículo 48-1), el plazo para declarar la resolución del contrato corre a partir del vencimiento del plazo suplementario, o a partir de que el vendedor declara que no cumplirá en el plazo suplementario o de que el comprador declara que no acepta el plazo suplementario que solicita el vendedor (art. 49-2-b-ii e iii).

D. Efectos de la resolución del contrato (arts. 81 y 84)

La resolución del contrato, tal como está contemplada en la *Convención*, tiene efectos limitados, es decir, no supone una anulación del contrato con la destrucción retroactiva de todos sus efectos,[38] sino sólo la suspensión a futuro de las obligaciones que se derivan de él y la restitución de lo que las partes se hubieran entregado por causa del mismo. En consecuencia,

[38] SCHLECHTRIEM 107 dice que no es una resolución *ab initio*.

hay ciertas cláusulas del contrato que, no obstante la resolución, siguen en vigor, y hay también recursos derivados del contrato que pueden ejercerse. Esta resolución contractual con efectos limitados, que es más práctica, aunque quizá menos lógica que la anulación retroactiva, era la que operaba en el derecho romano clásico, en el cual se consideraba que el vendedor y el comprador, no obstante la resolución del contrato, seguían conservando las acciones de venta o compra,[39] respectivamente, para reclamar la restitución de lo que se hubieren dado. Cuando se resuelve una venta, decía Pomponio,[40] "lo que en realidad se quiso hacer fue simplemente que el vendedor no quedase obligado frente al comprador... no que se disolviese toda obligación de compraventa entre uno y otro".

Cuando el comprador declara resuelto el contrato de compraventa internacional obtiene, en primer lugar (art. 81-1), el verse liberado de su obligación de pagar el precio y, secundariamente (art. 82-2), la posibilidad de reclamar la restitución de lo que hubiera entregado, así como los daños y perjuicios derivados del incumplimiento. En otras palabras, la resolución del contrato es un acto prejudicial que da al comprador una excepción o una acción contra el vendedor, junto con la posibilidad de reclamar, en cualquier caso, daños y perjuicios.

a) Cláusulas contractuales que se mantienen (art. 81-1)

El primer párrafo del artículo 81 dispone expresamente que se mantienen todas las cláusulas contractuales relativas a la "solución de controversias" y las que regulen "los derechos y obligaciones de las partes en caso de resolución".

Entre las cláusulas relativas a la solución de controversias, cabe mencionar las de arbitraje o las que eligen un determinado foro, las que señalan la ley o leyes aplicables al contrato en cuanto al fondo, o las leyes procesales aplicables al litigio. Honnold[41] incluye las cláusulas penales, y Tallon[42] las cláusulas que prevén reglas para la renegociación del contrato, en caso de que cambien en grado importante las circunstancias del negocio.

Como cláusulas relativas a los derechos de las partes en caso de resolución, pueden contarse las que determinan sumas fijas (como indemnización por daños y perjuicios) o formas de calcularlas; las que señalan casos de exoneración de responsabilidad; las que establecen, a favor de una u

39 De acuerdo con la opinión sabiniana que prevaleció. Véase D'ORS *Derecho Privado Romano*[7] (Pamplona 1991) párrafo 489 nota 4.

40 Libro 9 *ad Sabinum*, D 18, 1, 6, 1.

41 HONNOLD 491.

42 *Commentary* 603.

otra parte, el derecho a resolver unilateralmente el contrato, o las que prevén la forma de hacer la restitución de lo que las partes se hubieran entregado por virtud del contrato.

b) Liberación de las obligaciones contractuales (art. 81-1)

El efecto principal de la resolución del contrato es liberar a las partes de sus obligaciones contractuales (art. 81-1). La importancia de este efecto liberatorio para el comprador queda de manifiesto en el caso de que no haya pagado el precio, pero que, ante la demora en la entrega de las mercancías, decide resolver el contrato para poder adquirir de otro proveedor las mercancías que necesita, sin temor de que el vendedor originario pueda exigirle el pago del precio o responsabilidad por incumplimiento del contrato.

El efecto liberatorio opera por vía de excepción, es decir, el comprador no tiene más que declarar resuelto el contrato, asegurándose de que lo hace con pleno derecho, para contar con una excepción en caso de que el vendedor le reclamara después judicialmente el pago del precio.

c) Restitución de lo entregado (art. 82-2)

Como consecuencia de la resolución, las dos partes deben restituirse recíprocamente lo que entre ellas se hubieran entregado por causa del contrato (art. 82-2). Si el comprador pagó el precio y recibió mercancías que no son conformes con el contrato, al declararlo resuelto, debe restituir las mercancías y el vendedor debe regresar el pago; si el comprador no pagó el precio o parte del mismo, será el único obligado a restituir. Si no hubo entrega de mercancías ni de precio, nada habrá qué devolver. Esto hace ver que la obligación de regresar lo recibido no depende del hecho de haberse incumplido el contrato, sino que es un efecto de la mera resolución del contrato.

i) Acción para exigir la restitución

El párrafo 2 del artículo 81 declara que la parte que haya entregado algo en cumplimiento del contrato, ''podrá reclamar'' su restitución, pero no precisa con qué acción puede hacerlo. Ningún otro artículo de la *Convención* lo aclara expresamente. Tallon,[43] siguiendo una lógica civilista, opi-

[43] *Commentary* 604.

na que la acción para reclamar la restitución del precio o mercancías deriva de un enriquecimiento sin causa, ya que la parte que retiene algo, una vez resuelto el contrato, ha perdido la causa que justificaba la posesión de lo recibido, por lo que se lucra injustificadamente si lo retiene; en consecuencia, la acción con que puede exigírsele la restitución será, no una acción derivada del contrato de compraventa ni, por consiguiente, una acción regulada por la *Convención*, sino la acción civil que provean las leyes nacionales para el caso del enriquecimiento sin causa.

Me parece que, como el derecho de resolver el contrato se funda en el mismo contrato, la obligación de restituir lo recibido es también una obligación que tiene como causa el mismo contrato en su modalidad de contrato resuelto, lo cual, como se expresó antes, no significa contrato anulado retroactivamente en la doctrina de la *Convención*; en consecuencia, opino que la acción para exigir la restitución es la misma que se ejercería en caso de incumplimiento del contrato, es decir, la acción para exigir el cumplimiento del contrato (arts. 46 y 62), que puede servir para que el comprador recupere el precio o el vendedor recobre las mercancías, y, en ambos casos, los daños y perjuicios; o la acción indemnizatoria de daños y perjuicios (arts. 45-1-b y 61-1-b) mediante la cual el comprador podrá obtener una suma pecuniaria equivalente al precio pagado más los otros daños y los intereses y, el vendedor, una suma equivalente al valor de las mercancías más los demás daños y perjuicios.[44]

El plazo para ejercer la acción derivada de la resolución del contrato es de cuatro años, contado a partir del momento en que el comprador notificó al vendedor la declaración de resolución, si ésta ocurrió antes de que fuera exigible el cumplimiento del contrato (es decir, en caso de resolución por incumplimiento previsible,[45] art. 12-1 de la *Convención sobre prescripción de acciones*), o a partir del momento en que se produjo el incumplimiento en los demás casos (párrafo 2 del mismo artículo).

ii) Forma de hacer la restitución

La forma de hacer la devolución puede ser convenida por las partes, acordando tiempo y lugar, así como el objeto de la restitución: si se regresan las cosas originalmente recibidas u otras en sustitución, si se restituyen las cantidades de dinero en el monto que fueron recibidas, o con incrementos para compensar daños y frutos, o con disminuciones en compensación de

[44] Algo semejante cabe decir respecto de la acción que tiene el comprador para reclamar la devolución de la parte del precio pagada en exceso, después de que hubiera declarado la reducción del precio; véase *infra* IX 4 A b.

[45] *Supra* VIII 4 B.

alguna deuda, etc. Es frecuente que, en un contrato escrito, las partes convengan la forma de hacer la restitución, en cuyo caso se aplicará lo que hayan dispuesto al respecto.

Cuando las partes no se han puesto de acuerdo, la *Convención* dispone varias normas para hacer la restitución. La primera regla es que si ambas partes deben regresarse algo, la devolución debe hacerse simultáneamente (art. 81-2). En el caso de que una estuviera dispuesta a restituir, pero la otra no diera signos de ello, opina Tallon,[46] con razón, que la parte que está dispuesta puede suspender el cumplimiento de esta obligación, aplicando las disposiciones del artículo 71,[47] mientras la otra parte no le dé garantías de que restituirá lo que debe. La aplicación de las reglas del artículo 71, relativo a la previsión de incumplimiento contractual, en el caso de previsión de incumplimiento de la obligación de restituir, implica la aceptación de que la obligación de devolver es una obligación contractual.

La obligación del comprador de restituir las mercancías es semejante a la del vendedor de entregarlas,por lo cual me parece que las disposiciones relativas a la entrega de las mercancías por el vendedor pueden aplicarse analógicamente a la restitución de las mismas por el comprador. Esto puede ser necesario, por ejemplo, para determinar el modo, lugar y tiempo de la restitución si las partes no se han puesto de acuerdo. Así, cuando el vendedor entregó las mercancías en su establecimiento, el comprador deberá restituirlas en el suyo; si el vendedor las entregó DAF en Laredo, Texas, el comprador habrá de restituirlas DAF en Laredo, México; si el vendedor dispuso un tiempo para empacarlas y conducirlas al transportista que las llevaría al comprador, éste deberá disponer de un tiempo semejante, etcétera.

Y lo mismo cabe decir respecto de la recepción de las mercancías. Las reglas que rigen la obligación del comprador de recibir las mercancías que el vendedor le entrega, cabe aplicarlas, por analogía, a la obligación del vendedor de recibir las mercancías que el comprador le restituye.

iii) Contenido de la restitución (arts. 81-2 y 84)

En principio, las dos partes deben restituirse las cosas que recibieron por virtud del contrato (art. 81-2) más los beneficios que de ellas hubieran percibido (art. 84).

El vendedor está obligado a devolver el precio o parte del pago recibido más "los intereses correspondientes", computados a partir de la fecha

[46] *Commentary* 605.
[47] *Supra* VIII 4 B a.

en que lo recibió (art. 84-1). Durante la Conferencia en Viena, hubo una gran discusión acerca de la manera de determinar la tasa de interés que pudiera exigirse, no sólo por causa de las cantidades debidas como precio que debe ser restituido, sino también por cualquier otra cantidad que cualquiera de las partes debiera a la otra por virtud del mismo contrato. Se ligó, así, la discusión del párrafo 1 del actual artículo 84 (artículo 69 en el *Proyecto CNUDMI*) con la del actual artículo 78 (que no existía en el *Proyecto CNUDMI*), pero que se discutió en la conferencia como el artículo 73 bis). Esta mezcla, a mi juicio, complicó la discusión, pues no parece que deba cobrarse la misma tasa cuando los intereses son contemplados como frutos o beneficios percibidos por el deudor a partir de un dinero recibido (como es el caso del comprador que exige los intereses por el dinero que adelantó como pago), que cuando son contemplados como daños o perjuicios sufridos por el acreedor por no habérsele pagado una cantidad (como es el caso del vendedor que exige intereses por la falta de pago del precio).

El hecho fue que en las discusiones de la Primera Comisión se aprobó una propuesta presentada por un grupo especial de trabajo que indicaba, como regla general, que en todo caso se cobrarían intereses al tipo que tuvieran los préstamos comerciales a corto plazo en el país del deudor.[48] Pero el acuerdo fue roto en las sesiones de la Comisión Plenaria,[49] en las que se optó por no definir un tipo de interés, ni en el artículo 78 ni en el 84, sino sólo mencionar la obligación de pagar los "intereses correspondientes"; con esto se optó por dejar la decisión sobre la tasa de interés a los jueces y árbitros.

En los *Comentarios de la Secretaría*[50] se dice que los intereses que pueden exigirse en el caso de restitución del precio, deben contemplarse como beneficios del dinero recibido, por lo que la tasa debe determinarse en razón del costo del dinero en el país del vendedor (deudor en esta relación). Honnold[51] y Schlechtriem[52] son de este parecer, que juzgo equilibrado con la obligación que tiene el vendedor, en el mismo caso de resolución del contrato, de devolver las mercancías más los beneficios que hubiera percibido por causa de ellas (art. 84-2). Sin embargo el cobro de estos intereses no impide al comprador reclamar la indemnización de los daños y perjuicios que pudiera haber sufrido por causa del incumplimiento, la cual se regulará conforme al artículo 74.[53]

48 *Informe 1a. Comisión* artículo 69 párrafos 7-13 (= *DO* 148-149).

49 *Actas resumidas sesiones plenarias* sesión 11 párrafo 1 (= *DO* 245).

50 *Comentarios de la Secretaría* artículo 69 párrafo 2 (= *DO* 63).

51 HONNOLD 497.

52 SCHLECHTRIEM 107 nota 449.

53 La misma consideración de los intereses debe hacerse en otros casos en que el vendedor debe restituir una parte del precio, sea porque el comprador declaró la reducción del pre-

Por su parte, el comprador está obligado a devolver, además de las mercancías mismas, "el importe de todos los beneficios" que haya obtenido de ellas (art. 84-2). Debe observar esto tanto en el caso en que pueda restituir íntegramente las mercancías recibidas (art. 84-2-a) como en el caso en que no pueda regresarlas en el mismo estado en que las recibió (art. 84-2-b).[54]

Parece difícil que el comprador pueda obtener beneficios de las mercancías sin consumirlas, sea jurídicamente al venderlas, sea físicamente al usarlas o transformarlas, sobre todo si las mercancías son, como suelen serlo, bienes fungibles. Podría pensarse, en el caso de que la mercancía fuera una maquinaria, que no es conforme con el contrato, pero que el comprador renta para aprovecharla mientras se arregla con el vendedor en lo tocante a la restitución. En este caso, el comprador tendría que devolver la maquinaria, en un estado sustancialmente idéntico y, además, las cantidades que hubiera percibido por la renta de la misma. En la mayoría de los casos en que el comprador obtiene un beneficio de la mercancía es porque la ha consumido vendiéndola, usándola o transformándola, por lo que sólo estará obligado a restituir el beneficio obtenido, que puede ser el precio cobrado por ella, su valor de uso o su valor como insumo de una nueva mercancía. Las cantidades equivalentes a estos conceptos pueden ser superiores al precio de las mercancías y, en la mayoría de los casos, lo serán. Es justo que así sea, porque el comprador que por efecto de la resolución del contrato debe pagarlas, está restituyendo, no el valor de las mercancías para el vendedor, equivalente al precio que esperaba cobrar, sino el beneficio que reportaron al comprador, de la misma manera que el vendedor que restituye el precio, por efecto de la resolución contractual, devuelve, no la cantidad cobrada, sino la cantidad más los intereses que obtuvo por ella.

Hay un punto que no está claro. El comprador debe restituir las mercancías o los beneficios que "haya obtenido", es decir, los beneficios realmente percibidos, de modo que si el comprador simplemente guardó las mercancías y las devuelve íntegramente, no tiene nada más que pagar. En cambio, se dice que el vendedor debe "abonar los intereses correspondientes", que no es igual a decir que debe los intereses que hubiera efectivamente cobrado. Esto implica un desequilibrio en las obligaciones en caso de resolución, pues el vendedor está obligado a más que el comprador: en efecto, el vendedor siempre deberá restituir el precio cobrado más los "intereses correspondientes", mientras que el comprador, en muchos

cio, sea porque reclamó daños y perjuicios por incumplimiento consistente en la no entrega de mercancías o falta de conformidad de las mismas cuando él ya había adelantado el pago o parte del mismo.

[54] *Supra* IX 3 B.

casos, sólo restituirá las mercancías recibidas. La diferencia en el tratamiento puede justificarse por el hecho de que la posesión del dinero siempre es susceptible de generar algún beneficio, mientras que no sucede lo mismo con la posesión de las mercancías. Pero como puede ser que la posesión del dinero en casos concretos no haya generado beneficios, por causa de disposiciones sobre divisas extranjeras o de control de cambios, me parece que la obligación del vendedor de restituir los "intereses correspondientes" debe interpretarse en el sentido de que los haya efectivamente percibido, o que haya recibido algún otro beneficio de la disposición de esa cantidad.

iv) Gastos que causa la restitución

Cuando el comprador declara resuelto el contrato y debe regresar las mercancías recibidas, ¿quién paga los gastos que cause la restitución? Por el hecho de tener la posesión de las mercancías, el comprador está obligado, según se explicó antes,[55] a tomar medidas adecuadas para su conservación aprontando los gastos que sean necesarios; pero estos gastos podrá reclamarlos al vendedor e, incluso, negarse a restituir las mercancías en tanto no le sean reembolsados (art. 86-1) o venderlas y cobrarse con el precio (art. 88-1). Me parece que lo mismo cabe decir respecto de los gastos que cause la restitución, tales como pago de trámites e impuestos aduanales, transporte o seguro; son gastos que, si las partes no convienen otra cosa, deberá erogar el comprador por cuenta del vendedor, en el entendido de que el comprador puede negarse a restituir o entregar las mercancías o, incluso, venderlas, si el vendedor no se los reembolsa o le da garantías de que los reembolsará.

Debe tenerse en cuenta que los gastos que cause la devolución quedan incluidos entre los daños y perjuicios que genera el incumplimiento del contrato del comprador, por lo que si el comprador no usa de su derecho de retención, podrá exigirlos en la reclamación de daños y perjuicios, conforme al artículo 74.

d) Indemnización de daños y perjuicios (arts. 75 y 76)

El comprador que resuelve el contrato puede exigir al vendedor, además de la restitución de lo recibido, los daños y perjuicios que le ha causado el incumplimiento, entre los que deben incluirse los que le hubiera causado la conservación y restitución de las mercancías. La obligación del ven-

[55] *Supra* VII 5.

dedor de indemnizar los daños y perjuicios deriva, no propiamente de la resolución del contrato hecha por el comprador, sino del incumplimiento que dio lugar a su resolución. Por eso, el comprador puede reclamar daños y perjuicios junto con cualquiera de los otros recursos que tiene contra el vendedor (art. 45-1-b y 2).

Cuando el comprador resuelve el contrato, los daños que sufre se derivan principalmente del hecho de no tener la mercancía que esperaba. Por eso, un criterio certero, aunque no exclusivo, para fijar el monto de la indemnización que puede exigir el comprador es el de considerar el precio que tendría que pagar para adquirir las mismas mercancías de otro proveedor. La *Convención*, no obstante que contiene una norma general para calcular los daños y perjuicios (art. 74), se refiere al criterio de una compra de reemplazo para el caso específico de las indemnizaciones en caso de resolución del contrato, distinguiendo el caso de que el comprador la hubiera hecho efectivamente (art. 75) del caso en que no la hiciera (art. 76). Una ventaja práctica que tiene el criterio de compra de reemplazo respecto de la norma general prevista en el artículo 74 es, como observa Knapp,[56] que conforme al primero no se limita el monto de los daños a los que pudo o debió prever la parte que los causó.

i) Si el comprador hace una compra de reemplazo (art. 75)

Si el comprador hace una compra de reemplazo, es decir, si compra a otro proveedor las mercancías que esperaba recibir del vendedor, la operación que realiza sirve como criterio para determinar los daños que le ha causado el incumplimiento del vendedor. Podrá exigir, como daños, "la diferencia entre el precio del contrato y el precio estipulado en la operación de reemplazo" (art. 75). Se supone que el precio de la operación de reemplazo es más alto que el precio contratado.

Para que pueda operar este criterio, el artículo 75 exige que la operación se haya hecho "de manera razonable". Esto significa, de acuerdo con los *Comentarios de la Secretaría*, que el comprador la haya hecho al "precio más bajo razonablemente posible".[57] El sentido de la restricción es evitar que el comprador abuse haciendo una compra de reemplazo sin cuidar el precio, confiando que el vendedor habrá de pagar finalmente la diferencia.

Además, la operación debe hacerse en un "plazo razonable después de la resolución" del contrato. Quizá la mera exigencia de hacerla de una

[56] *Commentary* 558.

[57] *Comentarios de la Secretaría* artículo 71 párrafo 4 (= *DO* 65). Coincide con este criterio KNAPP en *Commentary* 550.

"manera razonable" implica hacerla en un tiempo oportuno; para mayor claridad, el artículo hace esta referencia al "plazo razonable". El objetivo de esta limitación es el mismo: evitar que el comprador puede especular a su favor. Debe distinguirse este plazo razonable para hacer la compra de reemplazo, del plazo razonable para declarar resuelto el contrato (art. 49).

La posibilidad de que el comprador se resarza de los daños que le ha causado el incumplimiento del vendedor haciendo una compra de reemplazo es, no sólo un derecho que tiene, sino que puede ser, en ciertos casos, una obligación. El comprador tiene la obligación de tomar medidas para evitar daños,[58] y, a veces, la medida más adecuada para eso será hacer una compra de reemplazo; de no hacerla, el vendedor podría pedir que se disminuya su responsabilidad por los daños en la medida en que éstos pudieron haberse disminuido si el comprador hubiera hecho la operación de reemplazo.

El criterio de la diferencia de precios no es el único a considerar para determinar los daños en caso de resolución del contrato. Podría ser, por ejemplo, que la compra de reemplazo sea a un precio ligeramente superior, pero en condiciones de pago menos favorables o con pactos de entrega más gravosos al comprador. Además, el criterio no funciona para determinar los perjuicios o ganancia dejada de obtener. Por eso, el artículo 75 añade que, además, el comprador podrá reclamar "cualesquiera otros daños y perjuicios exigibles conforme al artículo 74".[59]

ii) Si el comprador no hace compra de reemplazo (art. 76)

El criterio es el de considerar lo que costaría al comprador adquirir esas mercancías en condiciones normales al momento en que declaró resuelto el contrato. Se aplica también el criterio cuando el comprador hizo una compra de reemplazo, pero no fue de la "manera razonable" o dentro del plazo razonable exigidos por el artículo 75; o cuando no es posible determinar cuál fue, en concreto, la compra de reemplazo que hizo el comprador, dado que, constantemente, por virtud de su ramo mercantil, compra ese tipo de mercancías.[60]

En estos casos, el comprador puede exigir como daños la diferencia entre el precio contratado y el "precio corriente" o de mercado "en el momento de la resolución" (art. 76-1). En la conferencia diplomática se generó una discusión en cuanto al momento en que debía tomarse el precio

[58] *Supra* VII 6.
[59] Sobre esta regla véase *infra* IX 4.
[60] *Comentarios de la Secretaría* artículo 72 párrafo 3 (= *DO* 66).

de mercado; el *proyecto CNUDMI* se refería al momento en que se tuviera derecho a declarar resuelto el contrato (art. 72); durante las sesiones de la Primera Comisión, hubo una propuesta de hacer referencia al momento de la resolución efectiva del contrato en vez del momento en que podía haberse declarado, pero la propuesta no fue examinada;[61] luego, en las sesiones plenarias, se volvió a hacer esta propuesta, complementada con la aclaración de que en el caso de que el comprador hubiera tomado posesión de las mercancías, el tiempo de referencia para determinar el precio corriente sería el momento en que tomó posesión de ellas; el delegado de Australia, H.T. Benett, quien presentó y defendió la propuesta, explicó que su objetivo era eliminar posibilidades de especulación que pudiera aprovechar el comprador.[62] La propuesta resultó, finalmente, aprobada, de modo que el tiempo a considerar para determinar cuál es el precio del mercado es el momento de la resolución del contrato o, si el comprador tomó posesión de las mercancías, el momento en que lo hizo.

El mercado que debe considerarse para determinar el precio corriente de las mercancías es el del lugar en donde el vendedor debía haberlas entregado (art. 76-2), que puede ser el sitio determinado por las partes en el contrato o por las reglas de la *Convención* sobre la materia (art. 31). Como observa Honnold,[63] en muchos casos, el lugar de entrega es el país del vendedor, por lo que puede resultar difícil para el comprador conocer y demostrar cuál es el precio corriente en ese país. Si resultara que allí no hay un precio corriente para esas mercaderías, se tomaría el de otro lugar que pudiera "razonablemente" sustituirlo, es decir, un país que estuviera aproximadamente a la misma distancia del comprador, con tecnología y volúmenes de producción semejantes a los del país del vendedor, y al que pudiera acceder el comprador en condiciones semejantes a las que tiene en el país del vendedor. Si no pudiera determinarse este otro lugar, el comprador podría reclamar daños conforme al criterio del artículo 74.

El criterio para determinar daños previsto en el artículo 76 no es, al igual que el incluido en el artículo 75, exclusivo, sino que se complementa con el criterio general del artículo 74.

4. LA REDUCCIÓN DEL PRECIO (ART. 50)

Se trata de un recurso de tradición civilista (la *actio quanti minoris* del derecho romano), que se introdujo en el artículo 50 de la *Convención* debido al interés de los representantes de países de esta tradición jurídica. Es un

[61] *Informe 1a. Comisión* artículo 72 párrafo 9 (= *DO* 143).
[62] *Actas resumidas sesiones plenarias* sesión 10a. párrafo 39 (= *DO* 241).
[63] HONNOLD 454.

recurso que favorece la posición del comprador, pues le permite modificar unilateralmente el contrato, reduciendo su precio, con su sola declaración. La intervención de un juez o árbitro sólo será necesaria si el vendedor impugna el derecho del comprador a reducir el precio, por no darse las circunstancias objetivas que lo fundamentan, o si discute el monto de la reducción por considerar que elcomprador no se ha ajustado a las reglas definidas en el artículo 50.

A. Casos en que procede la reducción del precio

Procede exclusivamente en casos de falta de conformidad de las mercancías en que el comprador ha decidido aceptarlas y no exigir la resolución del contrato, ni la sustitución o reparación de las mismas. Por lo común el comprador optará por este recurso cuando se trate de faltas de conformidad de poca importancia o que, al menos, no vuelven las mercancías inútiles para los fines del comprador.

Se discute si la reducción procede también en los casos en que las mercancías estén sujetas a derechos de tercero o a derechos de propiedad intelectual o industrial. Durante la Conferencia en Viena, la representación noruega propuso una reforma al actual artículo 50, para que contemplara la reducción en caso de mercancías gravadas o sujetas a derechos de tercero.[64] La enmienda fue discutida en pro y en contra, pero el representante de Noruega decidió retirarla "en la inteligencia de que corresponderá a los tribunales determinar si y en qué medida es aplicable" la reducción del precio a tales casos.[65] Will[66] opina, dubitativamente, que es aplicable, considerando que el artículo 44 se refiere a la posibilidad de reducir daños y perjuicios, tanto en caso de faltas de conformidad ordinarias, como en casos de existencia de derechos o pretensiones de terceros, pero haciendo ver que el hecho de que la conferencia no haya aprobado la propuesta noruega puede ser un fuerte argumento en contra. Schlechtriem[67] opina, decididamente, que sí procede, aunque aclara que habrá que precisar la fórmula para calcular la reducción del precio. Esta opinión me parece acertada, toda vez que la principal objeción que hubo en la conferencia a la propuesta noruega fue que la fórmula no parecía adecuada para reducir el precio.[68]

[64] *Informe 1a. Comisión* artículo 46 párrafo 3 (= *DO* 127).

[65] *Actas resumidas 1a. Comisión* sesión 23 párrafo 76 (= *DO* 387).

[66] *Commentary* 375.

[67] SCHLECHTRIEM 79. No obstante que en la conferencia se mostró dubitativo, véase *Actas resumidas 1a. Comisión* sesión 23 párrafo 74 (= *DO* 386).

[68] *Actas resumidas 1a. Comisión* sesión 23 párrafos 69 (objeción del representante de Suecia), 72 (del representante de Iraq) y 74 (del representante de Alemania Federal) (= *DO* 386).

La reducción puede pedirse si el comprador no ha pagado el precio y también si ya lo ha pagado. Evidentemente, es un recurso más eficaz cuando el precio no ha sido pagado; en esa circunstancia quizá sea, en general, el recurso más eficaz del comprador para reclamar faltas de conformidad que no afectan sustancialmente las mercancías. El efecto que produce la declaración de reducción de precio es diferente si el precio ha sido o no pagado.

a) Si el precio no ha sido pagado

En este caso, la reducción del precio opera como una excepción que tendrá el comprador si el vendedor quisiera reclamarle el pago total del precio definido en el contrato.

b) Si el precio ya fue pagado

La reducción del precio declarada por el comprador viene a operar como fundamento de una acción para que el vendedor devuelva parte del precio.[69] Opino que la acción para exigir el precio pagado en exceso es la misma que tiene el comprador derivada del contrato para exigir su cumplimiento,[70] y no una acción de enriquecimiento sin causa (o acción de repetición) que tendría que regularse de conformidad con las disposiciones del Derecho nacional aplicable. Esta opinión se apoya en la consideración de que la acción por enriquecimiento sin causa procede exclusivamente en casos en que no proceda otra acción, y en el caso de reducción del precio, como éste fue cobrado por causa del contrato y su reducción ha operado también por causa del mismo, es natural que pueda exigirse por la misma acción contractual. Además, esta opinión sigue la regla interpretativa de promover la uniformidad en la aplicación de la *Convención* (art. 7), pues si se aceptara la opinión de que procede la acción de enriquecimiento sin causa, se dejaría de aplicar la *Convención* para dar lugar a la aplicación de los diversos Derechos nacionales.

B. Modo y plazo de hacerla

El comprador hace la reducción del precio con su sola declaración, que no debe revestir formalidad alguna. La declaración surte efectos, de

[69] *Comentarios de la Secretaría* artículo 46 párrafo 4 (= *DO* 46).

[70] Lo mismo cabe decir respecto de la acción que tiene el comprador para reclamar la devolución del precio cuando ha declarado la resolución del contrato; ver *supra* IX 3 D c.

acuerdo con la regla general del artículo 27, cuando se envía al vendedor.

El artículo 50 no fija un plazo límite para que el comprador declare la reducción del precio, pero opera la regla prevista en los artículos 39 y 43, sobre que el comprador debe comunicar al vendedor la existencia de las faltas de conformidad o de los derechos o pretensiones de terceros sobre las mercancías, en un plazo razonable, a partir del momento en que conoció su existencia o debió conocerla. Esto quiere decir que entre las condiciones objetivas que fundamentan el derecho de reducir el precio está la de haber notificado al vendedor de la falta de conformidad o la existencia de derechos de tercero; de modo que si falta esta notificación, excepto si el comprador puede aducir una excusa razonable (art. 44), el comprador no tiene derecho a hacer la reducción del precio; pero si envió tal comunicación, su derecho a declarar la reducción del precio no tiene un límite temporal preciso en la *Convención*, por lo que debe considerarse que, de acuerdo con los artículos 8 y 10-2 de la *Convención sobre prescripción de acciones*, el recurso prescribe a los cuatro años, contados a partir del momento en que el comprador recibió las mercancías.

C. Cálculo de la reducción del precio

El mismo artículo 50 determina la manera como ha de calcularse la reducción del precio, al señalar que "el comprador podrá rebajar el precio proporcionalmente a la diferencia existente entre el valor que las mercaderías efectivamente entregadas tenían en el momento de la entrega y el valor que habrían tenido en ese momento mercaderías conformes al contrato". Hay dos aspectos que merecen comentarse: los tiempos y lugares que deben tomarse como referencia para determinar el valor de las mercancías efectivamente entregadas y el valor de las mercancías que debieron entregarse, y el hecho de que la rebaja deba ser proporcional.

a) Tiempos y lugares a considerar para valorar las mercancías

La idea del artículo es que la rebaja del precio se haga tomando como referencia el precio de mercado de las mercancías efectivamente entregadas.[71] Por eso, es necesario precisar el lugar y tiempo, es decir, el mercado específico que debe considerarse. En el *Proyecto CNUDMI* se hacía referencia al valor que tendrían las mercancías en el momento de la celebración del contrato, pero en la conferencia, a propuesta de la delegación noruega,[72]

71 *Comentarios de la Secretaría* artículo 46 párrafo 8 (= *DO* 46).

72 *Informe 1a. Comisión* artículo 46 párrafos 3 y 6 (= *DO* 127-128).

se decidió cambiarlo por el momento de entrega de las mercancías, porque podría ser que a la fecha del perfeccionamiento del contrato no existieran aún los bienes que el vendedor tendría posteriormente que fabricar y entregar, y porque ese momento sería una mejor referencia para estimar los daños y perjuicios efectivamente causados por el incumplimiento del vendedor.[73] Pero, por desgracia, no se aclaró cuál sería el lugar a considerar, no obstante que se presentó y discutió[74] una propuesta conjunta de las delegaciones de Argentina, España y Portugal,[75] en el sentido de considerar el lugar del establecimiento del comprador; la propuesta fue retirada porque se presentaron varias objeciones, entre otras, que el lugar de establecimiento del comprador no es una referencia adecuada cuando el comprador va a usar las mercancías o revenderlas en otro lugar; quedó, así, una indefinición que tendrán que aclarar, caso por caso, los jueces y árbitros. Schlechtriem[76] opina que debe considerarse el lugar donde el vendedor entrega las mercancías o, si el contrato implicara el transporte de las mercancías, su lugar de destino.

b) Proporción en que debe rebajarse el precio

La reducción del precio es proporcional, no aritmética. El precio se rebaja en la misma proporción que haya entre el valor de las mercancías conformes con el contrato y el valor de las mercancías efectivamente entregadas. Esto permite que se mantengan las expectativas del contrato y que el comprador lucre si sube el precio de las mercancías o que pierda si baja.

Si, por ejemplo, se había convenido la entrega de mil sacos de azúcar de calidad uno, a 50 dólares cada saco, cuyo precio de mercado al momento de la entrega se había elevado a 60 dólares, y se entregan mil sacos de azúcar de calidad dos, que al momento de la entrega tienen un valor de 45 dólares cada uno, la reducción del precio será proporcional a la diferencia que haya entre 60 (que es el precio de mercancías conformes con el contrato) y 45 dólares (que es el precio de las mercancías efectivamente entregadas); la diferencia que hay entre esos dos precios es de 15 dólares, que equivale a una proporción del 25 por ciento de los 60 dólares que valen actualmente las mercancías conformes con el contrato; en consecuencia, el comprador podrá descontar el 25 por ciento del precio convenido, por lo que pagaría 37.50 dólares por cada saco de azúcar de calidad dos, que tiene en el mercado un precio de 45 dólares. La ventaja que percibe el com-

[73] *Actas resumidas 1a. Comisión* sesión 23 párrafo 23 (= *DO* 383).
[74] *Actas resumidas 1a. Comisión* sesión 23 párrafos 42 y ss. (= *DO* 384 y ss.).
[75] *Informe 1a. Comisión* artículo 46 párrafo 3 (= *DO* 127).
[76] SCHLECHTRIEM 79 nota 311.

prador es el resultado de una variación en el precio del mercado que hubiera tenido si el vendedor entrega mercancías conformes con el contrato.

Si, en cambio, el valor de las mercancías hubiera bajado en el mercado, de modo que los sacos de azúcar de primera se cotizaran al momento de la entrega a 45 dólares y los sacos de azúcar de segunda se valoraran en 36 dólares, la diferencia de precio es de 9 dólares que equivalen al 20 por ciento del precio actual de 45 dólares; el comprador podrá descontar un 20 por ciento del precio convenido de 50 dólares, por lo que tendrá que pagar 40 dólares por sacos de azúcar de segunda que se cotizan a 36 dólares. El perjuicio que sufre el comprador es, nuevamente, resultado de las variaciones de precio del mercado, que habría tenido que soportar si el vendedor le hubiera entregado mercancías conformes con el contrato.

Para facilitar el cálculo de la reducción de precio, Will[77] ofrece esta fórmula: el precio reducido es igual al precio contratado, por el precio de mercancías no conformes, entre el precio de mercancías conformes. En el primer ejemplo, esta fórmula sería: 50 por 45 entre 60 = 37.50; en el segundo, sería 50 por 36 entre 45 = 40.

El cálculo de la reducción del precio se complica cuando no existe un precio de mercado para las mercancías que no son conformes con el contrato; por ejemplo, un repuesto para una maquinaria especializada, que debe fabricarse ajustándose a necesidades muy específicas del comprador; en estos casos, la definición de cuál es su precio me parece que deberá hacerse tomando en consideración lo que tiene que gastar el comprador para poder dar uso a las mercancías.

D. Reducción del precio y daños y perjuicios

La reducción del precio es un recurso que puede acumularse o alternarse con una reclamación de daños y perjuicios.

a) Reducción de precio acumulada con reclamación de daños y perjuicios

La reducción del precio se acumula, como cualquier otro recurso del comprador o del vendedor, con una reclamación de daños y perjuicios en los casos en que la reducción no basta para indemnizar las pérdidas que ha sufrido el comprador a causa del incumplimiento del vendedor. Puede tratarse de casos en que el vendedor, además de no entregar mercancías

[77] *Commentary* 373.

conformes con el contrato, incurre en otro incumplimiento, por ejemplo, demora en la entrega; en este supuesto, el comprador puede reducir el precio, con lo cual compensa la falta de conformidad, y reclamar los daños y perjuicios derivados de la demora en el cumplimiento. Pero también puede ocurrir que la misma falta de conformidad de las mercancías produzca en el comprador daños que no quedan cubiertos con la reducción del precio, por ejemplo, si el comprador, para poder revender las mercancías no conformes con el contrato, tiene que hacer gastos para dotarlas de un empaque o presentación distintos del que tenía previsto para las mercancías conformes con el contrato.

La posibilidad de acumular la reducción del precio con una reclamación de daños y perjuicios hace ver el objetivo limitado que tiene el primer recurso, el de compensar exclusivamente mediante el valor de mercado perdido, debido a que las mercancías no son conformes con el contrato.

En los casos en que el comprador hubiera adelantado parte del precio, la indemnización de daños y perjuicios deberá considerar, entre otros, la devolución de la parte del precio pagada en exceso, así como los intereses de esa cantidad, que deberán calcularse, conforme a la opinión antes emitida, que los considera beneficios del dinero recibido,[78] según la tasa que hubiera podido percibir el vendedor.

b) La reducción de precio como alternativa de la reclamación de daños y perjuicios

En los casos en que procede la reducción del precio, es decir, cuando hay entrega de mercancías con faltas de conformidad de poca importancia, el comprador puede, también, en vez de declarar la reducción del precio y eventualmente exigir la indemnización de otros daños y perjuicios, reclamar una indemnización de todos los daños y perjuicios, entre los cuales deberá considerarse la diferencia de valor económico de las mercancías entregadas en comparación con las mercancías conformes con el contrato. El comprador deberá saber, en cada caso, el recurso que más le conviene.

Hay dos ventajas importantes que tiene la reducción del precio. La primera es que cuando el vendedor está exento de responsabilidad, conforme al artículo 79,[79] el comprador no puede reclamarle daños y perjuicios, pero sí puede, conforme lo dice el párrafo 5 del mismo artículo, utilizar cualquier otro recurso como puede ser la reducción del precio.[80] Pue-

[78] *Supra* IX 3 D c iii.
[79] *Supra* VIII 1.
[80] *Comentarios de la Secretaría* artículo 46 párrafo 5 (= *DO* 46).

de pensarse en este caso: el vendedor debe entregar mercancías en contenedores a bordo de un buque (FOB) que las conducirá al puerto de destino donde las recogerá el comprador; para llevarlas al buque, el vendedor contrata un transporte terrestre y durante la travesía las mercancías se deterioran debido a condiciones climáticas extraordinarias sin que se enteren de ello el vendedor ni el comprador; las mercancías deterioradas se ponen a bordo del buque convenido; cuando las recibe, el comprador se da cuenta de la falta de conformidad; debe tenerse en cuenta que, en este caso, el riesgo por deterioro y pérdida se transmite al comprador al ponerse las mercancías a bordo del buque convenido. Si el comprador reclamara daños y perjuicios, el vendedor podría excusarse diciendo que está exonerado de responsabilidad, conforme al artículo 79, en virtud de que el incumplimiento (la falta de conformidad) se debe a la intervención de un agente externo, imprevisible e insuperable; pero no operaría esta exoneración si el comprador declarara la reducción del precio.

La otra ventaja es que la reducción del precio no tiene el límite de la "pérdida previsible" que conlleva la reclamación de daños y perjuicios;[81] ésta, en efecto, no puede exceder de una cantidad equivalente a la pérdida que el vendedor previó o debió prever que el comprador sufriría como consecuencia de su incumplimiento (art. 74).[82] La reducción del precio, al estar libre de esa limitante, se presenta como un recurso más ágil, que opera sobre la base objetiva de la comparación del precio de las mercancías conformes con el contrato, con el precio de las mercancías realmente entregadas.

En cambio, cuando la reducción del precio no constituye una indemnización suficiente porque el comprador ha tenido pérdidas que van más allá de la diferencia de precio, la reclamación de daños y perjuicios se presenta como un mejor recurso, pues permite, en una sola acción, reclamar tanto la diferencia de precio (que constituye un daños) como las demás pérdidas sufridas como consecuencia del incumplimiento, incluida la ganancia dejada de obtener. Si, en estos casos, el comprador optara por la reducción del precio, tendría también que reclamar daños y perjuicios para obtener una indemnización completa, es decir, tendría que usar dos recursos en lugar de uno.

La decisión entre uno y otro recurso debe hacerse caso por caso, pero cabe dar algunas recomendaciones generales. La reducción del precio es un recurso preferible, en principio, en los casos en que el comprador no ha pagado el precio, o en los que prevé que el vendedor podrá alegar exoneración de responsabilidad o podrá obtener una rebaja considerable invocando que no previó ni podía prever el monto de la pérdida reclamada.

81 *Comentarios de la Secretaría* artículo 46 párrafo 5 (= *DO* 46).

82 Sobre esta limitante véase *infra* IX 6 C d.

La reclamación de daños y perjuicios es preferible cuando el comprador ha sufrido pérdidas que van más allá de la diferencia de precio.

E. Pérdida del derecho a reducir el precio (arts. 37 y 48)

El comprador puede perder el derecho de declarar la reducción del precio si el vendedor subsana su incumplimiento antes de que venza el plazo de entrega (conforme al artículo 37) o, incluso, después de que venza (conforme al artículo 48).[83] Esta regla, que no existía en el *Proyecto CNUDMI*, fue introducida a propuesta de la delegación alemana,[84] y viene a constituir una contrapartida del derecho a declarar la reducción del precio.

El comprador pierde la facultad de declarar la reducción del precio no sólo cuando el vendedor subsana efectivamente, sino también cuando el vendedor intentó subsanar pero el comprador se negó injustificadamente a aceptar la subsanación. La negativa a la subsanación sólo se justifica cuando ésta causa gastos o inconvenientes excesivos al comprador (arts. 37 y 48).

5. RECHAZO DE LAS MERCANCÍAS (ART. 52)

Cuando el comprador recibe mercancías que no son conformes con el contrato, puede rechazarlas si la falta de conformidad constituye un incumplimiento esencial, y exigir la sustitución de las mismas, o declarar resuelto el contrato. Pero, además de esta situación, el artículo 52 prevé dos casos en que el comprador puede rechazar las mercancías sin tener que demostrar la existencia de un incumplimiento esencial: el caso de mercancías entregadas anticipadamente, y el de mercancías entregadas en exceso.

A. Mercancías entregadas anticipadamente (art. 52-1)

Cuando el vendedor entrega mercancías "antes de la fecha fijada", el comprador puede aceptarlas o rechazarlas (art. 52-1). La razón de esta facultad del comprador es que la recepción de las mercancías le puede causar gastos o inconvenientes no previstos, máxime cuando tiene que pagar el precio para recoger las mercancías. El artículo no pone ninguna

83 *Supra* VIII 2 A.

84 *Informe 1a. Comisión* artículo 65 párrafo 3 (= *DO* 127).

limitación a este derecho del comprador; no señala que el comprador sólo pueda rechazar las mercancías cuando su recepción le causa gastos o inconvenientes excesivos.[85] Sin embargo, cabe pensar que el derecho del comprador a rechazar las mercancías está limitado por su obligación de tomar medidas para reducir pérdidas a la otra parte, pues rechazar las mercancías significaría causar al vendedor la erogación de gastos adicionales.[86] Sin embargo, algunos autores, como Will,[87] discuten que pueda estar limitado tal derecho del comprador.

La condicionante principal de este recurso del comprador es el tiempo: que el vendedor haya entregado mercancías "antes de la fecha fijada". Cuando hay un día preciso, convenido por las partes, no habrá ninguna dificultad para determinar si las mercancías se entregan anticipadamente. Pero cuando se fija un plazo, dentro del cual se han de entregar, por regla general (art. 33-b) el plazo se entiende en beneficio del vendedor, de modo que si entrega cualquier día dentro del plazo, cumple oportunamente su obligación; si el plazo fuera en beneficio del comprador, porque así lo convinieron las partes o porque así se desprende de las circunstancias, el vendedor entregaría anticipadamente si no esperara a que el comprador le determinara la fecha en la que recibiría las mercancías.

El efecto del rechazo de las mercancías entregadas con anticipación es liberar temporalmente al comprador de las obligaciones y cargas que pudieran derivarse de la aceptación de las mismas, como la obligación de recibirlas o la de pagar el precio en ese momento, o la carga de examinar las mercancías para determinar si son conformes con el contrato. Pero como no implica la resolución del contrato, el vendedor podrá entregar posteriormente las mercancías, en el momento oportuno, sin que el comprador pueda hacerle objeción alguna.

Sin embargo, no obstante que rechace las mercancías, el comprador puede estar obligado a tomar posesión de ellas y tomar medidas para su conservación (art. 86), máxime si ni el vendedor ni una persona autorizada por él pueden hacerse cargo de ellas.[88]

Si el comprador decide aceptar las mercancías, debe aclarar, en la comunicación respectiva, que acepta mercancías que se han entregado antes de tiempo, sin que ello implique una modificación del contrato en lo rela-

[85] Cfr. artículo 48, que limita el derecho del comprador de rechazar la subsanación del incumplimiento que propone el vendedor a los casos en que la subsanación le causa inconvenientes excesivos. *Supra* VIII 2 A.

[86] En los *Comentarios de la Secretaría* artículo 48 párrafo 3 nota 1 (= *DO* 48), se dice que la facultad de rechazar está limitada por la obligación de comportarse con buena fe (art. 7-1); pero me parece más específico fundar la limitación en la obligación de tomar medidas para reducir pérdidas, previstas en el artículo 77.

[87] *Commentary* 380.

[88] Sobre esta obligación del comprador ver *supra* VII 5.

tivo a la fecha de entrega. Esto le permitirá poder reclamar los daños y perjuicios que le haya causado la recepción de las mercancías.[89] Si no hiciera esta aclaración el vendedor podría discutirle la indemnización de daños y perjuicios, alegando que la recepción de las mercancías implicó una modificación del contrato, por lo que la entrega no fue anticipada ni constituyó un incumplimiento.[90] La aceptación de las mercancías no debe implicar, opina con razón Schlechtriem,[91] que se adelante el tiempo para hacer el examen de las mercancías; este momento debe seguirse computando a partir de la fecha de entrega definida en el contrato.

El artículo 52 no fija un plazo para que el comprador decida si acepta o rechaza las mercancías entregadas anticipadamente. Considerando su obligación de evitar pérdidas a la otra parte, se puede interpretar que debe ser un plazo breve, atendidas las circunstancias. Al tomar esta decisión debe considerar, como bien advierte Honnold,[92] que el vendedor podrá subsanar las faltas de conformidad que tuvieren las mercancías hasta que venza la fecha de entrega definida en el contrato.

B. Mercancías entregadas en exceso (art. 52-2)

Si el vendedor entrega mercancías en mayor cantidad que la convenida, incurre en una falta de conformidad con el contrato, en lo relativo a la cantidad. Por eso, el comprador puede aceptar o rechazar su recepción (art. 52-2).

La entrega de mercancías en exceso será una falta de conformidad que podrá ser remediada mediante el rechazo, por el comprador, de la cantidad excedente. En este caso, el efecto del rechazo es liberar definitivamente al comprador de las obligaciones que serían inherentes a la aceptación de las mercancías, tales como recibirlas y pagar su precio; aunque puede quedar obligado a hacerse cargo de ellas y tomar medidas para conservarlas, lo mismo que el comprador que rechaza mercancías entregadas anticipadamente. Sin embargo, en cualquier caso, el vendedor deberá recogerlas a su propia costa y pagar al comprador los gastos que hubiera tenido que erogar para conservarlas; en muchos casos, será más práctico que el vendedor convenga con el comprador acerca de la forma de disponer de ellas.

En algunas ocasiones no será posible que el comprador pueda rechazar el excedente de mercancías, por ejemplo, el caso citado en los *Comen-*

[89] *Comentarios de la Secretaría* artículo 48 párrafo 6 (= *DO* 48).
[90] Will *Commentary* 380.
[91] SCHLECHTRIEM 80.
[92] HONNOLD 365.

tarios de la Secretaría,[93] acerca de que el vendedor haya expedido un solo conocimiento de embarque que cubra todas las mercancías, por lo que el comprador tiene que pagar el precio de todas si quiere recogerlas. En casos de este tipo, la entrega en exceso puede constituir un incumplimiento esencial, por ejemplo, si la diferencia de precio equivale a un 40 o 50 por ciento más de lo previsto, y, por lo tanto, el comprador podrá declarar la resolución del contrato. Si la entrega en exceso no constituye un incumplimiento esencial, por ejemplo, causa un sobreprecio del 10 por ciento, el comprador puede recibirlas y reclamar los daños (entre ellos, el sobreprecio que tuvo que pagar) y perjuicios que ello le ocasione; en mi opinión, también podrá, posteriormente, rechazar la mercancía excedente que se vio forzado a recibir, siempre que lo haga dentro del plazo previsto, de modo que el vendedor deba recogerla y hacerse cargo de ella.

Para ejercitar el derecho a rechazar mercancías excedentes, el comprador debe cumplir las condiciones para ejercer cualquier recurso derivado de la falta de conformidad de las mercancías, es decir, notificar al vendedor la falta de conformidad (en este caso, la cantidad entregada en exceso), en un plazo razonable a partir de que la conoció (art. 39). Si el comprador no hace oportunamente esta notificación, pierde su derecho a rechazar las mercancías excedentes. El comprador que acepta las mercancías excedentes, o pierde el derecho de rechazarlas, debe pagar su precio de acuerdo con el contrato.

6. RECURSOS JUDICIALES

Los recursos de fijación de plazo suplementario, declaración de resolución de contrato, declaración de reducción del precio o rechazo de las mercancías, producen efecto por la sola declaración del comprador, si bien el juez o árbitro podrá decidir si fueron o no debidamente usados y confirmar el efecto producido o revocarlo. Por ejemplo, si el comprador declaró la resolución del contrato porque no recibió las mercancías y, posteriormente, el vendedor, haciendo caso omiso de la declaración, pone las mercancías a su disposición y reclama el pago del precio, el juez o árbitro que conozca el caso absolverá al comprador si encuentra que declaró fundadamente la resolución del contrato, es decir, confirmará el efecto de la resolución; o condenará al comprador a pagar el precio si encuentra que la declaración de resolución fue infundada (es decir, revocará el efecto de la resolución). Por eso he llamado prejudiciales a estos recursos. Pero hay otros dos recursos que producen efecto sólo por la sentencia del juez o ár-

[93] *Comentarios de la Secretaría* artículo 48 párrafo 9 (= *DO* 48).

bitro que los conceda y determine; éstos son: la acción de indemnización de daños y perjuicios (art. 45-1-b).

El comprador puede pedir extrajudicialmente al vendedor que cumpla su obligación de entregar mercancías, o que le indemnice por el incumplimiento con una determinada suma de dinero. Pero estas peticiones, si el vendedor no las atiende, no agravan la situación jurídica del vendedor, por lo que no pueden considerarse propiamente como recursos.[94]

Es natural que si el vendedor tiene la obligación de entregar las mercancías y las demás obligaciones derivadas del contrato, el comprador pueda demandar su cumplimiento, y que el vendedor no se libera de sus obligaciones mientras no cumpla lo que estaba convenido. Ahora bien, cuando el vendedor no ha cumplido espontáneamente sus obligaciones, entonces se plantea el problema de cómo puede el comprador exigir su cumplimiento. Para los juristas de tradición civilista, el medio adecuado es una acción judicial que condene al vendedor a cumplir con sus obligaciones (entregar las mercancías, repararlas, sustituirlas, entregar documentos, etc.) y a pagar los daños y perjuicios adicionales. Para los juristas del *Common Law*, el medio adecuado es una acción que condene al vendedor al pago de una cantidad pecuniaria, equivalente a los daños y perjuicios que haya ocasionado el incumplimiento al comprador. Ambos sistemas reconocen el principio de que las obligaciones contractuales deben ser cumplidas (*pacta sunt servanda*), pero difieren en cuanto al modo de forzar al cumplimiento a una parte que no lo hace espontáneamente.

A. Concurrencia alternativa de la acción de cumplimiento específico con la acción indemnizadora de daños y perjuicios

En la *Convención* se han recogido ambas tradiciones y, por eso, el comprador tiene a su elección una de las dos acciones: la de cumplimiento específico (más daños y perjuicios) o la acción indemnizatoria.

Sin embargo, la elección no depende exclusivamente del arbitrio del comprador, pues debe tener en cuenta el Derecho procesal del juez o árbitro ante quien presente la acción. En efecto, el artículo 28 de la *Convención*, proveniente del artículo 16 de la LUCI, dice que los tribunales que conozcan litigios regidos por la *Convención* no estarán obligados "a ordenar el cumplimiento específico", a menos que estuvieran facultados para

[94] Es distinto cuando el comprador no sólo hace una petición de cumplimiento, sino que, además, de conformidad con el artículo 47, le fija un plazo suplementario para cumplir, pues esto sí agrava la situación del vendedor, facilitando al comprador el declarar la resolución del contrato.

hacerlo por su propio Derecho[95] en contratos de compraventa similares. Esto significa que si el comprador quiere demandar el cumplimiento específico del contrato, porque le interesa especialmente recibir la mercancía que había comprado (como podría ser una obra de arte), debe asegurarse que el juez o árbitro ante quien presente la demanda tenga la posibilidad, conforme a su propio Derecho, de condenar en especie.

Debe tenerse en cuenta que la condena en especie y la ejecución en especie son dos cosas diferentes. La regla del artículo 28 no se refiere a la ejecución sino a la posibilidad de ordenar en la sentencia el cumplimiento específico del contrato.

En términos generales, se afirma que en los países de tradición civilista es posible la condena en especie, mientras que los países de tradición del *Common Law* sucede lo contrario. Pero ésta es una afirmación gruesa que debe matizarse caso por caso. Así, sucede que en México, país de tradición civilista, el juez puede condenar al cumplimiento específico del contrato, pero en el procedimiento mercantil, que es el que regiría los casos de compraventa internacional, el juez no puede ordenar la ejecución en especie, sino sólo la ejecución de cantidades de dinero.[96] De esto resulta que el vendedor mexicano de una compraventa internacional a quien se le demanda la entrega de las mercancías, podrá salir condenado por el juez o árbitro a entregarlas, pero si se resiste a hacerlo, se ejecutará la sentencia embargándole bienes suficientes para pagar una cantidad de dinero equivalente al valor de la prestación debida, más los daños y perjuicios que causó con su incumplimiento. En cambio, en Estados Unidos, el *Uniform Commercial Code* prevé casos en que el juez puede condenar en especie e incautar al vendedor las mercancías que debe para entregarlas al comprador.[97]

En las operaciones de compraventa internacional, debido a que en la mayoría de los casos se trata de mercancías fungibles, resultará desaconsejable exigir judicialmente el cumplimiento específico de las obligaciones del vendedor, pues será más rápido obtener el pago de una cantidad pecuniaria como indemnización por el incumplimiento. Sólo cuando se tratara de mercancías especiales y de gran valor, sería conveniente exigir el cumplimiento forzoso, habida cuenta de que será posible obtenerlo de acuerdo con el Derecho del juez que conozca el caso y ejecute la sentencia.

Hay, sin embargo, una disposición de la *Convención* que parecería hacer preferible, en ciertos casos, la acción de cumplimiento específico respecto de la acción indemnizatoria. Ésta es la regla del artículo 79-5[98]

[95] Se entiende su derecho procesal o *lex fori*, véase HONNOLD 249.
[96] Artículo 1348 del Código de Comercio.
[97] HONNOLD 250 y ss.
[98] *Supra* VIII 1 A b.

que dice que la exoneración de responsabilidad, cuando interviene un impedimento imprevisible e insuperable, sólo exime de la responsabilidad de daños y perjuicios, pero no excluye el ejercicio de otros ''derechos'', como la acción de cumplimiento específico;[99] por ejemplo, si el vendedor queda imposibilitado, a causa de un incendio, para fabricar una mercancía específica que necesitaba el comprador, el vendedor, de acuerdo con el artículo 79-5, está exonerado de responsabilidad por daños y perjuicios, pero el comprador, máxime si hubiera pagado el precio, podría demandarle con la acción de cumplimiento de contrato, obtener una sentencia que le condene a cumplirlo y luego ejecutar la sentencia cobrando una cantidad de dinero equivalente al valor de la prestación debida, o también podría declarar resuelto el contrato, y exigir la devolución del precio por la acción de cumplimiento de contrato.

Sin embargo, esta posibilidad depende de que el juez ante quien se presente la acción tenga la facultad, conforme a su propio Derecho, de ordenar el cumplimiento del contrato. Esto viene a introducir, por desgracia, un campo para que se den aplicaciones divergentes de la *Convención*, en contra de sus propias reglas de interpretación (art. 7-1), pues la parte afectada por un incumplimiento tendrá mayor protección si el foro competente permite la condena en especie que si no la permite. Para subsanar esta discrepancia de tratamiento, debiera interpretarse que los ''daños y perjuicios'' a los que se refiere el artículo 79-5 son independientes del valor pecuniario que puede representar el incumplimiento para la parte afectada, de modo que ésta pudiera reclamar ante jurisdicciones que no admiten la condena en especie una indemnización equivalente al valor pecuniario del incumplimiento, sin consideración de otros daños y perjuicios.

Sea cualquiera la acción que elija el comprador, el juez o árbitro que la conozca no podrá conceder al vendedor ''ningún plazo de gracia'' (art. 45-3). Esta regla se debe a que el vendedor tiene el derecho de subsanar su incumplimiento, incluso después de que haya vencido el plazo para cumplir su obligación, por lo que pareció excesivo e inconveniente para el comercio internacional[100] que el juez o árbitro, conforme a las costumbres de algunos foros, pudiera otorgar un plazo de gracia adicional.

El plazo para ejercitar cualquiera de estas acciones lo define la *Convención sobre prescripción de acciones*. Ésta señala, en general, un plazo de cuatro años (art. 8), que se cuenta a partir de diferentes momentos, según sea el tipo de reclamación. Al examinar en detalle cada una de estas acciones, se dará la referencia del momento que inicia el plazo de prescrip-

[99] Aunque el párrafo se refiere a otros ''derechos'', no excluye por eso las acciones, ya que el mismo artículo 45 llama ''derechos'' tanto a la acción de cumplimiento específico como a los recursos extrajudiciales.

[100] *Comentarios de la Secretaría* artículo 43 párrafo 6 (= *DO* 41).

ción de acciones. Pero debe tenerse en cuenta que este plazo puede suspenderse, prorrogarse o modificarse por acuerdo de las partes, conforme lo prevén los artículos 13 a 22 de la misma convención, pero en cualquier caso la acción no podrá ejercerse después de 10 años contados a partir del primer momento en que pudo ejercerse (art. 23 de la misma convención). El efecto de la expiración del plazo, esto es, la caducidad o prescripción de la acción no opera *ipso iure*, de modo que el juez o árbitro pueda por sí mismo denegar la acción, sino sólo *ope excepcionis*, es decir, lo tomará en cuenta el juez sólo si el demandado lo invoca (art. 24 de la misma convención).

B. Acción de cumplimiento específico del contrato (art. 46)

El artículo 46 otorga al comprador[101] la acción para reclamar al vendedor el cumplimiento de sus obligaciones, considerando dos casos: *a*) el incumplimiento de cualquier obligación (párrafo 1), y *b*) el incumplimiento de la obligación de entregar mercancías conformes con el contrato (párrafos 2 y 3); además, se discute si procede en casos de: *c*) faltas de conformidad consistentes en derechos o pretenciones de terceros.

El derecho a ejercer esta acción se pierde si el comprador ejerce "un derecho a acción incompatible" con ella (art. 46-1), como lo es una declaración de resolución del contrato o reducción del precio, pues, en la primera, el comprador manifiesta su voluntad de no querer el cumplimiento del contrato y, en la segunda, la de aceptar el cumplimiento habido del contrato, con la consecuente rebaja de precio. La declaración por la que el comprador fije un plazo suplementario para cumplir, inhabilita al ejercicio de la acción de cumplimiento, mientras no se venza el plazo suplementario (art. 47-2).[102]

a) Caso de incumplimiento de cualquier obligación (art. 46-1)

La acción procede, en principio, por el incumplimiento de cualquier obligación del vendedor, pero sólo tiene caso ejercerla para reclamar la entre-

[101] El artículo 62 da la respectiva acción al vendedor.

[102] Aunque esta limitante del derecho del comprador a ejercer la acción de cumplimiento específico está colocada en el párrafo 1 del artículo 46, por lo que parecería que no es aplicable a los párrafos 2 y 3 del mismo, lógicamente cabe interpretar que se refiere también a los casos de falta de conformidad de las mercancías previstos en estos dos últimos párrafos, ya que será absurdo exigir la sustitución o reparación de las mercancías cuando se ha declarado resuelto el contrato o reducido el precio.

ga de las mercancías o la entrega de documentos necesarios para el control y uso de ellas. Reclamar el cumplimiento específico de otras obligaciones, como la de contratar un transporte o un seguro, resultaría excesivo, y se obtendría mejor protección reclamando los daños y perjuicios derivados del incumplimiento de esas obligaciones.

El plazo para ejercer esta acción es de cuatro años a partir del momento en que se produzca el incumplimiento (arts. 8 y 10 de la *Convención sobre prescripción de acciones*).

b) Casos de incumplimiento de la obligación de entregar mercancías conformes con el contrato (art. 46 párrafos 2 y 3)

En estos casos, la acción de cumplimiento específico puede concretarse en la sustitución de las mercancías no conformes con otras, pero sí conformes con el contrato (art. 46 párrafo 2), o en la reparación de las mercancías no conformes con el contrato (párrafo 3).

Debe tenerse en cuenta que la responsabilidad del vendedor por la falta de conformidad de las mercancías está condicionada por el hecho de que el comprador haya notificado al vendedor la falta de conformidad, según lo prevé el artículo 39, en un plazo razonable a partir del momento en que el comprador la conoció o debió conocerla, excepto si el vendedor la conocía o debía conocerla, pues entonces es responsable de la falta de conformidad, aunque no haya recibido una notificación oportuna de parte del comprador (art. 40).

i) La sustitución de las mercancías

La petición de sustitución de mercancías tiende a limitarse debido a los gastos de transporte y aduanales que implica la devolución de unas mercancías ya recibidas y el envío de otras. Por eso, se permite sólo en los casos en que la falta de conformidad constituye un incumplimiento esencial, en el sentido definido por el artículo 25,[103] es decir, un incumplimiento que prive sustancialmente al comprador de lo que tenía derecho a esperar por virtud del contrato. La determinación de que una falta de conformidad constituye un incumplimiento esencial es más difícil de fundamentar que la determinación de lo que constituye una falta de entrega, ya que no existe, en los casos de falta de conformidad, la posibilidad de facilitar la prueba del incumplimiento esencial mediante la definición de un plazo suplementario.[104]

[103] *Supra* VIII 3.
[104] SCHLECHTRIEM 77.

Además, la petición de sustitución de las mercancías está condicionada, lo mismo que la declaración de resolución del contrato, por la posibilidad de devolver las mercancías no conformes con el contrato en un "estado sustancialmente idéntico" al que tenían cuando fueron entregadas (art. 82); no opera esta limitante si las mercancías se pierden o deterioran por causas que no son imputables al comprador.[105]

También contribuye a limitar la posibilidad de exigir la reparación la obligación que tiene el comprador de adoptar las medidas para reducir las pérdidas derivadas del incumplimiento del vendedor (art. 77).[106] Entre esas medidas, puede considerarse la de, en vez de pedir la sustitución de las mercancías, resolver el contrato y procurar el abastecimiento de las mercancías de otro proveedor; si así fuera, el vendedor, aunque quedara obligado por la sentencia a sustituir las mercancías, podría reducir la consiguiente indemnización de daños y perjuicios.

La petición hecha al vendedor de sustitución de las mercancías no es propiamente un recurso, pues no agrava la situación del vendedor, ni tampoco es un requisito previo al ejercicio de la acción judicial, pues el comprador no tiene que pedir primero extrajudicialmente la sustitución de las mercancías para luego poder demandarla judicialmente. En cuanto el comprador conoce la falta de conformidad, y si ésta constituye un incumplimiento esencial, puede pedir al vendedor o directamente al juez la sustitución de las mercancías. Lo ordinario será que el comprador la pida, primero, al vendedor y, sólo cuando éste no la hace, la demande al juez.

Para hacer la petición de sustitución de mercancías al vendedor, el comprador tiene como tiempo límite un "plazo razonable" a partir del momento en que notificó al vendedor la falta de conformidad (art. 46-2). Lo más conveniente será que el comprador, al notificar ésta, pida también la sustitución de las mercancías, pero si no la realiza en ese momento, cuenta con aquel plazo razonable para hacerla luego.

La petición al vendedor puede tener el efecto de darle tiempo al comprador para preparar una reclamación judicial; al hacer la petición al vendedor en el plazo razonable posterior a la notificación de falta de conformidad, el comprador asegura que luego podrá reclamar judicialmente la sustitución, mientras que si dejara pasar el tiempo sin hacer ni una petición extrajudicial ni una demanda judicial, perderá su derecho a exigir la sustitución de las mercancías.

Para ejercitar la acción judicial, haya sido hecha o no previamente la petición al vendedor, el comprador tiene un plazo de cuatro años contados a partir del momento en que se le puso en posesión de las mercancías o declaró que no las recibiría, de acuerdo con los artículos 8 y 10-2 de la *Convención sobre prescripción de acciones*.

105 *Supra* IX 3 B.

106 *Comentarios de la Secretaría* artículo 42 párrafo 14 (= *DO* 42).

El comprador que pide la sustitución de las mercancías queda obligado a tomar medidas para conservarlas, de acuerdo con lo previsto en los artículos 86 a 88.[107] Y tendrá que devolverlas cuando el vendedor, espontáneamente o por orden del juez, le envía las mercancías sustitutas. Quizá el vendedor pueda alegar que no enviará las nuevas mercancías en tanto no tenga seguridad de que le devolverán las otras, por lo que será conveniente que las partes se pongan de acuerdo, o que el juez ordene acerca del tiempo y modo de hacer los recíprocos envíos de mercancías. En principio, las entregas deben hacerse simultáneamente, aplicando por analogía la regla prevista (art. 81-2) para el caso de la restitución por efecto de la resolución del contrato. Los gastos de la devolución, como son consecuencia del incumplimiento, corren por cuenta del vendedor, aunque puede ser que el comprador tenga que erogarlos y luego obtener el reembolso.

ii) La reparación de las mercancías

En el *Proyecto CNUDMI* no se contemplaba esta forma de cumplimiento específico, que fue agregada como resultado de los trabajos de la Primera Comisión que conoció el proyecto. Fue una propuesta conjunta, presentada por Alemania (la entonces República Federal), Finlandia, Noruega y Suecia,[108] la que dio como resultado que se incluyera el actual párrafo tercero del artículo 46 que contempla la reparación de mercancías no conformes con el contrato.

La petición de esta forma de cumplimiento específico no está condicionada, como la petición de sustitución, por el hecho de que la falta de conformidad constituya un incumplimiento esencial, ni, lógicamente, por la posibilidad de devolución de las mercancías recibidas. Durante las discusiones del proyecto, los representantes de Estados Unidos presentaron la propuesta de que se condicionara al caso de que el comprador no pudiera reparar las mercancías por sí mismo o por un tercero que él contratara; pero se desechó esta iniciativa porque parecía reducir excesivamente la protección del comprador y fomentar, de manera indirecta, la irresponsabilidad de los vendedores.[109] Pero sí se admitió una propuesta de excluirla en los casos en que, como dice la frase final del párrafo tercero, la exigencia de reparación ''no sea razonable habida cuenta de todas las circunstancias''. Ésta viene a ser una limitación más amplia que la que proponía el representante norteamericano, pues no será razonable que el comprador exija la reparación de las mercancías cuando él puede hacerlo

[107] *Supra* VII 5 A a.
[108] *Informe 1a. Comisión* artículo 42 párrafo 3 (= *DO* 121).
[109] *Actas resumidas 1a. Comisión* sesión 18 párrafos 43-71 (= *DO* 351-357).

o contratar en su país quien lo realice por un costo más bajo que lo que tendría que erogar el vendedor para trasladarse al país del comprador y reparar las mercancías, pero tampoco podrá serlo en otros casos, por ejemplo, si la naturaleza de las mercancías no permite su reparación, o si el vendedor no es fabricante de las mercancías sino mero distribuidor.[110]

La posibilidad de exigir la reparación también queda limitada por la obligación que tiene el comprador de adoptar las medidas para reducir las pérdidas derivadas del incumplimiento del vendedor (art. 77). Puede considerarse que entre tales medidas está la de procurar él mismo la reparación de las mercancías.

En casos de entrega incompleta de las mercancías, la "reparación" consiste en que el vendedor entregue la parte faltante.

Al igual que la sustitución de las mercancías, el comprador puede solicitar su reparación al vendedor o directamente al juez. El plazo que tiene para hacer la petición al vendedor es, también, el plazo razonable a partir del momento en que envió la comunicación de falta de conformidad (art. 46-3). Y el plazo que tiene para ejercitar la acción es de cuatro años, a partir de que recibió efectivamente las mercancías o declaró que no las recibiría.

c) Faltas de conformidad consistentes en la existencia de derechos o pretensiones de terceros

Will,[111] apoyado en Hartley,[112] se pregunta si la acción de cumplimiento específico en sus modalidades de sustitución o reparación de mercancías puede ser apta para subsanar faltas de conformidad consistentes en la existencia de derechos o pretensiones de terceros sobre las mercancías. Considera que debe distinguirse entre mercancías fungibles y no fungibles. Respecto de las primeras, opina que si la existencia del derecho de tercero constituye un incumplimiento esencial, procede el cambio de las mercancías y, si no constituye un incumplimiento de esa magnitud, procede la "reparación" de las mercancías, o sea, la cancelación del derecho o pretensión de tercero. Cuando las mercancías no son bienes fungibles, opina que la sustitución de mercancías está excluida por principio, pero la reparación del defecto jurídico pudiera ser posible en ciertos casos, por ejemplo, cuando el vendedor sólo tiene que hacer un pago para cancelar un derecho de prenda sobre el bien; y en otros no, por ejemplo, cuando el propietario de la mercancía insiste en recobrarla.

110 WILL en *Commentary* 399.

111 *Commentary* 339.

112 HARTLEY, *Study of the Uniform Law of the International Sale of Goods...* (Brussels 1979) 24.

Me parece que, en la mayoría de los casos de este tipo que pudieran presentarse, lo más viable sería una petición de "reparación", o sea de cancelación del derecho o pretensión de tercero mediante un acto del vendedor, como un pago, o un convenio que celebre con el tercero interesado. Pero en caso de que el vendedor se negara a hacer lo suyo o que el tercero no quisiera convenir un arreglo, sería prácticamente imposible que una acción judicial condujera a la realización de una u otra conducta. Por eso, en estos casos puede ser mejor reclamar una indemnización de daños y perjuicios.

C. Acción de indemnización por daños y perjuicios (art. 45-1-b)

El incumplimiento de las obligaciones del vendedor otorga al comprador el derecho a ejercer una acción indemnizatoria de los daños y perjuicios que le ha causado el incumplimiento (art. 45-1-b). El objeto de esta acción es que el juez o árbitro condene al vendedor al pago de una cantidad de dinero.

Una diferencia práctica importante entre esta acción y la de cumplimiento específico es que el vendedor puede quedar exonerado de la responsabilidad por los daños y perjuicios, conforme al artículo 79, pero no de la responsabilidad por el cumplimiento específico (art. 79-5). Por ejemplo, si el vendedor entregara una mercancía que no resulta conforme con el contrato, pero la falta se debió a un impedimento imprevisible e insuperable, el vendedor queda exonerado de la responsabilidad por daños y perjuicios, pero no de la responsabilidad de sustituir o reparar las mercancías. En estos casos es desaconsejable ejercer la acción indemnizatoria.[113]

Si bien la acción indemnizatoria es única, la *Convención* distingue dos casos en que procede: cuando es efecto de una declaración de resolución del contrato, y cuando es consecuencia directa de un incumplimiento contractual. En el primer caso, para determinar los daños y perjuicios cuya indemnización puede exigirse, se aplican, en primer lugar, los artículos 75 y 76 arriba analizados[114] y, además, subsidiariamente, el artículo 74. Para determinar la indemnización de daños y perjuicios derivados en forma directa de un incumplimiento contractual, se aplica el artículo 74.

Según se explica en los *Comentarios de la Secretaría*,[115] la razón fundamental del artículo 74 es que la parte afectada por el incumplimiento obtenga una cantidad de dinero que la reponga en la misma situación eco-

[113] *Supra* IX 5 A.

[114] *Supra* IX 3 D d.

[115] *Comentarios de la Secretaría* artículo 70 párrafo 3 (= *DO* 64).

nómica que tendría de haberse cumplido el contrato. Por eso, dice el artículo que la indemnización "comprenderá el valor de la pérdida sufrida y el de la ganancia dejada de obtener... como consecuencia del incumplimiento". Pero para precisar el alcance de esta acción es menester que se aclare: *a*) cuáles son los daños y perjuicios que deben indemnizarse; *b*) cómo se calcula su valor pecuniario, y *c*) qué limitaciones pueden hacerse.

a) Daños y perjuicios que deben indemnizarse (art. 74)

El artículo señala que la indemnización comprenderá el valor "de la pérdida sufrida y de la ganancia dejada de obtener". La referencia expresa a la ganancia dejada de obtener fue para evitar dudas de que la indemnización no incluyera el lucro cesante, como sucede en algunos sistemas jurídicos.[116] Pero sólo se indemnizan los daños y perjuicios que una parte sufra "como consecuencia del incumplimiento". Esto significa que la parte que reclama debe probar que existe un vínculo causal entre el incumplimiento y los daños y perjuicios; el artículo no aclara si la relación causal debe ser directa o indirecta, por lo que no hace falta distinguir; el límite será, más bien, como se analizará adelante, que la causa de los daños y perjuicios fuera previsible.[117]

No deben indemnizarse, pues están fuera del ámbito de la *Convención* (art. 5), los daños y perjuicios que pudieran producir las mercancías faltas de conformidad en la persona del comprador o de terceros, tales como lesiones corporales, infecciones o enfermedades. Estos daños podrán reclamarse de conformidad con la legislación interna que trata acerca de la responsabilidad por el producto. Pero no están excluidos, como bien señala Schlechtriem,[118] los daños que las mercancías faltas de conformidad pueden causar en los bienes del comprador, como, por ejemplo, los daños que materias primas faltas de calidad produjeran en sus maquinarias.

El artículo 74 no precisa los límites temporales que deben considerarse para definir los daños y perjuicios reclamables. Sin duda, deben considerarse los daños y perjuicios posteriores al incumplimiento, pero hasta qué momento final: ¿hasta el momento de la reclamación extrajudicial, el momento de la presentación de la demanda o el momento de dictar sen-

116 *Comentarios de la Secretaría* artículo 70 párrafo 3 (= *DO* 64).

117 KNAPP *Commentary* 540.

118 SCHLECHTRIEM 97. Durante las discusiones en la Primera Comisión acerca del actual artículo 5, el representante de Dinamarca propuso que se excluyeran los daños que las mercancías causaran en los bienes del comprador, pero la propuesta fue rechazada; véase *Actas Resumidas 1a. Comisión* sesión 3 párrafos 14 y ss (= *DO* 266 y ss).

tencia? Si la filosofía del artículo es la de indemnizar a la parte afectada de modo que tenga la misma situación económica que si se hubiera cumplido el contrato, parece razonable la tesis de Knapp[119] de que deben tenerse en cuenta todos los daños producidos o las ganancias dejadas de obtener hasta el momento en que el juez o árbitro dicte la sentencia.

b) Modo de estimarlos en dinero

Como el artículo se refiere a cualquier tipo de daños y perjuicios, sean los que pueden sufrir el comprador o el vendedor, sean los derivados del incumplimiento de una obligación o de otra, no se consideró oportuno definir una manera de estimar o calcular en dinero los daños y perjuicios causados.[120] Es algo que los jueces y árbitros tendrán que ir determinando caso por caso.

No obstante, es previsible que el comprador llegará a ejercitar la acción indemnizatoria, no derivada de una resolución del contrato —en cuyo caso los daños y perjuicios se estiman fundamentalmente conforme a lo previsto en los artículos 75 y 76— principalmente en los casos en que ha recibido mercancías que no son conformes con el contrato, pero que ha decidido conservar. Si en uno de estos casos el vendedor repara o sustituye las mercancías no conformes con el contrato, el comprador sólo podrá reclamar los daños derivados del tiempo que no tuvo mercancías conformes con el contrato y los que le hayan causado directamente las acciones de reparación o sustitución; si el vendedor no hace la reparación o sustitución, el comprador podrá reclamar, además, los costos para la reparación de las mercancías, o la merma que sufren en su valor de reventa, o la diferencia de precio que existe entre la mercancía recibida y la mercancía que fuera conforme con el contrato, de manera semejante a como se calcula la reducción del precio.[121]

Si, en cualquiera de los casos anteriores, el comprador hubiera pagado el precio, podrá incluirse en la estimación de los daños la cantidad de precio pagada en exceso más los intereses correspondientes, calculados de la misma manera que en el caso de que el comprador hubiera resuelto el contrato y exigido la devolución del precio pagado (art. 84-1), es decir, de acuerdo con la tasa de interés que el vendedor hubiera podido percibir.[122] El cobro de intereses no excluye la indemnización de otros daños y perjuicios.

119 *Commentary* 544.

120 *Comentarios de la Secretaría* artículo 70 párrafo 4 (= *DO* 64).

121 Véase *Comentarios de la Secretaría* artículo 70 párrafos 6 y 7 (= *DO* 64). Véase, sobre el cálculo de la reducción de precio, *supra* IX 4 C.

122 *Supra* IX 3 D c iii.

En caso de que el vendedor no hubiera entregado las mercancías, bien que el comprador hubiera adelantado el precio, bien que no lo hubiera adelantado, quizá lo mejor sería que el comprador declarara resuelto el contrato, a fin de quedar desligado de su obligación de pagar el precio y podrá reclamar los daños y perjuicios que deberán calcularse tomando en consideración las reglas previstas para el caso de resolución del contrato, es decir, considerando el precio de la compra de reemplazo, si la hubo, así como los demás daños y perjuicios, entre los que habrá de considerar la restitución de la cantidad que el comprador hubiera adelantado como precio más los intereses correspondientes a la tasa que hubiera podido percibir el vendedor.

c) Límite de la reclamación: la pérdida previsible

La cantidad con la que el juez o árbitro puede condenar al vendedor como indemnización por el incumplimiento tiene una limitación: no puede exceder de la "pérdida previsible". Ésta es la pérdida que el vendedor, al momento de la celebración del contrato, previó o "debiera haber previsto" que causaría al comprador con su incumplimiento.

Se trata de un límite que tiene una medida subjetiva (lo que el vendedor efectivamente previó) y otra objetiva (lo que debiera haber previsto). Es de esperar que cuando se discuta acerca del monto de la indemnización, el vendedor pretenda reducirla alegando que él no previó las pérdidas que ha sufrido el comprador, y éste tenga que argumentar que el vendedor debía haberlas previsto. La cuestión habrá de decidirse de conformidad con la previsibilidad objetiva, y ésta depende básicamente de los hechos que el vendedor conociera al momento de la celebración del contrato. Si el vendedor sabía que el comprador necesitaba la mercancía como materia prima para su línea de producción ordinaria, debía haber previsto que la falta de entrega le causaría, entre otras, una pérdida consistente en la baja del ritmo de su producción o, si no hubiera otro proveedor accesible al comprador, el paro de la misma; si, además, el vendedor sabía que los artículos que el comprador fabricaría con la materia prima servirían para que el comprador cumpliera obligaciones contraídas con sus propios clientes, también debía haber previsto la pérdida, consistente en el descrédito que sufre el comprador ante sus propios clientes y en las posibles indemnizaciones que él tenga que pagarles.

Esto hace ver que el comprador que reclama la indemnización de la pérdida sufrida por el incumplimiento debe probar, no sólo la existencia de la pérdida, sino que el vendedor conoció hechos que la harían previsible. No hace falta probar que el vendedor previó efectivamente la pérdida, pues la prueba de que conoció los hechos viene a ser, como observa

Knapp,[123] una presunción de que la pérdida era previsible. En el fondo, subyace la idea de que el vendedor debe actuar como lo haría una persona razonable en sus mismas circunstancias.[124]

Además, el artículo 74 dice que la previsibilidad de la pérdida se considerará tomando en cuenta no sólo los hechos que conoció la parte que incumplió el contrato, sino también, o en su defecto, los hechos que debió haber conocido. Con la aplicación de esta regla se permite que el comprador pueda reclamar una pérdida aun cuando no pueda probar que el vendedor conoció hechos que se la habrían hecho previsible; basta con que la previsibilidad de la pérdida se sustente en hechos que el vendedor debió conocer, aunque no los haya conocido efectivamente. Por ejemplo, si el comprador compra mil pares de zapatos, aunque nada le haya comunicado al vendedor acerca de cómo emplearía esos zapatos, se entiende que el vendedor debió conocer que el comprador revendería esos zapatos, y que, por consiguiente, le sería previsible la pérdida consistente en la imposibilidad de comercializarlos.

El artículo se refiere a la previsibilidad de la pérdida ''en el momento de la celebración del contrato''. La razón de esta referencia temporal es, como dice Schlechtriem,[125] porque en ese momento las partes valoran las expectativas, obligaciones y riesgos que asumen por causa del contrato. Pero esta referencia puede, a veces, limitar excesivamente la indemnización. Por ejemplo, si el comprador no recibe mercancías cuyo precio había aumentado considerablemente en el mercado después del perfeccionamiento del contrato, sería discutible que el vendedor tenga que indemnizar la pérdida consistente en la diferencia de precio, pues éste puede argumentar que ésa no era una pérdida previsible al momento de la celebración del contrato. En tal caso, sería más conveniente reclamar el cumplimiento específico del contrato.

d) Reducción por razón de la pérdida evitable (art. 77)

Una vez que el juez o árbitro determinara la cantidad correspondiente a la indemnización de daños y perjuicios, dentro del límite de la pérdida previsible, el vendedor podría aún pedir que se disminuyera si el comprador no hubiera tomado las medidas adecuadas para reducir la pérdida consecuencia del incumplimiento (art. 77).[126] Por ejemplo, si el comprador reclama daños por faltas de conformidad de mercancías que él pudo haber

[123] *Commentary* 542.
[124] Véase artículo 8-2.
[125] SCHLECHTRIEM 97.
[126] *Supra* VII 6.

reparado, la suma de la indemnización se reducirá considerando la pérdida que el comprador pudo haber evitado si reparara oportunamente las mercancías. O, si el comprador reclama indemnización por la pérdida que produzca la demora en la entrega de las mercancías, podrá reducirse la cantidad indemnizatoria considerando la pérdida que hubiera evitado el comprador si hubiera procedido rápidamente a una compra de reemplazo.

X. *Recursos en caso de incumplimiento del comprador*

Los recursos que tiene el vendedor por incumplimiento de las obligaciones del comprador son semejantes a los que tiene éste por el incumplimiento de las obligaciones de aquél, excepto que el vendedor no tiene necesidad de reducir el precio de las mercancías ni de rechazarlas. Dada esta semejanza, mucho de lo que se explicó al tratar los recursos que tiene el comprador, se puede aplicar a la explicación de los recursos que tiene el vendedor.

1. LOS RECURSOS EN GENERAL

A. Fundamento de los recursos

El fundamento de los recursos del vendedor es también el mero incumplimiento de cualquiera de las obligaciones del comprador, siempre que se trate de un incumplimiento que no esté exonerado de responsabilidad, ni que sea subsanable.[1]

Como la principal obligación del comprador, el pago del precio, es una obligación de dar una cantidad de dinero, difícilmente habrá casos en que el comprador pueda quedar exonerado de responsabilidad por el pago del precio. Si acaso, el comprador podría alegar que disposiciones gubernamentales en torno a la exportación de divisas tomadas en su país, después del perfeccionamiento del contrato, constituyen un impedimento que lo exonera de responsabilidad por el incumplimiento del pago del pre-

[1] *Supra* IX 1 A.

cio; pero tales disposiciones constituirían un impedimento insuperable siempre y cuando, cosa difícil para un comerciante internacional, el comprador no tuviera posibilidades de conseguir divisas fuera de su país.

El incumplimiento de la obligación de recibir las mercancías, que es una obligación de hacer, más fácilmente puede quedar exonerado de responsabilidad, por ejemplo, si estalla una huelga de los estibadores en los puertos o de los transportistas de carga.

B. Enumeración (art. 61)

Así como el artículo 45 hace una referencia general a los recursos que tiene el comprador a causa del incumplimiento del vendedor, el artículo 61 hace lo propio respecto de los recursos que tiene el vendedor por causa del incumplimiento del comprador. Contempla, por una parte, los "derechos establecidos en los artículos 62 a 65" (párrafo 1-a), y, por la otra, el recurso de indemnización de daños y perjuicios que puede usarse como un recurso único (párrafo 1-b) o como un recurso acumulativo con algún otro (párrafo 2).

Los recursos específicos que tiene el comprador, previstos en la sección tercera del capítulo tercero de la *Convención*, son: *a*) exigir la indemnización de daños y perjuicios (art. 61-1-b); *b*) demandar el cumplimiento del contrato (art. 62); *c*) fijar un plazo suplementario para que el comprador cumpla sus obligaciones (art. 63); *d*) declarar la resolución del contrato (art. 64), y *e*) hacer unilateralmente la especificación de las mercancías (art. 65). A estos recursos habría que añadir que el vendedor, ante el incumplimiento previsible del comprador, puede: *f*) reclamar garantías de cumplimiento (art. 71); ante la negativa del comprador a reembolsarle gastos de conservación, puede: *g*) retener las mercancías (art. 86-1) y, ante la demora del comprador en recibir las mercancías puede: *h*) venderlas y retener parte del precio (art. 88).

C. Clasificación de los recursos

Como se explicó al tratar de los recursos que tiene el comprador,[2] aunque la *Convención* no hace una distinción expresa, conviene distinguir entre recursos extrajudiciales y recursos judiciales o, según su terminología, entre "derechos" y "acciones".

El vendedor puede declarar por sí mismo el plazo suplementario para

[2] *Supra* IX 1 C.

el cumplimiento de las obligaciones del comprador, la resolución del contrato, la especificación unilateral de las mercancías, el incumplimiento previsible y la consiguiente petición de garantías, y, además, decidir la retención de las mercancías que custodia, su venta y la retención del precio cobrado por ellas. Son éstos los recursos extrajudiciales o derechos que tiene el vendedor, ya que con su sola declaración producen efectos, aunque posteriormente un juez o árbitro podrá revisar la decisión del vendedor y declarar si fue fundada o infundada, con las consiguientes consecuencias para ambas partes.

En cambio, los recursos judiciales que tiene el vendedor, es decir, los que producen efecto por la sentencia de un juez o árbitro son: la exigencia de la indemnización de daños y perjuicios y la de cumplimiento del contrato. Aunque de ordinario el vendedor pedirá, primero extrajudicialmente, la indemnización o el cumplimiento del contrato, y sólo ante la negativa del comprador acudirá al juez o árbitro, la mera petición extrajudicial no produce ningún efecto jurídico.

En adelante, se examinarán primero los derechos o recursos prejudiciales: fijación de plazo suplementario (número 2), resolución del contrato (número 3). La especificación unilateral de las mercancías, que puede ser considerada como un recurso contra el incumplimiento del comprador, y acumulable por consiguiente con una reclamación de daños y perjuicios, o bien como un derecho del vendedor para cumplir sus obligaciones, que no implica el incumplimiento de alguna obligación del comprador ni tampoco conlleva reclamación de daños y perjuicios, ya fue tratada en el capítulo de las obligaciones del comprador.[3] También ya fue tratada la petición de garantías ante un incumplimiento previsible[4] y el derecho de retención y venta de mercancías que el comprador rechaza.[5]

Después se tratarán (número 4) los recursos judiciales o acciones: la acción para reclamar el cumplimiento del contrato y la acción para exigir la indemnización de daños y perjuicios. Finalmente, se tratará (número 5), como apéndice, la reclamación de pago de intereses, que si bien en la *Convención* se incluye como una reclamación que puede hacer tanto el vendedor como el comprador, se trata de una reclamación que ordinariamente hará el vendedor por causa de la demora en el pago del precio.

2. FIJACIÓN DE PLAZO SUPLEMENTARIO (ART. 63)

Una vez que ha vencido el plazo contractual para el cumplimiento de las obligaciones del comprador, si éste no ha cumplido alguna de ellas, el ven-

[3] *Supra* VII 4.
[4] *Supra* VIII 4 B.
[5] *Supra* VI 8 C.

dedor puede fijarle un plazo suplementario o adicional para hacerlo (art. 63). Esta fijación de plazo, lo mismo que la que pueda hacer el comprador ante el incumplimiento de cualquier obligación del vendedor, no constituye una modificación del plazo definido en el contrato, ya que si así fuera, no podría hacerse responsable al comprador de los daños y perjuicios que causara por haber cumplido dentro del nuevo plazo contractual; se trata, por el contrario, de un recurso que tiene el vendedor para provocar el cumplimiento espontáneo, aunque tardío, de las obligaciones del comprador, que no merma su responsabilidad por las daños y perjuicios causados con la demora.

El objeto de la concesión de una nueva fecha es que el vendedor pueda más fácilmente resolver el contrato si el comprador no cumple sus obligaciones en el nuevo plazo. Es una ventaja importante, porque la resolución del contrato sólo puede declararse, por regla general, cuando hay un incumplimiento esencial (art. 25),[6] y la mera demora en el pago del precio o la recepción de las mercancías, sólo en pocos casos podrá constituir un incumplimiento esencial. Pero si el vendedor fija un nuevo plazo, luego podrá resolver el contrato, demostrando solamente que el comprador no cumplió sus obligaciones en el plazo suplementario, o que ha declarado que no las cumplirá en dicho momento (art. 64-1-b). En otras palabras, por la falta de pago del precio o de recepción de mercancías en el plazo suplementario, el vendedor adquiere el derecho a resolver unilateralmente el contrato.[7] Gracias a esto, podrá buscar otro comprador de las mercancías, sin tener el riesgo de que el comprador le reclame por incumplimiento del contrato.

Si bien el artículo 63-1 dice que el vendedor podrá fijar un plazo suplementario por el incumplimiento de cualquiera de las obligaciones del comprador, en realidad sólo tiene sentido que lo haga por la demora en el pago del precio o en la recepción de las mercancías, pues sólo en esos casos la fijación de un nuevo plazo tiene la consecuencia jurídica de permitir la resolución del contrato, sin tener que demostrar que hubo un incumplimiento esencial (art. 64-1-b).

En mi opinión, también puede usarse este recurso en casos de retardo del pago de una parte del precio o de demora en la recepción de una parte de las mercancías. Pero la fijación de un plazo suplementario, en estos casos, tendrá el efecto de facilitar la resolución parcial del contrato, pues para resolver todo el contrato habría que demostrar que el incumplimien-

6 *Supra* VIII 3.

7 Es un derecho análogo al que tenía el vendedor en la compraventa romana por virtud de la *lex comissoria*, que le permitía resolver unilateralmente el contrato si el comprador no pagaba el precio en el plazo fijado. Véase *Digesto* 18,3.

to de la entrega parcial constituye un incumplimiento esencial respecto de todo el contrato (art. 53-2).[8]

La fijación de plazo debe ser comunicada al comprador. Como no dice el artículo en qué momento surte efecto la comunicación, se entiende que se aplica la regla general del artículo 27, que expresa que los efectos se producen desde el momento de la expedición.[9]

En la comunicación, el vendedor debe fijar un cierto plazo, como 20 días después de la fecha de la comunicación, o una fecha precisa. Si sólo pide que el comprador cumpla "lo más pronto posible", no está fijando un verdadero plazo, ni podrá, en consecuencia, resolver el contrato por incumplimiento en el plazo adicional. Debe, también, indicar que el nuevo plazo que fija es perentorio, de modo que el comprador sepa que el incumplimiento en el nuevo plazo podrá implicar la resolución del contrato.

El plazo suplementario ha de ser de duración "razonable". Esto significa que ha de tener una duración tal que no sea gravosa para el vendedor afectado y que dé al comprador la posibilidad efectiva de cumplir sus obligaciones. Esta exigencia se basa en el propósito de que no se use la fijación de un plazo suplementario como un mero pretexto para resolver más fácilmente el contrato cuando el vendedor ha perdido interés en su cumplimiento; por ejemplo, si hubieran subido en el mercado los precios de las mercancías, el vendedor podría pretender la resolución del contrato fijando un plazo suplementario tan corto que no dé tiempo suficiente al comprador para pagar el precio. La determinación de lo que en cada caso es un plazo razonable se confía al vendedor, quien deberá cuidar de juzgar prudentemente, pues su decisión podrá ser, eventualmente, revisada por el juez o árbitro, si el comprador la impugnara.

El derecho del vendedor a fijar un plazo suplementario y preparar así el camino para la resolución del contrato se contrapone con el derecho del comprador a subsanar el incumplimiento.[10] ¿Qué ocurriría si el comprador envía una comunicación diciendo que cumplirá tardíamente, en un plazo razonable, y el vendedor, por su parte, quiere fijar un plazo suplementario? Como el derecho del comprador a cumplir con retraso no prevalece sobre el derecho del vendedor a resolver el contrato (art. 48-1 por analogía), me parece que el vendedor puede aceptar una petición de cumplimiento tardío formulada por el comprador, pero indicando que el plazo que éste pide de acuerdo con el artículo 48-2, funcione también como

[8] *Supra* VIII 5 C y D.

[9] Sin embargo, KNAPP opina (*Commentary* 460) que la notificación surte efectos sólo si llega al comprador, pero esto no puede justificarse, pues sería favorecer al deudor moroso, esto es, al comprador que no ha cumplido con sus obligaciones.

[10] Aunque la *Convención* no prevé expresamente el derecho del comprador a subsanar su incumplimiento, puede considerarse que lo tiene por extensión analógica del derecho del vendedor a reparar el incumplimiento (art. 48). *Supra* VIII 2 B.

plazo suplementario, de acuerdo con el artículo 63-1, de modo que si el comprador no cumple, el vendedor puede resolver el contrato.

Al conceder un plazo suplementario, el vendedor obviamente se compromete a respetarlo, por lo que no podrá ejercer ninguna acción por incumplimiento del contrato mientras no transcurra dicho plazo. No podrá, por eso, declarar resuelto el contrato, ni reclamar la consecuente devolución de las mercancías, ni reclamar la indemnización de los daños y perjuicios que le haya causado el incumplimiento total de la obligación de pagar el precio o de recibir las mercancías. Pero la concesión del plazo suplementario no exime al comprador de su responsabilidad por haberse demorado en el cumplimiento de su obligación, por lo que el vendedor sí podrá exigir, antes o después de que se venza el plazo suplementario, los daños y perjuicios que haya sufrido por causa de la demora en el cumplimiento del comprador, y aun cuando el comprador llegue a cumplir sus obligaciones en la fecha suplementaria (art. 63-2).

Cuando el comprador avisa al vendedor que no cumplirá en el plazo suplementario, éste no tiene por qué respetar el plazo ofrecido y puede utilizar libremente los recursos de que dispone para exigir reparación por el incumplimiento del comprador. Esta comunicación, así lo dispone expresamente el párrafo 2 del artículo 63 en contra de la regla general prevista en el artículo 27, surte efectos cuando la recibe el vendedor. Si la notificación no dice expresamente que el comprador no cumplirá en el plazo suplementario, sino que expresa que el plazo ofrecido no es suficiente o que el precio convenido resulta alto, habrá que interpretar, conforme al artículo 8, si tales declaraciones constituyen o no una negativa implícita a cumplir en el plazo suplementario.

Una vez fenecido el plazo suplementario, el vendedor podrá declarar resuelto el contrato o demandar judicialmente su cumplimiento más los daños y perjuicios, o la mera indemnización de daños y perjuicios. Pero nada impide que el vendedor que quiera esperar todavía más, pueda ampliar (antes de su vencimiento) o renovar (una vez vencido) el plazo adicional.

3. LA RESOLUCIÓN DEL CONTRATO (ART. 64)

La *Convención* establece el derecho del vendedor a resolver el contrato en ciertos casos de incumplimiento del comprador. La resolución es un derecho que tiene el vendedor y no una consecuencia que se produzca necesariamente por un hecho determinado o que tenga que declarar un juez. La LUCI sí establecía, en ciertos casos, la resolución *ipso iure* del contrato, y en otros señalaba que se operaba por declaración del comprador o vendedor afectados, pero este sistema creaba inseguridad en cuanto a la subsistencia del contrato: a veces era problemático definir si un contrato había sido resuelto *ipso iure* o continuaba en vigor. En vista de esto, los redactores del proyecto CNUDMI decidieron eliminar la resolución automática y establecer que dependería siempre de la declaración del comprador o del vendedor afectado. Éste, en atención a sus intereses, decidirá si declara resuelto el contrato o exige su cumplimiento específico o reclama una indemnización de daños y perjuicios.

Para que la resolución surta efectos, no es necesario que el vendedor notifique su intención de resolver el contrato, como lo exigía la LUCI.[11] Basta con que haga saber al comprador que ha declarado resuelto el contrato. La declaración de resolución surte efecto, así lo establece expresamente el artículo 26, "sólo si se comunica a la otra parte", pero sus efectos se producen, de acuerdo con el principio de expedición recogido en el artículo 27, desde el momento en que se envía la comunicación.

La declaración de resolución debe ser suficientemente clara y no puede revocarse unilateralmente una vez que ha llegado al comprador; pero antes de ese momento, opina Knapp,[12] con razón, que puede ser retirada siempre que el retiro llegue antes que la declaración de resolución (arts. 15-2 y 22 aplicados analógicamente).

A. Casos en que procede la resolución (art. 64)

Debido al principio de favorecer en lo posible la subsistencia del contrato, el vendedor sólo puede declarar resuelto el contrato en dos casos: *a*) cuando el comprador ha incurrido en un incumplimiento, de cualquiera de sus obligaciones, que pueda ser considerado como incumplimiento esencial (art. 64-1-a), de acuerdo con lo previsto en el artículo 25;[13] y *b*) cuando el comprador no cumple su obligación de pagar el precio o recibir las mercancías en el plazo suplementario fijado por el vendedor, o avisa que no lo hará en ese plazo (art. 64-1-b).

De ordinario, el incumplimiento del comprador consistirá en la falta de pago de precio. Este incumplimiento, por sí mismo, quizá no sea un incumplimiento esencial, pues siempre parece posible que el comprador pueda pagar el precio después de cierto tiempo. Lo que sí haría que la falta de pago constituyera un incumplimiento esencial sería una demora excesi-

[11] Se exige manifestación de la intención de resolver el contrato sólo en el caso de que se pretenda resolver el contrato a partir de un incumplimiento previsible que puede constituir un incumplimiento esencial, y siempre y cuando sea posible dar ese aviso, artículo 72-2; véase *supra* VIII 4 B b.

[12] *Commentary* 468.

[13] *Supra* VIII 3.

va, medida en consideración de las circunstancias del contrato y de las partes. Por eso, podría resultar riesgoso para el vendedor declarar resuelto el contrato si sólo han pasado tres o 10 días después de la fecha convenida para el pago del precio. Lo mismo cabe decir de la obligación de recibir las mercancías: la sola falta de recepción no constituye un incumplimiento esencial, sino hasta que se ha producido una demora excesiva.[14]

En consecuencia, lo más aconsejable para el vendedor que advierte la falta de pago de precio o de recepción de mercancías es fijar un plazo suplementario al comprador para que cumpla sus obligaciones, de modo que, transcurrido el plazo sin haberlas cumplido, el vendedor pueda, sin ninguna duda, declarar resuelto el contrato (art. 64-1-b).

El vendedor también puede —según se explicó antes—[15] declarar resuelto en parte un contrato, cuando se trata de un contrato con entregas sucesivas, como puede serlo uno de distribución, o bien, declararlo totalmente resuelto, si el incumplimiento de las obligaciones del comprador respecto de una entrega constituye un incumplimiento esencial de todo el contrato. Además, puede resolverlo cuando prevé, con los fundamentos requeridos, que el comprador incurrirá en un incumplimiento que será esencial, por ejemplo, por no haber realizado los preparativos necesarios para pagar el precio.[16]

B. Pérdida del derecho a resolver el contrato (art. 64-2)

El párrafo segundo del artículo 64 explica los casos en que el vendedor pierde su derecho a resolver el contrato, no obstante que haya habido un incumplimiento esencial. Esto ocurre, en general, cuando el comprador ha pagado el precio y el vendedor no hace la declaración en un momento oportuno (art. 64-2).

El hecho decisivo es el pago del precio, que debe entenderse, de acuerdo con los *Comentarios de la Secretaría*,[17] como pago total del precio. En el caso de un contrato que prevea el pago de precio en parcialidades o "abonos", se requerirá el pago de todas las parcialidades vencidas; en caso de un contrato con entregas sucesivas de mercancías, el pago correspondiente a una entrega elimina el derecho del vendedor a resolver el contrato respecto de esa entrega.[18]

[14] *Comentarios de la Secretaría* artículo 60 párrafo 5 (= *DO* 55).
[15] *Supra* VIII 5 C.
[16] *Supra* VIII 4 B b.
[17] *Comentarios de la Secretaría* artículo 60 párrafo 8 (= *DO* 55).
[18] Véase KNAPP *Commentary* 470.

Si el comprador no paga el precio, la *Convención* no dispone un momento para que el vendedor ejercite su derecho a resolver el contrato, por lo que debe entenderse que el límite es el plazo general de prescripción de cuatro años, previsto en la *Convención sobre prescripción* (art. 8), contado a partir de que se produzca el incumplimiento (art. 9 de la misma convención).

El artículo señala dos hipótesis en que el vendedor pierde su derecho a resolver el contrato, siempre en el supuesto de que el comprador ha pagado el precio: *a*) cuando el comprador se anticipa a cumplir antes de que el vendedor resuelva el contrato (art. 64-2-a), y *b*) cuando el vendedor no declara la resolución del contrato en un plazo razonable (art. 64-2-b).

a) Cuando el comprador se anticipa a cumplir (art. 64-2-a)

El vendedor pierde el derecho a resolver el contrato por causa de la demora en el cumplimiento[19] de cualquier obligación del comprador, si no lo hace antes de que tenga conocimiento de que el comprador ha cumplido tardíamente. Si, por ejemplo, el incumplimiento esencial que mueve al vendedor a resolver el contrato es la falta de recepción de las mercancías que el comprador ya pagó, el vendedor podrá resolver el contrato en tanto no sepa que el comprador ha procedido a la recepción de las mercancías; si el comprador, por un alza del precio en el mercado, decidiera recibir las mercancías que en principio no le parecían conformes con el contrato, le convendría notificar inmediatamente al vendedor de que ha procedido a su recepción, a fin de eliminar la posibilidad de que el vendedor resolviera el contrato.

En la mayoría de los casos, el retraso en el cumplimiento que puede mover al vendedor a resolver el contrato es la demora en el pago del precio. Durante la Conferencia de Viena, se quiso incluir un párrafo en este artículo en el que expresamente se dijera que se perdía el derecho a resolver el contrato por falta de pago de precio si el comprador pagaba tardíamente, pero antes de que el vendedor declarara resuelto el contrato; sin embargo, la enmienda fue rechazada.[20] Sin embargo, esto no significa que el vendedor no pierda su derecho a resolver el contrato si el comprador paga el precio demoradamente, ya que en la redacción actual del pá-

19 El artículo habla, no de demora en el cumplimiento, sino de un "cumplimiento tardío"; la expresión es equívoca, pues el supuesto base de la resolución es que haya un incumplimiento, por lo que resulta contradictorio decir que se puede resolver el contrato por un incumplimiento que consiste en un cumplimiento; en el inciso b del párrafo 2 se hace patente este defecto cuando habla de un "incumplimiento distinto del cumplimiento tardío".

20 *Informe 1a. Comisión* artículo 60 párrafo 7 (= *DO* 134-135).

rrafo 2-b, que se refiere al retraso en el cumplimiento de cualquier obligación (o "cumplimiento tardío") se comprende la demora en el pago del precio. Ésta es la interpretación que dan los *Comentarios de la Secretaría*, que textualmente dicen: "Como el cumplimiento tardío se referirá en la mayoría de los casos al pago del precio, el vendedor perderá en la mayoría de los casos el derecho a declarar el contrato resuelto, en virtud del inciso a) del párrafo 1 del artículo 60, en el momento en que sepa que el precio ha sido pagado."[21]

La posibilidad de que el comprador evite la resolución del contrato cumpliendo tardíamente y notificando de ello de inmediato al vendedor, constituye un derecho del comprador a la subsanación tardía de su incumplimiento, semejante al que tiene el vendedor en virtud del artículo 48.[22] Por supuesto que el cumplimiento tardío o subsanación del incumplimiento no exonera al comprador de la responsabilidad por los daños y perjuicios causados con la demora.

b) Cuando el vendedor no declara la resolución del contrato en un plazo razonable (art. 64-2-b)

Si el comprador pagó el precio y no subsana un incumplimiento de alguna otra obligación que constituya un incumplimiento esencial, el vendedor tiene un plazo para declarar resuelto el contrato (art. 64-2-b), pasado el cual pierde su derecho a resolverlo.

El plazo es de duración "razonable", atendidas las circunstancias del contrato, que se iniciará en distintos momentos, según sea el caso: i) a partir de que el vendedor conoció o debió conocer[23] el incumplimiento (art. 64-2-b-i); ii) a partir de que haya vencido el plazo suplementario fijado por el vendedor para que el comprador cumpla sus obligaciones (art. 64-2-b-ii), o iii) a partir de que el comprador declaró que no cumpliría sus obligaciones en el plazo suplementario fijado por el vendedor (mismo texto).

C. Efectos de la resolución del contrato (arts. 81 y 84)

Como se mencionó antes[24] la resolución del contrato, tal como está contemplada en la *Convención*, tiene efectos limitados, es decir, no supone

[21] *Comentarios de la Secretaría* artículo 60 párrafo 9 (= *DO* 55).
[22] *Supra* VIII 2 B.
[23] "Debió conocer" significa lo que el vendedor pudo conocer actuando como una persona razonable; es más exigente esta expresión que la que dice "no pudo ignorar", que no exige ninguna conducta activa; cfr. los artículos 35-3 y 42-1 y sus comentarios respectivos en *supra* VI 5 C a y VI 6 C.
[24] *Supra* IX 3.

una anulación del contrato con la destrucción retroactiva de todos sus efectos, sino sólo la suspensión a futuro de las obligaciones que se derivan de él y la restitución de lo que las partes se hubieran entregado por causa del mismo. En consecuencia, hay ciertas cláusulas del contrato que, no obstante la resolución, siguen en vigor, y hay también recursos derivados del contrato que pueden ejercerse.

a) Cláusulas que se mantienen (art. 81-1)

Las cláusulas contractuales que se mantienen en vigor son todas aquellas referidas a la solución de controversias, esto es, las que definen la jurisdicción competente (judicial o arbitral), las leyes aplicables al procedimiento para la solución de controversias o al fondo de las mismas, así como todas las cláusulas que dispongan las obligaciones y derechos que tienen las partes en caso de resolución del contrato, como las que establecen penas por incumplimiento, tasas de intereses a pagar, etcétera.[25]

b) Liberación de la obligación de entregar (art. 81-1)

El efecto principal de la resolución del contrato es liberar a las partes de sus obligaciones contractuales (art. 81-1). La importancia de este efecto liberatorio para el vendedor queda de manifiesto en el caso del vendedor que, sin haber entregado las mercancías, decide, ante la demora del comprador en pagar el precio, resolver el contrato para poder venderlas a otro comprador.

El efecto liberatorio opera por vía de excepción, es decir, el vendedor no tiene más que declarar resuelto el contrato, asegurándose de que lo hace con pleno derecho; si posteriormente el comprador le demandara la entrega de las mercancías, el vendedor podrá oponer la excepción de que el contrato fue resuelto.

c) Restitución de lo entregado (art. 81-2)

Como consecuencia de la resolución, las dos partes deben restituirse recíprocamente lo que entre ellas se hubieran entregado por causa del contrato (art. 81-2). Si el vendedor entregó las mercancías y recibió una parte del precio, por efecto de la resolución podrá exigir la devolución de las mercancías, pero quedará obligado a regresar la parte del precio cobrada.

[25] *Supra* IX 3 D a.

Si entregó las mercancías sin recibir ni una parte del pago, podrá exigir la devolución de éstas sin estar obligado a devolver nada, y si no hubo entrega de mercancías ni de precio, nada habrá que restituir.

El párrafo 2 del artículo 81 dice que la parte que haya entregado algo en cumplimiento del contrato "podrá reclamar" su restitución. En mi opinión, como se explicó antes,[26] la acción para exigir la restitución es la misma que se ejercería en caso de incumplimiento de contrato, es decir, la acción para exigir el cumplimiento del contrato (arts. 46 y 62), que puede servir para que el comprador recupere el pago o el vendedor recupere las mercancías y en ambos casos, los daños y perjuicios, o la acción indemnizatoria de daños y perjuicios (arts. 45-1-b y 61-1-b), por la que el comprador puede obtener una suma pecuniaria equivalente al precio pagado más los otros daños y los intereses, y el vendedor una suma equivalente al valor de las mercancías más los demás daños y perjuicios.

El plazo para ejercer la acción derivada de la resolución del contrato es de cuatro años, contado a partir del momento en que el vendedor notificó al comprador la declaración de resolución, si ésta ocurrió antes de que fuera exigible el cumplimiento del contrato, es decir, en caso de resolución por incumplimiento previsible[27] (art. 12-1 de la *Convención sobre prescripción de acciones*), o a partir del momento en que se produjo el incumplimiento en los demás casos (párrafo 2 del mismo artículo).

En cuanto a la forma, contenido y gastos que cause la restitución de lo que las partes se deban, cabe aquí lo dicho antes al tratarse de la resolución del contrato por declaración del comprador.[28]

d) Indemnización de daños y perjuicios (arts. 75 y 76)

El vendedor que resuelve el contrato puede exigir al comprador, además de la restitución de lo recibido, los daños y perjuicios que le ha causado el incumplimiento, entre los que deben incluirse los que le hubiera causado la conservación de las mercancías, que el comprador no recibió y los gastos que origine la restitución de las mismas. La obligación de indemnizar los daños y perjuicios deriva, no propiamente de la resolución del contrato, sino del incumplimiento que dio lugar a su resolución. Por eso, el vendedor puede reclamar daños y perjuicios junto con cualquiera de los otros recursos que tiene contra el comprador (art. 61-2).

Cuando el vendedor resuelve el contrato, los daños que sufre se derivan, sobre todo, del hecho de no tener el precio que esperaba. Por eso,

[26] *Supra* IX 3 D c i.
[27] *Supra* VIII 4 B b.
[28] *Supra* IX 3 D c.

un criterio certero, aunque no exclusivo, para fijar el monto de la indemnización que puede exigir es el de considerar el precio que podría cobrar vendiendo las mercancías a otro comprador. La *Convención*, no obstante que contiene una norma general para calcular los daños y perjuicios (art. 74), para el caso específico de los que deben indemnizarse al vendedor si hay resolución del contrato, define el criterio de una venta de reemplazo, distinguiendo el caso de que el vendedor la hubiera hecho efectivamente (art. 75), del caso en que no la hiciera (art. 76). Una ventaja práctica que tiene el criterio de venta de reemplazo respecto de la norma general prevista en el artículo 74 es, como observa Knapp,[29] que, conforme al primero, no se limita el monto de los daños a los que pudo o debió prever la parte que los causó.

i) Si el vendedor hace una venta de reemplazo (art. 75)

Si el vendedor vende a otro comprador las mercancías que el primero no recibió o no pagó, la operación que realiza sirve como criterio para determinar los daños que le ha causado el incumplimiento del comprador. Podrá exigir como daños "la diferencia entre el precio del contrato y el precio estipulado en la operación de reemplazo" (art. 75). Se supone que el precio de la operación de reemplazo es más bajo que el precio contratado originalmente.

Para que pueda operar tal criterio, el artículo 75 exige que la operación se haya hecho "de manera razonable". Esto significa, de acuerdo con los *Comentarios de la Secretaría*, que el vendedor la haya efectuado al "precio más alto razonablemente posible".[30] El sentido de la restricción es evitar que el vendedor abuse realizando una operación de reemplazo, sin cuidar el precio, confiando que el primer comprador habrá de pagar la diferencia.

Además, la operación debe hacerse en un "plazo razonable después de la resolución" del contrato. Quizá la mera exigencia de efectuarla de una "manera razonable" implica realizarla en un tiempo oportuno; para mayor claridad, el artículo hace esta referencia al "plazo razonable". El objetivo de esta limitación es el mismo: evitar la especulación. Debe distinguirse este plazo razonable para hacer la compra de reemplazo, del plazo razonable para declarar resuelto el contrato (art. 64-2-b).

Esta posibilidad que tiene el vendedor de realizar una venta de reemplazo para resarcirse de los daños y perjuicios que le ha causado el incum-

29 *Commentary* 558.

30 *Comentarios de la Secretaría* artículo 71 párrafo 4 (= *DO* 65). Coincide con este criterio KNAPP en *Commentary* 550.

plimiento del comprador es no sólo un derecho que tiene, sino que puede ser, en ciertos casos, una obligación. El vendedor tiene la obligación de tomar medidas para evitar las pérdidas que le produzca el incumplimiento de la otra parte,[31] y, a veces, la medida más adecuada para eso será llevar a cabo una venta de reemplazo; si no la hace, el comprador podría pedir que se disminuya su responsabilidad por los daños en la medida en que éstos pudieron haberse disminuido si el vendedor hubiera realizado la operación de reemplazo.

El criterio de la diferencia de precios no es el único a considerar para determinar los daños en caso de resolución del contrato. Podría ser, por ejemplo, que la venta de reemplazo sea a un precio ligeramente superior, pero en condiciones de pago más favorables al comprador, o con pactos de entrega más gravosos al vendedor. Además, el criterio no funciona para determinar los perjuicios o ganancia dejada de obtener. Por eso, el artículo 75 añade que, además, el vendedor podrá exigir "cualesquiera otros daños y perjuicios exigibles conforme al artículo 74".[32]

ii) Si el vendedor no hace venta de reemplazo (art. 76)

El criterio es el de considerar en cuánto podría el vendedor vender esas mercancías, en condiciones normales, al momento en que declaró resuelto el contrato, y se aplica no sólo cuando no hubo venta de reemplazo, sino también cuando se hizo una venta de reemplazo, pero no fue de la "manera razonable" o dentro del plazo razonable exigidos por el artículo 75; o cuando no es posible determinar cuál fue, en concreto, la venta de reemplazo que hizo el vendedor, dado que constantemente, por virtud de su ramo mercantil, vende ese tipo de mercancías.[33]

En estos casos, el vendedor puede exigir como daños la diferencia entre el precio contratado y el "precio corriente" o de mercado "en el momento de la resolución" (art. 76-1). El mismo párrafo del artículo 76 añade que, en caso de que "la parte" que resuelve el contrato se hubiera hecho cargo de las mercaderías antes de resolverlo, se tomará en cuenta el precio corriente en el momento en que se hizo cargo de ellas. Por la forma en que está redactada esta disposición, referida en abstracto a "la parte" contractual y no al comprador o vendedor, parecería que es también aplicable cuando el vendedor declara resuelto el contrato. Podría darse el caso de que el comprador rehusara recibir las mercancías que el vendedor había entregado a un transportista contratado por el comprador, y, ante el re-

[31] *Supra* VI 9.

[32] Sobre esta regla véase *infra* X 4 C.

[33] *Comentarios de la Secretaría* artículo 72 párrafo 3 (= *DO* 66).

chazo, el vendedor tuviera que hacerse cargo de ellas, y luego declarar resuelto el contrato. Sin embargo, en la historia de esta disposición está claro que se redactó teniendo en mente siempre al comprador que se hace cargo de las mercancías y con el objeto de evitar que pudiera especular declarando la resolución del contrato cuando las mercancías bajan de precio en el mercado.[34] Por consiguiente, debe considerarse que en caso de resolución del contrato por el vendedor, se hará referencia al precio del momento en que se declaró resuelto el contrato.

El mercado que debe considerarse para determinar el precio corriente de las mercancías es el del sitio en donde el vendedor debía haber entregado las mercancías (art. 76-2), que puede ser el lugar determinado por las partes en el contrato o determinado por las reglas de la *Convención* sobre la materia (art. 31). En muchas operaciones de compraventa internacional, el lugar de entrega es el país del vendedor. Si resultara que allí no hay un precio corriente para esas mercaderías, se tomaría el de otro sitio que pudiera "razonablemente" sustituirlo, es decir, un país que estuviera aproximadamente a la misma distancia del comprador, con tecnología y volúmenes de producción semejantes a los del país del vendedor, y al que pudiera acceder el comprador en condiciones semejantes a las que tiene en el país del vendedor. Si no pudiera determinarse este otro lugar, entonces el vendedor podría reclamar daños conforme al criterio del artículo 74.

El criterio para determinar daños previsto en el artículo 76 no es, al igual que el previsto en el artículo 75, un criterio exclusivo, sino que se complementa con el criterio general del artículo 74.

4. RECURSOS JUDICIALES

Los recursos de fijación de plazo suplementario y declaración de resolución del contrato producen efecto por la sola declaración del vendedor, si bien el juez o árbitro podrán decidir si fueron o no debidamente usados y confirmar, así, el efecto producido o revocarlo. Por ejemplo, si el vendedor declaró la resolución del contrato por no haber recibido el pago del precio, y, posteriormente, el comprador ofrece pagarlo y exige ante un juez o árbitro la entrega de las mercancías, ellos habrán de juzgar si la resolución fue hecha con fundamento y, por consiguiente, absolver al vendedor; o si fue hecha sin fundamento y entonces obligarlo a cumplir sus obligaciones contractuales. Pero hay otros dos recursos que producen efecto sólo por la sentencia del juez o árbitro que los conceda y determine,

[34] *Actas resumidas sesiones plenarias* 10a. sesión párrafos 39 y ss (= *DO* 241 y ss).

éstos son: la acción de cumplimiento específico del contrato (art. 62) y la acción de indemnización de daños y perjuicios (art. 61-1-b).

El vendedor puede pedir extrajudicialmente al comprador que cumpla su obligación de pagar el precio, recibir las mercancías o que le indemnice por el incumplimiento con una determinada suma de dinero. Pero estas peticiones, si el comprador no las atiende, no agravan su situación jurídica, por lo que no pueden considerarse propiamente como recursos.[35]

Es natural que si el comprador tiene la obligación de pagar el precio, y las demás obligaciones contractuales, el vendedor pueda exigir su cumplimiento, y que el comprador no se libere de sus obligaciones mientras no cumpla lo que estaba convenido. Ahora bien, cuando el comprador no ha cumplido espontáneamente sus obligaciones, entonces se plantea el problema de cómo el vendedor puede exigir su cumplimiento. Para los juristas de tradición civilista, el medio adecuado es una acción judicial para exigir el cumplimiento específico de las obligaciones que permite al juez condenar al comprador al cumplimiento específico de sus obligaciones (pagar el precio, recibir las mercancías, especificarlas, etc.) y a pagar los daños y perjuicios adicionales. Para los juristas del *Common Law*, el medio adecuado es una acción que condena al comprador al pago de una cantidad pecuniaria equivalente a los daños y perjuicios que haya ocasionado su incumplimiento. Ambos sistemas reconocen el principio de que las obligaciones contractuales deben ser cumplidas (*pacta sunt servanda*), pero difieren en cuanto al modo de forzar al cumplimiento a una parte que no lo hace de manera espontánea.

Para evitar cualquier duda sobre la exigibilidad de las obligaciones contractuales del comprador, la *Convención* cambió el sistema que tenía la LUCI respecto de la posibilidad de exigir el cumplimiento específico del contrato al comprador. En ésta se afirmaba (art. 62-1) que en caso de falta de pago del precio, si el vendedor no declaraba otra cosa, se entendía que el contrato había quedado resuelto *ipso facto*, lo cual implicaba que el vendedor no podría reclamar el pago del precio, sino sólo la indemnización de los daños y perjuicios y la devolución de las mercancías entregadas. La *Convención* eliminó esta posibilidad, por lo que no hay duda de que el contrato sigue en vigor, no obstante la falta de pago del precio, en tanto el vendedor no declare la resolución. Por consiguiente, está en manos del vendedor decidir si resuelve el contrato, para tener oportunidad de vender las mercancías a otro comprador y poder exigir la indemnización de daños y perjuicios; o si persiste en el cumplimiento del contrato,

[35] Es distinto cuando el vendedor no solamente presenta una petición de cumplimiento sino que, además, de conformidad con el artículo 63, le fija un plazo suplementario para hacerlo, pues esto sí agrava la situación del comprador, facilitando al vendedor el declarar la resolución del contrato.

exigiendo el pago del precio y teniendo él, por su parte, que entregar las mercancías.

A. Concurrencia alternativa de la acción de cumplimiento específico con la acción indemnizatoria de daños y perjuicios

En la *Convención* se ha recogido la tradición civilista de una acción de cumplimiento específico del contrato y la tradición del *Common Law* de acción indemnizatoria de daños y perjuicios. Por ello, el vendedor tiene a su elección una de las dos acciones: la de cumplimiento específico (más daños y perjuicios), o la acción indemnizatoria.

Sin embargo, la elección no depende exclusivamente del arbitrio del vendedor, pues debe tener en cuenta el Derecho procesal del juez o árbitro ante quien presente la acción. En efecto, el artículo 28 de la *Convención*, proveniente del artículo 16 de la LUCI, dice que los tribunales que conozcan litigios regidos por la *Convención* no estarán obligados "a ordenar el cumplimiento específico", a menos que estuvieran facultados para hacerlo por su propio Derecho[36] en contratos de compraventa similares. Debe tenerse en cuenta que la condena en especie y la ejecución en especie son dos cosas diferentes. Sucede, por ejemplo en el caso de los jueces mercantiles mexicanos, que el juez puede condenar al cumplimiento específico del contrato, pero no tiene la posibilidad de ejecutar la sentencia en especie, por lo que si el deudor no cumple espontáneamente la sentencia, el juez solo podrá ejecutarla coaccionándolo a pagar una cantidad de dinero equivalente al valor de la prestación que debía cumplir, más los daños y perjuicios.[37] La regla del artículo 28 no se refiere a la ejecución sino a la posibilidad de ordenar en la sentencia el cumplimiento específico del contrato.

Resulta difícil pensar casos en que el vendedor tenga necesidad de ejercer la acción de cumplimiento específico en vez de la acción indemnizatoria. De ordinario, la acción de cumplimiento específico se referirá al pago del precio, de modo que la sentencia del juez o árbitro será la de pagar una cantidad de dinero equivalente al precio debido más la indemnización por daños y perjuicios, que sería igual a la cantidad a la que condenara el juez en una acción indemnizatoria de daños y perjuicios, en la cual se consideraría como daño, entre otras cosas, el precio no cobrado.[38] Po-

[36] Se entiende su Derecho procesal o *lex fori*, véase HONNOLD 249.

[37] Artículo 1348 del Código de Comercio.

[38] SCHLECHTRIEM 84 nota 333a señala que se discute si la acción de cumplimiento de precio es una verdadera acción de cumplimiento de contrato.

dría pensarse que el vendedor puede tener interés en la acción de cumplimiento específico cuando quiere exigir el cumplimiento de la obligación de recibir las mercancías,[39] máxime si el vendedor, atendiendo a su obligación de tomar medidas para la conservación de las mercancías prevista en el artículo 88, ha tenido que hacer gastos. Pero, en estos casos, el vendedor tiene derecho (art. 88) a vender las mercancías a un tercero, retener parte del precio cobrado en compensación de los gastos de conservación, y exigir la indemnización por el incumplimiento contractual, en la que se incluirá el pago de la cantidad convenida originalmente como precio; aun cuando la mercancía fuera fabricada especialmente para el comprador, de modo que no podría venderse como tal a un tercero, siempre habría la posibilidad de venderla como materia prima y exigir al comprador la indemnización correspondiente en la cual se incluirán los gastos de conservación no cubiertos por la cantidad cobrada en el remate de las mercancías. Para el caso del comprador que no cumpla su obligación de especificar las mercancías, tampoco hace falta la acción de cumplimiento específico, pues el vendedor puede hacer la especificación por sí mismo (art. 65-2).

La opción entre una u otra acción, me parece que habrá de darse, no por razón del caso en cuestión, sino por razón de la ley procesal y costumbres del juez o árbitro competente. Lo más probable es, por ejemplo, que cuando se litigue ante jueces o árbitros sujetos a las leyes procesales de tradición civilista, como las mexicanas, sea preferible reclamar el cumplimiento específico del contrato, en especial el pago del precio, porque los jueces pueden aceptar y entender más fácilmente esa petición, y que cuando se litigue ante foros regidos por leyes de tradición de *Common law* sea preferible ejercer la acción indemnizatoria.

Hay, sin embargo, una disposición de la *Convención* que parecería hacer preferible en ciertos casos la acción de cumplimiento específico respecto de la acción indemnizatoria. Ésta es la regla del artículo 79-5,[40] que dice que la exoneración de responsabilidad cuando interviene un impedimento imprevisible e insuperable sólo exime de la responsabilidad de daños y perjuicios, pero no excluye el ejercicio de otros "derechos", como la acción de cumplimiento específico;[41] por ejemplo, si el comprador queda imposibilitado, a causa de una disposición gubernamental, para hacer el pago en la divisa convenida, de acuerdo con el artículo 79-5, está exonerado de responsabilidad por daños y perjuicios, pero el vendedor,

[39] En estos casos, se incluyen también aquellos en que el comprador omite hacer algo que posibilite la entrega, por ejemplo, definir el medio de transporte, el lugar o tiempo de entrega; hacer todo esto es parte de su obligación de recibir las mercancías (art. 60-a).

[40] *Supra* VIII 1 A b.

[41] Aunque el párrafo se refiere a otros "derechos", no excluye por eso las acciones, ya que el mismo artículo 45 llama "derechos" tanto a la acción de cumplimiento específico como a los recursos extrajudiciales.

máxime si hubiera pagado el precio, podría demandarle con la acción de cumplimiento de contrato y obtener una sentencia que le condene a pagar una cantidad equivalente en la moneda nacional o en otra divisa.

Sin embargo esta posibilidad depende de que el juez ante quien se presente la acción tenga la facultad, conforme a su propio Derecho, de ordenar el cumplimiento del contrato. Esto viene a introducir, desgraciadamente —como ya se dijo antes—,[42] un campo para que se den aplicaciones divergentes de la *Convención*, en contra de sus propias reglas de interpretación (art. 7-1), pues la parte afectada por un incumplimiento tendrá mayor protección si el foro competente permite la condena en especie que si no la permite. Para subsanar esta discrepancia de tratamiento, debiera interpretarse que los "daños y perjuicios" a los que se refiere el artículo 79-5 son independientes del valor pecuniario que puede representar el incumplimiento para la parte afectada, de modo que ésta pudiera reclamar, ante jurisdicciones que no admiten la condena en especie, una indemnización equivalente al mero valor pecuniario del incumplimiento, sin considerar otros daños y perjuicios.

Sea cualquiera la acción que elija el vendedor, el juez o árbitro que la conozca no podrá conceder al comprador "ningún plazo de gracia" (art. 61-3) para cumplir. Esta regla se debe a que el comprador que incurrió en mora tiene la posibilidad de evitar la resolución del contrato adelantándose a pagar el precio (art. 64-2), y que el vendedor tiene la posibilidad de conceder un plazo suplementario para que el comprador cumpla (art. 63), por lo que pareció excesivo e inconveniente para el comercio internacional[43] que el juez o árbitro, conforme a las costumbres de algunos foros, pudiera otorgar un plazo de gracia adicional.

El plazo para ejercitar cualquiera de estas acciones lo define la *Convención sobre prescripción de acciones*. Ésta señala, en general, un plazo de cuatro años (art. 8), que se cuenta a partir de diferentes momentos, según sea el tipo de reclamación. Al examinar en detalle cada una de estas acciones, se dará la referencia del momento que inicia el plazo de prescripción. Pero debe tenerse en cuenta que este plazo puede suspenderse, prorrogarse o modificarse por acuerdo de las partes, conforme lo prevén los artículos 13 a 22 de la misma convención; en cualquier caso, la acción no podrá ejercerse después de 10 años contados a partir del primer momento en que pudo ejercerse (art. 23 de la misma *Convención*). El efecto de la expiración del plazo, esto es, la caducidad o prescripción de la acción, no opera *ipso iure*, de modo que el juez o árbitro pueda, por sí mismo, denegar la acción, sino sólo *ope excepcionis*, es decir, lo tomará en cuenta el juez sólo si el demandado lo invoca (art. 24 de la misma convención).

[42] *Supra* IX 6 A.

[43] *Comentarios de la Secretaría* artículo 43 párrafo 6 (= *DO* 41).

B. Acción de cumplimiento específico del contrato (art. 62)

El artículo 62 otorga al vendedor la acción para reclamar al comprador el cumplimiento de sus obligaciones, considerando tres casos: *a*) el incumplimiento de la obligación de pagar el precio; *b*) el incumplimiento de la obligación de recibir las mercancías, y *c*) el incumplimiento de cualquier otra obligación.

El derecho a ejercer esta acción se pierde si el vendedor ejerce "un derecho a acción incompatible" con ella (art. 62). Una declaración de resolución del contrato sería incompatible con la exigencia de cumplimiento del contrato. Pero si el vendedor fija un plazo suplementario para cumplir, la fijación de plazo sólo suspende temporalmente el ejercicio de la acción de cumplimiento específico, pues pasado el plazo suplementario, el vendedor podrá exigir judicialmente el cumplimiento del contrato.

En la mayoría de los casos, se ejercitará esta acción para demandar el pago del precio. Parece poco útil para exigir la recepción de las mercancías, pues el vendedor cuenta con el recurso más efectivo de venderlas a un tercero y retener el precio cobrado por ellas, quedando a salvo la acción para reclamar los daños y perjuicios que no quedaran cubiertos con dicho precio. Tampoco resulta útil para exigir el cumplimiento de las otras obligaciones que tiene el comprador, por disposición de la *Convención*, como son la obligación de tomar medidas para la conservación de las mercancías (art. 86) o la de poner medios para evitar pérdidas a la otra parte (art. 77), ya que estas obligaciones se producen cuando el vendedor, por su parte, ha incurrido en un incumplimiento, por ejemplo, entregando mercancías no conformes con el contrato; en estos casos, cuando el comprador reclame los daños y perjuicios que le ha causado el incumplimiento del vendedor, éste podrá pedir que se reduzca el monto de esa indemnización en atención a los daños y perjuicios que pudieron evitarse si el comprador hubiera cumplido su obligación de procurar la conservación de las mercancías o la de procurar la reducción de pérdidas. Estas dos obligaciones, pues, se demandan no por vía de acción, sino por vía de excepción.

Sin embargo, puede resultar útil la acción de cumplimiento específico para reclamar el cumplimiento de otras obligaciones del comprador definidas en el contrato, como la de comprar determinados volúmenes de mercancías, la de proporcionar ciertos insumos para su fabricación, u otras semejantes.

Por esta acción, se puede exigir, además del cumplimiento específico, la indemnización de los daños y perjuicios causados. Éstos se calcularán con base en lo previsto en los artículos 74, 75 y 76, que se examinan en el siguiente apartado. Cuando el incumplimiento consiste en la falta de pago de precio, los daños y perjuicios incluirán los intereses.[44]

C. Acción de indemnización por daños y perjuicios (art. 61-1-b)

El vendedor tiene, ante cualquier incumplimiento de las obligaciones del comprador, el derecho a ejercer una acción indemnizatoria de los daños y perjuicios que le ha causado el incumplimiento (art. 61-1-b). El objeto de esta acción es que el juez o árbitro condene al comprador al pago de una cantidad de dinero.

Si bien la acción indemnizatoria es única, la *Convención* distingue dos casos en que procede: cuando es efecto de una declaración de resolución del contrato, y cuando es consecuencia directa de un incumplimiento contractual. En el primer caso, para determinar los daños y perjuicios se sigue, en principio, el criterio de la venta de reemplazo (arts. 75 y 76), antes analizado,[45] y, subsidiariamente, el artículo 74. Para determinar la indemnización de daños y perjuicios derivados directamente de un incumplimiento contractual, se aplica el artículo 74.

Según se explica en los *Comentarios de la Secretaría*[46] la razón fundamental del artículo 74 es que la parte afectada por el incumplimiento obtenga una cantidad de dinero que la reponga en la misma situación económica que tendría de haberse cumplido el contrato. Por eso, dice el artículo que la indemnización "comprenderá el valor de la pérdida sufrida y el de la ganancia dejada de obtener... como consecuencia del incumplimiento". Pero, para precisar el alcance de esta acción, es menester que se aclare: *a*) cuáles son los daños y perjuicios que deben indemnizarse; *b*) cómo se calcula su valor pecuniario, y *c*) qué limitaciones pueden hacerse.

a) Daños y perjuicios que deben indemnizarse (art. 74)

El artículo 74 dice que la indemnización comprenderá el valor "de la pérdida sufrida y de la ganancia dejada de obtener". La referencia expresa a la ganancia dejada de obtener fue para evitar dudas de que la indemnización no incluyera el lucro cesante, como sucede en algunos sistemas jurídicos.[47] Pero sólo se indemnizan los daños y perjuicios que una parte sufra "como consecuencia del incumplimiento". Esto significa que la parte que

[44] *Comentarios de la Secretaría* artículo 58 párrafo 7 (= *DO* 53).
[45] *Supra* X 3 C d.
[46] *Comentarios de la Secretaría* artículo 70 párrafo 3 (= *DO* 64).
[47] *Comentarios de la Secretaría* artículo 70 párrafo 3 (= *DO* 64).

reclama debe probar que existe un vínculo causal entre el incumplimiento y los daños y perjuicios; el artículo no aclara si la relación causal debe ser directa o indirecta, por lo que no hace falta distinguir; el límite será, más bien, como se analizará después, que la causa de los daños y perjuicios sea previsible.[48]

El artículo 74 no precisa los límites temporales que deben considerarse para definir daños y perjuicios reclamables. Sin duda, deben considerarse los que son posteriores al incumplimiento, pero hasta qué momento final: ¿hasta el de la reclamación extrajudicial, el de la presentación de la demanda o el momento de dictar sentencia? Si la filosofía del artículo es la de indemnizar a la parte afectada de modo que tenga la misma situación económica que si se hubiera cumplido el contrato, parece razonable la tesis de Knapp[49] de que deben tenerse en cuenta todos los daños producidos o las ganancias dejadas de obtener hasta el momento en que el juez o árbitro dicte la sentencia.

b) Modo de estimarlos en dinero

Como el mismo artículo se refiere a cualquier tipo de daños y perjuicios, sean los que pueda sufrir el comprador o los que pueda sufrir el vendedor, sean los derivados del incumplimiento de una obligación o de otra, no se consideró oportuno definir allí una manera de estimar o calcular en dinero los daños y perjuicios causados.[50] Es algo que los jueces y árbitros tendrán que sopesar caso por caso.

Si el vendedor intenta la acción cuando ha faltado el pago de precio, la suma indemnizatoria comprenderá, por lo común, la cantidad debida como precio más los intereses que el vendedor pudo percibir de haber cobrado a tiempo el precio. Si el incumplimiento consiste en la sola demora de pago del precio, los daños y perjuicios consistirán quizá exclusivamente en los intereses.

Más complejo será el caso en que el comprador avisa que no aceptará las mercancías cuya fabricación encargó. La indemnización debería cubrir los gastos que hizo el vendedor para la fabricación de esas mercancías, pero teniendo en cuenta si son o no mercancías que ordinariamente fabrica y vende.

48 KNAPP *Commentary* 540.
49 *Commentary* 544.
50 *Comentarios de la Secretaría* artículo 70 párrafo 4 (= *DO* 64).

c) Límite de la reclamación: la pérdida previsible

La cantidad que el juez o árbitro puede fijar como indemnización por el incumplimiento tiene una limitación: no puede exceder de la "pérdida previsible". Ésta es la pérdida que el comprador, al momento de la celebración del contrato, previó, o "debiera haber previsto", que causaría al vendedor con su incumplimiento.

Se trata de un límite que tiene una medida subjetiva (lo que el comprador efectivamente previó) y otra objetiva (lo que debiera haber previsto). Es de esperar que cuando se discuta acerca del monto de la indemnización, el comprador pretenda reducirla alegando que él no previó las pérdidas que ha sufrido el vendedor, y éste tenga que argumentar que el comprador debía haberlas previsto. La cuestión habrá de decidirse de conformidad con la previsibilidad objetiva, y ésta depende básicamente de los hechos que el comprador conociera al momento de la celebración del contrato. Si el comprador en ese momento sabía que el vendedor no fabricaba ordinariamente las mercancías que le pedía, debió considerar que un rechazo a recibir las mercancías causaría más daños a este vendedor que a otro que las fabricara ordinariamente.

Esto hace ver que el vendedor que reclama la indemnización de la pérdida sufrida por el incumplimiento debe probar, no sólo la existencia de la pérdida, sino que el comprador conoció hechos que se la harían previsible. No hace falta probar que el comprador consideró efectivamente la pérdida, pues la prueba de que conoció los hechos viene a ser, como observa Knapp,[51] una presunción de que la pérdida era previsible. En el fondo, subyace la idea de que el comprador debe actuar como lo haría una persona razonable en sus mismas circunstancias.[52]

Además, el artículo 74 dice que la previsibilidad de la pérdida se considerará tomando en cuenta no sólo los hechos que conoció la parte que incumplió el contrato, sino, también, o en su defecto, los hechos que debió haber conocido. Con la aplicación de esta regla se permite que el vendedor pueda reclamar una pérdida, aun cuando no pueda probar que el comprador conoció hechos que se la habrían hecho previsible; basta con que la previsibilidad de la pérdida se sustente en hechos que el comprador debió conocer, aunque no los haya conocido efectivamente. Por ejemplo, si el comprador rehúsa recibir mercancías que el vendedor tuvo que fabricar siguiendo un diseño del comprador, debe responder por los daños consistentes en los gastos que tuvo que erogar el vendedor para fabricarlas, no obstante que el comprador no hubiera tenido conocimiento de que el vendedor tuvo que hacerlos, pues se trata de hechos que debió conocer.

[51] *Commentary* 542.
[52] Véase artículo 8-2.

El artículo se refiere a la previsibilidad de la pérdida "en el momento de la celebración del contrato". La razón de esta referencia temporal es, como dice Schlechtriem,[53] porque en ese momento las partes valoran las expectativas, obligaciones y riesgos que asumen por causa del contrato. Pero esta referencia puede, a veces, limitar excesivamente la indemnización. Por ejemplo, si el comprador no recibe mercancías cuyo precio había bajado considerablemente en el mercado después del perfeccionamiento del contrato, sería discutible que el comprador tenga que indemnizar la pérdida consistente en la diferencia de precio, pues puede argumentar que ésa no era una pérdida previsible al momento de la celebración del contrato.

d) Reducción por razón de la pérdida evitable (art. 77)

Una vez que el juez o árbitro determinara la cantidad correspondiente a la indemnización de daños y perjuicios, dentro del límite de la pérdida previsible, el comprador todavía podría pedir que se disminuyera si el vendedor no tomó las medidas adecuadas para reducir la pérdida a consecuencia del incumplimiento (art. 77).[54] Por ejemplo, si el vendedor, ante la demora del comprador en recibir las mercancías, no las depositó en un almacén donde pudieran conservarse bien, gastó demasiado en su conservación, o no las vendió si eran mercancías perecederas, el comprador podrá reducir la cantidad indemnizatoria en atención a la pérdida que hubiera evitado el vendedor si hubiera tomado las medidas adecuadas.

5. RECLAMACIÓN DE INTERESES (ART. 78)

En el *Proyecto CNUDMI* no aparecía un artículo expreso sobre la obligación de pagar intereses, salvo el artículo 69, actual artículo 84, que disponía que el vendedor, si el comprador resolvía el contrato, debía devolver el precio cobrado más los intereses. Durante las sesiones de la Primera Comisión que examinó el proyecto, se propuso incluir una disposición que estableciera que cualquiera de las partes estaría obligada a pagar intereses por las sumas de dinero que debiera a la otra; se aprobó una propuesta, presentada por un grupo especial de trabajo, que indicaba, como regla general, que cualquier parte que deba una suma de dinero a la otra debe pagar intereses al tipo que tuvieran los préstamos comerciales a corto plazo

[53] SCHLECHTRIEM 97.
[54] *Supra* VII 5.

en el país del deudor.[55] El acuerdo se modificó en las sesiones de la Comisión Plenaria,[56] en las que se decidió mantener la obligación de pagar intereses, pero sin definir un tipo de interés;[57] así, fue aprobado el artículo 78, que establece la obligación de pagar los "intereses correspondientes" por sumas de dinero que deba cualquiera de las partes. Queda, por tanto, a los jueces y árbitros la tarea de decidir caso por caso cuál es la tasa de interés aplicable.

Un criterio para decidir el tipo de interés puede ser, como sugiere Nicholas,[58] el considerar el tipo que defina el Derecho interno aplicable; Honnold[59] acepta este parecer siempre que tal tipo compense efectivamente al acreedor pues, de no ser así, el juez deberá considerar el costo del dinero en el país del acreedor.

El artículo 78 advierte, de manera expresa, que la obligación de pagar intereses es independiente de la acción de indemnización de daños y perjuicios. Esto quiere decir que la obligación de pagar intereses no está sujeta al límite de previsibilidad, contemplado en el artículo 74 para la indemnización de daños y perjuicios, ni a las reglas de exoneración de responsabilidad de los artículos 79 y 80. La misma ubicación del artículo 78, dentro del sistema de la *Convención*, sugiere esta interpretación, pues el artículo 78 se ubica en una sección especial, la sección tercera —que sólo contiene el artículo 78—, separada de la segunda, relativa a la indemnización de daños y perjuicios, y de la cuarta, que trata sobre la exoneración de responsabilidad por daños y perjuicios.

La obligación se genera por el mero hecho de que una parte deba una suma de dinero a la otra. En la mayoría de los casos, se tratará de la suma debida como precio, pero también pueden deberse intereses por cualquier otra suma adeudada, como la suma que el vendedor deba al comprador por concepto de gastos erogados por éste para la conservación de las mercancías, o la que deba el comprador al vendedor por concepto de pago de costos de transporte, o cualquier otra. En todo caso, debe tratarse de deuda de cantidades de dinero debidas con relación al contrato de compraventa internacional.

El que se diga que la obligación de pagar intereses es independiente de la indemnización de daños y perjuicios es una afirmación de alcance limitado. No quiere decir, pues sería injusto, que el deudor (por ejemplo, el comprador que no pagó oportunamente el precio) deba pagar los intere-

55 *Informe 1a. Comisión* artículo 69 párrafos 7-13 (= *DO* 148-149).

56 *Actas resumidas sesiones plenarias* sesión 11 párrafo 1 (= *DO* 245).

57 No pareció criterio suficiente, por no ser criterios internacionales, el de considerar el tipo vigente en el país del deudor o el tipo vigente en el país del acreedor.

58 *Commentary* 570.

59 HONNOLD 465.

ses (con base en el art. 78) y, además, una indemnización de daños y perjuicios (con base en el art. 74) en la que puedan considerarse los daños financieros que sufrió el acreedor por no haber recibido oportunamente el pago. El pago de intereses tiene una justificación como indemnización de un daño financiero, por lo que sería excesivo pretender que el daño financiero fuera doblemente indemnizado. La independencia de la obligación de intereses significa, en mi opinión, dos cosas: la primera es que el pago de intereses no excluye la indemnización por daños y perjuicios que no sean de naturaleza financiera; por ejemplo, el vendedor que no recibió oportunamente el pago podrá cobrar los intereses correspondientes y una indemnización por daños tales como retrasos en los planes de producción, imposibilidad de adquirir ciertas materias primas, u otros, siempre y cuando cumplan con los requisitos de previsibilidad contemplados en el artículo 74. La segunda es que la obligación de pagar intereses no está sujeta a las limitaciones que tiene indemnizar los daños y perjuicios, es decir, que no se limita el monto de los intereses en atención al criterio de pérdida previsible, contenido en el artículo 74, ni tampoco opera la regla de exoneración de responsabilidad del artículo 79, en caso de que intervenga un impedimento ajeno, imprevisible e insuperable.

En la mayoría de los casos, los intereses podrán cobrarse como parte de la indemnización de daños y perjuicios, conforme a las reglas del artículo 74, por lo que para definir la tasa aplicable, deberá considerarse el criterio de lo que ha perdido el acreedor por no haber recibido con oportunidad el pago, es decir, deberá considerarse primordialmente el costo del dinero en el país del acreedor. El cobro de intereses con independencia de la indemnización de daños y perjuicios será útil, como advierte Schlechtriem,[60] especialmente para el caso del comprador que no puede pagar oportunamente el precio a causa de un impedimento ajeno, inevitable e insuperable, que lo exonera de la responsabilidad por daños y perjuicios; en cuanto cese el impedimento, el comprador, que no está obligado a indemnizar la pérdida derivada de la demora, deberá pagar el precio más los intereses, según la regla del artículo 78.

[60] SCHLECHTRIEM 100.

XI. La transmisión del riesgo

Una cuestión de la mayor importancia práctica en el comercio internacional es la de fijar cuál de las partes corre con los riesgos por el deterioro o pérdida que sufran las mercancías antes de que lleguen a las manos del comprador. Es un asunto controvertido, porque de su solución depende que alguna de las partes tenga que soportar un perjuicio económico, sin posibilidad de exigir ninguna compensación, lo cual va en contra de la lógica jurídica contractual ordinaria, que contempla el equilibrio de las prestaciones entre las partes.

Por lo común, las partes definen en el contrato cuál dc ellas correrá el riesgo y a partir de qué momento; en ocasiones lo hacen de manera explícita, y, muchas veces, implícitamente, al convenir un contrato con alguno de los términos comerciales acostumbrados, como FOB, CIF o algún otro. Para solucionar los casos en que no hay un acuerdo contractual expreso o tácito al respecto, la *Convención* contiene un capítulo especial (capítulo IV de la Parte III, arts. 66-70) denominado "Transmisión del riesgo". Allí se analizan: 1) la noción de riesgo (art. 66); 2) el momento de transmisión del riesgo al comprador (arts. 67-69), y 3) el caso de reversión del riesgo al vendedor (art. 70).

1. LA NOCIÓN DE RIESGO (ART. 66)

El riesgo consiste en la merma patrimonial que ha de sufrir el comprador o el vendedor por el deterioro o pérdida de las mercancías, sobrevenidos por causas que no sean imputables a un acto u omisión de uno de ellos. Cuando sobreviene el extravío o daño de las mercancías, es necesario dilucidar cuál fue el motivo que los provocó. Si la causa fue la conducta activa (actos) o pasiva (omisiones)[1] de una de las partes, la pérdida o deterioro tendrá que ser reparada por la parte que resulte responsable de acuerdo con el contrato; pero si fueron causadas por otro factor, el extravío o daño tendrá que soportarse por la parte a quien corresponda correr el riesgo. En otras palabras, en el primer supuesto, la pérdida o deterioro de las mercancías se plantea como un asunto de incumplimiento contractual, y, en el segundo, como un verdadero caso de atribución de riesgo.

La *Convención* adoptó en este punto una posición que me parece prudente. En vez de definir los casos del riesgo por razón de que la pérdida o deterioro obedezcan a una causa más o menos específica, como fuerza mayor (*vis maior*) u otras semejantes, los determinó de modo negativo como los que no son originados por "un acto u omisión" (art. 66[2]). De esta manera, pueden considerarse casos de riesgo tanto las pérdidas debidas a acontecimientos de la naturaleza (por ejemplo, un terremoto), como las debidas a actos del poder estatal (por ejemplo, un embargo) o las que son causadas por conductas de terceros (por ejemplo, un robo).

Para complementar la noción de riesgo que contiene el artículo 66, me parece conveniente considerar las disposiciones de la *Convención* respecto de la exoneración de responsabilidad por incumplimiento (arts. 79 y 80), ya que el riesgo y la exoneración de responsabilidad son dos efectos del mismo hecho de extravío o daño de las mercancías por razones ajenas a la conducta de las partes. En efecto, cuando suceden acontecimientos de esa naturaleza, se produce, por una parte, una merma patrimonial, pero también una exoneración de la responsabilidad de entregar las mercancías. Así, cuando las mercancías se pierden antes de ser entregadas al comprador, ello constituye un riesgo, una merma patrimonial que habrá de sufrir el comprador o el vendedor, pero también significa una exonera-

[1] En la mayoría de los casos, la conducta activa o pasiva de la parte que causa el deterioro o la pérdida constituirá el incumplimiento de alguna obligación contractual, por ejemplo, si las mercancías se estropean por no estar empacadas apropiadamente, la falta de embalaje adecuado es un incumplimiento de la obligación del vendedor de entregar las mercancías debidamente empacadas (art. 35-2-d); pero puede haber casos en que tal conducta no constituye un incumplimiento de alguna obligación contractual específica, como el que se propone en los *Comentarios de la Secretaría* (art. 78 párrafo 6 = *DO* 69), de un vendedor obligado a entregar las mercancías a bordo de un buque (FOB), que después de embarcarlas (momento a partir del cual el riesgo es del comprador) las daña al retirar los contenedores donde venían guardadas; en todo caso, esta conducta del vendedor le hace responsable del deterioro de las mercancías, pues excluye que el daño sea considerado como un riesgo del comprador (art. 66) y que el vendedor sea exonerado de responsabilidad (art. 79).

[2] La *Convención* sigue un criterio semejante en el artículo 79, al indicar que una parte no es responsable de un incumplimiento causado por una "acción u omisión" de la otra parte, y al especificar en el artículo 82-2-a, que el comprador no está obligado a devolver las mercancías en el mismo estado en que las recibió, cuando se hubieran estropeado sin que intervenga un "acto u omisión" del comprador.

ción de la responsabilidad del vendedor por los daños y perjuicios derivados de la entrega defectuosa o de la falta de entrega de las mercancías.

El artículo 79 prevé que hay exoneración de responsabilidad cuando interviene un factor ajeno a la voluntad de las partes que sea imprevisible e insuperable.[3] Esto sirve para aclarar que hay omisión de alguna de las partes y, por lo tanto, no hay ni exoneración de responsabilidad ni caso de riesgo, cuando la pérdida o deterioro se producen por un factor que era previsible y superable por la parte que tenía las mercancías. Así, cuando una elevación de la temperatura estropea las mercancías, es un caso de riesgo si el alza de temperatura era imprevisible, pero es un caso de responsabilidad contractual si tal incremento era previsible, y la parte que guardaba las mercancías omitió tomar las medidas adecuadas.

En principio, el vendedor, como propietario de las mercancías, corre con el riesgo de su pérdida o deterioro. Esto significa que si las mercancías se extravían o dañan, sin que para ello intervenga un acto u omisión suyos, él debe soportar la merma patrimonial. Ésta, en concreto, consistirá, si las mercancías perecieron totalmente, en que el vendedor no podrá exigir el pago convenido al comprador o, si ya lo cobró, tendrá que devolverlo; si las mercancías sólo se deterioraron, deberá aceptar que el comprador las rechace y se niegue a pagar el precio, o que las acepte, pero pague un precio reducido; en uno y otro caso, el vendedor incurrirá en un incumplimiento contractual, sea por no entregar mercancías, sea por no entregarlas conformes con el contrato, pero como su incumplimiento se debe a un factor ajeno a su voluntad, imprevisible e insuperable, queda exonerado de la responsabilidad por los daños y perjuicios que cause su incumplimiento.

Hay un momento en que el vendedor deja de correr el riesgo y éste se transmite al comprador. A partir de ese instante, el vendedor ya no responde por la falta de conformidad de las mercancías (art. 36-1) y el comprador sufrirá la merma patrimonial por su deterioro o pérdida, que consistirá en pagar el precio convenido, no obstante que reciba mercancías deterioradas o no reciba mercancía alguna, y sin poder reclamar al vendedor, en ningún caso, responsabilidad por incumplimiento.[4] Esto lo establece el artículo 66 cuando señala que: "la pérdida o deterioro de las mercancías sobrevenidos después de la transmisión del riesgo al comprador no liberarán a éste de su obligación de pagar el precio".

Debe tenerse en cuenta que en la compraventa internacional las partes, ordinariamente, tienen contratados seguros que les cubran el riesgo de pérdida o deterioro, por lo que la atribución del riesgo al comprador o al vendedor tiene el efecto de determinar cuál es la compañía asegurado-

[3] *Supra* VIII 1 A.
[4] NICHOLAS *Commentary* 485.

ra que debe indemnizar la merma patrimonial. La compañía que pague, si se *subroga* en los derechos contractuales del comprador o del vendedor asegurado, podrá demandar a la otra parte si considera que la pérdida o deterioro se debieron a un acto u omisión de ella.

2. MOMENTO DE LA TRANSMISIÓN DEL RIESGO (ARTS. 67, 68 y 69)

Las partes suelen determinar en el contrato el momento en que el comprador asume el riesgo por la pérdida o deterioro de las mercancías. Lo pueden hacer expresa o implícitamente al convenir algunos de los términos comerciales internacionales.[5] En las compraventas de tipo E, el riesgo se transmite al comprador en el momento en que el vendedor pone las mercancías a su disposición y le avisa que puede recogerlas. En las compraventas *F* y *C*, el comprador asume el riesgo cuando el vendedor entrega las mercancías al transportista convenido, que puede ser el primer porteador, como en las ventas del tipo *F*, o un porteador subsecuente, como en las ventas del tipo *C*. En las compraventas del tipo *D*, el comprador corre con el riesgo hasta el momento en que las mercancías se ponen a su disposición en el lugar de destino.[6]

Si no hay acuerdo contractual, se aplican las normas previstas en los artículos 67, 68 y 69. Estas reglas parten de un planteamiento diferente del que tenía la LUCI, en la cual se ligaba la transmisión del riesgo con la entrega de las mercancías: el riesgo se transmitía ''desde que la entrega de la cosa tiene lugar, en las condiciones previstas en el contrato y en la presente ley''. Este planteamiento resultaba inconveniente, pues tenía que matizarse el concepto de entrega y, por eso, se aclaraba que cuando la compraventa implicaba el transporte, la entrega se hacía ''por la dación de las mercaderías al porteador para ser transmitidas al comprador'' (art. 19-2 de la LUCI).

El grupo de trabajo que preparó el proyecto de convención concluyó la conveniencia de desligar la transmisión del riesgo del concepto de entrega y relacionarla con el acto de ''poner las mercancías en poder del porteador'' (art. 67), o con el de ''poner las mercancías a disposición del comprador'' (art. 69), exigiéndose, en cualquier caso, que las mercancías estén claramente identificadas.

Como consecuencia de este planteamiento, se distinguieron tres tipos de compraventas, a efecto de determinar el momento de transmisión del riesgo al comprador: A) compraventas que implican el transporte (art.

[5] Sobre los INCOTERMS véase *supra* III 4 y V III A.

[6] Sobre los distintos tipos de entrega, véase V 3 A.

67), B) compraventas de mercancías en tránsito (art. 68) y C) compraventas que no implican el transporte (art. 69).

A. Compraventas que implican el transporte (art. 67)

Son éstas las compraventas en que el vendedor tiene la obligación de contratar un transporte para las mercancías o cuenta con la autorización del comprador para entregarlas a un transportista determinado. El transporte puede ser contratado por el vendedor o por el comprador; en todo caso, debe haber un contrato de transporte y un transportista que sea distinto del comprador y del vendedor, en cuyas manos ponga el vendedor las mercancías.[7]

La compraventa no implica el transporte si el vendedor traslada las mercancías, con sus propios medios, para entregarlas al comprador,[8] o si éste las recoge en el establecimiento del vendedor.

El primer párrafo del artículo 67 contempla dos casos de compraventas que implican el transporte: *a*) cuando el vendedor no está obligado a entregar las mercancías al porteador en un sitio determinado, y *b*) cuando el vendedor debe entregar al porteador en un lugar determinado. En ambos casos, es irrelevante que el vendedor retenga los documentos que acrediten la titularidad de las mercancías; esto lo señala la frase final del mismo párrafo, con el objeto de dejar claro que la transmisión del riesgo es independiente de la propiedad de las mercancías.[9] El segundo párrafo del mismo artículo se refiere a un requisito común para que opere la transmisión del riesgo en ambos tipos de ventas: el de *c*) la identificación de las mercancías.

a) Cuando el vendedor no está obligado a entregar las mercancías al porteador en un lugar determinado (art. 67-1)

En este caso, el riesgo se transmite al comprador cuando el vendedor pone las mercancías en manos del primer porteador para que las conduzca al comprador (art. 67-1 primera frase). No importa que las mercancías vayan a ser conducidas por distintos medios de transporte: primero, por un camión de carga que las llevará a un puerto; luego, por un buque y, final-

7 *Comentarios de la Secretaría* artículo 79 párrafo 2 (= *DO* 69).

8 HONNOLD párrafo 360; coinciden NICHOLAS (*Commentary* 490), SCHLECHTRIEM 88. Véase artículo 31-a, que también se refiere a contratos que implican el transporte.

9 *Comentarios de la Secretaría* artículo 79 párrafo 10 (= *DO* 70).

mente, por un ferrocarril. El comprador asume el riesgo desde el momento que inicia la travesía y a lo largo de toda ella, independientemente de que se empleen distintos medios de transporte, se hagan más o menos operaciones de carga o descarga, o intervengan dos o más porteadores. El atribuir el riesgo al comprador desde el primer momento del viaje es una regla que evita las discusiones que puedan surgir cuando el riesgo se transmite en un punto intermedio de la travesía.

El acto que determina la transmisión del riesgo, el poner las mercancías en poder del porteador consiste, de acuerdo con lo que disponen los INCOTERMS, en colocar las mercaderías a bordo del vehículo, dejarlas estibadas para que el transportista las cargue, o dejarlas bajo la custodia del mismo. En todo caso, como la transmisión del riesgo al comprador requiere que las mercancías sean puestas en poder del porteador para que las conduzca al comprador, se requiere que el vendedor dé al transportista el nombre de la persona o empresa que recibirá las mercancías y el lugar donde deberán ser recibidas.

b) Cuando el vendedor debe entregar al porteador en un lugar determinado (art. 67-1)

En este tipo de ventas, el riesgo se transmite cuando las mercancías se ponen en poder del porteador en el lugar determinado (art. 67-1 segunda frase). Pero hay una discusión en cuanto al alcance de esta regla. Honnold[10] opina que sólo opera cuando el vendedor, con sus propios medios de transporte, conduce las mercancías hasta el porteador en el lugar determinado; en caso de que el vendedor contratara un transportista para que las condujera al porteador en el sitio acordado, no operaría esta regla, sino la de la primera frase del artículo 67-1, es decir, el riesgo se transmitiría, no cuando pone las mercancías en poder del porteador en el lugar determinado (regla del artículo 67-1 segunda frase), sino cuando las pone en manos del primer porteador (regla del artículo 67-1 primera frase). Nicholas,[11] en cambio, señala que cuando las partes convienen un sitio específico, el riesgo se transmite al poner las mercancías en manos del porteador en ese lugar, tanto si lo hace el vendedor como si lo realiza un porteador contratado por él.

Con un caso se puede ilustrar la discusión. Si se convino que el vendedor entregara las mercancías en un puerto determinado, para que desde ahí un buque las trasladara al comprador, de acuerdo con la opinión de Honnold, el riesgo se transmitiría al comprador cuando el vendedor pon-

[10] HONNOLD 412.
[11] *Commentary* 492.

ga las mercancías en manos de un porteador para que las transporte al puerto convenido, o cuando el vendedor, conduciendo él mismo las mercancías hasta el puerto, las coloque en poder del porteador marítimo que las conducirá al comprador. De acuerdo con la opinión de Nicholas, el riesgo se transmitiría, en cualquiera de los dos supuestos, cuando las mercancías se pongan en manos del porteador en el puerto.

Partiendo de que el artículo 67 se refiere a ventas que impliquen el transporte, es decir, de ventas en que interviene un porteador distinto del vendedor, se nota que cuando el vendedor traslada con sus propios medios hasta el puerto convenido, el transporte sólo se implica a partir de ese momento. Por eso, parece congruente la opinión de Honnold de que el riesgo se transmite cuando se ponen las mercancías en el lugar de destino sólo si las condujo hasta allí el vendedor con sus propios medios. También es congruente con la idea básica del artículo 67 (que es reflejo de las prácticas modernas de transporte multimodal) de no dividir el riesgo de la travesía.

Aceptando la opinión de Honnold, puede afirmarse que el artículo 67 contiene en realidad una sola regla: que en las compraventas que impliquen el transporte, el riesgo se transmite al comprador cuando las mercancías se ponen en manos del primer porteador; además, puede plantearse que dicho artículo distingue dos tipos de compraventas que implican el transporte: el de aquellas que lo implican desde el lugar donde están las mercancías, y el de las que lo implican a partir de un lugar intermedio.

Sin embargo esa regla no impide que las partes en ventas que impliquen el transporte puedan convenir que el riesgo se transmita al comprador en un punto intermedio de la travesía, como ocurre cuando convienen una compraventa CIF, en la que el riesgo se transmite al comprador hasta que las mercancías son puestas a bordo del buque convenido.

c) *La identificación de las mercancías (art. 67-2)*

Para que opere la transmisión del riesgo en las ventas que implican el transporte —y, en realidad, en todo tipo de ventas—, es necesario que las mercancías "estén claramente identificadas a los efectos del contrato" (art. 67-2). La razón de esta regla es clara: si no está objetivamente determinado que unas ciertas mercancías corresponden a un comprador, no puede atribuirse el riesgo de su pérdida o deterioro a ese comprador.

La *Convención* no precisa una manera de realizar la identificación de las mercancías, sino que deja abiertos los modos de hacerla; puede ser: poniendo señales a las mercancías, mediante los documentos de transporte, a través de una comunicación enviada al comprador o por cualquier otra manera. Sea cual fuere el modo de efectuarla, me parece que siempre deberá consistir en la atribución de mercancías determinadas por su cantidad (si son cosas genéricas) o por su especie[12] a un cierto comprador.

En las compraventas que implican el transporte, la identificación se hará, con frecuencia, por medio de los documentos acreditativos del transporte, en los que se precisa el tipo de mercancías, su cantidad y el nombre y domicilio del destinatario; como estos documentos se expiden cuando el vendedor pone las mercancías en poder del porteador, el riesgo se transmitirá en ese momento al comprador. Pero si por algún error u omisión las mercancías no quedaran claramente identificadas en los documentos del transporte, el riesgo seguiría a cargo del vendedor hasta que enviara un aviso al comprador por el que quedaran claramente identificadas; el riesgo correspondería al comprador a partir de que el vendedor enviara el aviso, de acuerdo con la regla general de que las comunicaciones surten efectos al momento de su expedición (art. 27).[13]

Cuando se envían en un mismo transporte mercancías genéricas para varios compradores, sin separar las cantidades que serán para un comprador de las que serán para otro, por ejemplo un buque que lleva petróleo para entregarlo a tres compradores distintos, si las mercancías llegaran a deteriorarse o perderse, el riesgo, conforme a alguna opinión, deberá distribuirse proporcionalmente entre los tres compradores. Pero más bien parece que en ese caso el riesgo no se ha transmitido a los compradores pues las mercancías no quedaron claramente identificadas, por lo que el vendedor queda obligado a entregar las cantidades completas, si bien puede quedar exonerado de la responsabilidad por los daños y perjuicios derivados de la demora en la entrega.

B. Compraventas de mercancías en tránsito (art. 68)

El artículo 68 contempla el caso de la venta de mercancías en tránsito, que es frecuente en el comercio internacional, principalmente respecto de mercancías amparadas con conocimientos de embarque negociables. A estas ventas, o mejor dicho reventas, no puede aplicarse la regla del artículo 67, porque el transportista que las conduce no recibió las mercancías, como exige ese artículo, para entregarlas al comprador actual.[14]

Fue uno de los artículos más debatidos en la conferencia diplomática, tanto en el seno de la primera comisión como en las sesiones plenarias. El *Proyecto CNUDMI* (art. 80) proponía, siguiendo el artículo 99 de la

[12] Si bien la mayor parte de las mercancías son cosas genéricas, fungibles, en cuanto se empacan y se marcan los bultos se convierten en cosas específicas.

[13] NICHOLAS *Commentary* 494 y 495.

[14] HONNOLD 415.

LUCI, que el comprador de mercancías en tránsito asumiera retroactivamente el riesgo a partir del momento en que las mercancías fueron puestas en poder del porteador que expidió los documentos que permiten disponer de ellas. La razón de esta regla era que las mercancías en tránsito suelen estar aseguradas, y el comprador las adquiere junto con el seguro correspondiente. Esta regla no pareció adecuada a algunos representantes de países en desarrollo, encabezados por el delegado de Paquistán, quienes, durante las sesiones de la primera comisión, intentaron sustituirla por la norma de que el riesgo se transmita al momento de la celebración del contrato, aunque sin éxito.[15] Argumentaban que la regla contenida en el proyecto no era equitativa en perjuicio de los compradores de mercancías en tránsito.[16] Al examinarse el artículo en la novena sesión plenaria, el representante paquistaní volvió a presentar la propuesta, que fue otra vez rechazada, pero cuando se puso a votación el texto del proyecto, aprobado en la primera comisión, tampoco pudo ser aprobado porque faltó la mayoría de dos terceras partes. Algunos propusieron suprimir el artículo,[17] pero tampoco se aprobó esto.

En la décima sesión, se presentó una nueva propuesta, que señalaba que la transmisión del riesgo operaría, por regla general, en el momento de la celebración del contrato *a*), excepto cuando de las circunstancias pudiera inferirse que se transmitiría retroactivamente al momento en que el porteador que expidió los documentos recibió las mercancías *b*). Era una redacción de compromiso que, salvo algunos cambios ligeros, finalmente fue aprobada como el actual artículo 68.

a) Transmisión del riesgo al momento de la celebración del contrato

La primera frase del artículo establece la regla general de que el ''riesgo respecto de las mercaderías vendidas en tránsito se transmitirá al comprador desde el momento de la celebración del contrato''.

La regla, sencilla en su formulación teórica, puede resultar de aplicación problemática. Tiene el inconveniente de dividir el riesgo durante el tránsito de las mercancías: en la primera parte de la travesía, el riesgo es del vendedor, quien lo asumió como primer comprador de las mercancías; en la otra parte del trayecto, el riesgo es por cuenta del comprador, quien compró las mercancías en tránsito sin tener posibilidad, en la mayoría de los casos, de examinarlas; cuando las mercancías lleguen a su destino, si

[15] *Informe 1a. Comisión* artículo 80 párrafo 3 (= *DO* 137).

[16] *Actas resumidas 1a. Comisión* 32a. sesión párrafo 2 (= *DO* 432).

[17] *Actas resumidas sesiones plenarias* 8a. sesión párrafos 70 75 76 90 y 94 (= *DO* 232-233).

el comprador descubre que han sufrido algún deterioro o pérdida, va a ser muy difícil precisar en qué momento del trayecto se produjeron y a quién corresponde el riesgo. Podrá haber casos en que esto no presente problemas, por ejemplo, si los daños se ocasionaron por causa de un incendio, una avería notable de la embarcación o un naufragio, es decir, si se originaron por acontecimientos fácilmente datables; pero, en la mayoría de los casos, la causa de los daños son sucesos menos notorios, como filtración de agua, golpes por el movimiento del vehículo o por las maniobras de carga y descarga, exceso de calor, entre otros.

Para evitar estas inseguridades, es recomendable que las partes acuerden que el riesgo se transmita retroactivamente, desde el principio de la travesía, o al final de la misma.[18]

Cuando se puede determinar con seguridad el momento en que las mercancías sufrieron el daño y se aplica esta regla, la situación de las partes es la siguiente: el vendedor es responsable de que las mercancías sean conformes con el contrato al momento del perfeccionamiento del mismo (art. 36-1), por lo que responde de los deterioros y pérdidas que pudieran haber sufrido las mercancías hasta ese momento, pero está exonerado de la responsabilidad por los daños y perjuicios si son resultado de un factor ajeno a su voluntad, imprevisible e insuperable (art. 79); en caso de que conociera el daño o pérdida que habían sufrido las mercancías y no lo manifestara al comprador, será responsable de la falta de conformidad y, además, de los daños y perjuicios que cause al comprador.[19]

b) Transmisión retroactiva del riesgo

La segunda parte del artículo 68 indica que la disposición anterior no se aplicará, si de las circunstancias puede inferirse que las partes convinieron que el riesgo lo asumiera el comprador desde el momento en que las mercancías fueron puestas en poder del porteador que expidió los documentos acreditativos del transporte. Es decir, si las partes acuerdan expresamente que el comprador asuma el riesgo retroactivamente, tal convenio surte efectos en vez de la regla general prevista en la primera parte de este artículo, por virtud de la voluntad de las partes que prevalece respecto de las normas de la *Convención* (art. 6). Si no hay un pacto expreso, pero de las "circunstancias" puede inferirse un acuerdo tácito, surte efecto este convenio, por virtud de la segunda frase del artículo 68.[20] Esta frase con-

[18] HONNOLD 416.

[19] La frase final del artículo 68 que se refiere al caso de que el vendedor conozca el deterioro o pérdida de las mercancías, afecta sólo a la segunda frase del artículo; véase *infra* nota 23.

[20] También pudiera tener efecto como uso tácitamente convenido, de acuerdo con el artículo 9-2.

tiene, más que una norma sobre la transmisión del riesgo, una regla interpretativa del contrato, según la cual es posible inferir de las circunstancias la voluntad negocial cuando no está claramente expresada en las palabras.[21]

La circunstancia típica de la que es posible inferir ese convenio es el endoso de la póliza de seguro sobre las mercancías tomado por el vendedor en favor del comprador. Tal acto significa que el comprador podrá exigir a la compañía de seguros la indemnización por los daños que sufran las mercancías en cualquier momento de la travesía. En la mayoría de las compraventas de mercancías en tránsito se da este endoso, por lo que es previsible que esta regla excepcional del artículo 68 tenga más aplicación que la regla general prevista en la primera frase.

Las ventas de mercancías en tránsito pueden plantearse, más que como contratos de compraventa, como contratos de cesión de derechos o, como a veces se dice sin rigor técnico, como "ventas de documentos". Conforme a este planteamiento, el comprador es en realidad un acreedor cesionario del transportista, a quien puede exigir la entrega de las mercancías, y de la compañía de seguros, a la que puede exigir la indemnización en caso de pérdidas. Planteándolas así, es más claro entender que el supuesto comprador, en realidad cesionario, asuma retroactivamente el riesgo, y puede aceptarse, como afirma Nicholas,[22] que es válida la cesión de derechos respecto de mercancías en tránsito que, sin saberlo ninguna de las dos partes, han perecido totalmente, ya que el acto tendría un objeto existente: los derechos contra la compañía de seguros. Si se planteara la venta de mercancías en tránsito como una nueva venta, el contrato sería nulo, por falta de objeto, si las mercancías hubieran perecido totalmente.

La tercera frase del artículo añade que no puede inferirse el acuerdo de asunción retroactiva del riesgo por el comprador, cuando el vendedor "tuviera o debiera haber tenido conocimiento de que las mercancías habían sufrido pérdida o deterioro y no lo hubiera revelado al comprador".[23] En ese caso, concluye el artículo, el "riesgo de pérdida o deterioro será de cuenta del vendedor". El alcance de esta última expresión puede ofrecer algunas dificultades prácticas: ¿significa que el vendedor corre con el riesgo de cualquier daño o merma que sufran las mercancías durante la travesía (como lo sugiere el uso de la palabra riesgo, en singular). o que corre sólo con el riesgo del deterioro o pérdida que conocía? Honnold

21 Sobre interpretación del contrato, véase *supra* V 2.

22 *Commentary* 501.

23 Esta cláusula restrictiva sólo limita el alcance de la segunda frase del artículo 68, como se desprende de la historia legislativa de la disposición: ella formaba una unidad, junto con la segunda frase del actual artículo 68, en el artículo 80 del *Proyecto CNUDMI*. Véase NICHOLAS *Commentary* 500.

opina,[24] siguiendo la idea de no dividir el riesgo, que el vendedor corre con el riesgo de cualquier avería o extravío durante la travesía. Nicholas,[25] en cambio, piensa que el vendedor se hace cargo del deterioro o pérdida que conocía al momento de perfeccionarse el contrato y de los que en el futuro fueran consecuencia de ellos, pero no de los acaecidos con posterioridad a la celebración del contrato y con independencia de los primeros. La opinión de Honnold me parece preferible porque hace más clara la atribución del riesgo y mantiene la doctrina de no dividirlo.

C. Compraventas que no implican el transporte (art. 69)

La mayor parte de las compraventas internacionales son compraventas que implican el transporte en tanto que interviene un transportista independiente —contratado por el comprador o por el vendedor— quien trasladará las mercancías al lugar convenido, o son compraventas de mercancías en tránsito, de modo que en materia de riesgos se aplicarán, sobre todo, los artículos 67 y 68 de la *Convención*. El artículo 69 es, entonces, una norma residual, destinada a cubrir los pocos casos de compraventas que no implican el transporte ni son de mercancías en tránsito; contempla dos supuestos: *a*) compraventas en que el comprador recoge las mercancías en el establecimiento del vendedor (art. 69-1) y *b*) compraventas en que el comprador recoge las mercancías en un sitio distinto del establecimiento del vendedor.

a) Compraventas en que el comprador recoge las mercancías en el establecimiento del vendedor (art. 69-1)

El principio general en materia de riesgos en la *Convención* es de que el riesgo corresponde a la parte que está en mejor posición para controlar y conservar las mercancías; por eso, cuando las partes convienen que el comprador recoja las mercancías en el establecimiento del vendedor, el artículo 69-1 dispone que el vendedor siga con el riesgo de pérdida o deterioro —que habitualmente estará cubierto con el seguro que tenga el vendedor sobre sus almacenes— hasta el momento en que el comprador se haga cargo de las mercancías.

Si el comprador se hace cargo de las mercancías en la fecha convenida o dentro del plazo estipulado, la regla es muy clara: el riesgo es del vende-

[24] HONNOLD 416 nota 3.
[25] *Commentary* 500.

dor mientras las mercancías están en su almacén, y se traslada al comprador cuando éste se hace cargo de ellas. Quizá puede haber alguna duda en cuanto al momento en que el comprador se hace cargo de las mercancías. Por ejemplo, si el comprador introduce los camiones que habrán de transportar las mercancías al establecimiento del vendedor y realiza el personal de éste las maniobras de carga, cabe entender que el comprador se hace cargo de las mercancías hasta el momento en que están sobre los camiones, de modo que los riesgos por esas operaciones corren por cuenta del vendedor; pero si las maniobras de carga las efectúa el personal del comprador, o personal contratado por él, se entiende que se ha hecho cargo de las mercancías desde el momento que su personal toca las mercancías y que es suyo el riesgo por las operaciones de carga.

Pero si el comprador no se hace cargo de las mercancías a su debido tiempo, el riesgo se transmite "desde el momento en que las mercaderías se pongan a su disposición e incurra en incumplimiento del contrato al rehusar su recepción". El momento decisivo es aquél en que se produce el incumplimiento de la obligación del comprador de recibir las mercancías. Para que haya tal incumplimiento es necesario, en primer lugar, que las mercancías estén claramente identificadas, como lo dispone el párrafo 3 de este artículo, y que el comprador no haya recogido las mercancías en el tiempo definido en el contrato; si el contrato definía una fecha para la entrega y recepción de las mercancías, el incumplimiento se produce si no recibe el comprador en esa fecha; si definía un plazo, el incumplimiento se genera hasta que transcurra el plazo sin haber recepción; pero si el contrato no precisa fecha ni plazo, el incumplimiento será efectivo en un plazo razonable después de que el comprador conoció que las mercancías estaban a su disposición.[26]

El caso anterior contempla un efecto, en materia de riesgo, derivado del incumplimiento del comprador de su obligación de recibir las mercancías. Un caso semejante se da cuando el comprador no cumple con algún acto necesario para que el vendedor entregue las mercancías, como cuando no designa el transportista a quien el vendedor debe entregarlas, o no define la fecha de entrega que quedó a su arbitrio, o no envía un material necesario para empacarlas, etc. Durante la conferencia diplomática, la delegación alemana propuso que en este artículo se incluyera un párrafo que definiera que en esos casos el riesgo también se transmitiría al comprador al momento del incumplimiento;[27] pero la propuesta fue rechazada porque se consideraba que el caso ya estaba comprendido en el primer párrafo del artículo 69 actual.[28] La no realización de semejantes actos

[26] Sobre el lugar y tiempo de la recepción de mercancías, véase *supra* VII 3 B.
[27] *Informe 1a. Comisión* artículo 81 párrafo 3 (= *DO* 138).
[28] *Actas resumidas 1a. Comisión* 32a. sesión párrafo 54 (= *DO* 437).

implica, de acuerdo con el artículo 60-a, el incumplimiento de la obligación de recibir las mercancías, por lo que, en estos casos, también debe aplicarse la regla prevista en este párrafo del artículo 69, de modo que el comprador corre con el riesgo de las mercancías, aunque el vendedor no las haya entregado, a partir del momento en que el comprador incurre en incumplimiento por la no realización de los actos que posibilitan la entrega.

b) Compraventas en que el comprador recoge las mercancías en un lugar distinto del establecimiento del vendedor (art. 69-2)

Cuando se discutió, en el seno de la CNUDMI, el segundo párrafo del artículo 69 (81 del *Proyecto CNUDMI*), se tenía en mente el caso de que las mercancías estuvieran depositadas en el almacén de un tercero, a donde tendría que acudir el comprador a recogerlas.[29] Pareció bien que el riesgo se trasladara al comprador desde el momento en que ''deba efectuarse la entrega y el comprador tenga conocimiento de que las mercaderías están a su disposición en ese lugar''. Es una regla ligeramente distinta de la que se refiere a los casos de mercancías que están en el establecimiento del vendedor.

Cuando las mercancías están en el establecimiento del vendedor, el riesgo se transmite, si el comprador no se hace cargo de ellas, hasta que su retraso en recibir constituye un incumplimiento. En cambio, si las mercancías están en el almacén de un tercero u otro lugar que no sea el establecimiento del vendedor, el riesgo se transmite desde el momento en que el comprador debe recoger las mercancías, sin que sea preciso esperar a que su demora constituya un incumplimiento. Nicholas[30] aclara el alcance de la regla del párrafo segundo del artículo 69 con este ejemplo: si las partes convinieron que el comprador recogiera las mercancías del almacén durante el mes de marzo, y el vendedor dio oportunamente la orden de entrega al almacén y notificó al comprador que las mercancías estaban a su disposición, el riesgo se transfiere al comprador a partir del primero de marzo, pues a partir de ese momento puede recoger las mercancías; en cambio, si las mercancías estuvieran en el establecimiento del vendedor, el riesgo se trasladaría al comprador hasta que hubiera expirado el mes de marzo, esto es, hasta que su demora en recibir constituyera un incumplimiento contractual.

Para que opere la transmisión del riesgo en este supuesto, se requiere que las mercancías se encuentren a disposición del comprador, lo que im-

[29] *Yearbook* VIII (1977) 64.
[30] *Commentary* 504.

plica que estén claramente identificadas (art. 67-3) y que el administrador del almacén haya recibido la orden de entregarlas al comprador o que el comprador tenga un documento que le permita exigir su entrega.[31] Además, se requiere que el comprador "tenga conocimiento" de que las mercancías están a su disposición en ese lugar, es decir, que haya recibido la comunicación respectiva; esto constituye una excepción a la regla general de que las comunicaciones surten efectos al momento de su envío (art. 27).

La regla también se aplica cuando las mercancías, al momento de celebrarse el contrato, están en un lugar distinto de un almacén, siempre y cuando no sea un establecimiento del vendedor, como podría ser un barco o furgones de ferrocarril.

Cuando las partes convienen que el comprador habrá de recoger las mercancías en un lugar distinto del establecimiento del vendedor y a donde deberá trasladarlas éste, me parece que deben distinguirse dos casos. Si el vendedor contrata un porteador para que las traslade a ese lugar, se trata de una venta que implica el transporte y que se rige por el artículo 67-1, por lo que el riesgo se transmite al comprador en cuanto el vendedor pone las mercancías en manos del primer porteador, siempre y cuando, claro está, las partes no hayan convenido expresa o tácitamente que el riesgo se transmita en otro momento. Pero si el vendedor traslada las mercancías con sus propios medios de transporte hasta el lugar donde las recogerá el comprador, como sc trata de una venta que no implica el transporte, se regirá por el artículo 69-2, y el riesgo será del comprador en el momento en que las mercancías se pongan a su disposición dentro del tiempo convenido y el comprador tenga conocimiento de ello.[32]

3. LA REVERSIÓN DEL RIESGO AL VENDEDOR (ART. 70)

No obstante que el riesgo se haya transmitido al comprador en el momento correspondiente, puede suceder que se revierta al vendedor, de modo

[31] *Comentarios de la Secretaría* artículo 81 párrafos 7 y 8 (= *DO* 72).

[32] Sin embargo, HONNOLD (420) opina que se aplica el artículo 69-2 "cuando el vendedor o el porteador ponen las mercaderías a disposición del comprador al final del transporte o en el lugar de establecimiento del vendedor". Me parece que esta afirmación no es consistente con la regla del artículo 67, que señala que en las ventas que impliquen el transporte el riesgo se transmite al poner las mercancías en manos del primer porteador; la regla no distingue si el transporte es hasta un punto intermedio o hasta el establecimiento del comprador. El mismo HONNOLD reconoce (*supra* nota 10) que cuando las partes convienen que el vendedor entregue a un porteador en un lugar determinado, el riesgo es del comprador desde el momento en que el vendedor entrega al primer porteador, y sólo se difiere la transmisión del riesgo hasta el momento en que las mercancías se ponen en manos del porteador en el lugar convenido por las partes, cuando el vendedor traslada las mercancías hasta ese lugar con sus propios medios de transporte.

que él tenga que sufrir la pérdida o deterioro de las mercancías que no fueran causados por un acto u omisión del comprador. El artículo 70 prescribe cuándo sucede tal reversión del riesgo.

El artículo argumenta que cuando el vendedor ha incurrido en un "incumplimiento esencial del contrato", las disposiciones relativas a la transmisión del riesgo (arts. 67, 68 y 69), no afectarán los derechos y acciones que tenga el comprador como consecuencia del incumplimiento. El significado principal de esta disposición, redactada en forma poco explícita, es, como dicen los *Comentarios de la Secretaría*,[33] que el comprador podrá pedir al vendedor que ha incurrido en un incumplimiento esencial la sustitución de las mercancías o declarar resuelto el contrato, aunque se hubieran deteriorado o hubieran perecido. Si el comprador pide la sustitución de las mercancías, el efecto de la regla de reversión del riesgo es que el vendedor, además de indemnizar los daños y perjuicios derivados de su incumplimiento, tendrá que enviar mercancías nuevas, que sean conformes con el contrato, pero sólo recibirá a cambio las mercancías deterioradas por efecto de agentes externos a la conducta del comprador. Si el comprador declara resuelto el contrato, la reversión del riesgo significará que el vendedor debe devolver el precio recibido e indemnizar los daños y perjuicios que acarreó su incumplimiento, y recibirá la mercancía deteriorada o, si hubiera perecido, no recibirá mercancía alguna.

Al revertirse el riesgo al vendedor, éste debe soportar el deterioro o pérdida que hayan sufrido las mercancías durante la travesía, y también los que pudieran sufrir estando en poder del comprador,[34] por ejemplo, los causados por un incendio en el almacén del comprador.

El artículo 70 debe leerse en relación con el artículo 82, que trata sobre la restitución de las mercancías que debe hacerse en caso de que el comprador resuelva el contrato o pida mercancías sustitutas.[35] En principio, el comprador debe, en ambos casos, devolver las mercancías en un estado sustancialmente idéntico al que tenían cuando las recibió, excepto si se han deteriorado o perecido por una causa que no sea imputable a un acto u omisión suyos (art. 82-2-a), como sucede cuando las mercancías se deterioran o perecen durante la travesía. Me parece que el contenido de los dos artículos es el mismo, pues si el artículo 82 autoriza al vendedor a resolver o exigir mercancías sustitutas cuando sólo puede devolverlas deterioradas o no puede devolver mercancía alguna, es porque el riesgo por ese daño o pérdida lo tendrá que afrontar el vendedor.

El efecto de que el vendedor asuma el riesgo, que en principio correspondería al comprador, puede plantearse, ya no como una reversión del

[33] *Comentarios de la Secretaría* artículo 82 párrafo 2 (= *DO* 71).
[34] Así opina, con razón, Nicholas en *Commentary* 511.
[35] *Supra* IX 3 B a.

riesgo al vendedor —lo cual supone una previa transmisión del riesgo al comprador, que luego revierte al vendedor—, sino también como el resultado de no haberse traspasado nunca el riesgo al comprador. Así lo plantea el *Uniform Commercial Code* de Estados Unidos (section 2-510-1), y hubo un intento de un delegado estadounidense en la conferencia diplomática para que así quedara establecido en la *Convención*, pero la propuesta fue rechazada.[36] El planteamiento de reversión me parece mejor que el de no transmisión, porque permite que el comprador que resuelve el contrato o exige la sustitución de mercancías que se deterioraron durante la travesía, pueda cobrar de la compañía de seguros la indemnización correspondiente, la cual deberá restituir al vendedor, o ceder al vendedor su derecho a reclamar la indemnización de la compañía de seguros. De esta manera se reducen las pérdidas entre las partes. Si se planteara que el riesgo no se transmitió nunca al comprador, éste no podrá exigir indemnización a la compañía de seguros, ni tampoco el vendedor, que difícilmente estará asegurado respecto de un riesgo que pensaba que ya era del comprador.

La reversión del riesgo parece una regla razonable, porque resulta justo que el comprador corra con los riesgos del traslado de mercancías que él quiere adquirir, pero no tiene por qué correr con los riesgos de mercancías que no son las que él quiere, como son las que recibe en caso de incumplimiento esencial. El supuesto para que opere la reversión del riesgo es que el vendedor incurra en un incumplimiento esencial, es decir, un incumplimiento que cause al comprador un perjuicio grave, en el sentido previsto en el artículo 25. Cuando hay entrega de mercancías, el incumplimiento puede ser esencial, porque las mercancías no sean conformes con el contrato o porque la entrega haya sido tardía.

Cuando la falta de conformidad de las mercancías constituye un incumplimiento esencial, el comprador puede revertir el riesgo al vendedor exigiendo mercancías sustitutas, conforme al artículo 46-2, o declarando resuelto el contrato, conforme al artículo 49. Cabe pensar en este caso: el vendedor entregó al porteador designado por el comprador 100 cajas de zapatos, que no eran de las tallas especificadas en el contrato; durante la travesía, las cajas se mojaron y la mercancía se deterioró; al examinar los zapatos, el comprador se da cuenta que no son las tallas que él había pedido, lo cual constituye un incumplimiento esencial. Él tiene tres posibilidades para obtener una reparación: una es resolver el contrato y revertir el riesgo al vendedor, pidiéndole la restitución del precio y devolviéndole los zapatos estropeados; otra posibilidad es pedir el envío de los zapatos de las tallas definidas en el contrato, revirtiendo el riesgo al vendedor, quien recibirá el calzado deteriorado; la tercera es cobrar a la compañía

[36] *Informe 1a. Comisión* artículo 82 párrafo 3 (= *DO* 138).

de seguros la indemnización correspondiente al daño de la mercancía, aprovechar los zapatos recibidos de la mejor manera posible y reclamar al vendedor los daños y perjuicios que ha causado el incumplimiento. En este último caso, el comprador no revierte el riesgo al vendedor.

Si la entrega tardía constituye un incumplimiento esencial —quizá porque el vendedor ha demorado más de 10 días en la entrega de una mercancía solicitada con urgencia—, el comprador puede resolver el contrato y revertir el riesgo al vendedor, de modo que el perjuicio consistente en la pérdida o deterioro de la mercancía entregada tardíamente sea para el vendedor. En el caso análogo de que el vendedor no entregue la mercancía en el plazo suplementario fijado por el comprador, conforme al artículo 47-1, el comprador puede resolver el contrato (art. 49-1-b), pero Nicholas[37] duda si se revierte el riesgo al vendedor, argumentando que el incumplimiento de la entrega en el plazo suplementario es una causa para resolver el contrato, pero no constituye de por sí un incumplimiento esencial. Me parece que, sin entrar en la discusión de si tal incumplimiento es esencial o no, se puede afirmar que el riesgo se revierte al vendedor por el hecho de que, conforme al artículo 82-2, el comprador puede declarar resuelto el contrato, no obstante que no pueda devolver las mercancías en buen estado.

De lo anterior puede concluirse que la reversión del riesgo, en todo caso, opera no por ministerio de ley, sino por voluntad del comprador. Por eso, se ha dicho[38] que el artículo 70 constituye un impulso para declarar la resolución del contrato o exigir la sustitución de las mercancías cuando éstas se han dañado o perdido durante la travesía.

[37] *Commentary* 511.
[38] HONNOLD 424.

Apéndice 1

Conversión relativa a una Ley uniforme sobre la Formación de Contratos para la Venta Internacional de Mercaderías

Los Países firmantes de la presente Convención,
Deseando establecer una Ley uniforme sobre la Formación de Contratos para la Venta Internacional de Mercaderías,
Han resuelto celebrar una Convención a este respecto y han convenido sobre las siguientes estipulaciones:

Artículo I

1. Cada País Contratante asume la obligación de incorporar a su propia legislación, de acuerdo con sus procedimientos constitucionales, no después de la fecha de entrada en vigor dc la presente Convención en relación con el país de que se trate, la Ley uniforme sobre la Formación de Contratos para la Venta Internacional de Mercaderías (que en adelante se denomina la "Ley Uniforme"), que forma el Anexo I de la presente Convención.

2. Cada País Contratante puede incorporar la Ley uniforme a su propia legislación, ya sea uno de los textos auténticos o en una traducción a su propia lengua o lenguas.

3. Cada País Contratante, que también lo sea de la Convención fechada en 1o. de julio de 1964, relativa a una Ley uniforme sobre la Venta Internacional de Mercaderías, deberá incorporar a su legislación los artículos que se indican en el Anexo II de la presente Convención en lugar de los artículos 1 a 4 que se establecen en el Anexo I de la presente Convención.

4. Cada País Contratante comunicará al Gobierno de los Países Bajos los textos que haya incorporado a su legislación para cumplir con la presente Convención.

Artículo II

1. Dos o más Países Contratantes pueden declarar que convienen en no considerarse como países diferentes para los efectos de los requisitos del establecimiento o de la residencia habitual que se mencionan en los incisos 1 y 2 del artículo I de la Ley uniforme, porque apliquen a la formación de contratos de venta —que en ausencia de tal declaración estarían regulados por la Ley uniforme— las mismas o muy semejantes disposiciones legales.

2. Cualquier País Contratante puede declarar que no considera uno o más de los países no contratantes, como países diferentes a sí mismo, para los efectos de los requisitos de la Ley uniforme que se indican en el inciso I de este artículo, porque dichos países apliquen a la formación de contratos de venta —que en ausencia de tal declaración estarían regulados por la Ley uniforme— disposiciones legales que sean iguales o muy semejantes a las propias.

3. Si un país que sea objeto de una declaración hecha en los términos del inciso 2 de este artículo, posteriormente ratifica o se adhiere a la presente Convención, su declaración subsistirá en vigor a menos que el país ratificante o adherente declare que no puede aceptarla.

4. Las declaraciones previstas en los incisos 1, 2 y 3 de este artículo, pueden hacerse por el país interesado al tiempo de depositar su instrumento de ratificación o de adhesión de la presente Convención, o en cualquier tiempo posterior, y se dirijan al Gobierno de los Países Bajos. Dichas declaraciones entrarán en vigor tres meses después de la fecha de su recibo por el Gobierno de los Países Bajos, o bien, si al terminar este periodo la presente Convención no ha entrado en vigor respecto al país de que se trate, a la fecha de dicha entrada en vigor.

Artículo III

Por medio de derogación del artículo I de la Ley uniforme, cualquier país puede, al tiempo de depósito de su instrumento de ratificación o adhesión a la presente Convención, declarar por medio de una notificación dirigida al Gobierno de los Países Bajos, que aplicará la Ley uniforme sólo en el caso de que cada una de las partes del contrato de venta tenga su establecimiento, o en ausencia de éste su residencia habitual, en el territorio de un País Contratante distinto; y, en consecuencia, puede incluir la palabra "contratantes" antes de la palabra "países", al indicarse esta última palabra en el inciso 1 del artículo I de la Ley uniforme.

Artículo IV

1. Cualquier país que haya ratificado o se haya adherido previamente a una o más Convenciones sobre conflictos de leyes respecto a la formación

de contratos para la venta internacional de mercaderías puede, al tiempo del depósito de su instrumento de ratificación o adhesión a la presente Convención, declarar por medio de una notificación que dirija al Gobierno de los Países Bajos que aplicará la Ley uniforme en aquellos casos regulados por una de esas Convenciones previas, solamente si esa Convención requiere la aplicación de la Ley uniforme.

2. Cualquier país que haga una declaración en los términos del inciso 1 de este artículo informará al Gobierno de los Países Bajos acerca de la Convención o de las Convenciones, a que se refiera dicha declaración.

Artículo V

Cualquier país que haya hecho una declaración en los términos de los incisos 1 o 2 de los artículos II, III o IV de la presente Convención, puede retirarla en cualquier tiempo por medio de notificación dirigida al Gobierno de los Países Bajos. Tal retiro tendrá efectos tres meses después de la fecha de recibo de la notificación por el Gobierno de los Países Bajos y, en el caso de que se haga una declaración en los términos del inciso 1 del artículo II también carecerá de valor cualquier declaración recíproca que haga otro país a partir de la fecha en que el retiro surta efectos.

Artículo VI

1. La presente Convención estará abierta para la ratificación hasta el 31 de diciembre de 1965 por los países representados en la Conferencia de La Haya de 1964 sobre la Unificación del Derecho que regula la Venta Internacional de Mercaderías.

2. La presente Convención será ratificada.

3. Los instrumentos de ratificación se depositarán con el Gobierno de los Países Bajos.

Artículo VII

1. La presente Convención estará abierta a la adhesión de todos los países miembros de las Naciones Unidas o de cualquiera de sus agencias especializadas.

2. Los instrumentos de adhesión se depositarán con el Gobierno de los Países Bajos.

Artículo VIII

1. La presente Convención entrará en vigor seis meses después de la fecha de depósito del quinto instrumento de ratificación o adhesión.

2. Respecto a un país que ratifique o se adhiera a la presente Conven-

ción con posterioridad al depósito del quinto instrumento de ratificación o adhesión, la Convención entrará en vigor seis meses después de la fecha del depósito de sus instrumentos de ratificación o adhesión.

Artículo IX

Cada País Contratante aplicará las disposiciones de su legislación en adición a los de la presente Convención respecto a ofertas, respuestas y aceptaciones a los que la Ley uniforme se aplique y que se celebren en la fecha o con posterioridad a la entrada en vigor de la Convención respecto al país de que se trate.

Artículo X

1. Cualquier País Contratante puede denunciar la presente Convención mediante notificación al efecto al Gobierno de los Países Bajos.

2. La Denuncia tendrá efectos doce meses después del recibo de la notificación por el Gobierno de los Países Bajos.

Artículo XI

1. Cualquier país puede, al tiempo del depósito de su instrumento de ratificación o adhesión, o en cualquier tiempo ulterior, declarar por medio de una notificación dirigida al Gobierno de los Países Bajos, que la presente Convención será aplicable a todos o a una parte de los territorios de cuyas relaciones internacionales sea responsable. Tal declaración tendrá lugar seis meses después de la fecha del recibo de la notificación por el Gobierno de los Países Bajos, o si al terminar este periodo la Convención aún no ha entrado en vigor, a partir de la fecha de su entrada en vigor.

2. Cualquier País Contratante que hubiera hecho una declaración en los términos del inciso 1 de este artículo, de acuerdo con el artículo X, puede denunciar la Convención respecto a la totalidad o a una parte de los territorios en cuestión.

Artículo XII

1. Después de que la presente Convención haya estado en vigor durante tres años, cualquier País Contratante puede, mediante notificación dirigida al Gobierno de los Países Bajos, solicitar la celebración de una Conferencia para los efectos de revisión de la Convención o sus anexos. La notificación de esta solicitud se hará a todos los Países Contratantes por el Gobierno de los Países Bajos, el cual convocará a una Conferencia para los efectos de tal revisión si dentro de un periodo de seis meses a partir

de la fecha de la notificación, cuando menos una cuarta parte de los Países Contratantes notifica a dicho Gobierno su conformidad con lo solicitado.

2. Los países invitados a la Conferencia, que no sean países contratantes, tendrán el *status* de observadores, a menos que los Países Contratantes decidan otra cosa en la Conferencia por mayoría de votos. Los observadores tendrán todos los derechos de participación, pero no el de voto.

3. El Gobierno de los Países Bajos solicitará de todos los países invitados a la Conferencia el someter las proposiciones que deseen que la Conferencia examine. El Gobierno de los Países Bajos notificará a todos los países invitados la Agenda provisional de la Conferencia y los textos de todas las proposiciones que hayan sido sometidas.

4. El Gobierno de los Países Bajos comunicará al Instituto Internacional para la Unificación del Derecho Privado las proposiciones que se refieran a revisión y que se le sometan de acuerdo con lo dispuesto por el inciso 3 de este artículo.

Artículo XIII

El Gobierno de los Países Bajos notificará a los países signatarios y adherentes y al Instituto Internacional para la Unificación del Derecho Privado:

a) Las comunicaciones que reciba de acuerdo con el inciso 4 del artículo 1.

b) Las declaraciones y notificaciones que se hagan de acuerdo con los artículos II, III, IV y V.

c) Las ratificaciones y adhesiones depositadas de acuerdo con los artículos VI y VII.

d) Las fechas en que esta Convención entre en vigor de acuerdo con el artículo VIII.

e) Las denuncias que se reciban de acuerdo con el artículo X.

f) Las notificaciones que se reciban de acuerdo con el artículo XI.

En testimonio de lo anterior, los suscritos, debidamente autorizados, firman la presente Convención.

Celebrada en La Haya el primer día del mes de julio de mil novecientos sesenta y cuatro, en los idiomas francés e inglés, siendo ambos textos igualmente auténticos.

El original de la presente Convención se depositará con el Gobierno de los Países Bajos, el que proveerá de copias certificadas a cada uno de los países signatarios y adherentes y al Instituto Internacional para la Unificación del Derecho Privado.

ANEXO I

Ley uniforme sobre la formación de Contratos para la Venta Internacional de Mercaderías

Artículo 1

1. La presente Ley se aplicará a la formación de contratos de venta de mercaderías celebrados por partes cuyos establecimientos estén situados en territorios de países diferentes en cada uno de los siguientes casos:

a) Cuando la oferta o la respuesta se refieran a mercaderías que estén en curso de viaje o que fueran transportadas del territorio de un país al territorio de otro.

b) Cuando los actos que constituyen la oferta y la aceptación tengan lugar en territorios de diferentes países.

c) Cuando la entrega de mercaderías se haga en el territorio de un país distinto de aquel en cuyo territorio tuvieran lugar los actos que constituyen la oferta y la aceptación.

2. Cuando una parte no tenga un establecimiento se hará referencia a su residencia habitual.

3. La aplicación de la presente Ley no dependerá de la nacionalidad de las partes.

4. Se considerará que la oferta y la aceptación tienen lugar en el territorio del mismo país sólo en el caso de que las cartas, telegramas y otras comunicaciones que las contengan se envíen y reciban dentro de tal país.

5. Para los efectos de determinar si las partes tienen su establecimiento o su residencia habitual en ''países diferentes'' cualesquiera —dos o más países— no se considerarán ser ''países diferentes'' si una declaración válida al respecto que se haga en los términos del artículo II de la Convención fechada el 1o. de julio de 1964 y relativa a una Ley uniforme sobre la Formación de Contratos para la Venta Internacional de Mercaderías está en vigor respecto a ellos.

6. La presente Ley no se aplicará a la formación de contratos de venta:

a) De acciones, valores de inversión, títulos de crédito o moneda.

b) De buques, embarcaciones o aeronaves que en el presente o en el futuro estén sujetas a registro.

c) De electricidad.

d) De ventas judiciales.

7. Los contratos para el suministro de mercancías que habrán de ser manufacturadas o producidas se considerarán como ventas dentro del concepto de la presente Ley, a menos que la parte que ordene *las mercaderías asuma la obligación de proveer una parte esencial y sustancial* de los materiales necesarios para dicha manufactura o producción.

8. La presente Ley se aplicará independientemente del carácter civil o comercial de las partes o de los contratos que celebren.

9. Las reglas de Derecho internacional privado se excluirán para los efectos de la aplicación de la presente Ley, salvo cualquier disposición en contrario de ella.

Artículo 2

1. Las estipulaciones de los siguientes artículos se aplicarán salvo que de las negociaciones preliminares, de la oferta, de la respuesta, de las prácticas que las partes hayan establecido entre sí, o de los usos, aparezca que deben aplicarse otras disposiciones.

2. Sin embargo, una estipulación de la oferta que establezca que el silencio equivaldrá a la aceptación, carece de valor.

Artículo 3

Una oferta o una aceptación no necesita formularse por escrito y no estará sujeta a ningún otro requisito formal. En particular, ellas pueden ser probadas por testigos.

Artículo 4

1. La comunicación que una persona dirija a una o más personas determinadas con el objeto de celebrar un contrato de venta, no constituirá una oferta a menos que esté suficientemente definida para permitir la celebración del contrato por medio de aceptación, e indique la intención del oferente de quedar obligado.

2. Esta comunicación puede ser interpretada refiriéndola o complementándola con las negociaciones preliminares, con las prácticas que las partes hayan establecido entre sí, con los usos y con cualquier disposición legal aplicable a los contratos de venta.

Artículo 5

1. La oferta no obligará al oferente hasta que haya sido comunicada al destinatario; se interrumpirá si su cancelación se comunica al destinatario con anterioridad o al mismo tiempo que la oferta.

2. Después de que una oferta haya sido comunicada al destinatario puede revocarse a menos que la revocación no se haga de buena fe o de acuerdo con prácticas comerciales justas, o que la oferta establezca un término fijo para la aceptación, o que indique de cualquier manera que es firme o irrevocable.

3. Una indicación de que la oferta es firme o irrevocable puede ser expresa o resultar implícitamente de las circunstancias, de las negociaciones preliminares, de cualquier práctica que las partes hayan establecido entre sí, o de los usos.

4. La revocación de una oferta sólo tendrá lugar si ha sido comunicada al destinatario antes de que éste haya enviado su aceptación o haya hecho cualquier acto que se repute como aceptación en los términos del inciso 2 del artículo 6.

Artículo 6

1. La aceptación de una oferta consiste en una declaración comunicada por cualquier medio al oferente.

2. La aceptación también puede consistir en el envío de las mercaderías o del precio, o de otro acto que pueda considerarse equivalente a la declaración que se indica en el inciso 1 de este artículo, ya sea en virtud de la oferta o como resultado de prácticas que las partes hayan establecido entre sí, o de los usos.

Artículo 7

1. Una aceptación que contenga adiciones, limitaciones u otras modificaciones se considerará como rechazo de la oferta y constituirá una contraoferta.

2. Sin embargo, una respuesta o una oferta que pretenda ser una aceptación, pero que contenga términos adicionales o diferentes que no alteren sustancialmente los términos de la oferta, constituirá una aceptación a menos que el oferente inmediatamente objete la discrepancia; si no lo hiciera así, los términos del contrato serán los términos de la oferta con las modificaciones contenidas en la aceptación.

Artículo 8

1. Una declaración de aceptación de una oferta sólo tendrá efecto si se comunica al oferente dentro del término que él haya fijado o bien, si no se hubiere fijado término, dentro de un plazo razonable, debiendo considerarse debidamente los usos y las circunstancias de la *transacción, incluyendo la rapidez de los medios de comunicación* empleados por el oferente. En caso de una oferta verbal, la aceptación será inmediata si las cir-

cunstancias no indican que el destinatario habrá de tener tiempo para decidir.

2. Si en carta o telegrama se fija al oferente un plazo para la aceptación, éste empezará a correr a partir de la fecha de la carta o de la hora del día que el telegrama fue entregado para su despacho.

3. Si una aceptación consiste en uno de los actos que se indican en el inciso 2 del artículo 6, tal acto sólo tendrá efectos si se realiza dentro del periodo que establece el inciso 1 del presente artículo.

Artículo 9

1. Si la aceptación es tardía, el oferente puede considerar que se ha recibido en tiempo debido, con la condición de que le informe inmediatamente al aceptante ya sea en forma oral o mediante envío de una notificación.

2. Sin embargo, si la aceptación se comunica con demora, se considera haberse comunicado en tiempo debido, si la carta o documento que la contenga indica que ha sido enviada en tales circunstancias que si su transmisión hubiera sido normal se hubiera comunicado en el plazo debido; esta estipulación no se aplicará si el oferente hubiera informado inmediatamente al aceptante, ya sea oralmente o con el envío de una notificación, que considera que su oferta se ha declinado.

Artículo 10

Una aceptación no puede ser revocada salvo mediante revocación que sea comunicada al oferente con anterioridad o al tiempo de la aceptación.

Articulo 11

La formación del contrato no se afecta por la muerte de una de las partes o por devenir incapaz de contratar con anterioridad a la aceptación, salvo que lo contrario resulte de la intención de las partes, de los usos o de la naturaleza de la transacción.

Artículo 12

1. Para los efectos de la presente Ley, la expresión ''ser comunicada'' significa ser entregada a la dirección de la persona a quien la comunicación se dirige.

2. Las comunicaciones previstas por la presente Ley se harán por los medios que sean usuales en las circunstancias.

Artículo 13

1. Por usos se entiende cualquier práctica o método comercial que personas razonables, colocadas en la misma situación que las partes, consideren normalmente ser aplicables a su contrato.

2. Cuando se emplean expresiones, estipulaciones o formas de contrato que sean usadas comúnmente en las prácticas comerciales, ellas serán interpretadas de acuerdo con el sentido normal que se les dé en el ámbito comercial respectivo.

Apéndice 2

Convención relativa a una Ley uniforme sobre la Venta Internacional de Mercaderías

Artículo I

1. Cada País Contratante asume la obligación de incorporar a su propia legislación, de acuerdo con sus procedimientos constitucionales, no después de la fecha de entrada en vigor de la presente Convención en relación con el Estado de que se trate, la Ley uniforme sobre la Venta Internacional de Mercaderías (que en adelante se denomina la ''Ley uniforme''), que forma el anexo de la presente Convención.

2. Cada País Contratante puede incorporar la Ley uniforme a su propia legislación ya sea en uno de los textos auténticos o en una traducción a su propia lengua o lenguas.

3. Cada País Contratante comunicará al Gobierno de los Países Bajos los textos que haya incorporado a su legislación para cumplir con la presente Convención.

Artículo II

1. Dos o más Países Contratantes pueden declarar que convienen en no considerarse entre sí como países diferentes, para los efectos de los requisitos relativos al establecimiento o residencia mencionados en los incisos 1 y 2 del artículo I de la Ley uniforme, en tanto que apliquen a las ventas que en ausencia de tal declaración estarían reguladas por la Ley uniforme, disposiciones legales idénticas o muy semejantes.

2. Cualquier País Contratante puede declarar que no considera uno o más de los Países Contratantes, como países diferentes de sí mismo, para los efectos de los requisitos de la Ley uniforme que se indican en el inciso 1 de este artículo, porque dichos Estados apliquen a ventas que en ausencia de tal declaración estarían reguladas por la Ley uniforme, disposiciones legales que sean iguales o muy semejantes a las propias.

3. Si un país que sea objeto de una declaración hecha en los términos del inciso 2 de este artículo, posteriormente ratifica o se adhiere a la presente Convención, su declaración subsistirá en vigor a menos que el país ratificante o adherente declare que no puede aceptarla.

4. Las declaraciones previstas en los incisos 1, 2 y 3 de este artículo pueden hacerse por los países interesados al tiempo de depositar sus instrumentos de ratificación o de adhesión de la presente Convención, o en cualquier tiempo posterior, y se dirigirán al Gobierno de los Países Bajos. Dichas declaraciones entrarán en vigor tres meses después de la fecha de su recibo por el Gobierno de los Países Bajos, o bien, si al terminar este periodo la presente Convención no ha entrado en vigor respecto al País de que se trate, a la fecha de dicha entrada en vigor.

Artículo III

Por medio de derogación del artículo I de la Ley uniforme, cualquier País puede, al tiempo del depósito de su instrumento de ratificación o adhesión a la presente Convención, declarar por medio de una notificación dirigida al Gobierno de los Países Bajos, que aplicará la Ley uniforme sólo en el caso de que cada una de las partes del contrato de venta tenga su establecimiento, o en ausencia de éste su residencia habitual, en el territorio de un País Contratante distinto; y, en consecuencia, puede incluir la palabra "Contratante", antes de la palabra "País", al indicarse esta última palabra en el inciso 1 del artículo I de la Ley uniforme.

Artículo IV

1. Cualquier País que haya ratificado o se haya adherido previamente a una o más Convenciones sobre conflictos de leyes respecto a la venta internacional de mercaderías, puede, al tiempo del depósito de su instrumento de ratificación o adhesión a la presente Convención, declarar por medio de una notificación que dirija al Gobierno de los Países Bajos, que aplicará la Ley uniforme en aquellos casos regulados por una de esas Convenciones previas, solamente si esa Convención requiere la aplicación de la Ley uniforme.

2. Cualquier País que haga una declaración en los términos del inciso 1 de este artículo, informará al Gobierno de los Países Bajos acerca de la Convención o de las Convenciones a que se refiera dicha declaración.

Artículo VI

Cualquier País que emita una declaración en los términos de los incisos 1 o 2 de los artículos II, III, IV o V de la presente Convención, puede retirarla en cualquier tiempo, por medio de notificación que dirija al Gobierno de los Países Bajos. Dicho retiro tendrá efecto tres meses después de la fecha del recibo de la notificación por el Gobierno de los Países Bajos; y en caso de que se haga una declaración en los términos del inciso 1 del artículo II, también carecerá de valor, a partir de la fecha en que el retiro surta efecto, cualquier declaración recíproca que haga otro país.

Artículo VII

1. Cuando de acuerdo con las estipulaciones de la Ley uniforme, una parte de un contrato de venta tenga derecho a exigir el cumplimiento de cualquier obligación de la otra parte, un tribunal no estará obligado a emitir o ejecutar una decisión sobre el cumplimiento específico, salvo en los casos en que tuviera que hacerlo de acuerdo a su propia Ley y respecto a contratos semejantes de venta que no estuvieran regulados por la Ley uniforme.

2. Las disposiciones del inciso 1 de este artículo no afectarán las obligaciones del País Contratante que deriven de cualquier Convención celebrada o que se celebre y que se refiera al reconocimiento y ejecución de sentencias, laudos y otras resoluciones formales que tengan la misma fuerza.

Artículo VIII

1. La presente Convención quedará abierta hasta el 31 de diciembre de 1965 para la firma de los Países representados en la Conferencia de La Haya de 1964 sobre la Unificación del Derecho que regula la Venta Internacional de Mercaderías.

2. La presente Convención será ratificada.

3. Los instrumentos de ratificación se depositarán con el Gobierno de los Países Bajos.

Artículo IX

1. La presente Convención estará abierta a la adhesión de todos los Países miembros de las Naciones Unidas o de cualquiera de sus Agencias Especializadas.

2. Los instrumentos de adhesión se depositarán con el Gobierno de los Países Bajos.

Artículo X

1. La presente Convención entrará en vigor seis meses después de la fecha del depósito del quinto instrumento de ratificación o adhesión.

2. Respecto a un país que ratifique o se adhiera a la presente Conven-

ción con posterioridad al depósito del quinto instrumento de ratificación o adhesión, la Convención entrará en vigor seis meses después de la fecha del depósito de sus instrumentos de ratificación o adhesión.

Artículo XI

Cada País Contratante aplicará las disposiciones de su legislación en adición a los de la presente Convención respecto a contratos de venta a los que la Ley uniforme se aplique y que se celebren la fecha o con posterioridad a la entrada en vigor de la Convención, respecto al País de que se trate.

Artículo XII

1. Cualquier País Contratante puede denunciar la presente Convención mediante notificación al efecto al Gobierno de los Países Bajos.

2. La denuncia tendrá efectos doce meses después del recibo de la notificación por el Gobierno de los Países Bajos.

Artículo XIII

1. Cualquier País puede, al tiempo del depósito de su instrumento de ratificación o adhesión, o en cualquier tiempo ulterior, declarar por medio de una notificación dirigida al Gobierno de los Países Bajos, que la presente Convención será aplicable a todos o a una parte de los territorios de cuyas relaciones internacionales sea responsable. Tal declaración tendrá lugar seis meses después de la fecha del recibo de la notificación por el Gobierno de los Países Bajos, o, si al terminar este periodo la Convención aún no ha entrado en vigor, a partir de la fecha de su entrada en vigor.

2. Cualquier País Contratante que hubiera hecho una declaración en los términos del inciso 1 de este artículo, puede denunciar la Convención respecto a la totalidad o a una parte de los territorios en cuestión.

Artículo XIV

1. Después de que la presente Convención haya estado en vigor durante tres años, cualquier País Contratante puede mediante notificación dirigida al Gobierno de los Países Bajos solicitar la celebración de una Conferencia para los efectos de revisión de la Convención o su anexo. La notificación de esta solicitud se hará a todos los Países Contratantes por el Gobierno de los Países Bajos, el cual convocará una Conferencia para los efectos de tal revisión si dentro de un periodo de seis meses a partir de la fecha de notificación, cuando menos una cuarta parte de los Países Con-

tratantes notifica a dicho Gobierno su conformidad con lo solicitado.

2. Los Países invitados a la Conferencia, que no sean Países Contratantes, tendrán el *status* de observadores, a menos que los Países Contratantes decidan otra cosa en la Conferencia, por mayoría de votos. Los observadores tendrán todos los derechos de participación, pero no el de voto.

3. El Gobierno de los Países Bajos solicitará de todos los Países invitados a la Conferencia el someter las proposiciones que deseen que la Conferencia examine. El Gobierno de los Países Bajos notificará a todos los Países invitados la Agenda provisional de la Conferencia, y los textos de todas las proposiciones que hayan sido sometidas.

4. El Gobierno de los Países Bajos comunicará al Instituto Internacional para la Unificación del Derecho Privado las proposiciones que se refieran a revisión y que se le sometan de acuerdo con lo dispuesto por el inciso 3 de este artículo.

Artículo XV

El Gobierno de los Países Bajos notificará a los Países Signatarios y Adherentes y al Instituto Internacional para la Unificación de Derecho Privado sobre:

a) Las comunicaciones recibidas de acuerdo con el inciso 3 del artículo I.

b) Las declaraciones y notificaciones hechas de acuerdo con los artículos II, III, IV, V y VI.

c) Las ratificaciones y adhesiones depositadas de acuerdo con los artículos VIII y IX.

d) Las fechas en que la presente Convención entre en vigor de acuerdo con el artículo X.

e) Las denuncias recibidas de acuerdo con el artículo XII.

f) Las notificaciones recibidas de acuerdo con el artículo XIII.

En testimonio de lo anterior, los suscritos, debidamente autorizados, firman la presente Convención.

Celebrada en La Haya el primer día del mes de julio de mil novecientos sesenta y cuatro, en los idiomas francés e inglés, siendo ambos textos igualmente auténticos.

El original de la presente Convención se depositará con el Gobierno de los Países Bajos, el que proveerá de copias certificadas a cada uno de los Países Signatarios y Adherentes y al Instituto Internacional para la Unificación del Derecho Privado.

ANEXO

LEY UNIFORME SOBRE LA VENTA INTERNACIONAL DE MERCADERÍAS

Capítulo I

Esfera de aplicación de la Ley uniforme

Artículo 1

1. La presente Ley se aplicará a los contratos de venta de mercaderías celebrados entre partes que tienen su establecimiento en el territorio de Países diferentes, en los siguientes casos:

a) Cuando el contrato implique la venta de mercaderías que al momento de la celebración del contrato estén en curso de viaje o sean objeto de un transporte desde el territorio de un país al territorio de otro.

b) Cuando los actos que constituyen la oferta y la aceptación han tenido lugar en territorio de países diferentes.

c) Cuando la entrega de la cosa se deba realizar en el territorio de un país diferente de aquel en el que han sido realizados los actos que constituyen la oferta y la aceptación.

2. Si una de las partes no tiene establecimiento, se tomará en consideración su residencia habitual.

3. La aplicación de la presente Ley no dependerá de la nacionalidad de las partes.

4. En los contratos celebrados por correspondencia, los actos que constituyen la oferta y la aceptación sólo se considerarán realizados en el territorio de un mismo país si las cartas, telegramas u otras correspondencias que las contengan hubieran sido expedidos y recibidos en el territorio de ese país.

5. No se considerarán como "Países diferentes" dos o más países, por lo que toca al establecimiento o a la residencia habitual de las partes, si una declaración en tal sentido ha sido válidamente emitida en los términos del artículo II de la Convención de 1o. de julio de 1964 relativa a la Ley uniforme sobre la Venta Internacional de Mercaderías, y siempre que dicha declaración permanezca en vigor.

Artículo 2

Para los efectos de la aplicación de la presente Ley se excluyen las reglas de derecho internacional privado, salvo que ella contenga disposiciones en contrario.

Artículo 3

Las partes pueden excluir total o parcialmente la aplicación de la presente Ley. Dicha exclusión puede ser expresa o tácita.

Artículo 4

La presente Ley será igualmente aplicable cuando haya sido elegida como ley del contrato por las partes, ya sea que éstas tengan o no su establecimiento o su residencia habitual en el territorio de Países diferentes, e independientemente de que éstos sean partes de la Convención de 1o. de julio de 1964 relativa a la Ley uniforme sobre la Venta Internacional de Mercaderías, siempre que no se afecte la aplicación de disposiciones imperativas que hubieran sido aplicables si las partes no hubiesen elegido la Ley uniforme.

Artículo 5

1. La presente Ley no se aplicará a las ventas:

a) De acciones, valores de inversión, títulos de crédito o moneda.
b) De buques, embarcaciones o aeronaves que en el presente o en el futuro estén sujetas a registro.
c) De electricidad.
d) De ventas judiciales.

2. La presente Ley no afectará la aplicación de cualquier disposición imperativa establecida en los derechos nacionales para la protección del comprador en las ventas en abonos.

Artículo 6

Se asimilan a las ventas, para los efectos de la presente Ley, los contratos de entrega de mercaderías que han de ser manufacturadas o producidas, a menos que la parte que ordene las mercancías asuma la obligación de proveer una parte esencial y sustancial de los materiales necesarios para dicha manufactura o producción.

Artículo 7

La presente ley se aplicará independientemente del carácter civil o comercial de las partes o de los contratos que celebren.

Artículo 8

La presente Ley regulará exclusivamente las obligaciones del vendedor y del comprador que surjan de un contrato de venta. Salvo disposición expresa en contrario, no concierne, en particular, ni a la formación del contrato ni a los efectos que éste puede producir sobre la propiedad de la cosa vendida, ni a su validez o a la de las cláusulas que contiene, ni tampoco a la de cualquier uso.

Capítulo II

Disposiciones generales

Artículo 9

1. Las partes estarán vinculadas por cualquier uso al cual se hayan referido expresa o tácitamente en el contrato y por cualquier práctica que entre ellas hayan establecido.

2. Están también vinculadas por los usos que personas razonables que se encuentren en la misma situación de los contratantes consideran normalmente como aplicables a su contrato. En caso de contradicciones con la presente Ley, los usos prevalecerán sobre ella, salvo convenio en contrario de las partes.

3. Cuando se usen términos, cláusulas o formularios utilizados comúnmente en el comercio, su interpretación se hará según el sentido usual que se les dé en los medios comerciales pertinentes.

Artículo 10

Una transgresión del contrato se considera como esencial para los efectos de la presente Ley, siempre que la parte que no cumpla haya sabido o hubiese debido saber, al tiempo de la celebración del contrato, que una persona no hubiera celebrado el contrato si hubiese previsto dicha transgresión y sus efectos.

Artículo 11

Por los términos ''breve plazo'' dentro del cual un acto debe ser realizado, la presente Ley entiende un plazo tan breve como sea posible, según las circunstancias, contando desde el momento en el que el acto puede razonablemente ser realizado.

Artículo 12

Se entiende por "precio corriente" el precio tal como resulta de una cotización oficial en un mercado o, en defecto de ésta, de los elementos que sirven para determinar el precio según los usos del mercado.

Artículo 13

Para los efectos de la presente Ley, la expresión "una parte sabe o hubiere debido saber", o cualquiera otra expresión análoga, debe referirse a lo que hubiere debido saber o conocer una persona razonable colocada en la misma situación.

Artículo 14

Las comunicaciones previstas por la presente Ley se harán por los medios que sean usuales en las circunstancias que concurran.

Artículo 15

Un contrato de venta no necesita probarse por escrito, ni estará sujeto a requisito alguno en cuanto a la forma. En particular puede probarse por medio de testigos.

Artículo 16

Cuando de acuerdo con las estipulaciones de la presente Ley una de las partes contratantes tiene el derecho de exigir a la otra el cumplimiento de una obligación, el tribunal no estará obligado a resolver la ejecución en especie, o hacer ejecutar una resolución que resuelva la ejecución en especie si no es de conformidad con las disposiciones del artículo VII de la Convención de 1o. de julio de 1964 relativa a la Ley uniforme sobre la Venta Internacional de Mercaderías.

Artículo 17

Los problemas concernientes a materias regidas por la presente Ley y que no hayan sido especialmente resueltos por ella, serán regulados según los principios generales en que ella se inspira.

Capítulo III

Obligaciones del vendedor

Artículo 18

El vendedor deberá efectuar la entrega de las mercaderías, remitir cualesquiera documentos relacionados con ellas y transmitir la propiedad de dichas mercaderías en las condiciones previstas en el contrato y en la presente Ley.

Sección I. Entrega de la cosa

Artículo 19

1. La entrega consiste en la dación de la cosa conforme al contrato.

2. En el caso de que el contrato de venta implique un transporte de cosas y ningún otro lugar de entrega sea convenido, ésta se efectúa por la dación de las mercaderías al porteador para ser transmitidas al comprador.

3. Cuando la cosa dada al porteador no estaba de modo manifiesto destinada al cumplimiento del contrato, por la indicación en ella de una dirección o por cualquier otro dato, el vendedor, además de efectuar la dación de la cosa, enviará al comprador un aviso de la expedición y, si fuera necesario, algún documento especificando la cosa.

Subsección 1. Obligaciones del vendedor en cuanto a la fecha y al lugar de la entrega

a) Fecha de la entrega

Artículo 20

Cuando la fecha de la entrega ha sido fijada por las partes o resulta de los usos, el vendedor debe entregar la cosa en esa fecha, sin que sea necesaria ninguna otra formalidad, con tal que la fecha así fijada esté determinada o sea determinable según el calendario, o esté vinculada a un acontecimiento cierto cuya fecha de realización puedan conocer las partes con exactitud.

Artículo 21

Cuando por convenio de las partes o por los usos resulta que la entrega debería ser efectuada dentro de cierto tiempo (tal mes, tal estación), corresponde al vendedor fijar la fecha exacta de la entrega, a menos que de las circunstancias del caso resulte que dicha fijación ha quedado reservada al comprador.

Artículo 22

Cuando la fecha de la entrega no ha sido fijada conforme a los artículos 20 o 21, el vendedor deberá entregar la cosa dentro de un plazo razonable después de la celebración del contrato, atendidas la naturaleza de la cosa y las circunstancias del caso.

b) Lugar de la entrega

Artículo 23

1. Cuando el contrato de venta no implique un transporte de la cosa, el vendedor debe entregar ésta en el lugar donde él tenía, en el momento de la celebración del contrato, su establecimiento, o a falta de éste, su residencia habitual.

2. Si la venta se refiere a un cuerpo cierto y si las partes conocían el lugar donde él se encontraba al momento de la celebración del contrato, es en dicho lugar donde el vendedor debe entregar la cosa. La misma regla se aplicará si las cosas vendidas son genéricas que han de extraerse de una masa determinada o si deben ser manufacturadas o producidas en un lugar que sea conocido de las partes en el momento de la celebración del contrato.

c) Sanciones por el incumplimiento de las obligaciones del vendedor concernientes a la fecha y al lugar de la entrega

Artículo 24

1. Cuando el vendedor no ha cumplido sus obligaciones en cuanto a la fecha o al lugar de la entrega, el comprador, según lo dispuesto en los artículos 25 a 32, puede:

a) Exigir del vendedor la ejecución del contrato.
b) Declarar la resolución del contrato.

2. También puede el comprador reclamar una indemnización de daños y perjuicios en los casos previstos en el artículo 82 o en los artículos 84 a 87.

3. En ningún caso el vendedor podrá obtener de un juez o de un tribunal arbitral un plazo de gracia.

Artículo 25

El comprador no tiene derecho a exigir la ejecución del contrato por el vendedor, si la adquisición de bienes que remplacen a los del contrato resulta conforme a los usos y es razonablemente posible. En este caso el contrato será rescindido de pleno derecho a partir de la fecha en que dicha adquisición se hubiera podido efectuar.

a) Sanciones concernientes a la fecha de la entrega

Artículo 26

1. Cuando la falta de entrega en la fecha fijada constituye una transgresión esencial del contrato, el comprador puede exigir del vendedor la ejecución de éste, o bien, declarar la rescisión del contrato. El comprador debe informar al vendedor de su decisión dentro de un plazo razonable; de lo contrario el contrato se resuelve de pleno derecho.

2. Si el vendedor exige que el comprador le haga conocer su decisión y éste no cumple dentro de un plazo breve, el contrato se resuelve de pleno derecho.

3. Si el vendedor efectúa la entrega antes que el comprador haya hecho conocer su decisión, y éste no declara la resolución del contrato dentro de un plazo breve, el contrato no puede ser resuelto.

4. Cuando el comprador ha elegido la ejecución del contrato y no la obtiene dentro de un plazo razonable, puede declarar rescindido el contrato.

Artículo 27

1. Cuando la falta de entrega de la cosa en la fecha fijada no constituye una transgresión esencial del contrato, el vendedor conservará el derecho de efectuar la entrega y el comprador el de exigir de aquél la ejecución del contrato.

2. No obstante, el comprador puede conceder al vendedor un plazo satisfactorio adicional de duración razonable. La falta de entrega dentro de este plazo se considerará como una transgresión esencial del contrato.

Artículo 28

La falta de entrega en la fecha fijada constituye una transgresión esencial del contrato siempre que se trate de cosas que se cotizan en mercados a los cuales el comprador puede dirigirse para obtenerlas.

Artículo 29

En el caso de que el vendedor ofrezca entregar la cosa antes de la fecha fijada, el comprador tiene la facultad de aceptarla o rechazarla; si la acepta, puede reservarse el derecho de reclamar daños y perjuicios previstos de acuerdo a lo dispuesto por el artículo 82.

b) Sanciones concernientes al lugar de la entrega

Artículo 30

1. Cuando la falta de entrega de la cosa en el lugar previsto constituye una transgresión esencial del contrato, y la falta de entrega en la fecha prevista también constituya una transgresión esencial, el comprador puede exigir del vendedor la ejecución el contrato o declarar la rescisión de éste. El comprador debe informar su decisión al vendedor dentro de un plazo razonable, de lo contrario el contrato se resuelve de pleno derecho.

2. Si el vendedor exige que el comprador le haga conocer su decisión y éste no le responde dentro de un plazo breve, el contrato se resuelve de pleno derecho.

3. Si el vendedor transporta la cosa al lugar previsto antes que el comprador haya hecho conocer su decisión, y el comprador no declara la resolución del contrato dentro de un breve plazo, éste no puede ser resuelto.

Artículo 31

1. En los casos no previstos en el artículo precedente, el vendedor conservará el derecho de efectuar la entrega en el lugar fijado y el comprador el derecho de exigir la ejecución del contrato por el vendedor.

2. No obstante, el comprador puede conferir al vendedor un plazo suplementario de duración razonable. La falta de entrega dentro de dicho plazo en el lugar fijado, constituirá una transgresión esencial del contrato.

Artículo 32

1. Si la entrega se realiza por la dación de la cosa a un porteador, y esta dación ha sido efectuada en un lugar distinto del fijado, el comprador

puede declarar la resolución del contrato siempre que la falta de entrega en el lugar fijado constituya una transgresión esencial del contrato; el comprador perderá este derecho si no ha declarado la resolución dentro de un plazo breve.

2. El mismo derecho pertenece al comprador, en los casos y condiciones previstas en el párrafo precedente si la cosa ha sido expedida a un lugar distinto del fijado.

3. Si la expedición desde un lugar distinto o a un lugar distinto del fijado no constituye una transgresión esencial del contrato, el comprador solamente puede exigir daños y perjuicios en los términos del artículo 82.

Subsección 2. Obligaciones del vendedor en cuanto a la conformidad de la cosa

a) Falta de conformidad

Artículo 33

1. El vendedor no habrá cumplido su obligación de entregar la cosa:

a) Cuando sólo ha dado una parte de la cosa vendida o una cantidad mayor o menor que aquella prometida en el contrato.

b) Cuando ha dado una cosa distinta a la prevista en el contrato o una cosa de diversa especie.

c) Cuando ha dado una cosa que no sea conforme con una muestra o modelo entregada o enviada al comprador, a menos que la muestra o el modelo hubieran sido ofrecidas como mera indicación sin asumir obligación alguna de conformidad.

d) Cuando ha dado una cosa que no posee las calidades necesarias para su uso normal o para su utilización comercial.

e) Cuando ha dado una cosa que no posee las calidades necesarias para un uso especial previsto expresa o implícitamente en el contrato.

2. La diferencia en la cantidad, la falta de una parte de las mercaderías, o la falta de cualquiera característica o calidad no se tomarán en consideración cuando carezca de importancia.

Artículo 34

En los casos previstos en el artículo precedente, los derechos reconocidos al comprador por la presente Ley excluyen cualquier otra sanción fundada en la falta de conformidad de la cosa.

Artículo 35

1. La conformidad con el contrato se determinará de acuerdo con el estado de la cosa en el momento de la transmisión de los riesgos. No obstante, si a consecuencia de una declaración de resolución o de una petición de sustitución de la cosa, la transmisión de riesgos no se produce, la conformidad se determinará según el estado de la cosa en el momento en que los riesgos se hubieran transmitido, si la cosa hubiera sido conforme al contrato.

2. El vendedor será responsable de las consecuencias de cualquier falta de conformidad que sobrevenga después del momento fijado en el inciso anterior, si esta falta tiene por causa un hecho del vendedor o de una persona de la cual él sea responsable.

Artículo 36

El vendedor no será responsable de las consecuencias de cualquier falta de conformidad previstas en el artículo 33, inciso 1, subincisos *d*), *e*), o *f*), si al momento de la celebración del contrato el comprador conocía esa falta o no debía ignorarla.

Artículo 37

En el caso de dación anticipada, el vendedor, hasta la fecha fijada para la entrega, conserva el derecho de entregar, ya sea la parte o la cantidad que falte, o nuevas cosas que sean conformes al contrato, o bien, reparar cualquier defecto de las cosas dadas, siempre que el ejercicio de tales derechos no causen al comprador serios inconvenientes o gastos apreciables.

b) Verificación y denuncia de la falta de conformidad

Artículo 38

1. El comprador debe examinar la cosa o hacerla examinar dentro de un plazo breve.

2. En el caso de transporte de la cosa, el comprador debe examinarla en el lugar de destino.

3. Si la cosa ha sido reexpedida por el comprador sin transbordos y sin que el vendedor haya conocido o debido conocer, en el momento de la celebración del contrato, la posibilidad de esta reexpedición, el examen de la cosa podrá ser pospuesto hasta que ella llegue a su nuevo destino.

4. Las modalidades del examen se regularán por el acuerdo de las

partes o, en defecto de éste, por la ley o los usos del lugar donde dicho examen deba efectuarse.

Artículo 39

1. El comprador perderá el derecho de prevalerse de una falta de conformidad de la cosa si no la ha denunciado al vendedor dentro de un plazo breve a partir del momento en que la ha descubierto o hubiese debido descubrirla. Sin embargo, si aparece posteriormente una falta que no hubiera podido ser revelada por el examen previsto en el artículo precedente, el comprador también puede prevalerse de ella, con la condición de que lo haga saber al vendedor dentro de un plazo breve posterior al descubrimiento. En todo caso, el comprador perderá el derecho de prevalerse de la falta de conformidad si no la hubiere denunciado en un plazo de dos años contados a partir del día de la dación de la cosa, salvo el caso de que exista una garantía que cubra dicha falta por un plazo mayor.

2. Al modificar la falta de conformidad, el comprador debe precisar la naturaleza de ella e invitar al vendedor a examinar la cosa o bien a hacerla examinar por su representante.

3. Cuando cualquiera de los avisos mencionados en el inciso 1 de este artículo se haya dirigido por carta, telegrama u otro medio de comunicación apropiado, el hecho de que al aviso se hubiere retardado o no llegare a su destino no privará al comprador de prevalerse de él.

Artículo 40

El vendedor no puede prevalerse de las disposiciones de los artículos 38 y 39 cuando la falta de conformidad se refiere a hechos que él conocía o no podía ignorar y que no haya revelado.

c) Sanciones por falta de conformidad

Artículo 41

1. El comprador que ha denunciado debidamente al vendedor la falta de conformidad de la cosa con el contrato puede, según lo dispuesto en los artículos 42 a 46:

a) Exigir del vendedor el cumplimiento del contrato.
b) Declarar la resolución del contrato.
c) Reducir el precio.

2. El comprador puede también exigir el pago de daños y perjuicios previstos en el artículo 82 o en los artículos 84 a 87.

Artículo 42

1. El comprador puede exigir del vendedor el cumplimiento del contrato:

a) Si la venta se refiere a cosas que deben ser producidas o manufacturadas por el vendedor, mediante la reparación de ellas, siempre que el vendedor esté en posibilidad de efectuar dicha reparación.

b) Si la venta se refiere a un cuerpo cierto, mediante la entrega de la cosa prevista en el contrato o de la parte de ella que falte.

c) Si la venta se refiere a cosas genéricas, mediante la entrega de otras cosas que sean conformes al contrato o mediante la entrega de la parte o de la cantidad faltantes, a menos que la compra de cosas en sustitución sea razonablemente posible y esté conforme a los usos.

2. Si el comprador no obtiene, dentro de un plazo razonable, el cumplimiento del contrato, conserva los derechos mencionados en los artículos 43 a 46.

Artículo 43

El comprador puede declarar la resolución del contrato si la falta de conformidad así como la falta de entrega en la fecha prevista constituyen transgresiones esenciales del contrato. Perderá el derecho si no lo ejercita en un plazo breve posterior a la denuncia de la falta de conformidad, o bien, en el caso previsto en el inciso 2 del artículo 42, con posterioridad a la expiración del término previsto en dicho inciso.

Artículo 44

1. En casos no previstos en el artículo precedente, el vendedor, después de la fecha fijada para la entrega de las mercancías, conservará el derecho de entregar cualquier parte o cantidad faltantes, o entregar otras cosas que sean conformes con el contrato o reparar cualquier defecto de las mercaderías que haya dado, siempre que el ejercicio de estos derechos no cause al comprador serios inconvenientes o gastos apreciables.

2. Sin embargo, el comprador puede conceder al vendedor para la entrega suplementaria o para la reparación de los defectos, un plazo de duración razonable. Si al vencimiento de este plazo el vendedor no ha entregado o reparado la cosa, el comprador puede elegir entre exigir el cumplimiento del contrato, reducir el precio conforme al artículo 46, o declarar la resolución del contrato, siempre que esto último lo exiga en plazo breve.

Artículo 45

1. Cuando el vendedor sólo ha dado una parte de la cosa, o una cantidad insuficiente, o cuando sólo una parte de la cosa dada es conforme al contrato, se aplican las disposiciones de los artículos 43 y 44 en lo que se refiere a la parte o cantidad faltantes, o a las que no estén conformes con el contrato.

2. Sin embargo, el comprador puede declarar la resolución total del contrato si la violación de efectuar una entrega total y de acuerdo con el contrato constituye una transgresión esencial de éste.

Artículo 46

El comprador que no ha obtenido el cumplimiento del contrato, ni declarado su resolución puede reducir el precio en la proporción en que el valor que la cosa tenía al momento de la celebración del contrato se hubiera reducido a consecuencia de la falta de conformidad.

Artículo 47

Cuando el vendedor de cosas genéricas ha presentado al comprador una cantidad mayor que la prevista en el contrato, el comprador puede rechazar o aceptar la cantidad que exceda de la prevista. Si el comprador la rechaza, el vendedor no puede ser responsable más que de la indemnización de daños y perjuicios prevista en el artículo 82. Si acepta todo, o una parte de la cantidad excedente, debe pagar la parte que le corresponda según el contrato.

Artículo 48

El comprador puede ejercer los derechos que le confieren los artículos 43 a 46, incluso antes del momento fijado para la entrega, si es evidente que la cosa que sería dada no es conforme al contrato.

Artículo 49

1. El comprador perderá su derecho de reclamar la falta de conformidad con el contrato si deja correr el plazo de un año, computado desde la denuncia prevista en el artículo 39, salvo en el caso de que el ejercicio de la acción hubiera sido impedido a consecuencia de fraude del vendedor.

2. Después de la expiración de este plazo, el comprador no podrá ya prevalerse de la falta de conformidad, ni siquiera por vía de excepción. El comprador puede, sin embargo, si no ha pagado el precio y con tal de haber denunciado debidamente la falta de conformidad dentro del plazo

breve previsto en el artículo 39, oponer como excepción contra la demanda de pago, la reducción del precio o daños y perjuicios.

Sección II. Dación de documentos

Artículo 50

Cuando el vendedor está obligado a dar al comprador documentos relativos a la cosa vendida, deberá cumplir con tal obligación en el momento y lugar fijados en el contrato o establecidos por los usos.

Artículo 51

Si el vendedor no cumple con su obligación de dar documentos, en el momento y lugar fijados, como se estipula en el artículo precedente, o si da documentos no conformes a los que debe entregar, el comprador tendrá, según el caso, los mismos derechos estipulados en los artículos 41 a 49, según sea el caso.

Sección III. Transmisión de la propiedad

Artículo 52

1. Cuando la cosa es objeto de un derecho o de una reclamación de un tercero y el comprador no hubiera aceptado tomarla en tales condiciones, debe denunciar al vendedor tal derecho o reclamación —a menos que éste conozca uno u otra— y pedirle que ponga remedio a ello dentro de un plazo razonable o que le entregue otra cosa libre de todo derecho y reclamación.

2. Si el vendedor satisface la petición, el comprador que, sin embargo, ha sufrido un perjuicio, puede exigir la indemnización de daños y perjuicios en los términos del artículo 82.

3. En caso de que el vendedor no satisfaga la petición, el comprador, si de ello resulta una transgresión esencial del contrato, puede declarar la resolución de éste y exigir la indemnización de daños y perjuicios en los términos de los artículos 84 a 87. Si el comprador no declara la resolución o si no existe una transgresión esencial del contrato, tiene derecho a exigir la indemnización de daños y perjuicios en los términos del artículo 82.

4. El comprador perderá el derecho de declarar la resolución del contrato si no envía al vendedor la denuncia prevista por el inciso 1 de este artículo dentro de un plazo razonable a partir del momento en que verificó

o hubiere debido verificar el derecho o la reclamación del tercero sobre la cosa.

Artículo 53

Los derechos reconocidos al comprador en el artículo precedente excluyen cualquier otra acción fundada en el hecho de que el vendedor falte a su obligación de transmitir la propiedad de la cosa o de que ésta fuera objeto de un derecho o de una reclamación de un tercero.

Sección IV. Otras obligaciones del vendedor

Artículo 54

1. Si el vendedor debe remitir la cosa al comprador, celebrará en las condiciones y medios que sean usuales, los contratos necesarios para que el transporte de la cosa se efectúe hasta el lugar previsto.

2. Si el vendedor no está obligado a concertar un seguro de transporte, debe proveer al comprador, a requerimiento de éste, de toda la información que sea necesaria para la celebración de tal seguro.

Artículo 55

1. Si el vendedor no cumple con cualquiera de las obligaciones, salvo las establecidas en los artículos 20 a 53, el comprador puede:

a) Si el incumplimiento constituye una transgresión esencial de contrato, declarar la resolución de éste siempre que lo haga dentro de un breve plazo, y pedir la indemnización de daños y perjuicios en los términos de los artículos 84 a 87, o bien,

b) En cualquier otro caso, demandar daños y perjuicios en los términos del artículo 82.

2. El comprador también puede exigir al vendedor el cumplimiento de sus obligaciones, a menos que el contrato se rescinda.

Capítulo IV

Obligaciones del comprador

Artículo 56

El comprador está obligado a pagar el precio de la cosa o proceder a la recepción de ella, en los términos establecidos en el contrato y en la presente Ley.

Sección I. Pago del precio

a) Fijación del precio

Artículo 57

Cuando la venta se celebra sin que el precio haya sido fijado ni se haya estipulado un medio para determinarlo, el comprador deberá pagar el precio que el vendedor habitualmente cobrara al momento de la celebración del contrato.

Artículo 58

Cuando el precio es fijado en relación al peso de la cosa, es el peso neto el que determina dicho precio, en caso de duda.

b) Lugar y fecha del pago

Artículo 59

1. Cuando en los contratos que establecen entregas sucesivas, el de éste y en defecto de tal establecimiento en la residencia habitual del vendedor; cuando el pago debe hacerse contra dación de la cosa o de documentos, en el lugar de dicha dación.

2. Cuando a consecuencia de un cambio del establecimiento o de la residencia habitual del vendedor que sea posterior a la celebración del contrato, han aumentado los gastos relativos al pago, el vendedor soportará dicho aumento.

Artículo 60

Cuando las partes han acordado una fecha para el pago o ésta resulta de los usos, el comprador está obligado a pagar el precio en tal fecha, sin requerirse ninguna otra formalidad.

c) Sanciones por la falta de pago

Artículo 61

1. Si el comprador no paga el precio en las condiciones establecidas en el contrato y por la presente Ley, el vendedor tiene derecho de exigirle el cumplimiento de su obligación.

2. El vendedor no podrá exigir del comprador el pago del precio, si éste está de acuerdo con los usos y fuere razonablemente posible para el vendedor de reventa de la cosa. En tal caso, el contrato se rescindirá de pleno derecho a partir de la fecha en que la reventa se efectuara.

Artículo 62

1. Cuando la falta de pago del precio en la fecha establecida constituye una transgresión esencial del contrato, el vendedor puede exigir del comprador el pago del precio o la resolución del contrato. El comprador debe hacer conocer su opción dentro de un plazo razonable, de lo contrario el contrato se resolverá de pleno derecho.

2. Cuando la falta de pago del precio en la fecha establecida no constituye una transgresión esencial del contrato, el vendedor puede otorgar al comprador un plazo suplementario de duración razonable. Si el comprador no paga el precio a la expiración del plazo, el vendedor, a su elección, puede exigir el pago del precio, o bien, dentro de un plazo breve declarar la resolución del contrato.

Artículo 63

1. En caso de resolución por falta de pago, el vendedor tendrá derecho de exigir indemnización de daños y perjuicios, en los términos de los artículos 84 y 87.

2. Cuando el contrato no se resuelve, el vendedor tendrá derecho a exigir daños y perjuicios en los términos de los artículos 82 y 83.

Artículo 64

En ningún caso podrá el comprador pedir a un juez o a un árbitro un plazo de gracia para el pago del precio.

Sección II. Recepción

Artículo 65

La recepción consiste para el comprador, una vez efectuada la entrega, en cumplir los actos necesarios para que la dación de la cosa sea posible y para retirar ésta.

Artículo 66

1. Cuando el incumplimiento por el comprador de su obligación de proceder a la recepción de la cosa en las condiciones fijadas en el contrato constituye una transgresión esencial del mismo, o dé al vendedor justos motivos para temer que el precio no le será pagado, el vendedor puede declarar la resolución del contrato.

2. Cuando la falta de recepción no constituye una transgresión esencial del contrato, el vendedor puede otorgar al comprador un plazo suplementario de duración razonable. Si el comprador no procede a recibir la cosa a la expiración del plazo, el vendedor puede dentro de un plazo breve declarar la resolución del contrato.

Artículo 67

1. Si en el contrato, el comprador se ha reservado el derecho de determinar ulteriormente la forma, la medición u otras modalidades de la cosa (venta para especificación), y si no ha efectuado esta especificación, ya sea en la fecha convenida expresa o tácitamente o dentro de un plazo razonable después de un requerimiento del vendedor, éste puede declarar la resolución del contrato dentro de un plazo breve, o bien proceder a realizar la especificación de acuerdo con las necesidades del comprador, en cuanto que éstas resultaren conocidas.

2. Si el vendedor efectúa por sí mismo la especificación, debe informar al comprador los detalles de ésta y fijar un plazo razonable para que el comprador pueda realizar una especificación diferente. Si el comprador no realiza esta especificación, la efectuada por el vendedor será obligatoria.

Artículo 68

1. En caso de resolución del contrato por falta de recepción de la cosa por el comprador o por no realizar éste la especificación, el vendedor tiene derecho de exigir indemnización de daños y perjuicios, en los términos de los artículos 84 a 87.

2. Si el contrato no se resuelve, el vendedor tiene derecho a exigir daños y perjuicios en los términos del artículo 82.

Sección III. Otras obligaciones del comprador

Artículo 69

El comprador tomará las medidas previstas en el contrato o establecidas por los usos, por la ley o los reglamentos en vigor, con el fin de preparar o garantizar el pago del precio, tales como la aceptación de una letra de cambio, la apertura de un crédito documentado, o la prestación de una garantía bancaria.

Artículo 70

1. Si el comprador no cumple con cualquiera obligación, salvo las señaladas en las secciones I y II de este capítulo, el vendedor puede:

a) Si el incumplimiento constituye una transgresión esencial del contrato, declarar la resolución de éste siempre que lo haga dentro de un plazo breve, y demandar indemnización de daños y perjuicios en los términos de los artículos 84 a 87, o bien,

b) En cualquier otro caso, demandar daños y perjuicios en los términos del artículo 82.

2. El vendedor puede también exigir al comprador el cumplimiento de su obligación, a menos que el contrato se resuelva.

Capítulo V

Disposiciones comunes a las obligaciones del vendedor y el comprador

Sección I. Concomitancia entre la entrega de la cosa y el pago del precio

Artículo 71

Salvo lo dispuesto en el artículo 72, el pago del precio debe ser concomitante con la entrega de la cosa. Sin embargo, el comprador no estará obligado a pagar el precio antes de haber tenido la posibilidad de examinar la cosa.

Artículo 72

1. Cuando el contrato implique el transporte de las mercaderías y, a virtud de lo dispuesto en el artículo 19, inciso 2, la entrega se realiza por la dación de la cosa al porteador, el vendedor puede diferir la expedición hasta que reciba el pago, o bien, proceder a la remisión de tal manera que conserve el derecho de disponer de la cosa durante su transporte. En este último caso, puede exigir que la cosa no sea entregada al comprador en el lugar de destino, excepto contra pago del precio, y el comprador no estará obligado a pagar el precio sin que tenga oportunidad de examinar la cosa.

2. No obstante lo dispuesto en el artículo anterior, en el caso de que el contrato estipule pago contra documentos, el comprador no tiene derecho a rehusar el pago del precio por el hecho de que no haya tenido oportunidad de examinar la cosa.

Artículo 73

1. Cada una de las partes puede diferir el cumplimiento de sus obligaciones, siempre que la situación económica de la otra parte haya pasado a ser, con posterioridad al contrato, tan difícil que existan justos motivos para temer que ella no cumplirá con una parte importante de sus obligaciones.

2. Si el vendedor ha expedido la cosa antes de que revele la situación económica del comprador prevista en el inciso precedente, puede oponerse a la dación de la cosa al comprador, inclusive si éste es titular de un documento que le conceda el derecho de obtenerla.

3. No obstante lo dispuesto en el inciso precedente, el vendedor no tendrá derecho a oponerse a la dación si ésta es reclamada por un tercero, que sea legítimo titular de un documento que le conceda derecho para obtener la cosa, a menos que el documento contenga reservas que se refieran a la transmisión, o a menos que el vendedor demuestre que el titular del documento, al adquirirlo, hubiera actuado a sabiendas en perjuicio del vendedor.

Sección II. Exoneración

Artículo 74

1. Cuando una de las partes no ha cumplido con una de sus obligaciones, no será responsable de tal incumplimiento si prueba que éste es debido a un obstáculo que según la intención de las partes al momento de la cele-

bración del contrato, ni debía tomar en consideración, ni evitar o superar; a falta de cualquiera expresión de la intención que tuvieran personas razonables colocadas en la misma situación.

2. Si las circunstancias que motivaran el incumplimiento son de tal naturaleza que sólo originan un impedimento temporal del cumplimiento, la parte que no cumpla será, sin embargo, relevada permanentemente de su obligación si a consecuencia de la demora en el cumplimiento cambie tan radicalmente que lleve a la ejecución de una obligación del todo distinta a la prevista en el contrato.

3. La exoneración prevista en el presente artículo en favor de una de las partes no impedirá la resolución del contrato fundada en alguna otra disposición de la presente Ley, ni privará a la otra parte de cualquier derecho que le corresponda en los términos de esta Ley para reducir el precio, a menos que el obstáculo que justifique la exoneración haya sido producido por la otra parte o por alguna persona de la cual ella sea responsable.

Sección III. Reglas complementarias en materia de resolución

a) Causas complementarias de resolución

Artículo 75

1. Cuando en los contratos que establecen entregas sucesivas, el incumplimiento por una de las partes de una obligación relativa a cualquiera de las entregas conceda a la otra parte justos motivos de temer la inejecución de obligaciones futuras, ésta puede declarar la resolución del contrato para el futuro, con tal que lo haga dentro de un plazo breve.

2. El comprador también puede declarar la resolución del contrato, siempre que lo haga dentro de un plazo, tanto en cuanto a las partidas futuras, como respecto a las ya recibidas, o bien, en cuanto a unas y otras, si prueba que por razón de su conexión dichas partidas carecen de interés para él.

Artículo 76

Cuando con anterioridad a la fecha fijada para el cumplimiento del contrato, resulta claro que una de las partes cometerá una transgresión esencial del mismo, la otra parte puede declarar la resolución del contrato.

Artículo 77

Cuando el contrato es resuelto en virtud de los dos artículos precedentes, la parte que ha declarado la resolución puede demandar daños y perjuicios en los términos de los artículos 84 a 87.

b) Efectos de la resolución

Artículo 78

1. A virtud de la resolución del contrato las dos partes quedan liberadas en sus obligaciones, quedando a salvo la indemnización de daños y perjuicios que pueda ser debida.

2. Si una parte ha cumplido el contrato total o parcialmente, puede reclamar la restitución de lo que ella ha suministrado o pagado, en los términos del propio contrato. Si las dos partes demandan restitución, ellas deben realizarla concurrentemente.

Artículo 79

1. El comprador perderá su derecho de declarar la resolución del contrato cuando le es imposible restituir la cosa en el estado en que la hubiera recibido.

2. Sin embargo, el comprador puede declarar la resolución del contrato:

a) Si la cosa o una parte de ella ha perecido o se ha deteriorado a consecuencia de la falta que justifique la resolución.

b) Si la cosa o una parte de ella ha perecido o se ha deteriorado como consecuencia del examen prescrito en el artículo 38.

c) Si el comprador, antes del descubrimiento de la falta de conformidad, ha consumido o transformado una parte de la cosa de acuerdo con su uso normal.

d) Si la imposibilidad de restituir la cosa o de restituirla en el estado en que la ha recibido no es debida a un acto del comprador o de una persona de cuya conducta él sea responsable.

e) Si el deterioro o la transformación de la cosa carecen de importancia.

Artículo 80

El comprador que ha perdido el derecho de declarar la resolución del contrato por aplicación del artículo precedente conservará todos los otros derechos que le confiere la presente Ley.

Artículo 81

1. Cuando el vendedor está obligado a restituir el precio, debe también los intereses de dicho precio desde el día del pago, con arreglo al tipo fijado por el artículo 83.

2. El comprador deberá pagar al vendedor el equivalente de todas las ganancias y ventajas que haya obtenido de la cosa o de una parte de ella según sea el caso:

a) Cuando deba restituirla total o parcialmente.

b) Cuando siendo imposible la restitución parcial o total, el contrato, sin embargo, sea resuelto.

Sección IV. Reglas complementarias en materia de daños y perjuicios

a) Daños y perjuicios en caso de que el contrato no sea resuelto

Artículo 82

Cuando el contrato no sea resuelto, los daños y perjuicios por una violación cometida por una de las partes, serán iguales a la pérdida y a la falta de ganancia sufrida por la otra parte. Los daños y perjuicios no excederán la pérdida o la omisión de la ganancia que la parte que no cumpla hubiera debido prever al tiempo de la celebración del contrato, tomando en consideración los hechos que ella conozca o debía haber conocido como consecuencia posible de la violación del contrato.

Artículo 83

Cuando la violación del contrato consiste en un retardo en el pago del precio, el vendedor tendrá derecho en todo caso a intereses moratorios sobre las cantidades no pagadas, que se computarán igual al tipo oficial del descuento en el país en que el vendedor tenga su establecimiento y en defecto de éste su residencia habitual, aumentado en un 1 por 100.

b) Daños y perjuicios en caso de que el contrato sea resuelto

Artículo 84

1. En caso de resolución del contrato, cuando la cosa tiene un precio co-

rriente, la indemnización de daños y perjuicios será igual a la diferencia entre el precio previo en el contrato y el precio corriente en la fecha en que el contrato se resuelva.

2. Para el cálculo de los daños y perjuicios previstos en el inciso precedente, el precio corriente que deberá tomarse en consideración será el prevaleciente en el mercado en que la transacción hubiera tenido lugar; si no existe dicho precio corriente o su aplicación resultara inapropiada, se considerará el precio de un mercado que razonablemente pueda sustituirlo, debiendo computarse diferencias por los gastos de transporte de la cosa.

Artículo 85

Si el comprador ha procedido a una compra de sustitución o si el vendedor ha efectuado una venta compensatoria actuando de manera razonable, éste puede exigir la diferencia entre el precio del contrato y el precio de la compra de sustitución o de la venta compensatoria.

Artículo 86

La indemnización de daños y perjuicios fijados conforme a los dos artículos precedentes puede ser incrementada con todos los gastos razonables en que efectivamente se haya incurrido como consecuencia del incumplimiento, o bien, con el monto de todas las pérdidas sufridas y de todas las ganancias dejadas de percibir que la parte que no cumpla debió haber previsto al momento de la celebración del contrato, tomando en consideración circunstancias conocidas o que debió haber conocido como consecuencias posibles de la violación del contrato.

Artículo 87

Si la cosa no tiene precio corriente, la indemnización de daños y perjuicios será calculada según las reglas del artículo 82.

c) Disposiciones generales relativas a los daños y perjuicios

Artículo 88

La parte que invoca el incumplimiento del contrato debe adoptar todas las medidas razonables con objeto de disminuir la pérdida experimentada. Si ella descuida hacerlo, la otra parte puede exigir la reducción de los daños y perjuicios.

Artículo 89

En caso de dolo o de fraude los daños y perjuicios no serán determinados según las reglas aplicables a contratos de venta que no estuvieran regulados por la presente Ley.

Sección V. Gastos

Artículo 90

Los gastos de entrega de la cosa son a cargo del vendedor; todos los gastos posteriores a la entrega son a cargo del comprador.

Sección VI. Custodia de la cosa

Artículo 91

Cuando el comprador tarda en hacer la recepción de la cosa o en pagar el precio, el vendedor está obligado a tomar medidas razonables para asegurar la conservación de la cosa; él tendrá derecho a retenerla hasta que haya sido indemnizado por el comprador de los gastos razonables que haya hecho.

Artículo 92

1. Cuando la cosa ha sido recibida por el comprador, y éste pretende rechazarla, deberá tomar las medidas razonables para asegurar su conservación; tendrá el derecho de retener la cosa hasta que haya sido indemnizado por el vendedor de los gastos razonables en que haya incurrido.

2. Cuando la cosa expedida por el comprador ha sido puesta a su disposición en el lugar de destino, y quiera rechazarla, debe tomar posesión de ella por cuenta del vendedor, con tal de que esto pueda ser hecho sin pago del precio y sin mayores inconvenientes ni gastos apreciables. Esta disposición no se aplicará cuando el vendedor está presente en el lugar de destino o cuando existe en dicho lugar una persona facultada para hacerse cargo de la cosa.

Artículo 93

La parte a la que incumbe la conservación de la cosa tiene el derecho de depositarla en los almacenes de un tercero, a costa de la otra parte, siempre que los gastos en que se incurra sean razonables.

Artículo 94

1. La parte que según lo dispuesto por los dos artículos precedentes tiene obligación de tomar medidas para asegurar la conservación de la cosa, puede venderla por cualquier medio apropiado, siempre que haya notificado en forma debida a la otra parte su intención devolución de la cosa o el pago de los gastos de conservación; y siempre que haya notificado en forma debida a la otra parte su intención de vender.

2. La parte que vende la cosa tendrá derecho a retener el producto de la venta un monto igual a los gastos razonables de su conservación y de su venta, debiendo transmitir el excedente a la otra parte.

Artículo 95

Cuando en los casos previstos en los artículos 91 y 92 la cosa está expuesta a una pérdida o a un deterioro rápido, o cuando su conservación acarreara gastos excesivos, la parte a la que le incumbe la conservación está obligada a vender la cosa como está previsto en el artículo precedente.

Capítulo VI

Transmisión de los riesgos

Artículo 96

Cuando los riesgos son transmitidos al comprador, éste debe pagar el precio, pese a la pérdida o deterioro de la cosa, a menos que estas circunstancias se deban a un acto del vendedor o de cualquiera otra persona de cuya conducta éste sea responsable.

Artículo 97

1. Los riesgos se transmitirán al comprador desde que la entrega de la cosa tiene lugar en las condiciones previstas en el contrato y en la presente Ley.

2. En el caso de dación de una cosa no conforme al contrato, los riesgos se transmiten al comprador, independientemente de la falta de conformidad, desde el momento en que la dación se efectúa en las condiciones previstas en el contrato y en la presente Ley, pero siempre que el compra-

dor no haya declarado la resolución del contrato ni exigido la sustitución de la cosa.

Artículo 98

1. Cuando la dación de la cosa se retarde por el incumplimiento de una obligación del comprador, los riesgos se transmitirán a éste a partir de la última fecha en que, independientemente del incumplimiento, dicha dación debió haber sido hecha en los términos del contrato.

2. Si la venta se refiere a cosas genéricas, el retraso del comprador motivará la transmisión de los riesgos siempre que el vendedor haya apartado cosas patentemente destinadas al cumplimiento del contrato, y lo haya notificado al comprador.

3. Cuando las cosas genéricas sean de tal naturaleza que el vendedor no puede separar una parte de ellas hasta que el comprador realice la recepción, será suficiente que el vendedor haya realizado todos los actos necesarios para permitir al comprador el realizar la recepción.

Artículo 99

1. Si la venta tiene por objeto mercaderías en curso de viaje por mar, los riesgos se asumirán por el comprador a partir del momento de la dación de la cosa al porteador.

2. Si al momento de la celebración del contrato el vendedor sabía o debía saber que la cosa había perecido o estaba deteriorada, los riesgos permanecerán a su cargo hasta el momento de la celebración del contrato.

Artículo 100

Si en el caso previsto en el artículo 19, inciso 3, el vendedor, al momento de enviar el aviso o el documento que especifica la cosa, sabía o debía saber que ella había perecido o se había deteriorado después de su dación al porteador, los riesgos permanecerán a cargo del vendedor hasta el momento en que haya enviado el aviso o el documento.

Artículo 101

La transmisión de los riesgos no estará ligada necesariamente a la estipulación de una cláusula especial en el contrato relativa a los gastos.

Apéndice 3

Proyecto de Convención sobre los Contratos de Compraventa Internacional de Mercaderías (1978)

PARTE I

ÁMBITO DE APLICACIÓN Y DISPOSICIONES GENERALES

Capítulo I. Ámbito de aplicación

Artículo 1

1. La presente Convención se aplicará a los contratos de compraventa de mercaderías entre partes que tengan sus establecimientos en Estados diferentes.

a) cuando esos Estados sean Estados contratantes; o

b) cuando las normas de Derecho internacional privado prevean la aplicación de la ley en un Estado contratante.

2. No se tendrá en cuenta el hecho de que las partes tengan sus establecimientos en Estados diferentes, cuando ello no resulte del contrato, ni de ningún trato entre ellas, ni de información revelada por las partes en cualquier momento anterior a la celebración del contrato o en el momento de su celebración.

3. No se tendrá en cuenta ni la nacionalidad de las partes ni el carácter civil o comercial de las partes o del contrato.

Artículo 2

La presente convención no se aplicará a las compraventas:

a) de mercaderías compradas para uso personal, familiar o doméstico, salvo que el vendedor, en cualquier momento antes de la celebración del contrato o en el momento de su celebración, no hubiera ni debiera haber tenido conocimiento de que las mercaderías se compraban para ese uso;

b) en subastas;

c) judiciales;

d) de acciones, valores de inversión, títulos de crédito y dinero;

e) de buques, embarcaciones y aeronaves;

f) de electricidad

Artículo 3

1. La presente Convención no se aplicará a los contratos en los que la parte principal de las obligaciones del vendedor consista en suministrar mano de obra o prestar otros servicios.

2. Se considerarán como compraventas los contratos que tengan por objeto el suministro de mercaderías que hayan de ser manufacturadas o producidas, a menos que la parte que las encargue asuma la obligación de proporcionar una parte sustancial de los materiales necesarios para dicha manufactura o producción.

Artículo 4

La presente Convención regula exclusivamente la formación del contrato de compraventa y los derechos y las obligaciones del vendedor y del comprador que dimanan de dicho contrato. Salvo disposición expresa en contrario, la presente Convención no concierne, en particular:

a) a la validez del contrato o de cualquiera de sus disposiciones o de cualquier uso;

b) a los efectos que el contrato pueda producir sobre la propiedad de la mercadería vendida.

Artículo 5

Las partes podrán excluir la aplicación de la presente Convención o, a reserva de lo dispuesto en el artículo 11, establecer excepciones a cualquiera de sus disposiciones o modificar sus efectos.

Capítulo II. Disposiciones generales

Artículo 6

En interpretación y aplicación de lo dispuesto en la presente Convención se tendrán en cuenta su carácter internacional y la necesidad de fomentar la uniformidad y la observancia de la buena fe en el comercio internacional.

Artículo 7

1. A los efectos de la presente Convención, las declaraciones y otros actos de una parte deberán interpretarse conforme a su intención, cuando la otra parte haya conocido, o no haya podido desconocer, cuál era esa intención.

2. Si el párrafo precedente no es aplicable, las declaraciones y otros actos de las partes deberán interpretarse conforme al sentido que les habría dado una persona razonable en las mismas circunstancias.

3. Para determinar la intención de una parte o el sentido que una persona razonable habría dado en las mismas circunstancias, deberá prestarse la consideración debida a todas las circunstancias pertinentes del caso, incluidas las negociaciones, cualesquiera prácticas que las partes hubieran establecido entre sí, los usos y la conducta ulterior de las partes.

Artículo 8

1. Las partes están obligadas por cualquier uso en que hayan convenido y por cualquier práctica que entre sí hayan establecido.

2. Salvo que se acuerde otra cosa, se considerará que las partes han hecho tácitamente aplicable al contrato un uso del que tenían o debían haber tenido conocimiento, y que en el comercio internacional sea ampliamente conocido y regularmente observado por las partes en contratos del tipo correspondiente a las transacciones comerciales de que trate.

Artículo 9

A los efectos de la presente Convención:

a) si una de las partes tiene más de un establecimiento, su establecimiento será el que guarda la relación más estrecha con el contrato y su ejecución, habida cuenta de las circunstancias conocidas o previstas por las partes en cualquier momento antes de celebrar el contrato o en el momento de su celebración;

b) si una de las partes no tiene establecimiento, se tendrá en cuenta su residencia habitual.

Artículo 10

El contrato de compraventa no tiene que celebrarse ni probarse por escrito ni está sujeto a ningún otro requisito de forma. Puede probarse de cualquier manera, inclusive por medio de testigos.

Artículo 11

No se aplicará ninguna disposición del artículo 10, el artículo 27 o la parte II de la presente Convención que permita que un contrato de compraventa o su modificación o rescisión, o cualquier oferta, aceptación u otra indicación e intención se haga por un procedimiento que no sea por escrito, en caso de que cualquiera de las partes tenga su establecimiento en un Estado contratante que haya hecho una declaración con arreglo al artículo X de la presente Convención. Las partes no podrán establecer excepciones al presente párrafo ni modificar sus efectos.

PARTE II

FORMACIÓN DE CONTRATOS

Artículo 12

Una propuesta de celebrar un contrato dirigida a una o más personas determinadas constituye una oferta si es suficientemente definida e indica la intención del oferente de quedar obligado en caso de aceptación. Una propuesta es suficientemente definida si indica las mercancías y, expresa o tácitamente, estipula la cantidad y el precio o prevé un medio para determinarlos.

2. Una propuesta no dirigida a una o más personas determinadas será considerada como una simple invitación a hacer ofertas, a menos que la persona que haga la propuesta indique claramente lo contrario.

Artículo 13

1. Una oferta entra en vigor en el momento que llega al destinatario.
2. Una oferta puede ser retirada antes de su entrada en vigor si el retiro llega al destinatario antes que la oferta o al mismo tiempo que ella, incluso si es irrevocable.

Artículo 14

1. Una oferta puede ser revocada hasta el momento en que quede celebrado el contrato si la revocación llega al destinatario antes que éste haya enviado una aceptación.

2. Sin embargo, una oferta no puede revocarse:

a) si se indica que es irrevocable, ya sea indicando un plazo firme para la aceptación o por otros medios; o

b) cuando sea razonable para el destinatario confiar en que la oferta es irrevocable y el destinatario haya actuado confiado en la oferta.

Artículo 15

Una oferta, incluso si es irrevocable, queda cancelada cuando el rechazo de la oferta llega al oferente.

Artículo 16

1. Una declaración u otro acto del destinatario que indique asentimiento a una oferta constituye una aceptación. El silencio, por sí solo, no constituirá aceptación.

2. A reserva de lo dispuesto en el párrafo 3 del presente artículo, la aceptación de una oferta tendrá efecto en el momento en que la indicación de asentimiento llegue al oferente. La aceptación no tendrá efecto si la indicación de asentimiento no llega al oferente dentro del plazo que éste haya fijado, o bien, si no se ha fijado plazo, dentro de un plazo razonable, considerándose debidamente las circunstancias de la transacción, incluida la rapidez de los medios de comunicación empleados por el oferente. A menos que las circunstancias indiquen otra cosa, la aceptación de las ofertas verbales tendrá que ser inmediata.

3. No obstante, si, en virtud de la oferta o como resultado de prácticas que las partes hayan establecido entre sí o de los usos, el destinatario puede indicar su asentimiento ejecutando un acto tal como alguno relacionado con el envío de las mercaderías o el pago del precio, sin notificación al oferente, la aceptación tendrá efecto en el momento en que se ejecute ese acto, siempre que esa ejecución tenga lugar dentro del plazo establecido en el párrafo 2 del presente artículo.

Artículo 17

1. Una respuesta a una oferta que pretenda ser una aceptación y que contenga adiciones, limitaciones u otras modificaciones se considerará como rechazo de la oferta y constituirá una contraoferta.

2. Sin embargo, una respuesta a una oferta que pretenda ser una aceptación, pero que contenga estipulaciones adicionales o diferentes que no alteren sustancialmente las estipulaciones de la oferta, constituirá una aceptación a menos que el oferente objete sin demora indebida la discrepancia. Si no lo hiciera así, las estipulaciones del contrato serán las de la oferta con las modificaciones contenidas en la aceptación.

3. Se considerará que las estipulaciones adicionales o diferentes que se refieran, entre otras cosas, al precio, el pago, la calidad y la cantidad de las mercaderías, el lugar y la fecha de la entrega, el grado de responsabilidad de una parte con respecto a la otra o el arreglo de las controversias alteran sustancialmente las estipulaciones de la oferta, a menos que el destinatario de la oferta tenga motivo para creer, en virtud de los términos de la oferta o de las circunstancias particulares del caso, que dichas estipulaciones adicionales o diferentes son aceptables para el oferente.

Artículo 18

1. El plazo de aceptación fijado por el oferente en un telegrama o en una carta empezará a correr a partir del momento en que el telegrama sea entregado para su despacho o a partir de la fecha de la carta o, si no figura tal fecha, de la fecha que figure en el sobre. El plazo de aceptación fijado por el oferente por teléfono, télex u otros medios de comunicación instantánea empezará a correr a partir del momento en que la oferta llegue al destinatario.

2. Si la comunicación de la aceptación no puede ser entregada en la dirección del oferente debido a un feriado oficial o día no laborable que coincida con el último día del plazo de aceptación en el establecimiento del oferente, el plazo se prorrogará hasta el primer día laborable siguiente. Los demás feriados oficiales o días no laborables que ocurran durante el transcurso del plazo se incluirán en el cómputo del plazo.

Artículo 19

1. Una aceptación tardía surte, sin embargo, los efectos de una aceptación si el oferente informa sin demora de ello al destinatario, ya sea verbalmente, ya mediante el envío de una notificación al efecto.

2. Si la carta o el documento que contiene una aceptación tardía indican que han sido enviados en circunstancias tales que si su transmisión hubiera sido normal habrían llegado en el plazo debido al oferente, la aceptación tardía surtirá los efectos de una aceptación a menos que, sin demora, el oferente informe verbalmente al destinatario que considera su oferta como caducada, o le envíe una notificación al efecto.

Artículo 20

Una aceptación puede ser retirada si la comunicación de su retiro llega al oferente en el momento en que la aceptación habría sido efectiva, o antes de ese momento.

Artículo 21

El contrato se celebra en el momento de tener efecto la aceptación de una oferta con arreglo a lo dispuesto en la presente Convención.

Artículo 22

A los efectos de la parte II de la presente Convención, una oferta, una declaración de aceptación o cualquier otra indicación de intención "llega" al destinatario cuando se le participa oralmente o se le entrega por cualesquiera otros medios en su establecimiento o dirección postal o, si no tiene establecimiento o dirección postal, en su residencia habitual.

PARTE III

COMPRAVENTA DE MERCADERÍAS

Capítulo I. Disposiciones generales

Artículo 23

El incumplimiento del contrato por una de las partes es esencial cuando causa un perjuicio importante a la otra parte, salvo que la parte que ha incumplido no haya previsto ni haya tenido razones para prever tal resultado.

Artículo 24

La declaración de resolución del contrato sólo surtirá efectos cuando se notifique a la otra parte.

Artículo 25

Salvo disposición expresa en contrario de la parte III de la presente Convención, si una de las partes hace cualquier notificación, petición u otra comunicación conforme a dicha parte y por medios adecuados a las circunstancias, las demoras o los errores que puedan producirse en la transmisión de esa comunicación o el hecho de que no llegue no privarán a esa parte del derecho de prevalerse de tal comunicación.

Artículo 26

Si, conforme a lo dispuesto en la presente Convención, una parte tiene el derecho de exigir de la otra el cumplimiento de cualquier obligación, el tribunal no estará obligado a ordenar la ejecución en especie, a menos que pueda ordenarla, en virtud de su propio derecho, respecto de contratos de compraventa similares no regidos por la presente Convención.

Artículo 27

1. Un contrato podrá modificarse o rescindirse por mero acuerdo entre las partes.

2. Un contrato escrito que contenga una disposición que exija que toda modificación o rescisión se haga por escrito no podrá modificarse ni rescindirse de otra manera. No obstante, cualquiera de las partes podrá verse impedida por su conducta de prevalerse de tal disposición en la medida en que la otra parte haya confiado en esa conducta.

Capítulo II. Obligaciones del vendedor

Artículo 28

El vendedor deberá entregar la mercadería y cualesquiera documentos relacionados con ella, y transmitir su propiedad, en las condiciones establecidas en el contrato y en la presente Convención.

Sección I. Entrega de la mercadería y de los documentos

Artículo 29

Si el vendedor no está obligado a entregar la mercadería en cualquier otro lugar determinado, su obligación de entregar consistirá:

a) si el contrato de compraventa implica el transporte de la mercadería, en hacer entrega de ella al primer transportista para que la transmita al comprador.

b) en los casos no comprendidos en el inciso precedente, si el contrato se refiere a una mercadería cierta, o a una mercadería no identificada que ha de sacarse de una masa determinada o que debe ser manufacturada o producida y si, en el momento de la celebración del contrato, las partes saben que la mercadería se encuentra o va a ser manufacturada o producida en un lugar determinado, en ponerla a disposición del comprador en ese lugar;

c) en los demás casos, en poner la mercadería a disposición del comprador en el lugar donde el vendedor tenga su establecimiento en el momento de la celebración del contrato.

Artículo 30

1. Si el vendedor está obligado a entregar la mercadería a un transportista y dicha mercadería no está claramente marcada con una dirección ni de otro modo identificada en el contrato, el vendedor deberá enviar al comprador un aviso de expedición en el que se especifique la mercadería.

2. Si el vendedor está obligado a tomar medidas para el transporte de la mercadería, deberá celebrar los contratos necesarios para efectuarlo hasta el lugar señalado, por los medios de transporte que sea adecuados a las circunstancias y en las condiciones usuales para ese tipo de transporte.

3. Si el vendedor no está obligado a contratar un seguro de transporte, deberá proporcionar el comprador, a petición de éste, toda la información disponible necesaria para contratar ese seguro.

Artículo 31

El vendedor deberá entregar la mercadería:

a) cuando, con arreglo al contrato, se haya fijado o pueda determinarse una fecha, en esa fecha; o

b) cuando, con arreglo al contrato, se haya fijado o pueda determinarse un plazo, en cualquier momento de dicho plazo, a menos que las circunstancias indiquen que corresponde al comprador elegir la fecha; o

c) en cualquier otro caso, dentro de un plazo razonable a partir de la celebración del contrato.

Artículo 32

Si el vendedor está obligado a entregar documentos relativos a la mercadería, deberá entregarlos en el momento, lugar y forma previstos en el contrato.

Sección II. Conformidad de la mercadería y reclamaciones de terceros

Artículo 33

1. El vendedor deberá entregar una mercadería conforme a la cantidad, calidad y tipo previstos en el contrato, que esté envasada o embalada de la manera estipulada en él. Salvo que se haya pactado otra cosa, la mercadería no es conforme al contrato a menos que:

a) se preste a las finalidades para las que usualmente se utilizarían mercaderías del mismo tipo;

b) se preste a cualquier finalidad particular que expresa o tácitamente se haya hecho saber al vendedor en el momento de la celebración del contrato, salvo que de las circunstancias se desprenda que el comprador no confió, o no era razonable que confiara, en la competencia y el juicio del vendedor;

c) posea las cualidades de la muestra o modelo que el vendedor haya presentado al comprador;

d) esté envasada o embalada de la manera acostumbrada para tales mercaderías.

2. El vendedor no será responsable de falta alguna de conformidad con la mercadería con arreglo a los incisos *a*) a *d*) del párrafo 1 del presente artículo, si en el momento de la celebración del contrato el comprador conocía, o no podía desconocer, tal falta de conformidad.

Artículo 34

1. El vendedor será responsable, conforme al contrato y a la presente Convención, de toda falta de conformidad existente en el momento de la transmisión del riesgo al comprador, aun cuando tal falta sólo resulte evidente después de ese momento.

2. El vendedor también es responsable de toda falta de conformidad ocurrida después del momento indicado en el párrafo 1 del presente artículo y que se deba al incumplimiento de cualquiera de sus obligaciones, inclusive el incumplimiento de cualquier garantía expresa de que la mercadería seguirá prestándose a sus finalidades ordinarias o a alguna finalidad particular, o de que conservará durante un periodo determinado las cualidades o características especificadas.

Artículo 35

Si el vendedor ha entregado mercaderías antes de la fecha fijada para la entrega, podrá, hasta esa fecha, entregar la parte que falte, subsanar cualquier deficiencia en la cantidad de mercaderías entregadas, entregar mercaderías en sustitución de las entregadas que no sean conformes, o subsanar cualquier falta de conformidad de las mercaderías que haya entregado, siempre que el ejercicio de tal derecho no cause al comprador inconvenientes o gastos excesivos. El comprador conservará todo derecho a exigir daños y perjuicios, como se prevé en la presente Convención.

Artículo 36

1. El comprador deberá examinar la mercadería o hacerla examinar dentro de un plazo tan breve como lo permitan las circunstancias de que se trate.

2. Si el contrato implica el transporte de la mercadería, el examen podrá aplazarse hasta que dicha mercadería haya llegado a su lugar de destino.

3. Si el comprador ha reexpedido la mercadería sin haber tenido una oportunidad razonable de examinarla y si en el momento de la celebración del contrato el vendedor tenía o debía haber tenido conocimiento de la posibilidad de tal reexpedición, el examen podrá aplazarse hasta que la mercadería haya llegado a su nuevo destino.

Artículo 37

1. El comprador perderá el derecho de prevalerse de una falta de conformidad de la mercadería si no la comunica al vendedor, especificando su naturaleza, dentro de un plazo razonable a partir del momento en que la haya o debiera haberla descubierto.

2. En todo caso, el comprador perderá el derecho de prevalerse de una falta de conformidad de la mercadería si no la comunica al vendedor en un plazo máximo de dos años contados a partir de la fecha de la entrega efectiva de la mercadería al comprador, a menos que ese plazo sea incompatible con un periodo de garantía contractual.

Artículo 38

El vendedor no podrá prevalerse de lo dispuesto en los artículos 36 y 37 si la falta de conformidad se refiere a hechos que conocía o no podía desconocer y que no haya revelado al comprador.

Artículo 39

1. El vendedor deberá entregar la mercadería libre de cualesquiera derechos o pretensiones de terceros, salvo los basados en la propiedad indus-

trial o intelectual, a menos que el comprador convenga en aceptarla sujeta a tales derechos o pretensiones.

2. El comprador no tendrá derecho a prevalerse de lo dispuesto en el presente artículo si no hace llegar al vendedor una comunicación en la que especifique la naturaleza de los derechos o pretensiones de esos terceros dentro de un plazo razonable a partir del momento en que tuvo o debió haber tenido conocimiento de su existencia.

Artículo 40

1. El vendedor deberá entregar la mercadería, libre de cualesquiera derechos o pretensiones de terceros, basados en la propiedad industrial o intelectual, que el vendedor conocía o no podía desconocer en el momento de la celebración del contrato, siempre que esos derechos o pretensiones estén basados en la propiedad industrial o intelectual:

a) con arreglo a la ley del Estado en que se va a revender o utilizar de otro modo la mercadería, si, en el momento de la celebración del contrato, las partes han previsto tal reventa o utilización en ese Estado; o

b) en cualquier otro caso, con arreglo a la ley del Estado en que el comprador tenga su establecimiento.

2. La obligación que impone al vendedor el párrafo 1 del presente artículo no se extenderá a los casos en que:

a) en el momento de la celebración del contrato, el comprador conocía o no podía desconocer tales derechos o pretensiones; o

b) tales derechos o pretensiones tengan su origen en el hecho de que el vendedor se ha ajustado a diseños, dibujos o fórmulas técnicos o a otras especificaciones similares proporcionados por el comprador.

3. El comprador no tendrá derecho a prevalerse de lo dispuesto en el presente artículo si no hace llegar al vendedor una comunicación en la que especifique la naturaleza de los derechos o pretensiones de esos terceros dentro de un plazo razonable a partir del momento en que tuvo o debió haber tenido conocimiento de su existencia.

Sección III. Acciones en caso de incumplimiento del contrato por el vendedor

Artículo 41

1. Si el vendedor no cumple cualquiera de las obligaciones que le imponen el contrato y la presente Convención, el comprador podrá:

a) ejercer los derechos previstos en los artículos 42 a 48;

b) reclamar daños y perjuicios en los casos previstos en los artículos 70 a 73.

2. El comprador no quedará privado de ningún derecho que pueda tener a reclamar daños y perjuicios aunque ejerza, con arreglo a su derecho, otras acciones.

3. Cuando el comprador ejerza una acción por incumplimiento del contrato, ni el juez ni el tribunal arbitral podrán conceder al vendedor ningún plazo de gracia.

Artículo 42

1. El comprador podrá exigir del vendedor el cumplimiento de sus obligaciones, a menos que el comprador haya ejercido una acción incompatible con esa exigencia.

2. Si la mercadería no es conforme al contrato, el comprador sólo podrá exigir la entrega de una mercadería sustitutiva cuando la falta de conformidad constituya un incumplimiento esencial y la petición de mercadería sustitutiva se formule en relación con la comunicación que se haga conforme al artículo 37 o dentro de un plazo razonable a partir de ese momento.

Artículo 43

1. El comprador podrá fijar un plazo suplementario de duración razonable para que el vendedor cumpla sus obligaciones.

2. A menos que el comprador haya recibido notificación del vendedor de que éste no ejecutará el contrato en el plazo fijado conforme a lo previsto en el párrafo anterior, el comprador no podrá, durante ese plazo, ejercer acción alguna por incumplimiento del contrato. Sin embargo, el comprador no perderá por ello ningún derecho que pueda tener a reclamar daños y perjuicios por demora en la ejecución.

Artículo 44

1. A menos que el comprador haya declarado resuelto el contrato conforme al artículo 45, el vendedor podrá subsanar a su propia costa, incluso después de la fecha de entrega, todo incumplimiento de sus obligaciones, si puede hacerlo sin una demora tal que constituya un incumplimiento esencial del contrato y sin causar al comprador inconvenientes excesivos o incertidumbre en cuanto al reembolso por el vendedor de los gastos anticipados por el comprador. El comprador conservará todos sus derechos

a reclamar daños y perjuicios conforme a lo dispuesto en la presente Convención.

2. Si el vendedor pide al comprador que le comunique si acepta la ejecución del contrato y el comprador no atiende la petición dentro de un plazo razonable, el vendedor podrá ejecutar el contrato dentro del plazo indicado en su petición. El comprador no podrá, dentro de ese plazo, ejercer acción alguna que sea incompatible con la ejecución del contrato por el vendedor.

3. Cuando el vendedor comunique que ejecutará el contrato dentro de un plazo especificado, se presumirá que pide al comprador que le comunique su decisión conforme al párrafo 2 del presente artículo.

4. La petición o comunicación hecha por el vendedor conforme a los párrafos 2 y 3 del presente artículo no surtirá efecto a menos que sea recibida por el comprador.

Artículo 45

1. El comprador podrá declarar resuelto el contrato:

a) si el incumplimiento por el vendedor de cualquiera de las obligaciones que le imponen el contrato y la presente Convención constituye un incumplimiento esencial del contrato; o

b) si el vendedor no ha entregado la mercadería dentro del plazo suplementario fijado por el comprador conforme al párrafo 1 del artículo 43, o si ha declarado que no efectuará la entrega dentro del plazo así fijado.

2. Sin embargo, en los casos en que el vendedor haya efectuado la entrega, el comprador perderá su derecho a declarar resuelto el contrato si no lo ha hecho dentro de un plazo razonable:

a) respecto de una entrega tardía, después de que haya sabido que se ha efectuado la entrega; o

b) respecto a cualquier incumplimiento distinto de la entrega tardía, después del momento en que tuvo o debió haber tenido conocimiento de tal incumplimiento, o después de expirado el plazo suplementario fijado por el comprador conforme al párrafo 1 del artículo 43, o después de que el vendedor haya declarado que no cumplirá sus obligaciones dentro de ese plazo suplementario.

Artículo 46

Si la mercadería no es conforme al contrato e independientemente de que se haya pagado o no el precio, el comprador podrá declarar la reducción de éste en la misma proporción que exista entre el valor que la mercadería entregada realmente había tenido en el momento de la celebración del contrato y el que habría tenido en ese momento una mercadería conforme al contrato. Sin embargo, si el vendedor subsana cualquier incumplimiento conforme a dicho artículo, la declaración de reducción del precio hecha por el comprador no surtirá efectos.

Artículo 47

1. Si el vendedor sólo entrega parte de la mercadería o si sólo parte de la mercadería entregada es conforme al contrato, se aplicarán las disposiciones de los artículos 42 a 46 respecto de la parte que falte o que no sea conforme.

2. El comprador sólo podrá declarar la resolución del contrato en su totalidad si el incumplimiento de la obligación de efectuar una entrega total o conforme al contrato constituye un incumplimiento esencial de éste.

Artículo 48

1. Si el vendedor entrega la mercadería antes de la fecha fijada, el comprador podrá aceptar o rechazar esa entrega.

2. Si el vendedor entrega una cantidad mayor que la prevista en el contrato, el comprador podrá aceptar o rechazar la cantidad que exceda de la prevista. Si el comprador acepta la totalidad o parte de la cantidad excedente, deberá pagarla al precio del contrato.

Capítulo III. Obligaciones del comprador

Artículo 49

El comprador deberá pagar el precio de la mercadería y proceder a su recepción en las condiciones establecidas en el contrato y en la presente Convención.

Sección I. Pago del precio

Artículo 50

La obligación del comprador de pagar el precio comprende la adopción de las medidas y el cumplimiento de las formalidades que puedan requerirse con arreglo al contrato o a cualesquiera leyes o reglamentos para que se pueda efectuar ese pago.

Artículo 51

Si el contrato ha sido válidamente celebrado sin que en él se haya fijado el precio ni se haya estipulado expresa o tácitamente un medio para determinarlo, el comprador deberá pagar el precio generalmente cobrado por el vendedor en el momento de la celebración del contrato. Si no se puede determinar ese precio, el comprador deberá pagar el precio cobrado generalmente en aquel momento por las mismas mercaderías vendidas en circunstancias semejantes.

Artículo 52

Cuando el precio se fije en función del peso de la mercadería, será el peso neto, en caso de duda, el que determine dicho precio.

Artículo 53

1. Si el comprador no está obligado a pagar el precio en ningún otro lugar determinado, deberá pagarlo al vendedor:

a) en el establecimiento del vendedor; o

b) si el pago debe hacerse contra entrega de la mercadería o de documentos, en el lugar en que se efectúe dicha entrega.

2. El vendedor deberá soportar todo aumento de los gastos relativos al pago motivado por un cambio de su establecimiento acaecido después de la celebración del contrato.

Artículo 54

1. El comprador deberá pagar el precio cuando el vendedor, conforme al contrato y a la presente Convención, ponga a su disposición la mercadería o los documentos que permitan disponer de ella. El vendedor podrá hacer que el pago constituya una condición para la entrega de la mercadería o de los documentos.

2. Si el contrato implica el transporte de la mercadería, el vendedor podrá expedirla estipulando que la mercadería o los documentos que permitan disponer de ella sólo se entregarán al comprador contra el pago del precio.

3. El comprador no estará obligado a pagar el precio mientras no haya tenido la posibilidad de examinar la mercadería, a menos que los

procedimientos convenidos por las partes para la entrega o el pago sean incompatibles con tal posibilidad.

Artículo 55

El comprador deberá pagar el precio en la fecha fijada, o que pueda determinarse con arreglo al contrato y a la presente Convención, sin necesidad de ninguna clase de requerimiento ni de ninguna otra formalidad por parte del vendedor.

Sección II. Recepción

Artículo 56

La obligación del comprador de proceder a la recepción consiste:

a) en realizar todos los actos que razonablemente quepa esperar de él para que el vendedor pueda efectuar la entrega; y
b) en hacerse cargo de la mercadería.

Sección III. Acciones en caso de incumplimiento del contrato por el comprador

Artículo 57

1. Si el comprador no cumple cualquiera de las obligaciones que le imponen el contrato y la presente Convención, el vendedor podrá:

a) ejercer los derechos previstos en los artículos 58 a 61;
b) Reclamar daños y perjuicios en los casos previstos en los artículos 70 a 73.

2. El vendedor no quedará privado de ningún derecho que pueda tener a reclamar daños y perjuicios, aunque ejerza, con arreglo a su derecho, otras acciones.

3. Cuando el vendedor ejerza una acción por incumplimiento del contrato, ni el juez ni el tribunal arbitral podrá conceder al comprador ningún plazo de gracia.

Artículo 58

El vendedor podrá exigir del comprador que pague el precio, reciba la mercadería o cumpla las demás obligaciones que le corresponden, a menos que el vendedor haya ejercido una acción incompatible con esa exigencia.

Artículo 59

1. El vendedor podrá fijar un plazo suplementario de duración razonable para que el comprador cumpla sus obligaciones.

2. A menos que el vendedor haya recibido notificación del comprador de que éste no ejecutará el contrato en el plazo fijado conforme a lo previsto en el párrafo anterior, el vendedor no podrá, durante ese plazo, ejercer acción alguna por incumplimiento del contrato. Sin embargo, el vendedor no perderá por ello ningún derecho que pueda tener a reclamar daños y perjuicios por demora en la ejecución.

Artículo 60

1. El vendedor podrá declarar resuelto el contrato:

a) si el cumplimiento por el comprador de cualquiera de las obligaciones que le imponen el contrato y la presente Convención constituye un incumplimiento esencial del contrato; o

b) si el comprador no ha cumplido su obligación de pagar el precio o no se ha hecho cargo de la mercadería dentro del plazo suplementario fijado por el vendedor conforme al párrafo 1 del artículo 59, o si ha declarado que no lo hará dentro del plazo así fijado.

2. Sin embargo, en los casos en que el comprador haya pagado el precio, el vendedor perderá su derecho a declarar resuelto el contrato si no lo ha hecho:

a) respecto a la ejecución tardía por el comprador, antes de que el vendedor tenga noticias de que se ha efectuado la ejecución; o

b) respecto de cualquier incumplimiento distinto de la ejecución tardía, dentro de un plazo razonable a partir de la fecha en que el vendedor tuvo o debió haber tenido conocimiento de tal incumplimiento, o dentro de un plazo razonable después de expirado el plazo suplementario fijado por el vendedor conforme al párrafo 1 del artículo 59 o después de que el comprador haya declarado que no cumplirá sus obligaciones dentro de ese plazo suplementario.

Artículo 61

1. Si corresponde al comprador, según el contrato, especificar la forma, las dimensiones u otras características de la mercadería y no hace tal espe-

cificación, ya sea en la fecha convenida, ya dentro de un plazo razonable después de haber recibido una petición del vendedor, éste podrá, sin perjuicio de cualesquiera otros derechos que le puedan corresponder, hacer la especificación él mismo de acuerdo con las necesidades del comprador que puedan serle conocidas.

2. Si el vendedor hace la especificación él mismo, deberá informar de los detalles de ésta al comprador y fijar un plazo razonable para que éste pueda hacer una especificación diferente. Si el comprador no se prevale de esta posibilidad después de recibida la comunicación, la especificación hecha por el vendedor tendrá carácter obligatorio.

Capítulo IV. Disposiciones comunes a las obligaciones del vendedor y del comprador

Sección I. Incumplimiento previsible y contratos de ejecución sucesiva

Artículo 62

1. Cualquiera de las partes podrá diferir el cumplimiento de sus obligaciones si resulta razonable hacerlo debido a que con posterioridad a la celebración del contrato, un grave deterioro de la capacidad de la otra parte para ejecutarlo o de su solvencia, o su comportamiento al prepararse para ejecutar el contrato o al ejecutarlo efectivamente, constituyen buenos motivos para inferir que esa otra parte no cumplirá una parte sustancial de sus obligaciones.

2. Si el vendedor ha expedido la mercadería antes de que sean evidentes los motivos descritos en el párrafo 1 del presente artículo, podrá oponerse a la entrega de la mercadería al comprador, incluso si éste es tenedor de un documento que le permita obtenerla. El presente párrafo se refiere únicamente a los derechos del comprador y del vendedor sobre la mercadería.

3. La parte que, antes o después de expedida la mercadería, difiera la ejecución del contrato deberá comunicarlo inmediatamente a la otra parte y deberá continuar la ejecución del contrato si esa otra parte otorga garantías suficientes de cumplirlo.

Artículo 63

Si, con anterioridad a la fecha de ejecución del contrato, resulta claro que una de las partes va a incurrir en incumplimiento esencial, la otra parte podrá declarar resuelto el contrato.

Artículo 64

1. En los contratos que establezcan entregas sucesivas de mercaderías, si el incumplimiento por una de las partes de cualquiera de sus obligaciones relativas a cualquiera de las entregas constituye un incumplimiento esencial en relación con esa entrega, la otra parte podrá declarar resuelto el contrato en lo que respecta a esa entrega.

2. Si el incumplimiento por una de las partes de cualquiera de sus obligaciones relativas a cualquiera de las entregas da a la otra parte buenos motivos para concluir que va a producirse un incumplimiento esencial en relación con futuras entregas, esta última parte podrá declarar resuelto el contrato para el futuro, siempre que lo haga dentro de un plazo razonable.

3. El comprador que declare resuelto el contrato respecto de cualquier entrega podrá, al mismo tiempo, declarar resuelto el contrato respecto a entregas ya efectuadas o de futuras entregas si, por razón de su interdependencia, tales entregas no pueden utilizarse para el fin previsto por las partes en el momento de la celebración del contrato.

Sección II. Exoneración

Artículo 65

1. Una parte no será responsable del incumplimiento de cualquiera de sus obligaciones si prueba que esto se ha debido a un impedimento que escapaba a su control y si no cabía razonablemente esperar que lo tuviese en cuenta en el momento de la celebración del contrato, o que lo evitase o subsanase, o que evitase o subsanase sus consecuencias.

2. Si el incumplimiento de una de las partes se debe al de un tercero al que haya encargado, total o parcialmente, la ejecución del contrato, esa parte sólo quedará exenta de responsabilidad si está exonerada conforme a lo supuesto en el párrafo 1 del presente artículo y si el tercero, encargado de la ejecución, hubiera quedado también exonerado en el caso de que se le aplicase lo dispuesto en ese párrafo.

3. La exoneración prevista en el presente artículo sólo surte efectos durante el periodo de existencia del impedimento.

4. La parte que no haya cumplido su obligación debe notificar a la otra parte el impedimento y el efecto de éste sobre su capacidad de cumplirla. Si la comunicación no es recibida dentro de un plazo razonable después del momento en que la parte que no haya cumplido tuvo o debió haber tenido conocimiento del impedimento, dicha parte será responsable de los daños y perjuicios causados por esa falta de recibo.

5. Nada de lo dispuesto en el presente artículo impedirá a ninguna de las partes ejercer cualquier derecho distinto del de reclamar daños y perjuicios con arreglo a la presente Convención.

Sección III. Efectos de la resolución

Artículo 66

1. En virtud de la resolución del contrato, las dos partes quedarán liberadas de sus obligaciones, quedando a salvo la indemnización de daños y perjuicios que pueda ser debida. La resolución no afectará a ninguna de las disposiciones del contrato relativas al arreglo de controversias, ni a ninguna otra disposición del contrato que regule los derechos y obligaciones que corresponden a cada una de las partes como resultado de la resolución del contrato.

2. Si una parte ha cumplido total o parcialmente el contrato podrá reclamar de la otra parte la restitución de lo que haya suministrado o pagado en virtud del contrato. Si las dos partes están obligadas a restituir, deberán realizar simultáneamente la restitución.

Artículo 67

1. El comprador perderá su derecho a declarar resuelto el contrato o a exigir del vendedor la entrega de una mercadería sustitutiva cuando le sea imposible restituir la mercadería en su estado sustancialmente idéntico a aquel en que lo haya recibido.

2. El párrafo 1 del presente artículo no se aplicará:

a) si la imposibilidad de restituir la mercadería o de restituirla en un estado sustancialmente idéntico a aquel en que la haya recibido no es debida a un acto o una omisión del comprador;

b) si la mercadería o una parte de ella ha perecido o se ha deteriorado como consecuencia del examen previsto en el artículo 36; o

c) si la mercadería o una parte de ella se ha vendido en el curso normal de operaciones comerciales, o si el comprador la ha consumido o transformado utilizándola normalmente antes de que descubriera o debiera haber descubierto la falta de conformidad.

Artículo 68

El comprador que, conforme al artículo 67, haya perdido el derecho a declarar la resolución del contrato o a exigir al vendedor que entregue una mercadería sustitutiva conservará todas las demás acciones que le correspondan.

Artículo 69

1. Si está obligado a restituir el precio, el vendedor deberá pagar, además, los intereses correspondientes a partir de la fecha en que se haya pagado el precio.

2. El comprador deberá rendir cuentas al vendedor de todos los beneficios que haya obtenido de la mercadería o de una parte de ella;

a) si tiene que restituir la mercadería o una parte de ella;

b) si le es imposible restituir toda la mercadería o una parte de ella, o restituir toda la mercadería o una parte de ella en un estado sustancialmente idéntico a aquel en que la haya recibido, pero ha declarado resuelto el contrato o ha exigido del vendedor que entregue una mercadería sustitutiva.

Sección IV. Daños y perjuicios

Artículo 70

Los daños y perjuicios causados por el incumplimiento del contrato por una de las partes consistirá en una suma igual a la pérdida, incluido el lucro cesante, sufrida por la otra parte como consecuencia de ese incumplimiento. Dichos daños y perjuicios no podrán exceder de la pérdida que la parte que incumpla haya previsto o debía haber previsto en el momento de la celebración del contrato, tomando en consideración los hechos y elementos de que tuvo o debió haber tenido conocimiento en ese momento como consecuencia posible del incumplimiento del contrato.

Artículo 71

Si se resuelve el contrato y, de manera razonable y dentro de un plazo razonable después de la resolución, el comprador compra una mercadería sustitutiva, o el vendedor revende la mercadería, la parte que reclame daños y perjuicios podrá obtener la diferencia entre el precio fijado en el contrato y el precio estipulado en la operación sustitutiva y cualesquiera otros daños y perjuicios exigibles con arreglo a lo dispuesto en el artículo 70.

Artículo 72

1. Si se resuelve el contrato y existe un precio corriente de la mercadería, la parte que reclame daños y perjuicios podrá, si no ha hecho una compra o reventa con arreglo al artículo 71, recuperar la diferencia entre el precio fijado en el contrato y el precio corriente en el momento en que primero tuviera derecho a declarar resuelto el contrato y cualesquiera otros daños y perjuicios exigibles con arreglo a lo dispuesto en el artículo 70.

2. A efectos del párrafo 1 del presente artículo, el precio corriente será el prevaleciente en el lugar en que debiera haberse efectuado la entrega de la mercadería, o, si no hay precio corriente en tal lugar, el precio en otro lugar que pueda sustituirlo razonablemente, habida cuenta de las diferencias de costo del transporte de la mercadería.

Artículo 73

La parte que invoque el incumplimiento del contrato deberá adoptar las medidas que sean razonables, atendidas las circunstancias, para reducir la pérdida resultante de dicho incumplimiento, incluido el lucro cesante. Si no adopta tales medidas, la otra parte podrá pedir que se reduzca la indemnización por daños y perjuicios en la cantidad en que debía haberse reducido la pérdida.

Sección V. Conservación de la mercadería

Artículo 74

Si el comprador se retrasa en proceder a la recepción de la mercadería y el vendedor está en posesión de ella o, sin estarlo, puede controlar su disposición, el vendedor deberá tomar las medidas razonables, atendidas las circunstancias para su conservación. Podrá retenerla hasta que haya sido indemnizado por el comprador de los gastos razonables que haya efectuado.

Artículo 75

1. Si el comprador ha recibido la mercadería y tiene la intención de rechazarla, deberá tomar las medidas razonables, atendidas las circunstancias, para su conservación. Podrá retenerla hasta que haya sido indemnizado por el vendedor de los gastos razonables que haya efectuado.

2. Si la mercadería expedida al comprador ha sido puesta a su disposición en su lugar de destino y el comprador ejerce el derecho de rechazar-

la, deberá tomar posesión de ella por cuenta del vendedor, siempre que pueda hacerlo sin pago del precio y sin inconvenientes ni gastos excesivos. Esta disposición no se aplicará cuando el vendedor o una persona facultada para hacerse cargo de la mercadería esté presente en el lugar de destino.

Artículo 76

La parte que esté obligada a tomar medidas para la conservación de la mercadería podrá depositarla en los almacenes de un tercero a costa de la otra parte, siempre que los gastos que efectúe no sean excesivos.

Artículo 77

1. La parte que esté obligada a conservar la mercadería conforme a los artículos 74 o 75 podrá venderla por cualquier medio apropiado, si la otra parte ha retrasado sin razón la toma de posesión de la mercadería, la aceptación de la mercadería o el pago de los gastos de conservación y siempre que notifique a esa otra parte su intención de vender.

2. Si la mercadería está expuesta a pérdida o deterioro rápidos, o su conservación acarrea gastos excesivos, la parte que esté obligada a conservar la mercadería conforme a los artículos 70 o 75 deberá adoptar medidas razonables para venderla. En la medida de lo posible deberá notificar a la otra su intención de vender.

3. La parte que venda la mercadería tendrá derecho a retener del producto de la venta una suma igual a los gastos razonables de su conservación de su venta. Dicha parte deberá acreditar el saldo a la otra parte.

Capítulo V. Transmisión del riesgo

Artículo 78

La pérdida o el deterioro sufridos por la mercadería una vez que el riesgo se haya transmitido al comprador no liberarán a éste de su obligación de pagar el precio, a menos que se deban a un acto u omisión del vendedor.

Artículo 79

1. Si el contrato de compraventa implica el transporte de la mercadería y el vendedor no está obligado a entregarla en un lugar de destino determinado, el riesgo se transmitirá al comprador en el momento de la entrega de la mercadería al primer porteador para que éste la transmita al comprador. Si el vendedor está obligado a entregar la mercadería a un porteador

en un lugar determinado que no sea el lugar de destino, el riesgo no se transmitirá al comprador antes de que la mercadería sea entregada al porteador en ese lugar. El hecho de que el vendedor esté autorizado a retener documentos que controlen la disposición de la mercadería no afectará a la transmisión del riesgo.

2. Sin embargo, si la mercadería no está claramente marcada en una dirección ni de otro modo identificada en el contrato, el riesgo no se transmitirá al comprador hasta que el vendedor le envíe un aviso de expedición en el que se especifique la mercadería.

Artículo 80

El riesgo respecto de las mercaderías vendidas en tránsito será asumido por el comprador a partir del momento de la entrega de la mercadería al porteador que expida los documentos que controlen su disposición. Sin embargo, si en el momento de la celebración del contrato el vendedor tenía o debía haber tenido conocimiento de que la mercadería se había perdido o deteriorado y no ha revelado tal circunstancia al comprador, el riesgo de tal pérdida o deterioro recaerá sobre el vendedor.

Artículo 81

1. En los casos no comprendidos en los artículos 79 y 80, el riesgo se transmitirá al comprador cuando éste se haga cargo de la mercadería o, si no lo hace a su debido tiempo, a partir del momento en que la mercadería se ponga a su disposición y él incurra en incumplimiento del contrato por no hacerse cargo de ella.

2. Si se requiere, sin embargo, al comprador para que se haga cargo de la mercadería en un lugar distinto de cualquier establecimiento del vendedor, el riesgo se transmitirá cuando deba efectuarse la entrega y el comprador tenga conocimiento de que la mercadería está a su disposición en ese lugar.

3. Si el contrato se refiere a la compraventa de una mercadería que esté aún por determinar, no se considerará que la mercadería ha sido puesta a disposición del comprador hasta que haya sido claramente identificada en relación con el contrato.

Artículo 82

Si el vendedor ha incurrido en incumplimiento esencial del contrato, las disposiciones de los artículos 79, 80 y 81 no perjudicarán las acciones de que disponga el comprador como consecuencia de ese incumplimiento.

Apéndice 4

Convención de las Naciones Unidas sobre los Contratos de Compraventa Internacional de Mercaderías (1980)

Los Estados Partes en la presente Convención,

Teniendo en cuenta los amplios objetivos de las resoluciones aprobadas en el sexto periodo extraordinario de sesiones de la Asamblea General de las Naciones Unidas sobre el establecimiento de un nuevo orden económico internacional,

Considerando que el desarrollo del comercio internacional sobre la base de la igualdad y del beneficio mutuo constituye un importante elemento para el fomento de las relaciones amistosas entre los Estados,

Estimando que la adopción de normas uniformes aplicables a los contratos de compraventa internacional de mercaderías en las que se tengan en cuenta los diferentes sistemas sociales, económicos y jurídicos con que tropieza el comercio internacional y promovería el desarrollo del comercio internacional,

Han convenido en lo siguiente:

PARTE I

ÁMBITO DE APLICACIÓN Y DISPOSICIONES GENERALES

Capítulo I. Ámbito de aplicación

Artículo 1

1. La presente Convención se aplicará a los contratos de compraventa de mercaderías entre partes que tengan sus establecimientos en Estados diferentes:

a) cuando esos Estados sean Estados contratantes; o

b) cuando las normas de Derecho internacional privado prevean la aplicación de la ley de un Estado contratante.

2. No se tendrá en cuenta el hecho de que las partes tengan sus establecimientos en Estados diferentes cuando ello no resulte del contrato, ni de los tratos entre ellas, ni de información revelada por las partes en cualquier momento antes de la celebración del contrato o en el momento de su celebración.

3. A los efectos de determinar la aplicación de la presente Convención, no se tendrán en cuenta ni la nacionalidad de las partes ni el carácter civil o comercial de las partes o del contrato.

Artículo 2

La presente Convención no se aplicará a las compraventas:

a) de mercaderías compradas para uso personal, familiar o doméstico, salvo que el vendedor, en cualquier momento antes de la celebración del contrato o en el momento de su celebración, no hubiera tenido ni debiera haber tenido conocimiento de que las mercaderías se compraban para ese uso;

b) en subastas;

c) judiciales;

d) de valores mobiliarios, títulos o efectos de comercio y dinero;

e) de buques, embarcaciones, aerodeslizadores y aeronaves;

f) de electricidad.

Artículo 3

1. Se considerarán compraventas los contratos de suministro de mercaderías que hayan de ser manufacturadas o producidas, a menos que la parte que las encargue asuma la obligación de proporcionar una parte sustancial de los materiales necesarios para esa manufactura o producción.

2. La presente Convención no se aplicará a los contratos en los que la parte principal de las obligaciones de la parte que proporcione las mercaderías consista en suministrar mano de obra o prestar otros servicios.

Artículo 4

La presente Convención regula exclusivamente la formación del contrato de compraventa y los derechos y obligaciones del vendedor y del comprador dimanantes de ese contrato. Salvo disposición expresa en contrario de la presente Convención, ésta no concierne, en particular:

a) a la validez del contrato ni a la de ninguna de sus estipulaciones, ni tampoco a la de cualquier uso;

b) a los efectos que el contrato pueda producir sobre la propiedad de las mercaderías vendidas.

Artículo 5

La presente Convención no se aplicará a la responsabilidad del vendedor por la muerte o las lesiones corporales causadas a una persona por las mercaderías.

Artículo 6

Las partes podrán excluir la aplicación de la presente Convención o, sin perjuicio de lo dispuesto en el artículo 12, establecer excepciones a cualquiera de sus disposiciones o modificar sus efectos.

Capítulo II. Disposiciones generales

Artículo 7

1. En la interpretación de la presente Convención se tendrán en cuenta su carácter internacional y la necesidad de promover la uniformidad en su aplicación y de asegurar la observancia de la buena fe en el comercio internacional.

2. Las cuestiones relativas a las materias que se rigen por la presente Convención que no estén expresamente resueltas en ella se dirimirán de conformidad con los principios generales en los que se basa la presente Convención o, a falta de tales principios, de conformidad con la ley aplicable en virtud de las normas de Derecho internacional privado.

Artículo 8

1. A los efectos de la presente Convención, las declaraciones y otros actos de una parte deberán interpretarse conforme a su intención cuando la otra parte haya conocido o no haya podido ignorar cuál era su intención.

2. Si el párrafo precedente no fuere aplicable, las declaraciones y otros actos de una parte deberán interpretarse conforme al sentido que les

habría dado en igual situación una persona razonable de la misma condición que la otra parte.

3. Para determinar la intención de una parte o el sentido que habría dado una persona razonable deberán tenerse debidamente en cuenta todas las circunstancias pertinentes del caso, en particular las negociaciones, cualesquiera prácticas que las partes hubieran establecido entre ellas, los usos y el comportamiento ulterior de las partes.

Artículo 9

1. Las partes quedarán obligadas por cualquier uso en que hayan convenido y por cualquier práctica que hayan establecido entre ellas.

2. Salvo pacto en contrario, se considerará que las partes han hecho tácitamente aplicable al contrato o a su formación un uso del que tenían o debían haber tenido conocimiento y que, en el comercio internacional, sea ampliamente conocido y regularmente observado por las partes en contratos del mismo tipo en el tráfico mercantil de que se trate.

Artículo 10

A los efectos de la presente Convención:

1. Si una de las partes tiene más de un establecimiento, su establecimiento será el que guarde la relación más estrecha con el contrato y su cumplimiento, habida cuenta de las circunstancias conocidas o previstas por las partes en cualquier momento antes de la celebración del contrato o en el momento de su celebración;

2. Si una de las partes no tiene establecimiento, se tendrá en cuenta su residencia habitual.

Artículo 11

El contrato de compraventa no tendrá que celebrarse ni probarse por escrito ni estará sujeto a ningún otro requisito de forma. Podrá probarse por cualquier medio, incluso por testigos.

Artículo 12

No se aplicará ninguna disposición del artículo 11, del artículo 29 ni de la parte II de la presente Convención que permita que la celebración, la modificación o la extinción por mutuo acuerdo del contrato de compraventa, o la oferta, la aceptación o cualquier otra manifestación de intención se haga por un procedimiento que no sea por escrito, en el caso de que cualquiera de las partes tenga su establecimiento en un Estado contratante que haya hecho una declaración con arreglo al artículo 96 de la presente Convención. Las partes no podrán establecer excepciones a este artículo ni modificar sus efectos.

Artículo 13

A los efectos de la presente Convención, la expresión "por escrito" comprende el telegrama y el télex.

PARTE II

FORMACIÓN DEL CONTRATO

Artículo 14

1. La propuesta de celebrar un contrato dirigida a una o varias personas determinadas constituirá oferta si es suficientemente precisa e indica la intención del oferente de quedar obligado en caso de aceptación. Una propuesta es suficientemente precisa si indica las mercaderías y, expresa o tácitamente, señala la cantidad y el precio o prevé un medio para determinarlos.

2. Toda propuesta no dirigida a una o varias personas determinadas será considerada como una simple invitación a hacer ofertas, a menos que la persona que haga la propuesta indique claramente lo contrario.

Artículo 15

1. La oferta surtirá efecto cuando llegue al destinatario.

2. La oferta, aun cuando sea irrevocable, podrá ser retirada si su retiro llega al destinatario antes o al mismo tiempo que la oferta.

Artículo 16

1. La oferta podrá ser revocada hata que se perfeccione el contrato si la revocación llega al destinatario antes que éste haya enviado la aceptación.

2. Sin embargo, la oferta no podrá revocarse:

a) si indica, al señalar un plazo fijo para la aceptación o de otro modo, que es irrevocable; o

b) si el destinatario podía razonablemente considerar que la oferta era irrevocable y ha actuado basándose en esa oferta.

Artículo 17

La oferta, aun cuando sea irrevocable, quedará extinguida cuando su rechazo llegue al oferente.

Artículo 18

1. Toda declaración u otro acto del destinatario que indique asentimiento a una oferta constituirá aceptación. El silencio o la inacción, por sí solos, no constituirán aceptación.

2. La aceptación de la oferta surtirá efecto en el momento en que la indicación de asentimiento llegue al oferente. La aceptación no surtirá efecto si la indicación de asentimiento no llega al oferente dentro del plazo que éste haya fijado o, si no se ha fijado plazo, dentro de un plazo razonable, habida cuenta de las circunstancias de la transacción y, en particular, de la rapidez de los medios de comunicación empleados por el oferente. La aceptación de las ofertas verbales tendrá que ser inmediata a menos que de las circunstancias resulte otra cosa.

3. No obstante, si, en virtud de la oferta, de prácticas que las partes hayan establecido entre ellas o de los usos, el destinatario puede indicar su asentimiento ejecutando un acto relativo, por ejemplo, a la expedición de las mercaderías o al pago del precio, sin comunicación al oferente, la aceptación surtirá efecto en el momento en que se ejecute ese acto, siempre que esa ejecución tenga lugar dentro del plazo establecido en el párrafo precedente.

Artículo 19

1. La respuesta a una oferta que pretenda ser una aceptación y que contenga adiciones, limitaciones u otras modificaciones se considerará como rechazo de la oferta y constituirá una contraoferta.

2. No obstante, la respuesta a una oferta que pretenda ser una aceptación y que contenga elementos adicionales o diferentes que no alteren sustancialmente los de la oferta constituirá aceptación a menos que el oferente, sin demora injustificada, objete verbalmente la discrepancia o envíe una comunicación en tal sentido. De no hacerlo así, los términos del contrato serán los de la oferta con las modificaciones contenidas en la aceptación.

3. Se considerará que los elementos adicionales o diferentes relativos, en particular, al precio, al pago, a la calidad y la cantidad de las mercaderías, al lugar y la fecha de la entrega, al grado de responsabilidad de una parte con respecto a la otra o a la solución de las controversias alteran sustancialmente los elementos de la oferta.

Artículo 20

1. El plazo de aceptación fijado por el oferente en un telegrama o en una carta comenzará a correr desde el momento en que el telegrama sea entregado para su expedición o desde la fecha de la carta o, si no se hubiere indicado ninguna, desde la fecha que figure en el sobre. El plazo de aceptación fijado por el oferente por teléfono, telex u otros medios de comunicación instantánea comenzará a correr desde el momento en que la oferta llegue al destinatario.

2. Los días feriados oficiales o no laborables no se excluirán del cómputo del plazo de aceptación. Sin embargo, si la comunicación de aceptación no pudiere ser entregada en la dirección del oferente el día del vencimiento del plazo, por ser ese día feriado oficial o no laborable en el lugar del establecimiento del oferente, el plazo se prorrogará hasta el primer día laborable siguiente.

Artículo 21

1. La aceptación tardía surtirá, sin embargo, efecto como aceptación si el oferente, sin demora, informa verbalmente de ello al destinatario o le envía una comunicación en tal sentido.

2. Si la carta o cualquier otra comunicación por escrito que contenga una aceptación tardía indica que ha sido enviada en circunstancias tales que si su transmisión hubiera sido normal habría llegado al oferente en el plazo debido, la aceptación tardía surtirá efecto como aceptación a menos que, sin demora, el oferente informe verbalmente al destinatario que considera su oferta caducada o le envía una comunicación en tal sentido.

Artículo 22

La aceptación podrá ser retirada si su retiro llega al oferente antes que la aceptación haya surtido efecto o en ese momento.

Artículo 23

El contrato se perfeccionará en el momento de surtir efecto la aceptación de la oferta conforme a lo dispuesto en la presente Convención.

Artículo 24

A los efectos de esa parte de la presente convención, la oferta, la declaración de aceptación a cualquier manifestación de intención "llega" al destinatario cuando se le comunica verbalmente o se entrega por cualquier otro medio al destinatario personalmente, o en su establecimiento o dirección postal o, si no tiene establecimiento ni dirección postal, en su residencia habitual.

PARTE III

COMPRAVENTA DE MERCADERÍAS

Capítulo I. Disposiciones generales

Artículo 25

El incumplimiento del contrato por una de las partes será esencial cuando cause a la otra parte un perjuicio tal que la prive sustancialmente de lo que tenía derecho a esperar en virtud del contrato, salvo que la parte que ha incumplido no haya previsto tal resultado y que una persona razonable de la misma condición no lo hubiera previsto en igual situación.

Artículo 26

La declaración de resolución del contrato surtirá efecto sólo si se comunica a la otra parte.

Artículo 27

Salvo disposición expresa en contrario de esta Parte de la presente Convención, si una de las partes hace cualquier notificación, petición u otra comunicación conforme a dicha Parte y por medios adecuados a las circunstancias, las demoras o los errores que puedan producirse en la transmisión de esa comunicación o el hecho de que no llegue a su destino no privarán a esa parte del derecho a invocar tal comunicación.

Artículo 28

Si, conforme a lo dispuesto en la presente Convención, una parte tiene el derecho a exigir de la otra el cumplimiento de una obligación, el tribunal no estará obligado a ordenar el cumplimiento específico a menos que lo hiciere, en virtud de su propio derecho, respecto de contratos de compraventa similares no regidos por la presente Convención.

Artículo 29

1. El contrato podrá modificarse o extinguirse por mero acuerdo entre las partes.

2. Un contrato por escrito que contenga una estipulación que exija que toda modificación o extinción por mutuo acuerdo se haga por escrito no podrá modificarse ni extinguirse por mutuo acuerdo de otra forma. No obstante, cualquiera de las partes quedará vinculada por sus propios actos y no podrá alegar esa estipulación en la medida en que la otra parte se haya basado en tales actos.

Capítulo II. Obligaciones del vendedor

Artículo 30

El vendedor deberá entregar las mercaderías, transmitir su propiedad y entregar cualesquiera documentos relacionados con aquéllas en las condiciones establecidas en el contrato y en la presente Convención.

Sección I. Entrega de las mercaderías y de los documentos

Artículo 31

Si el vendedor no estuviere obligado a entregar las mercaderías en otro lugar determinado, su obligación de entrega consistirá:

a) cuando el contrato de compraventa implique el transporte de las mercaderías, en ponerlas en poder del primer porteador para que las traslade al comprador.

b) cuando, en los casos no comprendidos en el apartado precedente, el contrato verse sobre mercaderías ciertas o sobre mercaderías no identificadas que hayan de extraerse de una masa determinada o que deban ser manufacturadas o producidas y cuando, en el momento de la celebración del contrato, las partes sepan que las mercaderías se encuentran o deben ser manufacturadas o producidas en un lugar determinado, en ponerlas a disposición del comprador en ese lugar;

c) en los demás casos, en poner las mercaderías a disposición del comprador en el lugar donde el vendedor tenga su establecimiento en el momento de la celebración del contrato.

Artículo 32

1. Si el vendedor, conforme al contrato o a la presente Convención, pusiere las mercaderías en poder de un porteador y éstas no estuvieren claramente identificadas a los efectos del contrato mediante señales en ellas,

mediante documentos de expedición o de otro modo, el vendedor deberá enviar al comprador un aviso de expedición en el que se especifiquen las mercaderías.

2. El vendedor, si estuviere obligado a disponer el transporte de las mercaderías, deberá concertar los contratos necesarios para que éste se efectúe hasta el lugar señalado por los medios de transporte adecuados a las circunstancias y en las condiciones usuales para tal transporte.

3. El vendedor, si no estuviere obligado a contratar un seguro de transporte, deberá proporcionar al comprador, a petición de éste, toda la información de que disponga que sea necesaria para contratar ese seguro.

Artículo 33

El vendedor deberá entregar las mercaderías:

a) cuando, con arreglo al contrato, se haya fijado o pueda determinarse una fecha, en esa fecha; o

b) cuando, con arreglo al contrato, se haya fijado o pueda determinarse un plazo, en cualquier momento dentro de ese plazo, a menos que de las circunstancias resulte que corresponde al comprador elegir la fecha; o

c) en cualquier otro caso, dentro de un plazo razonable a partir de la celebración del contrato.

Artículo 34

El vendedor, si estuviere obligado a entregar documentos relacionados con las mercaderías deberá entregarlos en el momento, en el lugar y en la forma fijados por el contrato. En caso de entrega anticipada de documentos, el vendedor podrá, hasta el momento fijado para la entrega, subsanar cualquier falta de conformidad de los documentos, si el ejercicio de ese derecho no ocasiona al comprador inconvenientes ni gastos excesivos. No obstante, el comprador conservará el derecho a exigir la indemnización de los daños y perjuicios conforme a la presente Convención.

Sección II. Conformidad de las mercaderías y pretensiones de terceros

Artículo 35

1. El vendedor deberá entregar mercaderías cuya cantidad, calidad y tipo correspondan a los estipulados en el contrato y que estén envasadas o embaladas en la forma fijada por el contrato.

2. Salvo que las partes hayan pactado otra cosa, las mercaderías no serán conformes al contrato a menos:

a) que sean aptas para los usos a que ordinariamente se destinen mercaderías del mismo tipo;

b) que sean aptas para cualquier uso especial que expresa o tácitamente se haya hecho saber al vendedor en el momento de la celebración del contrato, salvo que de las circunstancias resulte que el comprador no confió, o no era razonable que confiara, en la competencia y el juicio del vendedor;

c) que posean las cualidades de la muestra o modelo que el vendedor haya presentado al comprador;

d) que estén envasadas o embaladas en la forma habitual para tales mercaderías o, si no existe tal forma, de una forma adecuada para conservarlas y protegerlas.

3. El vendedor no será responsable, en virtud de los apartados *a*) a *d*) del párrafo precedente, de ninguna falta de conformidad de las mercaderías que el comprador conociera o no hubiera podido ignorar en el momento de la celebración del contrato.

Artículo 36

1. El vendedor será responsable, conforme al contrato y a la presente Convención, de toda falta de conformidad que exista en el momento de la transmisión del riesgo al comprador, aun cuando esa falta sólo sea manifiesta después de ese momento.

2. El vendedor también será responsable de toda falta de conformidad ocurrida después del momento indicado en el párrafo precedente y que sea imputable al incumplimiento de cualquiera de sus obligaciones, incluido el incumplimiento de cualquier garantía de que, durante determinado periodo, las mercaderías seguirán siendo aptas para su uso ordinario, para un uso especial o conservarán las cualidades y características especificadas.

Artículo 37

En caso de entrega anticipada, el vendedor podrá, hasta la fecha fijada para la entrega de las mercaderías, bien entregar la parte o cantidad que falte de las mercaderías o entregar otras mercaderías en sustitución de las entregadas que no sean conformes, bien subsanar cualquier falta de conformidad de las mercaderías entregadas, siempre que el ejercicio de ese derecho no ocasione al comprador inconvenientes ni gastos excesivos. No obstante, el comprador conservará el derecho a exigir la indemnización de los daños y perjuicios conforme a la presente Convención.

Artículo 38

1. El comprador deberá examinar o hacer examinar las mercaderías en el plazo más breve posible atendidas las circunstancias.

2. Si el contrato implica el transporte de las mercaderías, el examen podrá aplazarse hasta que éstas hayan llegado a su destino.

3. Si el comprador cambia en tránsito el destino de las mercaderías o las reexpide sin haber tenido una oportunidad razonable de examinarlas y si en el momento de la celebración del contrato el vendedor tenía o debía haber tenido conocimiento de la posibilidad de tal cambio de destino o reexpedición, el examen podrá aplazarse hasta que las mercaderías hayan llegado a su nuevo destino.

Artículo 39

1. El comprador perderá el derecho a invocar la falta de conformidad de la mercaderías si no lo comunica al vendedor, especificando su naturaleza, dentro de un plazo razonable a partir del momento en que la haya o debiera haberla descubierto.

2. En todo caso, el comprador perderá el derecho a invocar la falta de conformidad de las mercaderías si no lo comunica al vendedor en un plazo máximo de dos años contados desde la fecha en que las mercaderías se pusieron efectivamente en poder del comprador, a menos que ese plazo sea incompatible con un periodo de garantía contractual.

Artículo 40

El vendedor no podrá invocar las disposiciones de los artículos 38 y 39 si la falta de conformidad se refiere a hechos que conocía o no podía ignorar y que no haya revelado al comprador.

Artículo 41

El vendedor deberá entregar las mercaderías libres de cualesquier derechos o pretensiones de un tercero, a menos que el comprador convenga en aceptarlas sujetas a tales derechos o pretensiones. No obstante, si tales derechos o pretensiones se basan en la propiedad industrial u otros tipos de propiedad intelectual, la obligación del vendedor se regirá por el artículo 42.

Artículo 42

1. El vendedor deberá entregar las mercaderías libres de cualesquiera derechos o pretensiones de un tercero basados en la propiedad industrial u otros tipos de propiedad intelectual que conociera o no hubiera podido ignorar en el momento de la celebración del contrato, siempre que los derechos o pretensiones se basen en la propiedad industrial u otros tipos de propiedad intelectual:

a) en virtud de la ley del Estado en que hayan de revenderse o utilizarse las mercaderías, si las partes hubieran previsto o* en el momento de la celebración del contrato que las mercaderías se revenderían o utilizarían en ese Estado; o

b) en cualquier otro caso, en virtud de la ley del Estado en que el comprador tenga su establecimiento.

2. La obligación del vendedor en virtud del párrafo precedente no se extenderá a los casos en que:

a) en el momento de la celebración del contrato, el comprador conociera o no hubiera podido ignorar la existencia del derecho o de la pretensión; o

b) el derecho o la pretensión resulten de haberse ajustado el vendedor a fórmulas, diseños y dibujos técnicos o a otras especificaciones análogas proporcionados por el comprador.

Artículo 43

1. El comprador perderá el derecho a invocar las disposiciones del artículo 41 o del artículo 42 si no comunica al vendedor la existencia del derecho o la pretensión del tercero, especificando su naturaleza, dentro de un plazo razonable a partir del momento en que haya tenido o debiera haber tenido conocimiento de ella.

2. El vendedor no tendrá derecho a invocar las disposiciones del párrafo precedente si conocía el derecho o la pretensión del tercero y su naturaleza.

Artículo 44

No obstante lo dispuesto en el párrafo 1 del artículo 39 y en el párrafo 1 del artículo 43, el comprador podrá rebajar el precio conforme al artículo

* Esta *o* que está en la versión oficial, evidentemente sobra.

50 o exigir la indemnización de los daños y perjuicios, excepto el lucro cesante, si puede aducir una excusa razonable por haber omitido la comunicación requerida.

Sección III. Derechos y acciones en caso de incumplimiento del contrato por el vendedor

Artículo 45

1. Si el vendedor no cumple cualquiera de las obligaciones que le incumben conforme al contrato o a la presente Convención, el comprador podrá:

a) ejercer los derechos establecidos en los artículos 46 a 52;
b) exigir la indemnización de los daños y perjuicios conforme a los artículos 74 a 77.

2. El comprador no perderá el derecho a exigir la indemnización de los daños y perjuicios aunque ejercite cualquier otra acción conforme a su derecho.
3. Cuando el comprador ejercite una acción por incumplimiento del contrato, el juez o el árbitro no podrán conceder al vendedor ningún plazo de gracia.

Artículo 46

1. El comprador podrá exigir del vendedor el cumplimiento de sus obligaciones, a menos que haya ejercitado un derecho o acción incompatible con esa exigencia.
2. Si las mercaderías no fueren conformes al contrato, el comprador podrá exigir la entrega de otras mercaderías en sustitución de aquéllas sólo si la falta de conformidad constituye un incumplimiento esencial del contrato y la petición de sustitución de las mercaderías se formula al hacer la comunicación a que se refiere el artículo 39 o dentro de un plazo razonable a partir de ese momento.
3. Si las mercaderías no fueren conformes al contrato, el comprador podrá exigir al vendedor que las repare para subsanar la falta de conformidad, a menos que esto no sea razonable habida cuenta de todas las circunstancias. La petición de que se reparen las mercaderías deberá formularse al hacer la comunicación a que se refiere el artículo 39 o dentro de un plazo razonable a partir de ese momento.

Artículo 47

1. El comprador podrá fijar un plazo suplementario de duración razonable para el cumplimiento por el vendedor de las obligaciones que le incumban.

2. El comprador, a menos que haya recibido la comunicación del vendedor de que no cumplirá lo que le incumbe en el plazo fijado conforme al párrafo precedente, no podrá, durante ese plazo, ejercitar acción alguna por incumplimiento del contrato. Sin embargo, el comprador no perderá por ello el derecho a exigir la indemnización de los daños y perjuicios por demora en el cumplimiento.

Artículo 48

1. Sin perjuicio de lo dispuesto en el artículo 49, el vendedor podrá, incluso después de la fecha de entrega, subsanar a su propia costa todo incumplimiento de sus obligaciones, si puede hacerlo sin una demora excesiva y sin causar al comprador inconvenientes excesivos o incertidumbre en cuanto al reembolso por el vendedor de los gastos anticipados por el comprador. No obstante, el comprador conservará el derecho a exigir la indemnización de los daños y perjuicios conforme a la presente Convención.

2. Si el vendedor pide al comprador que le haga saber si acepta el cumplimiento y el comprador no atiende la petición en un plazo razonable, el vendedor podrá cumplir sus obligaciones en el plazo indicado en su petición. El comprador no podrá antes del vencimiento de ese plazo ejercitar ningún derecho o acción incompatible con el cumplimiento por el vendedor de las obligaciones que le incumban.

3. Cuando el vendedor comunique que cumplirá sus obligaciones en un plazo determinado, se presumirá que pide al comprador que le haga saber su decisión conforme al párrafo precedente.

4. La petición o comunicación hecha por el vendedor conforme al párrafo 2 o al párrafo 3 de este artículo no surtirá efecto a menos que sea recibida por el comprador.

Artículo 49

1. El comprador podrá declarar resuelto el contrato:

a) si el incumplimiento por el vendedor de cualquiera de las obligaciones que le incumban conforme al contrato o a la presente Convención constituye un incumplimiento esencial del contrato; o

b) en caso de falta de entrega, si el vendedor no entrega las mercaderías dentro del plazo suplementario fijado por el comprador conforme al párrafo 1 del artículo 47 o si declara que no efectuará la entrega dentro del plazo así fijado.

2. No obstante, en los casos en que el vendedor haya entregado las mercaderías, el comprador perderá el derecho a declarar resuelto el contrato si no lo hace:

a) en caso de entrega tardía, dentro de un plazo razonable después de que haya tenido conocimiento de que se ha efectuado la entrega;

b) en caso de incumplimiento distinto de la entrega tardía, dentro de un plazo razonable:

i) después de que haya tenido o debiera haber tenido conocimiento del incumplimiento;

ii) después del vencimiento de plazo suplementario fijado por el comprador conforme al párrafo 1 del artículo 47, o después de que el vendedor haya declarado que no cumplirá sus obligaciones dentro de ese plazo suplementario; o

iii) después del vencimiento del plazo suplementario indicado por el vendedor conforme al párrafo 2 del artículo 48, o después de que el comprador haya declarado que no aceptará el cumplimiento.

Artículo 50

Si las mercaderías no fueren conformes al contrato, háyase pagado o no el precio, el comprador podrá rebajar el precio proporcionalmente a la diferencia existente entre el valor que las mercaderías efectivamente entregadas tenían en el momento de la entrega y el valor que habrían tenido en ese momento mercaderías conformes al contrato. Sin embargo, el comprador no podrá rebajar el precio si el vendedor subsana cualquier incumplimiento de sus obligaciones conforme al artículo 37 o al artículo 48 o si el comprador se niega a aceptar el cumplimiento por el vendedor conforme a esos artículos.

Artículo 51

1. Si el vendedor sólo entrega una parte de las mercaderías o si sólo una parte de las mercaderías entregadas es conforme al contrato, se aplicarán los artículos 46 a 50 respecto de la parte que falte o que no sea conforme.

2. El comprador podrá declarar la resolución del contrato en su totalidad sólo si la entrega parcial o no conforme al contrato constituye un incumplimiento esencial de éste.

Artículo 52

1. Si el vendedor entrega las mercaderías antes de la fecha fijada, el comprador podrá aceptar o rehusar su recepción.

2. Si el vendedor entrega una cantidad de mercaderías mayor que la expresada en el contrato, el comprador podrá aceptar o rehusar el recibo de la cantidad excedente. Si el comprador acepta la recepción de la totalidad o de parte de la cantidad excedente, deberá pagarla al precio del contrato.

Capítulo III. Obligaciones del comprador

Artículo 53

El comprador deberá pagar el precio de las mercaderías y recibirlas en las condiciones establecidas en el contrato y en la presente Convención.

Sección I. Pago del precio

Artículo 54

La obligación del comprador de pagar el precio comprende la de adoptar las medidas y cumplir los requisitos fijados por el contrato o por las leyes o los reglamentos pertinentes para que sea posible el pago.

Artículo 55

Cuando el contrato haya sido válidamente celebrado pero en él ni expresa ni tácitamente se haya señalado el precio o estipulado un medio para determinarlo, se considerará, salvo indicación en contrario, que las partes han hecho referencia implícitamente al precio generalmente cobrado en el momento de la celebración del contrato por tales mercaderías, vendidas en circunstancias semejantes, en el tráfico mercantil de que se trate.

Artículo 56

Cuando el precio se señale en función del peso de las mercaderías, será el peso neto, en caso de duda, el que determine dicho precio.

Artículo 57

1. El comprador, si no estuviere obligado a pagar el precio en otro lugar determinado, deberá pagarlo al vendedor:

a) en el establecimiento del vendedor; o

b) si el pago debe hacerse contra entrega de las mercaderías o de documentos, en el lugar en que se efectúe la entrega.

2. El vendedor deberá soportar todo aumento de los gastos relativos al pago ocasionado por un cambio de su establecimiento acaecido después de la celebración del contrato.

Artículo 58

1. El comprador, si no estuviere obligado a pagar el precio en otro momento determinado, deberá pagarlo cuando el vendedor ponga a su disposición las mercaderías o los correspondientes documentos representativos conforme al contrato y a la presente Convención. El vendedor podrá hacer del pago una condición para la entrega de las mercaderías o los documentos.

2. Si el contrato implica el transporte de las mercaderías, el vendedor podrá expedirlas estableciendo que las mercaderías o los correspondientes documentos representativos no se pondrán en poder del comprador más que contra el pago el precio.

3. El comprador no estará obligado a pagar el precio mientras no haya tenido la posibilidad de examinar las mercaderías, a menos que las modalidades de entrega o de pago pactadas por las partes sean incompatibles con esa posibilidad.

Artículo 59

El comprador deberá pagar el precio en la fecha fijada o que pueda determinarse con arreglo al contrato y a la presente Convención, sin necesidad de requerimiento ni de ninguna otra formalidad por parte del vendedor.

Sección II. Recepción

Artículo 60

La obligación del comprador de proceder a la recepción consiste:

a) en realizar todos los actos que razonablemente quepa esperar de él para que el vendedor pueda efectuar la entrega; y

b) en hacerse cargo de las mercaderías.

Sección III. Derechos y acciones en caso de incumplimiento del contrato por el comprador

Artículo 61

1. Si el comprador no cumple cualquiera de las obligaciones que le incumben conforme al contrato o a la presente Convención, el vendedor podrá:

a) ejercer los derechos establecidos en los artículos 62 y 65;

b) exigir la indemnización de los daños y perjuicios conforme a los artículos 74 a 77.

2. El vendedor no perderá el derecho a exigir la indemnización de los daños y perjuicios aunque ejercite cualquier otra acción conforme a su derecho.

3. Cuando el vendedor ejercite una acción por incumplimiento del contrato, el juez o el árbitro no podrán conceder al comprador ningún plazo de gracia.

Artículo 62

El vendedor podrá exigir del comprador que pague el precio, que reciba la mercaderías o que cumpla las demás obligaciones que le incumban, a menos que el vendedor haya ejercitado un derecho o acción incompatible con esa exigencia.

Artículo 63

1. El vendedor podrá fijar un plazo suplementario de duración razonable para el cumplimiento por el comprador de las obligaciones que le incumban.

2. El vendedor, a menos que haya recibido comunicación del comprador de que no cumplirá lo que le incumbe en el plazo fijado conforme al párrafo precedente, no podrá, durante ese plazo, ejercitar acción alguna por incumplimiento del contrato. Sin embargo, el vendedor no perderá por ello el derecho que pueda tener a exigir la indemnización de los daños y perjuicios por demora en el cumplimiento.

Artículo 64

1. El vendedor podrá declarar resuelto el contrato:

a) si el incumplimiento por el comprador de cualquiera de las obligaciones que le incumban conforme al contrato o a la presente Convención constituye un incumplimiento esencial del contrato; o

b) si el comprador no cumple su obligación de pagar el precio o no recibe las mercaderías dentro del plazo suplementario fijado por el vendedor conforme al párrafo 1 del artículo 63, o si declara que no lo hará dentro del plazo así fijado.

2. No obstante, en los casos en que el comprador haya pagado el precio, el vendedor perderá el derecho a declarar resuelto el contrato si no lo hace:

a) en caso de incumplimiento tardío por el comprador, antes de que el vendedor tenga conocimiento de que se ha efectuado el cumplimiento; o

b) en caso de incumplimiento distinto el cumplimiento tardío por el comprador, dentro de un plazo razonable:

i) después que el vendedor haya tenido o debiera haber tenido conocimiento del incumplimiento; o

ii) después del vencimiento de plazo suplementario fijado por el deudor conforme al párrafo 1 del artículo 63, o después de que el comprador haya declarado que no cumplirá sus obligaciones dentro de ese plazo suplementario.

Artículo 65

1. Si conforme al contrato correspondiere al comprador especificar la forma, las dimensiones u otras características de las mercaderías y el comprador no hiciere tal especificación en la fecha convenida o en un plazo razonable después de haber recibido un requerimiento del vendedor, éste podrá, sin perjuicio de cualesquiera otros derechos que le correspondan, hacer la especificación él mismo de acuerdo con las necesidades del comprador que le sean conocidas.

2. El vendedor, si hiciere la especificación él mismo, deberá informar de sus detalles al comprador y fijar un plazo razonable para que éste pueda hacer una especificación diferente. Si, después de recibir esa comunicación, el comprador no hiciere uso de esta posibilidad dentro del plazo así fijado, la especificación hecha por el vendedor tendrá fuerza vinculante.

Capítulo IV. Trasmisión de riesgo

Artículo 66

La pérdida o el deterioro de las mercaderías sobrevenidos después de la transmisión del riesgo al comprador no liberarán a éste de su obligación de pagar el precio, a menos que se deban a un acto u omisión del vendedor.

Artículo 67

1. Cuando el contrato de compraventa implique el transporte de las mercaderías y el vendedor no esté obligado a entregarlas en un lugar determinado, el riesgo se transmitirá al comprador en el momento en que las mercaderías se pongan en poder del primer porteador para que las traslade al comprador conforme al contrato de compraventa. Cuando el vendedor esté obligado a poner las mercaderías en poder de un porteador en un lugar determinado, el riesgo no se transmitirá al comprador hasta que las mercaderías se pongan en poder del porteador en ese lugar. El hecho de que el vendedor esté autorizado a retener los documentos representativos de las mercaderías no afectará a la transmisión del riesgo.

2. Sin embargo, el riesgo no se transmitirá al comprador hasta que las mercaderías estén claramente identificadas a los efectos del contrato mediante señales en ellas, mediante los documentos de expedición, mediante comunicación enviada al comprador o de otro modo.

Artículo 68

El riesgo respecto de las mercaderías vendidas en tránsito se transmitirá al comprador desde el momento de la celebración del contrato. No obstante, si así resultare de las circunstancias, el riesgo será asumido por el comprador desde el momento en que las mercaderías se hayan puesto en poder del porteador que haya expedido los documentos acreditativos del transporte. Sin embargo, si en el momento de la celebración del contrato de compraventa el vendedor tuviera o debiera haber tenido conocimiento de que las mercaderías habían sufrido pérdida o deterioro y no lo hubiera revelado al comprador, el riesgo de la pérdida o deterioro será de cuenta del vendedor.

Artículo 69

1. En los casos no comprendidos en los artículos 67 y 68 el riesgo se transmitirá al comprador cuando éste se haga cargo de las mercaderías o, si no

lo hace a su debido tiempo, desde el momento en que las mercaderías se pongan a su disposición e incurra en incumplimiento del contrato al rehusar su recepción.

2. No obstante, si el comprador estuviere obligado a hacerse cargo de las mercaderías en un lugar distinto de un establecimiento del vendedor, el riesgo se transmitirá cuando deba efectuarse la entrega y el comprador tenga conocimiento de que las mercaderías están a su disposición en ese lugar.

3. Si el contrato versa sobre mercaderías aún sin identificar, no se considerará que las mercaderías se han puesto a disposición del comprador hasta que estén claramente identificadas a los efectos del contrato.

Artículo 70

Si el vendedor ha incurrido en incumplimiento esencial del contrato, las disposiciones de los artículos 67, 68 y 69 no afectarán a los derechos y acciones de que disponga el comprador como consecuencia del incumplimiento.

Capítulo V. Disposiciones comunes a las obligaciones del vendedor y del comprador

Sección I. Incumplimiento previsible y contratos con entregas sucesivas

Artículo 71

1. Cualquiera de las partes podrá diferir el cumplimiento de sus obligaciones si, después de la celebración del contrato, resulta manifiesto que la otra parte no cumplirá una parte sustancial de sus obligaciones a causa de:

a) un grave menoscabo de su capacidad para cumplirlas o de su solvencia, o

b) su comportamiento al disponerse a cumplir o al cumplir el contrato.

2. El vendedor, si ya hubiere expedido las mercaderías antes de que resulten evidentes los motivos a que se refiere el párrafo precedente, podrá oponerse a que las mercaderías se pongan en poder del comprador, aun cuando éste sea tenedor de un documento que le permita obtenerlas. Este párrafo concierne sólo a los derechos respectivos del comprador y del vendedor sobre las mercaderías.

3. La parte que difiere el cumplimiento de lo que le incumbe, antes o después de la expedición de las mercaderías, deberá comunicarlo inmediatamente a la otra parte y deberá proceder al cumplimiento si esa otra parte da seguridades suficientes de que cumplirá sus obligaciones.

Artículo 72

1. Si antes de la fecha de cumplimiento fuere patente que una de las partes incurrirá en incumplimiento esencial del contrato, la otra parte podrá declararlo resuelto.

2. Si hubiere tiempo para ello, la parte que tuviere la intención de declarar resuelto el contrato deberá comunicarlo con antelación razonable a la otra parte para que ésta pueda dar seguridades suficientes de que cumplirá sus obligaciones.

3. Los requisitos del párrafo precedente no se aplicarán si la otra parte hubiere declarado que no cumplirá sus obligaciones.

Artículo 73

1. En los contratos que estipulen entregas sucesivas de mercaderías, si el incumplimiento por una de la partes de cualquiera de sus obligaciones relativas a cualquiera de las entregas constituye un incumplimiento esencial del contrato en relación con esa entrega, la otra parte podrá declarar resuelto el contrato en lo que respecta a esa entrega.

2. Si el incumplimiento por una de las partes de cualquiera de sus obligaciones relativas a cualquiera de las entregas da a la otra parte fundados motivos para inferir que se producirá un incumplimiento esencial del contrato en relación con futuras entregas, esa otra parte podrá declarar resuelto el contrato para el futuro, siempre que lo haga dentro de un plazo razonable.

3. El comprador que declare resuelto el contrato respecto de cualquier entrega podrá, al mismo tiempo, declararlo resuelto respecto de entregas ya efectuadas o de futuras entregas si, por razón de su interdependencia, tales entregas no pudieren destinarse al uso previsto por las partes en el momento de la celebración del contrato.

Sección II. Indemnización por daños y perjuicios

Artículo 74

La indemnización de daños y perjuicios por el incumplimiento del contrato en que haya incurrido una de las partes comprenderá el valor de la pérdida sufrida y el de la ganancia dejada de obtener por la otra parte como consecuencia del incumplimiento. Esa indemnización no podrá exceder de la pérdida que la parte que haya incurrido en incumplimiento hubiera previsto o debiera haber previsto en el momento de la celebración del contrato, tomando en consideración los hechos de que tuvo o debió haber tenido conocimiento en ese momento, como consecuencia posible del incumplimiento del contrato.

Artículo 75

Si se resuelve el contrato y si, de manera razonable y dentro de un plazo razonable después de la resolución, el comprador procede a una compra de reemplazo o el vendedor a una venta de reemplazo, la parte que exija la indemnización podrá obtener la diferencia entre el precio del contrato y el precio estipulado en la operación de reemplazo, así como cualesquiera otros daños y perjuicios exigibles conforme al artículo 74.

Artículo 76

1. Si se resuelve el contrato y existe un precio corriente de las mercaderías, la parte que exija la indemnización podrá obtener, si no ha procedido a una compra de reemplazo o una venta de reemplazo conforme al artículo 75, la diferencia entre el precio señalado en el contrato y el precio corriente en el momento de la resolución, así como cualesquiera otros daños y perjuicios exigibles conforme al artículo 74. No obstante, si la parte que exija la indemnización ha resuelto el contrato después de haberse hecho cargo de las mercaderías, se aplicará el precio corriente en el momento en que se haya hecho cargo de ellas en vez del precio corriente en el momento de la resolución.

2. A los efectos del párrafo precedente, el precio corriente es el del lugar en que debiera haberse efectuado la entrega de las mercaderías o, si no hubiere precio corriente en ese lugar, el precio en otra plaza que pueda razonablemente sustituir ese lugar, habida cuenta de las diferencias de costo del transporte de las mercaderías.

Artículo 77

La parte que invoque el incumplimiento del contrato deberá adoptar las medidas que sean razonables, atendidas las circunstancias, para reducir la pérdida, incluso el lucro cesante, resultante del incumplimiento. Si no adopta tales medidas, la otra parte podrá pedir que se reduzca la indemnización de los daños y perjuicios en la cuantía en que debía haberse reducido la pérdida.

Sección III. Intereses

Artículo 78

Si una parte no paga el precio o cualquier otra suma adeudada, la otra parte tendrá derecho a percibir los intereses correspondientes, sin perjuicio de toda acción de indemnización de los daños y perjuicios exigibles conforme al artículo 74.

Sección IV. Exoneración

Artículo 79

1. Una parte no será responsable de la falta de cumplimiento de cualquiera de sus obligaciones si prueba que esa falta de cumplimiento se debe a un impedimento ajeno a su voluntad y si no cabía razonablemente esperar que tuviese en cuenta el impedimento en el momento de la celebración del contrato, que lo evitase o superase o que evitase o superase sus consecuencias.

2. Si la falta de cumplimiento de una de las partes se debe a la falta de cumplimiento de un tercero al que haya encargado la ejecución total o parcial del contrato, esa parte sólo quedará exonerada de responsabilidad:

a) si está exonerada conforme al párrafo precedente, y

b) si el tercero encargado de la ejecución también estaría exonerado en el caso de que se le aplicaran las disposiciones de ese párrafo.

3. La exoneración prevista en este artículo surtirá efecto mientras dure el impedimento.

4. La parte que no haya cumplido sus obligaciones deberá comunicar a la otra parte el impedimento y sus efectos sobre su capacidad para cumplirlas. Si la otra parte no recibiera la comunicación dentro de un plazo razonable después de que la parte que no haya cumplido tuviera o debiera haber tenido conocimiento del impedimento, esta última parte será responsable de los daños y perjuicios causados por esa falta de recepción.

5. Nada de lo dispuesto en este artículo impedirá a una u otra de las partes ejercer cualquier derecho distinto del derecho a exigir la indemnización de los daños y perjuicios conforme a la presente Convención.

Artículo 80

Una parte no podrá invocar el incumplimiento de la otra en la medida en que tal incumplimiento haya sido causado por acción u omisión de aquélla.

Sección V. Efectos de la resolución

Artículo 81

1. La resolución del contrato librará a las dos partes de sus obligaciones, salvo la indemnización de daños y perjuicios que pueda ser debida. La resolución no afectará a las estipulaciones del contrato relativas a la solución de controversias ni a ninguna otra estipulación del contrato que regule los derechos y obligaciones de las partes en caso de resolución.

2. La parte que haya cumplido total o parcialmente el contrato podrá reclamar de la otra parte la restitución de lo que haya suministrado o pagado conforme al contrato. Si las dos partes están obligadas a restituir, la restitución deberá realizarse simultáneamente.

Artículo 82

1. El comprador perderá el derecho a declarar resuelto el contrato o a exigir al vendedor la entrega de otras mercaderías en sustitución de las recibidas cuando le sea imposible restituir éstas en un estado sustancialmente idéntico a aquel en que las hubiera recibido.

2. El párrafo precedente no se aplicará:

a) si la imposibilidad de restituir las mercaderías o de restituirlas en un estado sustancialmente idéntico a aquel en que el comprador la hubiera recibido no fuere imputable a un acto u omisión de éste;

b) si las mercaderías o una parte de ellas hubieren perecido o se hubieren deteriorado como consecuencia del examen prescrito en el artículo 38; o

c) si el comprador, antes de que descubriera o debiera haber descubierto la falta de conformidad, hubiere vendido las mercaderías o una parte de ellas en el curso normal de sus negocios o las hubiere consumido o transformado conforme a un uso normal.

Artículo 83

El comprador que haya perdido el derecho a declarar resuelto el contrato o a exigir del vendedor la entrega de otras mercaderías en sustitución de las recibidas, conforme al artículo 82, conservará todos los demás derechos y acciones que le correspondan conforme al contrato y a la presente Convención.

Artículo 84

1. El vendedor, si estuviere obligado a restituir el precio, deberá abonar también los intereses correspondientes, a partir de la fecha en que se haya efectuado el pago.

2. El comprador deberá abonar al vendedor el importe de todos los beneficios que haya obtenido de las mercaderías o de una parte de ellas:

a) cuando deba restituir las mercaderías o una parte de ellas; o

b) cuando le sea imposible restituir la totalidad o una parte de las mercaderías o restituir la totalidad o una parte de las mercaderías en un estado sustancialmente idéntico a aquel en que las hubiera recibido, pero haya declarado resuelto el contrato o haya exigido del vendedor la entrega de otras mercaderías en sustitución de las recibidas.

Sección VI. Conservación de las mercaderías

Artículo 85

Si el comprador se demora en la recepción de las mercaderías o, cuando el pago del precio y la entrega de las mercaderías deban hacerse simultáneamente, no paga el precio, el vendedor, si está en posesión de las mercaderías o tiene de otro modo poder de disposición sobre ellas, deberá adoptar las medidas que sean razonables, atendidas las circunstancias, para su conservación. El vendedor tendrá derecho a retener las mercaderías hasta que haya obtenido el comprador el reembolso de los gastos razonables que haya realizado.

Artículo 86

1. El comprador, si ha recibido las mercaderías y tiene la intención de ejercer cualquier derecho a rechazarlas que le corresponda conforme al contrato o a la presente Convención, deberá adoptar las medidas que sean razonables, atendidas las circunstancias, para su conservación. El comprador tendrá derecho a retener las mercaderías hasta que haya obtenido del vendedor el reembolso de los gastos razonables que haya realizado.

2. Si las mercaderías expedidas al comprador han sido puestas a disposición de éste en el lugar de destino y el comprador ejerce el derecho a rechazarlas, deberá tomar posesión de ellas por cuenta del vendedor, siempre que ello pueda hacerse sin pago del precio y sin inconvenientes ni gastos excesivos. Esta disposición no se aplicará cuando el vendedor o una persona facultada para hacerse cargo de las mercaderías por cuenta

de aquél esté presente en el lugar de destino. Si el comprador toma posesión de las mercaderías conforme a este párrafo, sus derechos y obligaciones se regirán por el párrafo precedente.

Artículo 87

La parte que esté obligada a adoptar medidas para la conservación de las mercaderías podrá depositarlas en los almacenes de un tercero a expensas de la otra parte, siempre que los gastos resultantes no sean excesivos.

Artículo 88

1. La parte que esté obligada a conservar las mercaderías conforme a los artículos 85 u 86 podrá venderlas por cualquier medio apropiado si la otra parte se ha demorado excesivamente en tomar posesión de ellas, en aceptar su devolución o en pagar el precio o los gastos de su conservación, siempre que comunique con antelación razonable a esa otra parte su intención de vender.

2. Si las mercaderías están expuestas a deterioro rápido, o si su conservación entraña gastos excesivos, la parte que esté obligada a conservarlas conforme a los artículos 85 u 86 deberá adoptar medidas razonables para venderlas. En la medida de lo posible deberá comunicar a la otra parte su intención de vender.

3. La parte que venda las mercaderías tendrá derecho a retener del producto de la venta una suma igual a los gastos razonables de su conservación y venta. Esa parte deberá abonar el saldo a la otra parte.

PARTE IV

DISPOSICIONES FINALES

Artículo 89

El Secretario General de las Naciones Unidas queda designado depositario de la presente Convención.

Artículo 90

La presente Convención no prevalecerá sobre ningún acuerdo internacional ya celebrado o que se celebre que contenga disposiciones relativas a las materias que se rigen por la presente Convención, siempre que las partes tengan sus establecimientos en Estados partes en ese acuerdo.

Artículo 91

1. La presente Convención estará abierta a la firma en la sesión de clausura de la Conferencia sobre los Contratos de Compraventa Internacional de Mercaderías y permanecerá abierta a la firma de todos los Estados en la Sede de las Naciones Unidas, Nueva York, hasta el 30 de septiembre de 1981.

2. La presente Convención estará sujeta a ratificación, aceptación o aprobación por los Estados signatarios.

3. La presente Convención estará abierta a la adhesión de todos los Estados que no sean Estados signatarios desde la fecha en que quede abierta a la firma.

4. Los instrumentos de ratificación, aceptación, aprobación y adhesión se depositarán en poder del Secretario General de las Naciones Unidas.

Artículo 92

1. Todo Estado contratante podrá declarar en el momento de la firma, la ratificación, la aceptación, la aprobación o la adhesión que no quedará obligado por la Parte II de la presente Convención o que no quedará obligado por la Parte III de la presente Convención.

2. Todo Estado contratante que haga una declaración conforme al párrafo precedente respecto de la Parte II o de la Parte III de la presente Convención no será considerado Estado contratante a los efectos del párrafo 1 del artículo 1 de la presente Convención respecto de las materias que se rijan por la Parte a la que se aplique la declaración.

Artículo 93

1. Todo Estado contratante integrado por dos o más unidades territoriales en las que, con arreglo a su constitución, sean aplicables distintos sistemas jurídicos en relación con las materias objeto de la presente Convención, podrá declarar en el momento de la firma, la ratificación, la aceptación, la aprobación o la adhesión que la presente Convención se aplicará a todas sus unidades territoriales o sólo a una o varias de ellas y podrá modificar en cualquier momento su declaración mediante otra declaración.

2. Esas declaraciones serán notificadas al depositario y en ellas se hará constar expresamente a qué unidades territoriales se aplica la Convención.

3. Si, en virtud de una declaración hecha conforme a este artículo, la presente Convención se aplica a una o varias de las unidades territoriales de un Estado contratante, pero no a todas ellas, y si el establecimiento de una de las partes está situado en ese Estado, se considerará que, a los

efectos de la presente Convención, ese establecimiento no está en un Estado contratante, a menos que se encuentre en una unidad territorial a la que se aplique la Convención.

4. Si el Estado Contratante no hace ninguna declaración conforme al párrafo 1 de este artículo, la Convención se aplicará a todas las unidades territoriales de ese Estado.

Artículo 94

1. Dos o más Estados contratantes que, en las materias que se rigen por la presente Convención, tengan normas jurídicas idénticas o similares podrán declarar, en cualquier momento, que la Convención no se aplicará a los contratos de compraventa ni a su formación cuando las partes tengan sus establecimientos en esos Estados. Tales declaraciones podrán hacerse conjuntamente o mediante declaraciones unilaterales recíprocas.

2. Todo Estado contratante que, en las materias que se rigen por la presente Convención, tenga normas jurídicas idénticas o similares a las de uno o varios Estados no contratantes podrá declarar, en cualquier momento, que la Convención no se aplicará a los contratos de compraventa ni a su formación cuando las partes tengan sus establecimientos en esos Estados.

3. Si un Estado respecto del cual se haya hecho una declaración conforme al párrafo precedente llega a ser ulteriormente Estado contratante, la declaración surtirá los efectos de una declaración hecha con arreglo al párrafo 1 desde la fecha en que la Convención entre en vigor respecto al nuevo Estado contratante, siempre que el nuevo Estado contratante suscriba esa declaración o haga una declaración unilateral de carácter recíproco.

Artículo 95

Todo Estado podrá declarar en el momento del depósito de su instrumento de ratificación, aceptación, aprobación o adhesión que no quedará obligado por el apartado b) del párrafo 1 de la presente Convención.

Artículo 96

El Estado contratante cuya legislación exija que los contratos de compraventa se celebren o se prueben por escrito podrá hacer en cualquier momento una declaración conforme al artículo 12 en el sentido de que cualquier disposición del artículo 11, del artículo 29 o de la parte II de la presente Convención que permita que la celebración, la modificación o la extinción por mutuo acuerdo del contrato de compraventa, o la oferta, la aceptación o cualquier otra manifestación de intención, se hagan por un procedimiento que no sea por escrito no se aplicará en el caso de que cualquiera de las partes tenga su establecimiento en ese Estado.

Artículo 97

1. Las declaraciones hechas conforme a la presente Convención en el momento de la firma estarán sujetas a confirmación cuando se proceda a la ratificación, la aceptación o la aprobación.

2. Las declaraciones y las confirmaciones de declaraciones se harán constar por escrito y se notificarán formalmente al depositario.

3. Toda declaración surtirá efecto en el momento de la entrada en vigor de la presente Convención respecto del Estado de que se trate. No obstante, toda declaración de la que el depositario reciba notificación formal después de tal entrada en vigor surtirá efecto el primer día del mes siguiente a la expiración de un plazo de seis meses contados desde la fecha en que haya sido recibida por el depositario. Las declaraciones unilaterales recíprocas hechas conforme al artículo 94 surtirán efecto el primer día del mes siguiente a la expiración de un plazo de seis meses contados desde la fecha en que el depositario haya recibido la última declaración.

4. Todo Estado que haga una declaración conforme a la presente Convención podrá retirarla en cualquier momento mediante notificación formal hecha por escrito al depositario. Este retiro surtirá efecto el primer día del mes siguiente a la expiración de un plazo de seis meses contados desde la fecha en que el depositario haya recibido la notificación.

5. El retiro de una declaración hecha conforme al artículo 94 hará ineficaz, a partir de la fecha en que surta efecto el retiro, cualquier declaración de carácter recíproca hecha por otro Estado conforme a ese artículo.

Artículo 98

No se podrán hacer más reservas que las expresamente autorizadas por la presente Convención.

Artículo 99

1. La presente Convención entrará en vigor, sin perjuicio de lo dispuesto en el párrafo 6 de este artículo, el primer día del mes siguiente a la expiración de un plazo de doce meses contados desde la fecha en que haya sido depositado el décimo instrumento de ratificación, aceptación, aprobación o adhesión, incluido todo instrumento que contenga una declaración hecha conforme al artículo 92.

2. Cuando un Estado ratifique, acepte o apruebe la presente Convención, o se adhiera a ella, después de haber sido depositado el décimo

instrumento de ratificación, aceptación, aprobación o adhesión, la Convención, salvo la parte excluida, entrará en vigor respecto de ese Estado, sin perjuicio de lo dispuesto en el párrafo 6 de este artículo, el primer día del mes siguiente a la expiración de un plazo de doce meses contados desde la fecha en que haya depositado su instrumento de ratificación, aceptación, aprobación o adhesión.

3. Todo Estado que ratifique, acepte o apruebe la presente Convención, o se adhiera a ella, y que sea parte en la Convención relativa a una ley uniforme sobre la formación de contratos para la venta internacional de mercaderías hecha en La Haya el 1o. de julio de 1964 (Convención de La Haya sobre la formación, de 1964) o en la Convención relativa a una Ley uniforme sobre la venta internacional de mercaderías hecha en La Haya el 1o. de julio de 1964 (Convención de La Haya sobre la venta de 1964), o en ambas Convenciones, deberá denunciar al mismo tiempo, según el caso, la Convención de La Haya sobre la venta (de 1964), la Convención de La Haya sobre la formación (de 1964) o ambas Convenciones, mediante notificación al efecto al Gobierno de los Países Bajos.

4. Todo Estado parte en la Convención de La Haya sobre la venta (de 1964) que ratifique, acepte o apruebe la presente Convención, o se adhiera a ella, y que declare o haya declarado conforme al artículo 92 que no quedará obligado por la Parte II de la presente Convención denunciará, en el momento de la ratificación, la aceptación, la aprobación o la adhesión a la Convención de La Haya sobre la venta (de 1964) mediante notificación al efecto al Gobierno de los Países Bajos.

5. Todo Estado parte en la Convención de La Haya sobre la formación (de 1964) que ratifique, acepte o apruebe la presente Convención, o se adhiera a ella, y que declare o haya declarado conforme al artículo 92 que no quedará obligado por la Parte III de la presente Convención, denunciará en el momento de la ratificación la aceptación, la aprobación o la adhesión a la Convención de La Haya sobre la formación (de 1964) mediante notificación al efecto al Gobierno de los Países Bajos.

6. A los efectos de este artículo, las ratificaciones, aceptaciones, aprobaciones y adhesiones formuladas respecto de la presente Convención por Estados partes en la Convención de La Haya sobre la formación (de 1964) o en la Convención de La Haya sobre la venta (de 1964) no surtirá efecto hasta que las denuncias que esos Estados deban hacer en su caso, respecto de estas dos últimas Convenciones haya surtido a su vez efecto. El depositario de la presente Convención consultará con el Gobierno de los Países Bajos, como depositario de las Convenciones de 1964, a fin de lograr la necesaria coordinación a este respecto.

Artículo 100

1. La presente Convención se aplicará a la formación del contrato sólo

cuando la propuesta de celebración del contrato se haga en fecha de entrada en vigor de la Convención respecto de los Estados contratantes a que se refiere el apartado *a*) del párrafo 1 el artículo 1, o respecto del Estado contratante a que se refiere el apartado *b*) del párrafo 1 del artículo 1, o después de esa fecha.

2. La presente Convención se aplicará sólo a los contratos celebrados en la fecha de entrada en vigor de la presente Convención respecto de los Estados contratantes a que se refiere el apartado *a*) del párrafo 1 del artículo 1, o respecto del Estado contratante a que se refiere el apartado *b*) del párrafo 1 del artículo 1, o después de ésa.

Artículo 101

1. Todo Estado contratante podrá denunciar la presente Convención, o su Parte II o su Parte III, mediante notificación formal hecha por escrito al depositario.

2. La denuncia surtirá efecto el primer día del mes siguiente a la expiración de un plazo de doce meses contados desde la fecha en que la notificación haya sido recibida por el depositario. Cuando en la notificación se establezca un plazo más largo para que la denuncia surta efecto, la denuncia surtirá efecto a la expiración de ese plazo, contado desde la fecha en que la notificación haya sido recibida por el depositario.

Hecha en Viena, el día once de abril de mil novecientos ochenta, en un solo original, cuyos textos en árabe, chino, español, francés, inglés y ruso son igualmente auténticos. En testimonio de lo cual, los plenipotenciarios infrascriptos, debidamente autorizados por sus respectivos Gobiernos, han firmado la presente Convención.

Apéndice 5

Convención sobre la Prescripción en materia de Compraventa Internacional de Mercaderías, enmendada por el protocolo por el que se enmienda la Convención sobre la Prescripción en materia de Compraventa Internacional de Mercaderías

Los Estados partes en la presente Convención,

Considerando que el comercio internacional constituye un factor importante para fomentar las rclaciones amistosas entre los Estados,

Creyendo que la aprobación de normas uniformes que regulen el plazo de prescripción en la compraventa internacional de mercaderías facilitaría el desarrollo del comercio mundial,

Han convenido en lo siguiente:

PARTE I. DISPOSICIONES SUSTANTIVAS

Ámbito de aplicación

Artículo 1

1. La presente Convención determinará los casos en que los derechos y acciones que un comprador y un vendedor tengan entre sí derivados de un contrato de compraventa internacional de mercaderías, o relativos a su incumplimiento, resolución o nulidad, no puedan ya ejercitarse a causa de la expiración de un plazo. Ese plazo se denominará en lo sucesivo "plazo de prescripción".

2. La presente Convención no afectará a los plazos dentro de los cuales una de las partes, como condición para adquirir o ejercitar su derecho,

deba notificar a la otra o realizar cualquier acto que no sea el de iniciar un procedimiento.

3. En la presente Convención:

a) por "comprador", "vendedor" y "parte" se entenderá las personas que compren o vendan, o se obliguen a comprar o vender mercaderías, y sus sucesores o causahabientes en los derechos y obligaciones originados por el contrato de compraventa;

b) por "acreedor" se entenderá la parte que trate de ejercitar un derecho independientemente de que éste se refiera o no a una cantidad de dinero;

c) por "deudor" se entenderá la parte contra la que el acreedor trate de ejercitar tal derecho;

d) por "incumplimiento del contrato" se entenderá toda violación de las obligaciones de una parte o cualquier cumplimiento que no fuere conforme al contrato;

e) por "procedimiento" se entenderá los procedimientos contenciosos judiciales, arbitrales y administrativos;

f) el término "persona" incluirá toda sociedad, asociación o entidad, privada o pública, que pueda demandar o ser demandada;

g) el término "escrito" abarcará los telegramas y télex;

h) por "año" se entenderá el año contado con arreglo al calendario gregoriano.

Artículo 2

A los efectos de la presente Convención:

a) se considerará que un contrato de compraventa de mercaderías es internacional cuando, al tiempo de su celebración, el comprador y el vendedor tengan sus establecimientos en Estados diferentes;

b) el hecho de que las partes tengan sus establecimientos en Estados diferentes no será tenido en cuenta cuando ello no resulte del contrato, ni de tratos entre ellas, ni de información revelada por las partes en cualquier momento antes de la celebración del contrato, o al celebrarlo;

c) cuando una de la partes en el contrato de compraventa tenga establecimientos en más de un Estado, su establecimiento será el que guarde la relación más estrecha con el contrato y su ejecución, habida cuenta de circunstancias conocidas o previstas por las partes en el momento de la celebración del contrato;

d) cuando una de las partes no tenga establecimiento, se tendrá en cuenta su residencia habitual;

e) no se tendrá en cuenta ni la nacionalidad de las partes, ni la calidad o el carácter civil o comercial de ellas o del contrato.

Artículo 3[1]

1. La presente Convención sólo se aplicará:

a) cuando, en el momento de la celebración del contrato, los establecimientos de las partes en un contrato de compraventa internacional de mercaderías estén situados en Estados Contratantes; o

b) cuando, en virtud de las normas del derecho internacional privado, la ley de un Estado Contratante sea aplicable al contrato de compraventa.

2. La presente Convención no se aplicará cuando las partes hayan excluido expresamente su aplicación.

Artículo 3

1. La presente Convención sólo se aplicará cuando, en el momento de la celebración del contrato, los establecimientos de las partes en un contrato de compraventa internacional de mercaderías estén situados en Estados contratantes.

2. Salvo disposición en contrario de la presente Convención, ésta se aplicará sin tomar en consideración la ley que sería aplicable en virtud de las reglas del derecho internacional privado.

3. La presente Convención no se aplicará cuando las partes hayan excluido expresamente su aplicación.

[1] Texto enmendado de conformidad con el artículo I del Protocolo de 1980. Los Estados que hagan una declaración con arreglo al artículo 36 bis (artículo XII del Protocolo de 1980) quedarán obligados por el texto del artículo 3 originalmente aprobado en la Convención sobre la prescripción de 1974. El texto del artículo 3 originalmente aprobado era el siguiente:

"Artículo 3

1. La presente Convención sólo se aplicará cuando, en el momento de la celebración del contrato, los establecimientos de las partes en un contrato de compraventa internacional de mercaderías estén situados en Estados contratantes.

2. Salvo disposición en contrario de la presente Convención, ésta se aplicará sin tomar en consideración la ley que sería aplicable en virtud de las reglas del derecho internacional privado.

3. La presente Convención no se aplicará cuando las partes hayan excluido expresamente su aplicación."

Artículo 4[2]

La presente Convención no se aplicará a las compraventas:

a) de mercaderías compradas para uso personal, familiar o doméstico, salvo que el vendedor, en cualquier momento antes de la celebración del contrato o en el momento de su celebración, no hubiera tenido ni debiera haber tenido conocimiento de que las mercaderías se compraban para ese uso;

b) en subastas;

c) en ejecución de sentencia u otras que se realicen por resolución legal;

d) de títulos de crédito, acciones emitidas por sociedades, títulos de inversión, títulos negociables y dinero;

e) de buques, embarcaciones, aerodeslizadores y aeronaves;

f) de electricidad.

Artículo 5

La presente Convención no se aplicará a las acciones fundadas en:

a) cualquier lesión corporal o la muerte de una persona;

b) daños nucleares causados por las mercaderías vendidas;

c) privilegios, gravámenes o cualquier otra garantía;

d) sentencias o laudos dictados en procedimientos;

e) títulos que sean ejecutivos según la ley del lugar en que se solicite la ejecución;

f) letras de cambio, cheques o pagarés.

Artículo 6

1. La presente Convención no se aplicará a los contratos en los que la parte principal de las obligaciones del vendedor consista en suministrar mano de obra o prestar otros servicios.

2. Se asimilan a las compraventas los contratos que tengan por objeto el suministro de mercaderías que hayan de ser manufacturadas o producidas, a menos que quien las encargue asuma la obligación de propor-

[2] Texto de los párrafos *a*) y *e*) enmendado de conformidad con el artículo II del Protocolo de 1980. El texto de los párrafos *a*) y *e*) del artículo 4 originalmente aprobado en la Convención sobre la prescripción de 1974, antes de ser enmendados por el Protocolo de 1980, era el siguiente:

a) de mercaderías compradas para uso personal, familiar o doméstico;

b) de buques, embarcaciones y aeronaves.

cionar una parte esencial de los materiales necesarios para dicha manufactura o producción.

Artículo 7

En la interpretación y aplicación de las disposiciones de la presente Convención, se tendrán en cuenta su carácter internacional y la necesidad de promover su uniformidad.

Artículo 8

El plazo de prescripción será de cuatro años.

Artículo 9

1. Salvo las disposiciones de los artículos 10, 11 y 12, el plazo de prescripción comenzará en la fecha en que la acción pueda ser ejercitada.

2. El comienzo del plazo de prescripción no se diferirá por causa de:

a) que una parte deba notificar a la otra en los términos del párrafo 2 del artículo 1, o

b) que cualquier cláusula de un compromiso de arbitraje establezca que no surgirá derecho alguno en tanto no se haya dictado el laudo arbitral.

Artículo 10

1. La acción dimanada de un incumplimiento del contrato podrá ser ejercitada en la fecha en que se produzca tal incumplimiento.

2. La acción dimanada de un vicio u otra falta de conformidad de las mercaderías podrá ser ejercitada en la fecha en que éstas sean entregadas efectivamente al comprador o en la fecha en que el comprador rehúse el recibo de dichas mercaderías.

3. La acción basada en el dolo cometido antes o al momento de la celebración del contrato, o durante su cumplimiento, podrá ser ejercitada en la fecha en que el dolo fue o pudiera haber sido razonablemente descubierto.

Artículo 11

Si el vendedor ha dado, respecto de las mercaderías vendidas, una garantía expresa válida durante cierto periodo, especificado o no, el plazo de prescripción de una acción fundada en la garantía comenzará a correr a partir de la fecha en que el comprador notifique al vendedor el hecho en que funde su reclamación. Tal fecha no podrá ser nunca posterior a la expiración del periodo de garantía.

Artículo 12

1. Cuando, en los casos previstos por la ley aplicable al contrato, una parte tenga derecho a declararlo resuelto antes de la fecha en que corresponda su cumplimiento, y ejercite tal derecho, el plazo de prescripción correrá a partir de la fecha en que tal decisión sea comunicada a la otra parte. Si la resolución del contrato no fuese declarada antes de la fecha establecida para su cumplimiento, el plazo de prescripción correrá a partir de esta última.

2. El plazo de prescripción de toda acción basada en el incumplimiento, por parte, de un contrato que establezca prestaciones o pagos escalonados correrá, para cada una de las obligaciones sucesivas, a partir de la fecha en que se produzca el respectivo incumplimiento. Cuando de acuerdo con la ley aplicable al contrato, una parte se encuentre facultada para declarar la resolución del contrato en razón de tal incumplimiento y ejercite su derecho, el plazo de prescripción de todas las obligaciones sucesivas correrá a partir de la fecha en la que la decisión sea comunicada a la otra parte.

Cesación y prórroga del plazo de prescripción

Artículo 13

El plazo de prescripción dejará de correr cuando el acreedor realice un acto que la ley del tribunal donde sea incoado el procedimiento considere como iniciación de un procedimiento judicial contra el deudor o como demanda entablada dentro de un proceso ya iniciado contra este último, con la intención del acreedor de solicitar la satisfacción o el reconocimiento de su derecho.

Artículo 14

1. Cuando las partes hayan convenido en someterse a arbitraje, el plazo de prescripción cesará de correr a partir de la fecha en que una de ellas inicie el procedimiento arbitral según la forma prevista por el compromiso de arbitraje o por la ley aplicable a dicho procedimiento.

2. En ausencia de toda disposición al efecto, el procedimiento de arbitraje se considerará iniciado en la fecha en que el requerimiento de someter la controversia al arbitraje sea notificado en la residencia habitual

o en el establecimiento de la otra parte, o, en su defecto, en su última residencia o último establecimiento conocidos.

Artículo 15

En todo procedimiento que no sea de los previstos en los artículos 13 y 14, comprendidos los iniciados con motivo de:

a) la muerte o incapacidad del deudor,

b) la quiebra del deudor, o toda situación de insolvencia relativa a la totalidad de sus bienes, o

c) la disolución o liquidación de una sociedad, asociación o entidad, cuando ésta sea la deudora, el plazo de prescripción dejará de correr cuando el acreedor haga valer su derecho en tal procedimiento con el objeto de obtener su satisfacción o reconocimiento, con sujeción a la ley aplicable a dicho procedimiento.

Artículo 16

A los efectos de los artículos 13, 14 y 15, la reconvención se considerará entablada en la misma fecha en que lo fue la demanda a la que se opone, siempre que tanto la demanda como la reconvención se refiera al mismo contrato o a varios contratos celebrados en el curso de la misma transacción.

Artículo 17

1. Cuando se haya iniciado un procedimiento con arreglo a lo establecido en los artículos 13, 14, 15 o 16 antes de la expiración del plazo de prescripción, se considerará que éste ha seguido corriendo si el procedimiento termina sin que haya recaído una decisión sobre el fondo del asunto.

2. Cuando, al término de dicho procedimiento, el plazo de prescripción ya hubiera expirado o faltara menos de un año para que expirase, el acreedor tendrá derecho a un plazo de un año contado a partir de la conclusión del procedimiento.

Artículo 18

1. El procedimiento iniciado contra el deudor hará que el plazo de prescripción previsto en esta Convención cese de correr con respecto al codeudor solidario siempre que el acreedor informe a este último por escrito, dentro de dicho plazo, de la iniciación de procedimiento.

2. Cuando el procedimiento sea iniciado por un subadquiriente contra el comprador, el plazo de prescripción previsto en esta Convención ce-

sará de correr en cuanto a las acciones que correspondan al comprador contra el vendedor, a condición de que aquel informe por escrito a éste, dentro de dicho plazo, de la iniciación del procedimiento.

3. Cuando haya concluido el procedimiento mencionado en los párrafos 1 y 2 del presente artículo, se considerará que el plazo de prescripción respecto de la acción del acreedor o del comprador contra el codeudor solidario o contra el vendedor no ha dejado de correr, en virtud de los párrafos 1 y 2 del presente artículo, pero el acreedor o el comprador tendrán derecho a un año suplementario contado a partir de la fecha de la terminación del procedimiento, si para esa fecha el plazo de prescripción hubiera expirado o faltase menos de un año para su expiración.

Artículo 19

Cuando el acreedor realice en el Estado en que el deudor tenga su establecimiento y antes de que concluya el plazo de prescripción cualquier acto, que no sea de los previstos en los artículos 13, 14, 15 y 16, que, según la ley de dicho Estado, tenga el efecto de reanudar el plazo de prescripción, un nuevo plazo de cuatro años comenzará a correr a partir de la fecha establecida por dicha ley.

Artículo 20

1. Si antes de la expiración del plazo de prescripción el deudor reconoce por escrito su obligación respecto del acreedor, un nuevo plazo de cuatro años comenzará a correr a partir de tal reconocimiento.

2. El pago de intereses o el cumplimiento parcial de una obligación por el deudor tendrá el mismo efecto que el reconocimiento a que se refiere el párrafo precedente, siempre que razonablemente pueda deducirse de dicho pago o cumplimiento que el deudor ha reconocido su obligación.

Artículo 21

Cuando, en virtud de circunstancias que no le sean imputables y que no pudiera evitar ni superar, el acreedor se encontrase en la imposibilidad de hacer cesar el curso de la prescripción, el plazo se prolongará un año contando desde el momento en que tales circunstancias dejaren de existir.

Modificación del plazo de prescripción por las partes

Artículo 22

1. El plazo de prescripción no podrá ser modificado ni afectado por nin-

guna declaración o acuerdo entre las partes, a excepción de los casos previstos en el párrafo 2 del presente artículo.

2. El deudor podrá, en cualquier momento durante el curso del plazo de prescripción, prorrogarlo mediante declaración por escrito hecha al acreedor. Dicha declaración podrá ser reiterada.

3. Las disposiciones del presente artículo no afectarán a la validez de las cláusulas del contrato de compraventa en que se estipule, para iniciar el procedimiento arbitral, un plazo de prescripción menor que el que se establece en la presente Convención, siempre que dichas cláusulas sean válidas con arreglo a la ley aplicable al contrato de compraventa.

Límite general del plazo de prescripción

Artículo 23

No obstante lo dispuesto en la presente Convención, el plazo de prescripción en todo caso expirará a más tardar transcurridos diez años contados a partir de la fecha en que comience a correr con arreglo a los artículos 9, 10, 11 y 12 de la presente Convención.

Efectos de expiración del plazo de prescripción

Artículo 24

La expiración del plazo de prescripción en cualquier procedimiento sólo será tenida en cuenta si es invocada por una de las partes en ese procedimiento.

Artículo 25

1. Salvo lo dispuesto en el párrafo 2 del presente artículo y en el artículo 24, no se reconocerá ni surtirá efecto en procedimiento alguno ninguna acción que se haya iniciado con posterioridad a la expiración del plazo de prescripción.

2. No obstante la expiración del plazo de prescripción, una de las partes podrá invocar su derecho y oponerlo a la otra parte como excepción o compensación, a condición de que, en este último caso:

a) los dos créditos tengan su origen en el mismo contrato o en varios contratos concertados en el curso de la misma transacción, o

b) los derechos hubieran podido ser compensados en cualquier momento antes de la expiración del plazo de prescripción.

Artículo 26

Cuando el deudor cumpla su obligación después de la expiración del plazo de prescripción, no tendrá derecho por ese motivo a pedir restitución, aunque en la fecha en que hubiera cumplido su obligación ignorase que el plazo había expirado.

Artículo 27

La expiración del plazo de prescripción en relación con la deuda principal operará el mismo efecto respecto de la obligación de pagar los intereses que a ella correspondan.

Cómputo del plazo de prescripción

Artículo 28

1. El plazo de prescripción será computado de tal manera que concluya en la medianoche del día que corresponda a la fecha en que comenzó su curso. En caso de que no haya tal fecha, expirará en la medianoche del último día del último mes del plazo de prescripción.

2. El plazo de prescripción se computará con referencia a la fecha del lugar donde se inicie el procedimiento.

Artículo 29

Si el último día del plazo de prescripción fuera feriado o inhábil para actuaciones judiciales e impidiera la iniciación del procedimiento judicial en la jurisdicción en que el acreedor inicie dicho procedimiento o proteja su derecho tal como lo prevén los artículos 13, 14 o 15, el plazo de prescripción se prolongará al primer día hábil siguiente.

Efectos internacionales

Artículo 30

Los actos y circunstancias comprendidos en los artículos 13 a 19 que ocurran en un Estado Contratante surtirán efectos, para los fines de la presente Convención, en otro Estado Contratante, a condición de que el acreedor haya adoptado todas las medidas razonables para que el deudor se encuentre informado de tales actos o circunstancias lo antes posible.

PARTE II. APLICACIÓN

Artículo 31

1. Todo Estado Contratante integrado por dos o más unidades territoriales en las que, con arreglo a su Constitución sean aplicables distintos sistemas jurídicos en relación con las materias objeto de la presente Convención, podrá declarar, en el momento de la firma, la ratificación o la adhesión, que la presente Convención se aplicará a todas sus unidades territoriales o sólo a una o varias de ellas, y podrá rectificar su declaración en cualquier momento mediante otra declaración.

2. Esas declaraciones serán notificadas al Secretario General de las Naciones Unidas, y en ellas se hará constar expresamente a qué unidades territoriales se aplica la Convención.

3. Si el Estado Contratante mencionado en el párrafo 1 del presente artículo no hace ninguna declaración en el momento de la firma, la ratificación o la adhesión, la Convención surtirá efectos en todas las unidades territoriales de ese Estado.

4. Si, en virtud de una declaración hecha conforme a este artículo, la presente Convención se aplica a una o varias de las unidades territoriales de un Estado Contratante, pero no a todas ellas, y si el establecimiento de una de las partes en el contrato está situado en ese Estado, se considerará que, a los efectos de la presente Convención, ese establecimiento no está en un Estado Contratante, a menos que se encuentre en una unidad territorial a la que se aplique la Convención.[3]

Artículo 32

Cuando en la presente Convención se haga referencia a la ley de un Estado en el que rijan diferentes sistemas jurídicos, se entenderá que se trata de la ley del sistema jurídico particular que corresponda.

Artículo 33

Cada Estado Contratante aplicará las disposiciones de la presente Convención a los contratos que se celebren en la fecha de entrada en vigor de esta Convención y posteriormente.

[3] Nuevo párrafo 4, agregado de conformidad con el artículo III del Protocolo de 1980.

PARTE III. DECLARACIONES Y RESERVAS

Artículo 34[4]

1. Dos o más Estados Contratantes que, en las materias que se rigen por la presente Convención, tengan normas jurídicas idénticas o similares podrán declarar en cualquier momento, que la Convención no se aplicará a los contratos de compraventa internacional de mercaderías cuando las partes tengan sus establecimientos en esos Estados. Tales declaraciones podrán hacerse conjuntamente o mediante declaraciones unilaterales recíprocas.

2. Todo Estado Contratante que, en las materias que se rigen por la presente Convención, tenga normas jurídicas idénticas o similares a las de uno o varios Estados no contratantes podrá declarar, en cualquier momento, que la Convención no se aplicará a los contratos de compraventa internacional de mercaderías cuando las partes tengan sus establecimientos en esos Estados.

3. Si un Estado respecto del cual se haya hecho una declaración conforme al párrafo 2 de ese artículo llega a ser ulteriormente Estado Contratante, la declaración surtirá los efectos de una declaración hecha con arreglo al párrafo I desde la fecha en que la Convención entre en vigor respecto del nuevo Estado Contratante, siempre que el nuevo Estado Contratante suscriba esa declaración o haga una declaración unilateral de carácter recíproco.

Artículo 35

Los Estados Contratantes podrán declarar, en el momento del depósito de su instrumento de ratificación o de adhesión, que no aplicarán las disposiciones de la presente Convención a las acciones de nulidad.

[4] Texto enmendado de conformidad con el artículo IV del Protocolo de 1980. El texto del artículo 34 originalmente aprobado en la Convención sobre la prescripción de 1974, antes de ser enmendado por el Protocolo de 1980, era el siguiente:

"**Artículo 34**

Dos o más Estados Contratantes podrán declarar en cualquier momento que todo contrato de compraventa entre un vendedor con establecimiento en uno de ellos y un comprador con establecimiento en otro de ellos no se regirá por la presente Convención, porque, respecto de las materias que la misma regula, aplican disposiciones jurídicas idénticas o semejantes."

Artículo 36

Todo Estado podrá declarar, en el momento del depósito de su instrumento de ratificación o de adhesión, que no se considerará obligado a aplicar las disposiciones del artículo 24 de la presente Convención.

Artículo 36 bis (artículo XII del Protocolo)

Todo Estado podrá declarar, en el momento del depósito de su instrumento de adhesión o de su notificación conforme al artículo 43 bis, que no quedará obligado por las enmiendas al artículo 3 hechas en el artículo I del Protocolo de 1980.[5] Toda declaración hecha conforme a este artículo se hará constar por escrito y se notificará formalmente al depositario.

Artículo 37[6]

La presente Convención no prevalecerá sobre ningún acuerdo internacional ya celebrado o que se celebre que contenga disposiciones relativas a las materias que se rigen por la presente Convención, siempre que las partes tengan sus establecimientos en Estados partes en ese acuerdo.

Artículo 38

1. Todo Estado Contratante que sea parte en esa convención ya existente relativa a la compraventa internacional de mercaderías podrá declarar, en el momento de efectuar el depósito de su instrumento de ratificación o adhesión, que aplicará la presente Convención exclusivamente a los contratos de compraventa internacional de mercaderías definidos en esa convención ya existente.

2. Esa declaración dejará de surtir efecto el primer día del mes que siga a la fecha de expiración de un plazo de doce meses a partir de la entra-

[5] En ese caso, el Estado quedará obligado en virtud del artículo 3 de la Convención no enmendada. Véase el texto en la nota al artículo 3.

[6] Texto enmendado de conformidad con el artículo V del Protocolo de 1980. El texto del artículo 37 originalmente aprobado en la convención sobre la prescripción de 1974, antes de ser enmendada por el Protocolo de 1980, era el siguiente:

"**Artículo 37**

La presente Convención no prevalecerá sobre las convenciones ya celebradas o que se celebren que contengan disposiciones relativas a las materias que se rigen por la presente Convención, siempre que las partes tengan sus establecimientos en Estados partes en esa Convención."

da en vigor de una nueva convención sobre la compraventa internacional de mercaderías concertada bajo los auspicios de las Naciones Unidas.

Artículo 39

No se permitirá ninguna reserva, salvo las que se hagan de conformidad con los artículos 34, 35, 36, 36 bis y 38.

Artículo 40

1. Las declaraciones hechas con arreglo a lo dispuesto en la presente Convención deberán dirigirse al Secretario General de las Naciones Unidas y empezarán a surtir efecto en el mismo momento en que entre en vigor la Convención respecto al Estado interesado, salvo que se trate de declaraciones hechas ulteriormente. Estas últimas empezarán a surtir efecto el primer día del mes siguiente a la expiración del periodo de seis meses subsiguientes a la fecha en que el Secretario General haya recibido las declaraciones.* Las declaraciones unilaterales recíprocas hechas conforme al artículo 34 surtirán efectos el primer día del mes siguiente a la expiración de un plazo de seis meses contados desde la fecha en que el Secretario General de las Naciones Unidas haya recibido la última declaración.*[7]

2. Todo Estado que haya hecho una declaración con arreglo a lo dispuesto en la presente Convención podrá retirarla en cualquier momento mediante el envío de una notificación al Secretario General de las Naciones Unidas. Este retiro empezará a surtir efecto en el primer día del mes siguiente a la expiración del periodo de seis meses subsiguientes a la fecha en que el Secretario General haya recibido la notificación. En caso de que la declaración se haya hecho de conformidad con el artículo 34 de la presente Convención, el retiro hará inoperante, a partir de la fcha en que empiece a surtir efecto, cualquier declaración recíproca que haga otro Estado con arreglo a lo dispuesto en dicho artículo.

PARTE IV. CLÁUSULAS FINALES

Artículo 41

La presente Convención[8] estará abierta a firma de todos los Estados hasta el 31 de diciembre de 1975, en la Sede de las Naciones Unidas.

[7] La última oración del párrafo 1 del artículo 40 (entre asteriscos) se ha añadido de conformidad con el artículo VI del Protocolo de 1980.

[8] Se refiere a la Convención sobre la prescripción de 1974.

Artículo 42

La presente Convención estará sujeta a ratificación. Los instrumentos de ratificación se depositarán en poder del Secretario General de las Naciones Unidas.

Artículo 43

La presente Convención quedará abierta a la adhesión de todo Estado. Los instrumentos de adhesión se depositarán en poder del Secretario General de las Naciones Unidas.

Artículo 43 bis (artículo X del Protocolo)

Si un Estado ratifica la Convención sobre la prescripción de 1974 o se adhiere a ella después de la entrada en vigor del Protocolo de 1980, la ratificación o la adhesión también constituirán una ratificación de la Convención enmendada por el Protocolo de 1980, o una adhesión a ella, si el Estado lo notifica al depositario.

Artículo 43 ter (párrafo 2 del artículo VIII del Protocolo)

La adhesión al Protocolo de 1980 de cualquier Estado que no sea parte contratante en la Convención sobre la prescripción de 1974 surtirá el efecto de una adhesión a esa Convención enmendada por el Protocolo, sin perjuicio de lo dispuesto en el artículo 44 bis.

Artículo 44

1. La presente Convención entrará en vigor el primer día del mes que siga a la fecha de expiración de un plazo de seis meses a partir de la fecha en que se haya depositado el décimo instrumento de ratificación o adhesión.

2. Para cada Estado que ratifique la Convención o se adhiera a ella después de haberse depositado el décimo instrumento de ratificación o adhesión, la Convención entrará en vigor el primer día del mes que siga a la fecha de expiración de un plazo de seis meses a partir de la fecha en que tal Estado haya depositado su instrumento de ratificación o adhesión.

Artículo 44 bis (artículo XI del Protocolo)

Todo Estado que llegue a ser Parte Contratante de la Convención sobre la prescripción de 1974, enmendada por el Protocolo de 1980, será considerado también, salvo notificación en contrario al depositario, Parte Contratante de la Convención no enmendada respecto de cualquier Parte

Contratante en la Convención que no sea aún Parte Contratante en el Protocolo de 1980.

Artículo 45

1. Cualquier Estado Contratante podrá denunciar la presente Convención mediante notificación al efecto al Secretario General de las Naciones Unidas.

2. La denuncia comenzará a surtir efecto el primer día del mes que siga a la fecha de expiración en un plazo de 12 meses después del recibo de la notificación por el Secretario General de las Naciones Unidas.

Artículo 45 bis (párrafo 3 del artículo XIII del Protocolo)

Todo Estado Contratante respecto del cual el Protocolo de 1980 deje de surtir efecto en aplicación de los párrafos 1) y 2)[9] del artículo XIII del Protocolo de 1980 seguirá siendo Parte Contratante en la Convención sobre la prescripción de 1974, pero enmendada, a menos que denuncie la Convención no enmendada, conforme al artículo 45 de esa Convención.

Artículo 46

El original de la presente Convención, cuyos textos en chino, español, francés, inglés y ruso son igualmente auténticos, será depositario en poder del Secretario General de las Naciones Unidas.

[9] El texto de los párrafos 1) y 2) del artículo XIII del Protocolo es el siguiente:

1. Todo Estado Contratante podrá denunciar el presente Protocolo mediante notificación al efecto al depositario.

2. La denuncia surtirá efecto el primer día del mes siguiente a la expiración de un plazo de doce meses contados desde la fecha en que la notificación haya sido recibida por el depositario.

Apéndice 6

Convención sobre Representación en la Compraventa Internacional de Mercancías

Los Estados Partes en la presente Convención,

Deseando establecer disposiciones comunes respecto a la representación en la compraventa internacional de mercancías,

Teniendo en cuenta los objetivos de la Convención de las Naciones Unidas sobre los Contratos de Compraventa Internacional de Mercancías,

Considerando que el desarrollo del comercio internacional sobre la base de la igualdad y el beneficio mutuo, constituye un importante elemento en el fomento de las relaciones amistosas entre los Estados teniendo en cuenta el nuevo Orden Económico Internacional,

Estimando que la adopción de normas uniformes aplicables a la representación en la compraventa internacional de mercancías en las que se tengan en cuenta los diferentes sistemas sociales, económicos y legales, contribuiría a la remoción de obstáculos jurídicos en el comercio internacional y promovería el desarrollo del comercio internacional,

Han convenido en lo siguiente:

Capítulo I. Ámbito de aplicación y disposiciones generales

Artículo 1

1. Esta convención se aplica cuando una persona, el agente, tiene poder o pretende tener poder para concluir, en favor de otra persona, el repre-

sentado, un contrato de compraventa de mercancías con una tercera parte.

2. Rige no sólo la conclusión de tal contrato por el agente, sino que también cualquier acto efectuado por éste con el propósito de concluir tal contrato o en relación a su ejecución.

3. Se preocupa sólo de las relaciones entre, por un lado, el representado o el agente y, por el otro lado, la tercera parte.

4. Se aplica independientemente del hecho que el agente actúe en su propio nombre o en el nombre del representado.

Artículo 2

1. Esta Convención se aplica sólo cuando el representado y la tercera parte tienen sus establecimientos en distintos Estados y:

a) el agente tiene su establecimiento en un Estado Contratante; o

b) las reglas de derecho internacional privado indican la aplicación del derecho de un Estado Contratante.

2. Cuando, al momento de contratación, la tercera parte no sabía o no debía saber que el agente estaba actuando como representante, la Convención sólo se aplica si el agente y la tercera parte tenían sus establecimientos en Estados diferentes y los requisitos indicados en el párrafo 1 han sido satisfechos.

3. A los efectos de determinar la aplicación de esta Convención, no se tendrán en cuenta ni la nacionalidad de las partes ni el carácter civil o comercial de las partes o del contrato de compraventa.

Artículo 3

1. La presente Convención no se aplica a:

a) la representación de un intermediario que a título profesional efectúa operaciones en los mercados de valores o de productos;

b) la representación de un subastador;

c) la representación legal en materia de derecho de familia, derecho de propiedad matrimonial y derecho sucesorio;

d) la representación que deriva de autorización legal o judicial para actuar en nombre de una persona incapaz de actuar;

e) la representación en virtud de la decisión de una autoridad judicial o administrativa, o que se ejerce bajo el control directo de tal autoridad.

2. La presente Convención no afectará en ningún modo las disposiciones legales establecidas para la protección de los consumidores.

Artículo 4

Para los propósitos de esta Convención:

a) un órgano, empleado o miembro de una sociedad, asociación u otra entidad, dotada o no de personalidad jurídica, no se considerará como el agente de tal entidad en la medida en que, dentro del ejercicio de sus funciones, actúe en virtud de un poder conferido por la ley o los documentos constitutivos de tal entidad;

b) con respecto a un fondo fiduciario, quien lo administre no será considerado representante ni del fondo, ni de la persona que instituyó el fondo, ni de los beneficiarios del mismo.

Artículo 5

El representado, o un agente que actúe bajo las expresas o implícitas instrucciones del representado, puede acordar con la tercera parte de excluir la aplicación de esta Convención o, sujeto a lo que se señala en el artículo 11, establecer excepciones a cualquiera de sus disposiciones o modificar sus efectos.

Artículo 6

1. En la interpretación de la presente Convención se tendrán en cuenta su carácter internacional y la necesidad de promover la uniformidad en su aplicación y de asegurar la observancia de la buena fe en el comercio internacional.

2. Las cuestiones relativas a las materias que se rigen por la presente Convención que no estén expresamente resueltas en ella se dirimirán de conformidad con los principios generales en los que se basa la presente Convención o, a falta de tales principios, de conformidad con la ley aplicable en virtud de las normas de derecho internacional privado.

Artículo 7

1. El representado o el agente, por un lado, y la tercera parte, por el otro, quedan obligadas por cualquier uso en que hayan convenido y por cualquier práctica que hayan establecido entre sí.

2. Salvo acuerdo en contrario, se considerará que tácitamente han hecho aplicable a sus relaciones cualquier uso que conocían o que debían haber conocido y que en comercio internacional es ampliamente conocido y regularmente observado por las partes en relaciones de representación del mismo tipo en el tráfico mercantil de que se trate.

Artículo 8

Para los propósitos de esta Convención:

a) si la parte tiene más de un establecimiento, su establecimiento será el que guarde la relación más estrecha con el contrato de compraventa, habida cuenta de las circunstancias conocidas o previstas por las partes al momento de contratar;

b) si una de las partes no tiene establecimiento, se hará referencia a su residencia habitual.

Capítulo II. Establecimiento y alcance del poder del agente

Artículo 9

1. El poder dado por el representado al agente puede ser expreso o tácito.

2. El agente tiene poder para ejecutar todos los actos que sean necesarios, según las circunstancias, para alcanzar los propósitos para los cuales fue dado el poder.

Artículo 10

La autorización no necesitará ser dada o probada por escrito ni estará sujeta a ningún otro requisito de forma. Podrá probarse por cualquier medio, incluso por testigos.

Artículo 11

No se aplicará ninguna disposición del artículo 10, del artículo 15 o del capítulo IV que permita efectuar un poder, una ratificación o una terminación de poder en una forma que no sea por escrito, en el caso que el representado o el agente tengan su establecimiento en un Estado Contratante que haya hecho una declaración conforme al artículo 27. Las partes no podrán establecer excepciones a este párrafo ni modificar sus efectos.

Capítulo III. Efectos legales de actos ejecutados por el agente

Artículo 12

Cuando un agente actúa en nombre de un representado dentro del alcance de su poder y la tercera parte conocía o debía conocer que el agente estaba actuando como representante, los actos del agente vincularán directamente entre sí al representado y la tercera parte, salvo que se infiera de las circunstancias del caso, por ejemplo a través de una referencia a un contrato de comisión, que el agente se compromete a obligarse solamente a sí mismo.

Artículo 13

1. Cuando el agente actúa en nombre de un representante dentro del alcance de su poder, sus actos vincularán solamente al agente y la tercera parte, si:

a) la tercera parte no sabía ni debía saber que el agente estaba actuando como tal; o

b) se desprende de las circunstancias del caso, por ejemplo a través de una referencia a un contrato de comisión, que el agente se comprometa a obligarse solamente a sí mismo.

2. Sin embargo:

a) cuando el agente, sea porque la tercera parte falla en el cumplimiento o por cualquier otra razón, deja de cumplir o no está en situación de cumplir sus obligaciones respecto al representado, el representado podrá ejercer contra la tercera parte los derechos adquiridos por el agente en nombre del representado, sujeto a cualquier excepción que la tercera parte pueda entablar contra el agente;

b) cuando el agente deja de cumplir o no está en situación de cumplir sus obligaciones respecto a la tercera parte, la tercera parte podrá ejercer contra el representado los derechos que la tercera parte posea respecto al agente, sujeto a cualquier excepción que el agente pueda entablar contra la tercera parte y que el representado pueda entablar contra el agente.

3. Los derechos indicados en el párrafo 2 sólo podrán ser ejercitados si se ha dado notificación de la intención de ejercerlos, al agente, la tercera parte o al representado, según sea el caso. Tan pronto como la tercera parte o el representado reciban tal notificación, no podrán librarse de sus obligaciones si tratan con el agente.

4. Cuando el agente deja de cumplir o no está en situación de cumplir sus obligaciones a la tercera parte debido a la falla en la ejecución del representado, el agente comunicará el nombre del representado a la tercera parte.

5. Cuando la tercera parte deja de cumplir sus obligaciones bajo el contrato al agente, el agente comunicará el nombre de la tercera parte al representado.

6. El representado no podrá ejercer contra la tercera parte los derechos adquiridos en su nombre por el agente si se desprende de las circunstancias del caso que la tercera parte no hubiera celebrado el contrato si hubiera conocido la identidad del representado.

7. Un agente puede, de acuerdo con las instrucciones expresas o implícitas del representado, concordar con la tercera parte efectuar excepciones al párrafo 2 o modificar sus efectos.

Artículo 14

1. Cuando un agente actúa sin poder o fuera del alcance de su poder, su acto no vincula entre sí al representado y la tercera parte.

2. Sin embargo, cuando la conducta del representado conduce a la tercera parte a creer, razonablemente y de buena fe, que el agente tiene poder para actuar en nombre del representado y que el agente está actuando dentro del alcance de su poder, el representado no podrá invocar contra la tercera parte la falta de poder del agente.

Artículo 15

1. Un acto ejecutado por un agente que actúa sin poder o que actúa fuera del alcance de su poder, puede ser ratificado por el representado. Esta ratificación produce al acto los mismos efectos que si incialmente hubiera sido ejecutado con poder.

2. Cuando, al momento del acto del agente, la tercera parte no sabía o no debía conocer la falta de poder, ésta no será razonable ante el representado si, en cualquier momento anterior a la ratificación, ella notifica su decisión de no quedar vinculada por una ratificación. Cuando el representado ratifica el acto, pero no lo hace dentro de un tiempo razonable, la tercera parte puede rehusar quedar vinculada por la ratificación si lo notifica prontamente al representado.

3. Cuando, sin embargo, la tercera parte sabía o debía saber la falta de poder del agente, la tercera parte no podrá rehusar quedar vinculada por una ratificación antes de la expiración del tiempo establecido para ratificar o, si éste no ha sido acordado, del tiempo razonable que la tercera parte especifique.

4. La tercera parte puede rehusar aceptar una ratificación parcial.

5. La ratificación producirá efecto al momento de ser notificada a la tercera parte o cuando ésta conoce la ratificación de cualquier otra forma. Una vez que la ratificación produce efectos, no puede ser revocada.

6. La ratificación produce efecto no obstante que el acto mismo no haya podido ser efectivamente ejecutado al tiempo de la ratificación.

7. Cuando el acto ha sido ejecutado en nombre de una persona jurí-

dica que aún no está constituida, la ratificación produce efecto sólo si lo permite la ley del Estado que regula su información.

8. La ratificación no requiere formalidades. Puede ser expresa o puede inferirse de la conducta el representado.

Artículo 16

1. Un agente que actúa sin poder o que actúa fuera del alcance de su poder, a falta de ratificación, será responsable de pagar a la tercera parte una compensación tal que ponga a ésta en la misma situación que tendría si el agente hubiera actuado con poder y dentro del límite de su poder.

2. Sin embargo, el agente no será responsable si la tercera parte sabía o debía saber que el agente no tenía poder o estaba actuando fuera del alcance de su poder.

Capítulo IV. Terminación del poder del agente

Artículo 17

El poder de un agente termina:

a) cuando se desprende de cualquier acuerdo entre el representado y el agente;

b) al finalizar la transacción o transacciones para las que el poder fue otorgado;

c) al revocar el representado o renunciar el agente, independientemente si esto concuerda con los términos de su acuerdo.

Artículo 18

El poder de un agente también termina cuando así lo indica la ley aplicable.

Artículo 19

La terminación del poder no afectará la tercera parte, salvo que supiere o debiera saber la terminación o los hechos que la han causado.

Artículo 20

No obstante la terminación de su poder, el agente estará autorizado para ejecutar en nombre del representado o de sus sucesores los actos que sean necesarios para prevenir que ocurra daño a sus intereses.

Capítulo V. Disposiciones

Artículo 21

El Gobierno de Suiza queda designado depositario de la presente Convención.

Artículo 22

1. La presente Convención estará abierta a la firma de sesión de clausura de la Conferencia Diplomática sobre Representación en la Compraventa Internacional de Mercancías y permanecerá abierta a la firma de todos los Estados en Berna hasta el 31 de diciembre de 1984.

2. La presente Convención estará sujeta a ratificación, aceptación o aprobación por los Estados signatarios.

3. La presente Convención estará abierta a la adhesión de todos los Estados que no sean Estados signatarios desde la fecha en que quede abierta a la firma.

4. Los instrumentos de ratificación, aceptación, aprobación y adhesión se depositarán en poder del Gobierno de Suiza.

Artículo 23

La presente Convención no prevalecerá sobre ningún acuerdo internacional ya celebrado, o que se celebre, que contenga disposiciones de derecho sustantivo relativas a las materias que se rigen por la presente Convención, siempre que el representado y la tercera parte o, en el caso referido en el artículo 2, párrafo 2, el agente y la tercera parte tengan sus establecimientos en Estados partes de ese acuerdo.

Artículo 24

1. Todo Estado Contratante integrado por dos o más unidades territoriales en las que sean aplicables distintos sistemas jurídicos en relación con las materias objeto de la presente Convención, podrá declarar en el momento de la firma, la ratificación, la aceptación, la aprobación o la adhesión, que la presente Convención se aplicará a todas sus unidades territoriales o sólo a una o varias de ellas y podrá modificar en cualquier momento su declaración mediante otra declaración.

2. Esas declaraciones serán notificadas al depositario y en ellas se hará constar expresamente a qué unidades territoriales se aplica la Convención.

3. Si, en virtud de una declaración hecha conforme a este artículo,

la presente Convención se aplica a una o varias de las unidades territoriales de un Estado Contratante, pero no a todas ellas, y si el establecimiento de una de las partes está situado en ese Estado, se considerará que, a los efectos de la presente Convención, ese establecimiento no está en un Estado Contratante, a menos que se encuentre en una unidad territorial a la que se aplique la Convención.

4. Si el Estado Contratante no hace ninguna declaración conforme al párrafo 1 de este artículo, la Convención se aplicará a todas las unidades territoriales de ese Estado.

Artículo 25

Cuando un Estado Contratante tiene un sistema de gobierno en el cual los poderes ejecutivo, judicial y legislativo están distribuidos entre autoridades centrales y otras autoridades dentro de ese Estado, su firma, ratificación, aceptación, aprobación o adhesión de la presente Convención, o una declaración efectuada conforme al artículo 24, no tendrá ninguna consecuencia respecto a la distribución interna de poderes dentro de ese Estado.

Artículo 26

1. Dos o más Estados Contratantes que en las materias que se rigen por la presente Convención, tengan normas jurídicas idénticas o similares podrán declarar, en cualquier momento, que la Convención no se aplicará cuando el representado y la tercera parte o, en el caso referido en el artículo 2, párrafo 2, el agente y la tercera parte, tienen sus establecimientos en dichos Estados. Tales declaraciones podrán hacerse conjuntamente o mediante declaraciones unilaterales recíprocas.

2. Todo Estado Contratante que, en las materias que se rigen por la presente Convención, tenga normas jurídicas idénticas o similares a las de uno o varios Estados no contratantes podrá declarar, en cualquier momento, que la Convención no se aplicará cuando el representado y la tercera parte o, en el caso referido en el artículo 2, párrafo 2, el agente y la tercera parte, tienen sus establecimientos en esos Estados.

3. Si un Estado respecto del cual se haya hecho una declaración conforme al párrafo precedente llega a ser ulteriormente Estado Contratante, la declaración surtirá los efectos de una declaración hecha con arreglo al párrafo 1 desde la fecha en que la Convención entre en vigor respecto del nuevo Estado Contratante, siempre que el nuevo Estado Contratante suscriba esa declaración o haga una declaración unilateral de carácter recíproco.

Artículo 27

El Estado Contratante cuya legislación deja que el poder, ratificación o terminación del poder se celebren o se prueben por escrito, en todos los casos regidos por la presente Convención, podrá hacer en cualquier momento la declaración, de acuerdo con el artículo 11, respecto a que cualquier disposición del artículo 10, el artículo 15 o el capítulo IV que permite dar un poder, ratificar o terminar un poder por procedimiento que no sea por escrito se aplicará en el caso que el representado o el agente tengan sus establecimientos en ese Estado.

Artículo 28

Todo Estado Contratante podrá declarar al momento de la firma, ratificación, aceptación, aprobación o adhesión que no quedará obligado por el artículo 2, párrafo 1 b).

Artículo 29

Un Estado Contratante cuyo comercio exterior sea total o parcialmente llevado a cabo exclusivamente por organizaciones especialmente autorizadas, podrá en cualquier momento declarar que, en los casos en que estas organizaciones actúen como compradoras o vendedoras en el comercio exterior, todas estas organizaciones o aquellas organizaciones especificadas en tal declaración, no serán consideradas, para los propósitos del artículo 13, párrafos 2 b) y 4, como agentes en sus relaciones con otras organizaciones que tengan sus establecimientos en el mismo Estado.

Artículo 30

1. Todo Estado Contratante podrá declarar en cualquier momento que aplicará las disposiciones de esta Convención a casos específicos que quedan fuera de su esfera de aplicación.

2. Tal declaración podrá prever, por ejemplo, que la Convención se aplicará a:

a) contratos que no sean de compraventa de mercancías;

b) casos en que los establecimientos mencionados en el artículo 2, párrafo 1, no estén situados en los Estados Contratantes.

Artículo 31

1. Las declaraciones hechas conforme a la presente Convención en el mo-

mento de la firma estarán sujetas a confirmación cuando se proceda a la ratificación, la aceptación o la aprobación.

2. Las declaraciones y las confirmaciones de declaraciones se harán constar por escrito y se notificarán formalmente al depositario.

3. Toda declaración surtirá efecto en el momento de la entrada en vigor de la presente Convención respecto del Estado de que se trate. No obstante, toda declaración de la que el depositario reciba notificación formal después de tal entrada en vigor surtirá efecto el primer día del mes siguiente a la expiración de un plazo de seis meses contados desde la fecha en que haya sido recibida por el depositario. Las declaraciones unilaterales recíprocas hechas conforme al artículo 26 surtirán efecto el primer día del mes siguiente a la expiración de un plazo de seis meses contados desde la fecha en que el depositario haya recibido la última declaración.

4. Todo Estado que haga una declaración conforme a la presente Convención podrá retirarla en cualquier momento mediante notificación formal hecha por escrito al depositario. Este retiro surtirá efecto el primer día del mes siguiente a la expiración de un plazo de seis meses contados desde la fecha en que el depositario haya recibido la notificación.

5. El retiro de una declaración hecha conforme al artículo 26 hará ineficaz, a partir de la fecha en que surta efecto el retiro, cualquier declaración de carácter recíproco hecha por otro Estado conforme a ese artículo.

Artículo 32

No se podrán hacer más reservas que las expresamente autorizadas por la presente Convención.

Artículo 33

1. La presente Convención entrará en vigor el primer día del mes siguiente a la expiración de un plazo de doce meses contados desde la fecha en que haya sido depositado el décimo instrumento de ratificación, aceptación, aprobación o adhesión.

2. Cuando un Estado ratifique, acepte o apruebe la presente Convención, o se adhiera a ella, después de haber sido depositado el décimo instrumento de ratificación, aceptación, aprobación o adhesión, la Convención entrará en vigor respecto a ese Estado el primer día del mes siguiente a la expiración de un plazo de doce meses contados desde la fecha en que haya depositado su instrumento de ratificación, aceptación, aprobación o adhesión.

Artículo 34

La presente Convención se aplica cuando el agente ofrece vender o comprar, o acepta una oferta de venta o compra, una vez que esta Convención entre en vigor en los Estados Contratantes referidos en el artículo 2, párrafo 1.

Artículo 35

1. Todo Estado Contratante podrá denunciar la presente Convención mediante notificación formal hecha por escrito al depositario.

2. La denuncia surtirá efecto el primer día del mes siguiente a la expiración de un plazo de doce meses contados desde la fecha en que la notificación haya sido recibida por el depositario. Cuando en la notificación se establezca un plazo más largo para que la denuncia surta efecto, la denuncia surtirá efecto a la expiración de ese plazo, contado desde la fecha en que la notificación haya sido recibida por el depositario.

En testimonio de lo cual, los plenipotenciarios infrascritos, debidamente autorizados por sus respectivos Gobiernos, han firmado la presente Convención.

Hecha en Ginebra el diecisiete de febrero de mil novecientos ochenta y tres, en un solo original, cuyos textos en francés e inglés son igualmente auténticos.

RESOLUCIÓN FINAL

Adoptada por la Conferencia Diplomática para la Adopción del Proyecto del Unidroit de la Convención sobre representación de la Compraventa Internacional de Mercancías.

La Conferencia Diplomática para la adopción de una Convención sobre Representación de la Compraventa Internacional de Mercancías celebrada en Ginebra entre el 31 de enero y el 17 de febrero de 1983,

Acuerda que la mayor elaboración de las reglas internacionales sobre relaciones entre representado y agente en la representación relativa a la compraventa internacional de mercancías, sería una contribución importante al desarrollo del comercio internacional,

Solicita al Instituto Internacional para la Unificación del Derecho Privado (UNIDROIT), que fue responsable de la preparación de la Convención adoptada y bajo cuyos auspicios esta Conferencia se celebró, que considere la posibilidad de elaborar normas a un nivel general o regional que rijan las relaciones entre representado y agente en la compraventa internacional de mercancías.

Índice de fuentes

1. ARTÍCULOS DE LA *CONVENCIÓN*

Las referencias se hacen a los números correspondientes a las divisiones del Índice General.

Art. 20	I 1. I 3. I 6 B a. II 3 A a. IV. IV 2. IV 2 D b.[3] IV 2 D c.[4] V 1 D. V 1 D b.
Art. 21	I 1. I 3. I 6 B a. II 3 A a. III 1 B. III 1 C. IV. IV 1 E b. IV 2. IV 2 B. IV 2 B c. IV 2 E. IV 2 E a. IV 2 E b. V 1 D. V 1 D b.
Art. 22	I 1. I 3. I 6 B a. II 3 A a. IV. IV 2. IV 2 E b. IV 2 F. V 1 D. X 3.
Art. 23	I 1. I 3. I 6 B a. II 3 A a. IV. IV 1 D a.[2] IV 2. IV 2 C. IV 3 A. IV 3 B. V 1 D. V 1 D b.
Art. 24	I 1. I 3. I 6 B a. II 3 A a. IV. IV 1 C. V 1 D. V 1 D b.
Art. 25	I 1. I 3. III 2 C.[2] VIII. VIII 3. VIII 4 A a. VIII 4 B C. VIII 5 B. VIII 5 D. IX 2. IX 6 B b i. X 2. X 3 A. XI 3.
Art. 26	I 1. I 3. III 2 C. IX 3. X 3.
Art. 27	I 1. I 3. III 2 C. VI 5 C c.

VIII 2. VIII 2 A a.
IX 1 A.

Art. 35 — I 1. I 3. I 6 B C.
II 3. II 3 A b. II 3 C.[2]
III 2 A. III 2 C.
VI 2 B. VI 5 A. VI 5 B. VI 5 B a. VI 5 B a i.
VI 5 B a ii. VI 5 B b. VI 5 B b ii. VI 5 C.
VI 5 C a.[4] VI 5 C b ii. VI 5 C d. VI 6 A.
VIII 5 B.
X 3 B b.
XI 1.

Art. 36 — I 1. I 3. I 6 B c.
II 3. II 3 C.
VI 5 C.[2] VI 5 C b ii. VI 5 C c iii. VI 6 A.
VI 6 B a.
XI 1. XI 2 b a.

Art. 37 — I 1. I 3. I 6 B c.
II 3. II 3 C.
III 1 B.
III 2 C.[2]
VIII 2. VIII 2 A a.[3] VIII 2 B.[3]
IX 1 A.
IX 4 E.[2]

Art. 38 — I 1. I 3. I 6 B c.
II 3. II 3 C.
VI 5 B. VI 5 B ii. VI 5 C. VI 5 C a. VI 5 C c.[7]
VI 5 C c ii.[2] VI 5 C c iii.
VII 1. VII 2 D E.
IX 3 A. IX 3 B b. IX 3 B C.

Art. 39 — I 1. I 3. I 6 B c.
II 3. II 3 C.
III 1 C. III 2 C.
V 1 D b.
VI 2 B. VI 2 C. VI 5 C. VI 5 C a.[2] VI 5 C c.[6]
VI 5 C d. VI 6 C.[2]
VIII 1.
IX 3 A. IX 4 B. IX 5 B. IX 6 B b.

Art. 62	I 1. I 3. I 6 B. VII 2 A. VII 4. VIII 5 D. IX 3 D c i. IX 6 B. X 1 B.[2] X 3 C c. X 4.[2] X 4 B.[2]
Art. 63	I 1. I 3. I 6 B. III 1 C. III 2 C. V 1 D b. VI 9 A. VII 2 A.[2] VII 4. VIII 5 D. X 1 B.[2]2 X 2.[5] X 4. X 4 A.
Art. 64	I 1. I 3. I 6 B. III 2 C.[2] VI 5 C a. VII 2 A. VII 4. VIII 3. VIII 4 B a. VIII 4 B c. X 1 B.[2] X 2.[2] X 3 A.[3] X 3 B.[3] X 3 B a. X 3 B b.[3] X 3 C d i. X 4 A.
Art. 65	I 1. I 3. I 6 B. III 2 C.[2] VI 2 A. VII 1.[2] VII 2 A. VII 3 A a. VII 4.[11] X 1 B.[2] X 4 A.
Art. 66	I 1. I 3. I 6 B b. II 3 B. VI 7. XI. XI 1.[4]
Art. 67	I 1. I 3. I 6 B b. II 3 B. III 1 C. V 3 C. VI 5 C b i. VI 7. XI. XI 2.[3] XI 2 A. XI 2 A a. XI 2 A b.[2] XI 2 A c. XI 2 B. XI 2 C. XI 2 C b.[3] XI 3.
Art. 68	I 1. I 3. I 6 B b. II 3 B.

IX. IX 3 D c iii.[2]
X 5.

Art. 79 I 1. I 3.
III 1 C. III 2 C.
IV 3 A.
VI 5 C a.
VIII 1. VIII 1 A. VIII 1 A a.[2] VIII 1 A a i.
VIII 1 A a ii.[3] VIII 1 A b.[9] VIII 1 A C.[5]
VIII 1 B.[5]
IX 1 A.[2] IX 3 B a.[2] IX 4 D b.[3] IX 5 A.[4] IX 6 C.[2]
X 4 A.[3] X 5.[2]
XI 1.[4] XI 2 B a.

Art. 80 I 1. I 3.
VII 2 C b.
VIII 1. VIII 1 B.[7]
IX 1 A.[2]
X 5.
XI 1.

Art. 81 I 1. I 3. I 6 B.
III 2 B.
V 1 B.[2]
IX. IX 3 C. IX 3 C a. IX 3 C b. IX 3 D.
IX 3 D a. IX 3 D b. IX 3 D c i. IX 3 D c ii.
IX 6 B b I.
X 3 C b. X 3 C c.[2]

Art. 82 I 1. I 3. I 6 B.
III 1 B.
V 1 B.
VII 5 A.
IX. IX 3 B. IX 3 B a.[2] IX 3 B b. IX 3 C.
IX 3 C d. IX 3 D c. IX 6 B b i.
XI 1. XI 3.[3]

Art. 83 I 1. I 3. I 6 B.
V 1 B.
IX: IX 1 C. IX 3 B.

Art. 84 I 1. I 3. I 6 B.
V 1 B.

2. *PROYECTO CNUDMI*

3. *LUCI*

Art. 19	XI 2.
Art. 65	VII 3 A a.
Art. 67	VII 4.[2]

4. *CONVENCIÓN SOBRE LA PRESCRIPCIÓN DE ACCIONES*

Art. 1	IX 1 C.
Art. 8	I 7. VI 5 C c iii. VIII 4 B a. IX 4 B. IX 6 A. IX 6 B a. IX 6 B b i. X 3 B. X 4 A.
Art. 9	X 3 B.
Art. 10	VI 5 C c iii. IX 4 B. IX 6 B a. IX 6 B b i.
Art. 12	IX 3 C. IX 3 D c i.
Art. 13	IX 6 A. X 4 A.
Art. 14	IX 6 A. X 4 A.
Art. 15	IX 6 A. X 4 A.
Art. 16	IX 6 A. X 4 A.
Art. 17	IX 6 A. X 4 A.
Art. 18	IX 6 A. X 4 A.
Art. 19	IX 6 A. X 4 A.

5. OTRAS CONVENCIONES INTERNACIONALES

Convención sobre el Derecho aplicable a la compraventa internacional de mercaderías

Convención sobre el Derecho aplicable a las obligaciones contractuales

Convención sobre el Derecho de los tratados

6. LEYES MEXICANAS

Código Civil del Distrito Federal